YANXUE

研学旅行案例选评

主　编　李岑虎
副主编　甄鸿启　刘乃宝
梁媛媛　李子尚

LÜ XING

ANLI XUANPING

北京·旅游教育出版社

《研学旅行案例选评》专家指导委员会、编委会名单

专家指导委员会

顾　问　王晓燕　教育部教育发展研究中心首席专家、研究员，研学实践教育研究所所长，国际比较与对外交流部主任

主　任　韩玉灵　教育部全国旅游职业教育教学指导委员会秘书长，北京第二外国语学院中国旅游人才发展研究院执行院长、教授

副主任　李文军　山东省教育厅教育科学研究院副院长、研究员

何东平　安徽省旅游培训中心副主任

程　冰　桂林旅游学院继续教育学院院长

郭海峰　湖南广播电视台《跟着课本去旅行》制片人

石媚山　青岛酒店管理职业技术学院文旅学院院长、副教授

王亚娇　中国关心下一代工作委员会健康体育发展中心副研究员

叶娅丽　四川省基础教育研究中心研学实践研究所所长、教授

丁海秀　旅游教育出版社副社长、副编审

委　员　（按姓氏笔画顺序排列）

李凤堂　天津教育科学研究院副研究员

李　旭　山西省研学旅行协会秘书长

杨崇君　武汉商学院教授

房祥伟　中国成人教育协会教师继续教育专业委员会副秘书长

姜福炎　北京全家联国际教育科技有限公司董事长

钱　钧　浙江省旅行社协会导游分会会长

魏巴德　亲子猫（北京）国际教育科技有限公司董事长

编委会

主　编　李岑虎

副主编　甄鸿启　刘乃宝　梁媛媛　李子尚

编　委　（按姓氏笔画顺序排列）

王东琴　王亚娇　王　熙　孔潇敏　卢秉新　付　国　冯芝军
刘　苗　刘　莉　孙　虹　巫常清　李　婷　杨乃桂　杨　岩
杨显毅　张志生　张建美　陈　伟　陈朝晖　武洪梅　赵东勋
赵立芳　钟　营　莫　贤　高　薇　高　霞　曹建强　葛　瑞
蒋爱东　颜廷龙　潘晓琳　霍金龙

前　言

自2020年全国高等院校陆续开设了研学旅行管理与服务专业，极大地促进了研学旅行事业的快速发展。尤其是旅游教育出版社“研学旅行管理与服务”专业系列教材的出版发行，把全国的研学旅行工作再一次推向了新高峰。经过几年来艰苦的实践和探索，我国的研学旅行已经积累了十分丰富的经验，摸索出许多切实可行的成功方案。但是，由于多方原因，致使很多先进的、具有推广意义的研学旅行方案和做法，像未发掘的黄金和美玉一样深深地埋藏在研学旅行肥沃的土壤里。另一方面，研学旅行市场亟需完整、规范、科学的案例合集，来指导蓬勃发展的研学旅行行业。因此，编写《研学旅行案例选评》，迫在眉睫，刻不容缓。

旅游教育出版社领导站在研学旅行教育事业大局的高度，高瞻远瞩，当机立断，两次组织国内相关专家云集桂林和太原，召开《研学旅行案例选评》研讨会，聘请李岑虎担任主编，组织全国25个省197位研学旅行教育专家、研学旅行教学一线指导师、研学旅行工匠大师和大中小学教育理论研究专家，征集编写了大大小小1438个案例，遴选出135个典型案例进行分类点评。我们走访了全国306家学校、基地、政法和媒体单位，进行了多次的论证和试讲，足迹踏遍了大半个中国。经过我们编写专家团队历时十一个月的呕心沥血、艰苦编撰，终于把这本《研学旅行案例选评》书稿呈现给大家，以此作为中国共产党成立100周年献礼。

本书突出以下几个特点：

一、内容全面

本书紧紧配合2020年出版的系列教材，设置了研学旅行指导师实务、研学旅行教育理论、研学旅行课程设计、研学旅行学校管理、研学旅行基（营）地管理与服务、研学旅行安全管理、研学旅行招标投标、研学旅行服务合同、研学旅行风险防控、研学旅行网络舆情防控等十个方面的案例，涵盖了研学旅行领域几乎所有的科目，构成一套完善的研学旅行管理与服务理论体系。

二、特色鲜明

本书最大的特色就是增加了研学旅行招标投标、研学旅行服务合同、研学旅行网络舆情防控等方面的内容，成为目前国内研学旅行理论研究领域的首创之笔。我们在点评案例时依据 2021 年 1 月以来最新生效的法律法规，结合教育、旅游、法律、新闻等多个行业规律特点，形成研学旅行行业特色的示范性案例，读者直接就能借鉴使用。

三、选材广博

我们在进行案例选材时，注重研学旅行教育理论中各种矛盾对立面的统一，用历史、发展和辩证的观点来认识不同的研学旅行流派，吸纳各流派研学旅行实践先进成果，并上升到新的理论高度，保证案例选材的前瞻性和引领作用，并尽力反映研学旅行理论与实践的精髓以及新时代教育改革的时代气息和最新成果。同时，我们也采用了一些不完美的实践案例，让读者结合自己的工作从另一个的角度去体会、去思索、去改进。

四、点评客观

案例点评采用“理论 + 案例分析 + 启示”的方式，以原来系列教材理论为支撑，并采用国家新时代课程改革要求，遵循教育规律，运用研学旅行界最新理论成果来分析点评这些案例。点评力求实事求是，客观公平，既指出案例可供借鉴的优点，同时也毫不留情地指出其不足，绝不被客观性以外的因素所困扰。

五、作者权威

本书专家团队既有全国研学旅行学科带头人、国内研学旅行领军人物，也有研学旅行实操专家、中小学课堂教学一线教学能手，还有全国著名的劳动工匠、研学大师，另有知名的研学旅行企业管理专家。作者能紧跟教育部、文旅部的研学旅行指导意见，同时吸纳国内最新研究成果，引入先进的研学旅行理念，确保内容的准确性和前瞻性。

六、编写实用

在本书编写时我们采用案例呈现、案例评析、理论说明和图片佐证的编写方式，突出实践操作，在行文上不啰唆，不晦涩，力求简洁明了，通俗易懂，力避学究气，力求做到易读、易学、易教、易操作。有些案例甚至可直接照搬，直接拿来使用即可。本书既可以作为高等院校研学旅行管理与服务专业学生用书，又可作为社会研学旅行教育机构、风景区等单位开展研学旅行活动使用的参考用书。

本书在编写过程中，教育部教育发展研究中心首席专家、研学实践教育研究所所长王晓燕研究员反复审阅稿件，多次提出修改意见，反复叮咛嘱咐；教育部旅游职业教育教学指导委员会秘书长韩玉灵教授从研学旅行服务的角度，给予了温暖人心的真挚关爱和谆谆教诲；四川省基础教育研究中心研学实践研究所所长叶娅丽教授热心协助、提供资源。同时也得到了山东省教育科学研究院、皖西学院、广西师范大学、济宁学院、邹城市教育和体育局、牡丹江大学、韩山师范学院、陕西省亮宝楼艺术博物馆、桂林旅游学院、山西省财政税务专科学校、广西蓝天职业技术学院、亲子猫（北京）国际教育科技有限公司、江苏省旅游学会研学旅行分会、山东弘道研学教育服务有限公司、福建省三明市综合实践学校、湖北省宜昌市青少年实践教育基地、广西机电职业技术学院、邹城市文物保护中心、营地百科、运城职业技术大学、太原旅游职业学院、云南土人游旅行社等单位的大力支持。更有参与编写、提供案例专家们的呕心沥血，对书稿进行试验的研学机构的浇灌打磨，在此一并表示衷心的感谢和崇高的敬意！

本书由李岑虎担任主编，甄鸿启、刘乃宝、李子尚、梁媛媛担任副主编。李岑虎负责全书的统稿、审阅、修改和有关内容和整理与编写。李婷、赵立芳、陈伟、陈朝晖、梁媛媛、刘乃宝对本书部分章节进行了校对。编委会其他专家参与了相关案例的征编工作。由于本书字数限制，对提交的案例未能全部采用，特此向编者表示深深的歉意，真诚感谢您不离不弃的默默支持，并牢记在心。

在此书编写过程中我们引用和借鉴了诸多专家和研学机构的案例成果，但由于时间仓促，有些资料来源未能查到和注明。在此，对各位专家和单位表示诚挚的感谢，并由衷地欢迎原作者与我们（邮箱 siteven@163.com、微信 siagelzy）联系，以便再版时予以更正修订。由于作者水平所限，本书缺点和错误在所难免，请多多批评指正。

李岑虎

2021 年 9 月 3 日

目　录

第1章

研学旅行指导师实务案例

研学旅行指导师是策划、制订或实施研学旅行课程方案，在研学旅行过程中组织和指导中小学生开展各类研究性学习和研学旅行体验活动的专业技术人员。研学旅行指导师要有高尚的思想品德、良好的职业素养、合格的职业资格，同时还要有较强的研学旅行教学能力、过硬的研学旅行服务技能。

研学基地：中国人民革命军事博物馆

第一节 研学旅行指导师职业资格

由于目前研学旅行在中国还是一种新兴的行业和学科，研学旅行指导师职业目前还是一种技能岗位，国家对其资格的要求还没有定性为准入资格岗位。但是从目前教育部、文化和旅游部等直属职能部门有关研学旅行指导师的评定以及研学旅行机构培训和需求来看，研学旅行指导师职业条件大致要求如下：

热爱中国共产党、热爱祖国；思想品德高尚；无违法违纪记录；高中或中专以上学历；持有中华人民共和国教师资格证书、中华人民共和国导游资格证书；具有旅游服务经验；具有中小学教育教学经验；参加研学旅行指导师职业技能培训合格等。以下几个案例供参考，不再一一点评。

一、文旅系统研学旅行指导师职业资格

案例 1-1

文化和旅游部人才中心
研学旅行指导师职业能力等级评价标准（试行稿）（摘要）

1. 职业概况

1.1 职业名称

研学旅行指导师。

1.2 职业定义

指策划、研发或实施研学旅行课程方案，在研学旅行过程中组织和指导中小学学生开展各类研究性学习和旅行体验活动的专业技术人员。

1.3 职业技能等级

本职业共设四个等级，由低到高分别为：四级、三级、二级、一级。

1.4 职业环境条件

室内外，常温。

1.5 职业能力特征

具备较强的语言表达能力、旅行服务能力、教育教学能力和课程研发能力；具有较强的学习、组织、沟通、应变、管理等能力。

1.6 普通受教育程度

大学专科毕业（或同等学力）。

1.7 职业技能鉴定要求

1.7.1 申报条件

——具备以下条件之一者，可申报四级：

（1）取得大学专科毕业证书及以上学历（含尚未取得毕业证书的应届毕业生）；

（2）取得中华人民共和国导游资格证书；

（3）取得中华人民共和国教师资格证书。

——具备以下条件之一者，可申报三级：

（1）取得大学本科学校毕业证书及以上学历；

（2）取得初级研学旅行指导师证书，并连续从事本职业工作两年及以上；

（3）连续从事本职业工作五年及以上；

（4）取得中华人民共和国中级导游证书，并从事本职业工作两年及以上；

（5）取得教师系列初级专业技术职务任职资格，并从事本职业工作两年及以上；

（6）在全国导游大赛中获得铜奖荣誉者。

——具备以下条件之一者，可申报二级：

（1）取得硕士研究生及以上学历；

（2）取得中级研学旅行指导师证书，并连续从事本职业工作四年及以上；

（3）取得中华人民共和国高级导游证书，并从事本职业工作两年及以上；

（4）取得教师系列中级专业技术职务任职资格，并从事本职业工作两年及以上；

（5）在全国导游大赛中获得银奖荣誉者。

——具备以下条件之一者，可申报一级：

（1）取得高级研学旅行指导师证书，并连续从事本职业工作五年及以上；

（2）取得中华人民共和国特级导游证书，并从事本职业工作两年及以上；

（3）取得教师系列高级专业技术职务任职资格，并从事本职业工作两年及以上；

（4）在全国导游大赛中获得金奖荣誉者。

案例 1-2

中国旅行社协会研学旅行指导师（中小学）专业标准（摘要）

3.2 研学旅行指导师策划、制订或实施研学旅行课程方案，在研学旅行过程中组织和指导中小学学生开展各类研究学习和体验活动的专业人员。

3.3 研学旅行课程方案

为了完成研学计划、实现研学目标、遵循研学规律而制订的指导性、契约性的研学旅行课程规划。

4. 专业态度

4.1 专业认识

4.1.1 认识开展研学旅行的意义，热爱研学旅行指导师事业，具有职业理想和敬业精神。

4.1.2 认同研学旅行指导师的专业性和独特性，注重自身专业发展，具有终身学习的意识。

4.1.3 重视学生身心健康，将保护学生生命安全放在首位，促进学生的全面发展。

4.1.4 注重人格魅力和学识魅力教育和感染学生，做学生健康成长的指导者和引路人。

4.2 专业准则

4.2.1 维护学生合法权益，尊重个体差异，平等对待每一位学生。不讽刺、不嘲笑、不歧视学生。

4.2.2 遵守教师和导游的职业行为规范，品行端正，为人师表，身心健康，无传染性疾病。仪容仪表仪态及举止得体。

4.2.3 精心制订和实施研学旅行课程方案，完成研学目标、确保安全，让学生拥有快乐有意义的研学旅行生活。

4.2.4 在研学旅行活动中，不得出现违背党的路线方针政策的言行，不得发表错误观点和编造散布虚假信息、不良信息，不得出现损害国家利益、社会公共利益或违背社会公序良俗的行为。

5. 专业知识

5.1 研学旅行知识

5.1.1 掌握研学旅行政策法规知识，掌握相关研学旅行目的地及基地（营地）的情况。

5.1.2 掌握研学旅行组织和服务知识、文明旅游知识和旅行常识。

5.1.3 掌握研学旅行安全风险管理知识，熟悉基本的安全防护救护知识与灾害应急常识。

5.1.4 掌握研学旅行课程方案设计、课程及体验活动实施等知识。

5.2 教育教学知识

5.2.1 了解中小学教育教学理论，熟悉学生的认知规律和教育心理学的基本原则和方法。

5.2.2 了解新课程改革方向和相关理论，掌握新课程中的教学观和学生观。

5.2.3 了解中小学课程结构、课程类型、课程标准，熟悉中小学综合实践活动课程内容。

5.2.4 熟悉课程资源开发、管理与利用的方法，掌握研学旅行课程教学知识。

5.3 通识性知识

5.3.1 了解保护青少年健康成长方面的有关法律、法规知识，熟悉中小学教育的基本情况。

5.3.2 了解我国各类非物质遗产和各民族风俗，掌握相应的乡情、县情、省情。

5.3.3 了解相应的自然、人文、社会科学知识，掌握与研学旅行课程方案直接相关的学科内容。

5.3.4 熟悉现代化的信息技术知识。

6. 专业能力

6.1 研学旅行课程方案设计

6.1.1 具有较强的语言文字表达能力，能正确设计或修订完善研学旅行课程方案，保证方案的教育目标正确，教育主题鲜明，教学内容丰富。

6.1.2 能从学情和乡土乡情、县情市情、省情、国情出发，结合学生核心素养的发展要求，根据学校和研学资源两方面考虑，合理设计出适合不同年龄段学生的研学旅行课程方案。

6.1.3 能将知识、能力和情感（价值观）等目标设计在研学旅行课程方案中，并能融合在研学旅行的行前、行中和行后各个阶段。

6.1.4 应遵循教育性、实践性、安全性、公益性四大原则设计研学旅行课程方案，积极鼓励和引导学生参与设计，指导和帮助学生完成研学计划。

6.1.5 能合理利用各种资源，开发自然类、历史类、地理类、科技类、人文类、体验类等多种类型的活动课程。

6.1.6 设计的研学旅行课程方案能体现出自主性、探究性、体验性、互动性、趣味性等特点。

二、教育系统研学旅行指导师职业资格

（一）教育部指定培训机构研学旅行指导师资格要求

案例 1–3

研学旅行策划与管理职业技能等级标准（摘要）
（2020 年 2.0 版）

6. 职业技能要求

6.1 职业技能等级划分

研学旅行策划与管理职业技能等级分为：初级、中级和高级，三个级别依次递进，高级别涵盖低级别职业技能要求。

研学旅行策划与管理初级：能为中小学生提供基础性安全落实、教学引导和服务管理，对中小学生进行基础性实践教育等服务活动。

研学旅行策划与管理中级：能够在履行初级职责的基础上，为中小学生提供有针对性的安全管理、教学辅导和策划管理，对中小学生进行实践教育，掌握课程策划和设计等新知识、新技能。

研学旅行策划与管理高级：能够在履行中级职责的基础上，掌握中小学生的身心发展特点与培养方法，能对低级别研学旅行策划与管理人员进行培训、指导。掌握安全机制、教学指导、运营管理的知识、技能及素养。

（本案例由亲子猫教育公司魏巴德提供）

（二）省市级教育培训机构研学旅行指导师资格要求

案例 1–4

河南省研学旅行教育协会
研学旅行师资培训班暨研学旅行教育实践能力提升专题培训通知（摘要）

四、培训目标

（1）深入了解和学习研学旅行教育政策；

（2）学习和掌握开展研学旅行基本理论知识；

（3）学习和掌握开展研学旅行应具备的实际操作技能；

（4）帮助广大研学旅行教育工作者解决自身问题，提高管理能力和业务能力；

（5）为各地教育主管部门培养一批具有一定专业素养、专业技能的研学旅行储备人才。

五、培训对象

（1）中小学研学旅行教育机构主要负责人：主管校长、年级主任、班主任、相关学科老师等；

（2）从事研学旅行的相关机构负责人：从事研学旅行机构、营地（基地）及旅行社等相关服务机构的负责人；其他研学旅行教育研究人员和工作者。

（本案例由河南省研学旅行教育协会卢胜利提供）

三、研学机构研学旅行指导师职业资格

案例 1–5

某研学旅行基地研学旅行指导师招聘简章（摘要）

一、岗位职责

（1）在研学旅行过程中保障学员安全，能处理各种紧急突发事件；

（2）熟练掌握研学旅行的课程内容，参与项目实施，在实施过程中向学员生动讲解相关知识；

（3）负责组织对公司现有产品的满意度调研，收集参营者的建议，并对产品进行优化；

（4）定期系统化整理、研究分析、总结、存档，最终形成调研报告；

（5）完成领导交代的其他任务。

二、任职要求

（1）大专以上学历，有旅游行业经验者优先；

（2）热爱儿童户外教育事业，熟悉不同年龄段学生的身心发展需求；

（3）有 1 年以上的教育教学经验，学习能力强；

（4）具备一定的文字功底和优秀的语言表达能力；

（5）有责任心，有团队精神和大局意识；

（6）有创新精神，能玩转“头脑风暴”。

某研学旅行基地高级研学旅行指导师招聘简章（摘要）

一、岗位职责

（1）负责国内线研学旅行产品的定义和设计，能策划高品质研学旅行行程和学习内容；

（2）对接学习内容提供方，共同输出研学文档，确保学习质量；

（3）引导研学旅行全过程，导学有输入、研学有观察、学后有评价，全流程保障研学旅行品质；

（4）结合用户反馈，优化研学产品，持续创新改进。

二、任职要求

（1）5 年以上企业培训、培训机构或研学旅行行业工作经验；

（2）有一定的教育界资源，熟知中小学素质教育体系，对素质教育实现有思路、有方法；

（3）具备产品经理的基本方法论和实战经验，具有全盘负责产品规划及落地的经验；

（4）具有优秀的沟通表达能力，工作主动性强，有创业精神，有创新能力。

（本案例由邹城市博物馆李婷提供）

第二节　研学旅行指导师职业素养

研学旅行指导师职业素养包括政治素养、道德素养、职业素养、能力素养和行为素养等基本的职业素养，本节重点展示政治素养、职业素养和行为素养案例，供读者参考。

一、研学旅行指导师的政治素养

案例 1-6

在第十期全国研学旅行指导师培训班开班仪式上的讲话（摘要）

桂林旅游学院继续教育学院　程冰

三、研学旅行指导师应具备的政治素养

（一）做好研学旅行指导师，要有牢固的社会主义核心价值观

2017 年 10 月 18 日，习近平总书记在十九大报告中指出，要培育和践行“富强、民主、文明、和谐、自由、平等、公正、法治、爱国、敬业、诚信、友善”的社会主义核心价值观。要以培养担当民族复兴大任的时代新人为着眼点，强化教育引导、实践养成、制度保障，发挥社会主义核心价值观对国民教育、精神文明创建、精神文化产品创作生产传播的引领作用，把社会主义核心价值观融入社会发展各方面，转化为人们的情感认同和行为习惯。

开展研学旅行有利于促进学生培育和践行社会主义核心价值观，激发学生对党、对国家、对人民的热爱之情；有利于推动全面实施素质教育创新人才培养模式，引导学生主动适应社会，促进书本知识和生活经验的深度融合；有利于加快提高人民生活质量，满足学生日益增长的研学旅行需求，从小培养学生文明旅游意识，养成文明旅游行为习惯。研学旅行指导师要用自己的行动 倡导社会主义核心价值观，用自己的学识、阅历、经验点燃学生对真善美的向往，使社会主义核心价值观润物细无声地浸润学生们的心田，转化为学生的日常行为，增强学生的价值判断能力、价值选择能力、价值塑造能力，引领学生健康成长。

（二）做好研学旅行指导师，要有坚定的爱国意识

爱国意识是全国人民都应该具有的首要的政治素养，研学旅行指导师更应该具备。研学旅行指导师在为中小学研学旅行对象提供热情有效服务的同时，要自觉维护国家利益和民族尊严，遵纪守法。

习近平总书记在谈到教育工作者的政治素养时提出，教育工作者应具有四个服务意识：一是为人民服务；二是为中国共产党治国理政服务；三是为巩固和发展中国特色社会主义制度服务；四是为改革开放和社会主义现代化建设服务。教育工作者的政治素养只有始终围绕以上四个服务意识才不会跑偏，才会培养出真正为社会主义现代化建设服务的政治素养过硬的好学生。

（三）做好研学旅行指导师，要有对党忠诚的理想信念

习近平总书记关于做好教育工作者的第一条就是“做好教育工作者，要有理想信念”。研学旅行指导师作为一个特殊的教育工作者群体，应该以谦虚好学的态度对待工作，把工作当作事业，坚信教育的前景，坚信教育在整个国家和民族发展进步中的重要意义。我们教育工作者要用好教室讲坛，用好校园阵地，用自己的行动倡导社会主义核心价值观，用自己的学识、阅历、经验点燃学生对真善美的向往，使社会主义核心价值观润物细无声地

浸润学生们的心田，转化为学生的日常行为，增强学生的价值判断能力、价值选择能力、价值塑造能力，引领学生健康成长。

（四）做好研学旅行指导师，要有清醒的文化自信

研学旅行指导师要坚定道路自信、理论自信、制度自信和文化自信。要求研学旅行指导师要时刻保持清醒的文化自信意识，将中国博大精深的历史和传统传承给学生。坚定社会主义道路，坚定中国共产党的领导，坚定中华民族历史文化和优良传统，自觉抵制外来糟粕和文化侵蚀。

（五）做好研学旅行指导师，要有敏锐的危机意识

（1）研学旅行组织前。树立危机意识，建立危机预警系统，针对项目的实施，制定全方位的预警机制以及预警预案。由于研学旅行项目的参加者都是学生，教育形态下的学生安全管理容不得任何差错，否则影响巨大。因此，在研学旅行项目组织实施之前，建立全面的预警系统非常重要。

（2）研学旅行组织中。在组织研学旅行的过程中，不可控的危机依然可能出现。在发生危机时，要冷静自如，有充分的应急准备，懂得危机处理的基本技巧都是保护学生的重要前提。此外，敏锐危机意识还包括在遇到重大危难事件时是否有牺牲的意识和觉悟。如果研学旅行指导师们有更多的预案、更敏锐的预判，就能减少危机事件的发生。

（3）研学旅行组织后。在研学旅行项目组织结束后，研学旅行指导师要善于总结，从危机的处理过程及前兆信号等方面进行全面的分析和总结，并与其他导师分享交流，以便更好地培养敏锐的危机意识。

二、研学旅行指导师职业素养

案例 1-7

某研学旅行公司研学旅行指导师职业素养（摘要）

一、像总经理一样专注

作为一个一流的研学旅行指导师，不要只是停留在“为了工作而工作，单纯为了赚钱而工作”等层面上，而应该站在总经理的立场上，用总经理的标准来要求自己，像总经理那样去专注工作，以实现自己的职场梦想与远大抱负。

（1）以总经理的心态对待工作；

（2）不做雇员，要做就做集团的主人；

（3）第一时间维护集团的形象。

二、学会迅速适应环境

在当今就业形势越来越严峻、竞争越来越激烈的社会背景下，不能迅速适应环境已经

成了个人素质中的一块短板，这也是无法顺利工作的一种表现。

（1）不适应者将被淘汰出局；

（2）善于适应是一种能力；

（3）适应有时是一场严峻的考验；

（4）做职场中的“变色龙”。

三、化工作压力为动力

压力是工作中的常态，对待压力不可回避，要以积极的态度去应对、去化解，并将压力转化为前进的动力。

（1）别让压力毁了你；

（2）积极行动，还有什么压力不能化解；

（3）生机活力 PK 压力。

四、表现自己

在职场中，默默无闻是一种缺乏竞争力的表现。那些善于表现自己的研学旅行指导师往往能够获得更多的自我展示机会，成为最具竞争力的研学旅行指导师，也往往能够在工作中脱颖而出。

（1）善于表现的人才有竞争力；

（2）把握一切能够表现自己的机会；

（3）善于表现而非刻意表现。

五、低调做人，高调做事

在工作中，要学会低调做人，你将一次比一次稳健；善于高调做事，你将一次比一次优秀。在低调做人中修炼自己，在高调做事中展示自己，这种恰到好处的低调与高调，可以说是一种进可攻、退可守，看似平淡、实则高深的处世谋略。

（1）低调做人，赢得好人缘；

（2）做事要适当高调；

（3）将军必起于卒伍。

六、设立工作目标，按计划执行

在工作中，首先应该明确了解自己想要什么，然后再去努力追求。一个人如果没有明确的目标，就像船没有罗盘一样。每一份富有成效的工作，都需要明确的目标去指引。坚定而明确的目标是专注工作的一个重要原则。缺乏明确目标的人，其工作必将庸庸碌碌。

（1）目标是一道分水岭；

（2）工作前先把目标设定好；

（3）确立有效的工作目标；

（4）目标多了等于没有目标。

七、做时间管理的高手

时间对每一个职场人士都是公平的，每个人都拥有相同的时间，但是在同样的时间内有人表现平平，有人则取得了卓越的工作业绩，造成这种反差的根源在于每个人对时间的管理与使用效率上存在着巨大差别。因此，要想在职场中具备不凡的竞争力，应该先将自己培养成一个时间管理高手。

（1）谁善于管理时间，谁就能赢得先机；

（2）学会统筹安排；

（3）把你的手表调快 10 分钟。

八、自动自发，主动就是提高效率

优秀的研学旅行指导师，善于随时准备去把握机会，永远保持率先主动的精神，并展现超乎他人要求的工作表现。他们头脑中时刻具备“主动就是效率，主动、主动、再主动”的工作理念，同时也拥有“为了完成任务，能够打破一切常规”的魄力与判断力。显然，这类研学旅行指导师，能在职场中笑到最后。

（1）不要只做总经理交代的事；

（2）工作中没有分外事；

（3）不是“要我做”，而是“我要做”；

（4）想做“毛遂”，就得自荐。

九、服从第一

服从上级的指令是研学旅行指导师的天职。无条件服从是集团要求每一位研学旅行指导师都必须奉行的行为准则。强化研学旅行指导师对上司指派的任务都必须无条件地服从。在集团组织中，没有服从就没有一切。所谓创造性、主观能动性等都是在服从的基础上才能够产生。那些懂得无条件服从的研学旅行指导师，才能得到集团的认可与重用。

（1）像士兵那样去服从；

（2）不可擅自歪曲、更改上级的决定；

（3）多从上级的角度去考虑问题。

十、勇于承担责任

集团首先强调的是责任，没有比研学旅行指导师的责任心所产生的力量更能使集团具有竞争力的了，那些具有强烈责任感的研学旅行指导师才能在职场中具备更强的竞争力。

（1）工作就是一种责任；

（2）集团青睐具备强烈责任心的研学旅行指导师。

（本案例由曲阜市姚村中学陈伟、曲阜市教师教育中心颜廷龙提供）

三、研学旅行指导师行为素养

案例 1–8

从活动到教育，探索研学旅行的真谛
——长春世界雕塑园研学旅行指导师姜宇的成长历程

我对研学课程非常有感情。最近几年，我用自己的经历在做课程，跳进去体会，跳出

来提炼。对于研学课程是我先感受到，活动设计方案的每一个细节都不是硬想出来的，而是感受出来的，也就是我被“研学”的过程。

比如雕塑为什么要夸张，话剧表演一定要夸张，演讲为什么要夸张，跳舞动作为什么大。在生活或工作的有些场合，可以有意识地进行夸张表达。艺术和生活和任何学科的内在都是通的，艺术手法也是一样。

更为关键的是，对我来说，研学旅行课程不仅仅是活动，而且是活动背后的教育，这才是研学的真谛。

在我还不知道什么是研学的时候，就曾惊喜地发现，如果把雕塑转化为教育资源，才能让孩子们通过这个窗口，了解更多知识，看到更广阔的世界。

一、自我研学之路

我本身是个喜欢艺术的人，也许和英语专业的背景有关系。我喜欢了解各国的文化，曾做过5年高校英语教师，也正是有着教育情结，让我走上了研学之路。

通过接触几个雕塑大家，他们的性格、人格，他们对生活的态度都令我震惊。我得到的结论是：艺术是一种智慧，有智慧的人才能看到生活的美，才能提炼思想，形成作品。我们只有提升审美意识，才能够到艺术家的智慧。如果你和作品有了共鸣，开始交流，那便是智者的对话。当时我就觉得，孩子的教育，一定要从艺术入手。

一开始，我认为我不懂雕塑，我需要学习，但有了和艺术家接触的感悟之后，我也开始多看几眼，多琢磨琢磨。这一琢磨，发现许多新奇的特点，开始探索起来，通过这些特点，找到了雕塑背后的文化。

我从小的梦想是环游世界，没想到，在雕塑园，我实现了。在这里可以看到不同国家的不同的事物、风俗，还体验到了异域文化，经常有种欣喜的感觉，慢慢地还体会到了主动学习的乐趣（这也是研学的本身应有的滋味）。

二、研学探索的萌芽

雕塑作为教育资源，可以通过作品，了解相关的知识和文化。对于小一点的孩子，可以搞一些活动，如，看雕塑起名字，看雕塑讲故事，给雕塑配诗歌，通过观察去欣赏，同时激发想象力。这是我最初的教育想法。这么好的教育资源就在身边，但是过去大家对于雕塑，来了也只是看看而已，没有好好挖掘背后的文化，没有充分发挥雕塑的艺术价值，为什么不能在这里进一步增长见识，提升审美意识提高素质？根源就是没有相应的研学课程。

最初的这个想法也算是一种文化旅游了，没想到，它还有个名字，就是研学。

在此之前，我已经对艺术、文化、教育有了相应的理解。在接手这项工作的时候，需要做的就是进一步的学习，使之系统化、标准化，具有可行性、开拓性和创新性。也正是此时，研学课程的萌芽萌动了。

三、发现雕塑的德育功能

有人说，如果把爱好变成工作，你将失去你的爱好。其实，恰恰相反，我不但没有失去自己的爱好，还不断地从工作中获得新的爱好，因为，我用研学的方式在工作着，感受着，成长着，快乐着。

研学课程对我来说，是一个自己给自己设置的庞大项目，为了厘清思路、做出结果，我在园中边寻找线索，边寻找能服务于主题的文化。终于，我自己发生了一个巨大的改变——我从一个有点“崇洋媚外”的人，变成了一个具有民族自豪感的人。直到有一天，我深深地感受到了美育教育的一个非常重要的功能——德育功能，于是，我也顺理成章地确立了雕塑园的研学主题：“中西文化对比看世界。”

既然是雕塑园，最终还是要回到艺术上。对于文化的了解，可以提升艺术的审美与鉴赏能力；再看艺术，则会有更多的感悟，自己变为创作者，去创作作品，才是一个完整的过程。

这些都不是空想出来的，都是从我自己的教育结果反推回去的。我只需要在这些大原则下去设计具体的课程和实施的环节，那么对我来说，课程目标、教学评价、教学法就是一个新的课题了。

四、找寻研学的真谛

对于曾经辞去老师的身份我始终有一份遗憾，现在，我又回到了教育的轨道；不，应该说是教育就在实践中，我发现了研学的教育真谛——从活动到教育。教育无处不在，尤其是在实践生活中、在生活的每一个角落，这也正是教育的魅力和价值。

同时，我也深深地明白，我所有的提高，都是自己在一次一次的课程设计中获得的。我也感受到自我学习的乐趣，要想使学生有这样的效果，研学课程就要设计为一个项目课，并用到研学课程教学中，通过不断调整，就会有新的发现、新的思考、新的收获。通过对雕塑园的观光、游览到对艺术和文化上的深度思考，我不仅获得一种能力和态度，更多的是获得优秀文化的熏陶和感悟——做生活的艺术家。

雕塑园，不仅仅是艺术，更多的是文化；研学，不仅仅是活动，更多的是教育。我也因此走上了研学的正确道路。

案例评析

本案例中，作者从一名研学旅行活动者走向研学旅行教育者的历程，形象生动地展示一名研学旅行指导师的成长过程。从活动到教育，让主人公找到了研学的真谛，找到了研学旅行指导师的角色定位，逐渐塑造着自己的职业形象。

研学旅行指导师的职业定位是通过让学生亲近和探究自然，接触和融入社会，关注和反省自我，体验和感受集体生活的过程，使中小学生养成价值认同、实践内化、身心健康、责任担当等意识和能力，这是研学旅行的目的，也是研学旅行指导师的岗位职责。本案例中，在字里行间都能感受到姜宇对研学旅行价值认同的追求，无论是对活动环节的精益求精，还是学生任务的反复推敲，都是在追求实践教育对价值的实践内化，充分展现了作为一名研学旅行从业者的责任担当精神，这种精神会潜移默化地沁透学生心灵。作者如此崇高的职业形象和美好的情怀，实在令人钦佩。

（点评人：文化和旅游部人才中心研学旅行指导师考评员甄鸿启）

第三节　研学旅行指导师教学技能

研学旅行指导师教学技能丰富多样，本节重点展示研学旅行指导师的课程开发设计技能、现场教学实操技能、变更研学规模的处理技能、变更研学内容的处理技能、研学旅行手册的编写技能。

一、研学旅行指导师课程设计开发技能

案例 1-9

《飓风营救：恐龙特战队，出击》研学活动中的“五化”教学

研学旅行指导师在研学活动设计中融入“五化”教学，让研学旅行充分发挥教育价值。

一、执行模块化

执行模块化是指将完整的课程逐层、系统地划分成若干模块，并将所有模块任意组合，成为一个新的整体的课程选择方式。

通俗地说，就是因材施教、因人施教。在课程研发之初，根据学校的特性、班级的特点、学生的不同年龄段，设计出了 7 天的课程。在课前沟通环节，给学生和学校发研学手册，让学校和学生自由搭配课程。

在《飓风营救：恐龙特战队，出击》(以下简称《飓风营救》)，在课前沟通环节，要根据学生和学校的选择，制定出定制课程，并对定制课程进行解析，让学生和学校第一时间了解课程内容。

二、讲解故事化

所谓讲解故事化，就是用生动有趣的语言，发掘事件或事物中的故事化因素，以讲故事的形式体现所需转述的地质科普内容，这是一种人文关怀的体现。

作为地质科普研学旅行基地，很多专业术语枯燥、抽象，这很不利于课程的开发。因此，课程研发团队将这劣势转化成了优势，将所有的科普知识都改编成了故事。每个专业术语里，都隐藏着一个与科学家、恐龙、地学有关的小故事。

在每一个研学课程中，讲解故事都贯穿于整个研学旅行活动。在《飓风营救》课程中，蛛丝马迹环节更考验研学旅行指导师“讲故事”的能力，也培养了学生“考察探究”的学习能力。在这个环节，学生们对知识的吸纳像游戏通关，新意不断，惊险不断。课程结束了，再说起科普，印象很深刻。

三、教学情境化

广义来说，教学情境是指作用于学习主体，产生一定的情感反应的客观环境。狭义来说，指在研学资源环境中，作用于学生而引起学生积极学习的情感反应的教学过程。

教学情境可以综合利用多种教学手段，通过外显的教学活动形式，营造一种学习氛围，使学生形成良好的求知心理，参与对所学知识的探索、发现和认识过程。

在《飓风营救》中，课程几乎都在特定的场景里，平原丹霞地貌、硕大的恐龙化石、深邃神秘的恐龙峡谷……这样的教学场地，到处都是知识点，并成为课外课的突破口，学生在不知不觉中达到认知活动与情感活动的有机"渗透"与"融合"，使学生的情感和兴趣始终处于最佳状态，全身心地投入到学习之中，从而保证教学活动的有效性和预见性。

四、互动常态化

通过简单、有趣的方式让学生认为所有的地质现象"合情合理"，就是"互动常态化"。

研学打破了常态，坚决规避传统游学中的"游"字，要让所有的参观全部变成参与。

《飓风营救》中，挖掘化石的活动放在了真实的科研基地。学生们在科学家工作过的地方，认识严谨的科研流程，接受有趣的科普知识，并自己动手实践——快速转动的大脑加上时限内的超级行动力，让孩子们在"接收知识"环节中轻松愉悦，主动性更强。

五、流程标准化

要求研学过程中每一个流程都有标准，每一个细节都要 100% 完成。当所有的环节都能按照标准执行，那么整个活动的流程必然是标准的。

研学旅行活动每个环节都有其标准。

《飓风营救》中，"总体自评表""研学报告""研学安全保障"都是研学旅行活动的"标配"。而活动中学生们做游戏时配备的坐垫、活动中随时供应的温热矿泉水是白垩纪研学的"管理标准"。在课程流程上，要求更为严格。例如"瓶中白垩纪"，三层地层有自然顺序。但是为了确保学生们把这珍贵的地质瓶安全带回家，课程设计团队经过专家指导，将地层"倒"过来，通过测量，按照每个地层 5 勺土的标准，制作地质瓶。在封口环节，每个"瓶中白垩纪"都经过研学旅行指导师严格的检查、填装，才能进行封装。在制作"瓶中白垩纪"的过程中，导师们会时时提醒学生们将"许愿条"放进瓶中，许下人生第一个"十年规划"——这些，都是研学的标准化的具体体现。

（本案例由莱阳白垩纪国家地质公园王正东提供）

案例评析

中国教育学会地理教学专业委员会制定的《研学旅行课程标准》中提出研学旅行课程在设计时需要具有以下 5 个特点。

第一，计划性。研学旅行不是泛泛地游学，而是纳入教育部门和学校教育教学计划的重要教育教学活动，是"一个学生也不能少"的集体教育活动。

第二，实践性。研学旅行是学校理论教育与校外实践教育相结合的教育教学方式，面对自然界与社会的真实情境，让学生在"考察""探究""旅行""反思""体验"等一系列实践活动中发现和解决现实问题，体验和感受真实生活。

第三，整合性。研学旅行是跨学科的综合教育教学课程，研学旅行指导师要鼓励学生综合运用各学科知识和方法，思考、认知、解决综合性问题。要求学生综合考虑与自然、与他人、与社会、与自我的关系。

第四，开放性。研学旅行打破了学校课堂“一言堂”的格局。研学的情境是开放的，现实问题没有唯一的答案，有利于发散思维；研学活动是开放的，学生面向真实的世界，与开放的社会互动。

第五，趣味性。研学旅行离开学生常住地，旅行经历、异地景观和研学旅行能容易引发学生探究兴趣，提高学生的生活品位、审美情趣和创新意识。

本案例中的“五化”教学技能，是研学旅行指导师教学知识和能力的具体呈现，充分体现了上述的5个特点。研学旅行指导师在课程开发设计时可以参考“五化”教学设计方法。

（点评人：文化和旅游部人才中心研学旅行指导师考评员甄鸿启）

案例 1–10

《我的防疫阻击战》中的跨学科设计技能网课教案（摘要）

整合核心素养，梳理研学课标，跨学科创建课程见表 1–1~ 表 1–3 所示。

表 1–1　课程一　看不见的敌人

研学主题	研学链接	研学内容和评价
从学习方式、日常生活、社区治理等方式的转变，谈新型冠状病毒对个人、家庭、社会的影响	道法：积极参与公共生活，遵守公德和公共秩序；发展独立思考和自我控制能力；合理利用互联网等媒介 语文：关心国家大事、注重收集素材，学会收集资料，自信负责表达 信息：信息搜集能力，远程通信能力 传统文化：传统节日及习俗	能够搜集信息与数据，采取表格对比或口头表述等方式，列举展示影响 向全体学生及教师展示，以互评为主
什么是新型冠状病毒？运用恰当的方式表述其特征	生物：描述病毒和细菌的主要特征 语文：多角度观察，抓住事物特征，有自己的感受和认知，表达力求有创意 美术：运用线条、形状等造型元素，选择传统和新媒介，发展个性表现能力	以口头表达、写作、绘画、动画、制作、3D 打印等方式准确表达新型冠状病毒的特点 向全体师生展示，共同评价（可与细菌特征做对比展示）
新型冠状病毒的传播方式	生物：描述人体呼吸系统的组成 语文：阅读新闻和说明性文章，能把握文章的基本观点，获取主要信息；能用文字、图标、图画、照片等展示学习成果；掌握查找、引用资料的基本方法 物理：掌握正确的测温方法	能查找并整合新闻，查找说明性文章等资料，清晰表达新型冠状病毒的多种传播方式，描述其发病症状 教师评价

表 1–2　课程二　新冠病毒的偷袭

研学主题	研学链接	研学内容和方法
新冠病毒的初始暴发	生物：描述病毒与人类生活的关系 地理：中国的行政区划 信息：信息搜集能力，远程通信能力	查找并整合新闻、说明性文章等资料，明确新型冠状病毒的源头及寄主 在中国行政区划图中指认源头地点 向全体学生及教师展示，以互评为主
新冠病毒的肆意蔓延	生物：病毒的传播与遗传 地理：中国的行政区划，交通运输方式，传统文化及地方习俗 数学：收集整理描述数据，绘制统计图表 美术：用美术媒材建立与其他学科联系，实现综合探索要求	收集确诊病例数据，根据疫情暴发的时间、地点，绘制疫情数据图表和疫情追踪地图 梳理春运期间，以铁路为主要交通运输方式的病毒的传播路线及省区 向全体师生展示，教师评价为主
病毒防控现状	数学：收集整理描述数据，绘制统计图表 道法：关注时事，通过网络搜集信息，形成亲社会行为 语文：关心国家大事，能从书刊或其他媒体中获取有关资料；讨论分析问题，独立或合作写出简单的研究报告 化学：有机化学方程 历史：社会主义制度强大的优越性，新的“民族长城”	通过翔实的数据、自制的图表以及绘制的疫情地图，网络搜集政府公布了哪些政策防控疫情，全国人民履行了哪些义务。有证据地撰写疫情发展与现状研究报告 向全体师生汇报展示，教师评价与自我评价相结合
历史上的瘟疫	历史：文艺复兴对科技、文明的推动 道法：辩证地看待问题，培养独立思考能力 语文：自信、负责地表达自己的观点，做到清楚、连贯，不偏离话题	采取空中课堂辩论赛的形式，围绕辩题“瘟疫阻碍社会进步 vs 瘟疫推动社会进步”，开展网络辩论与评论 全体参与，学生互评

表 1–3　课程三　我的新冠病毒阻击战

研学主题	研学链接	研学内容和方法
截断传播途径的方案流程	生物：描述病毒和细菌的主要特征，传播与遗传。人体呼吸系统的组成 化学：合成材料 道法：尊重公共秩序。服务社会，为社区服务 语文：关心国家大事，注重收集素材，学会收集资料，自信地表达 美术：运用线条、形状等造型元素，选择传统和新媒介，发展个性表现能力	制作《防疫知识手册》、防疫流程图，绘制社区防疫宣传海报 向全体学生及教师展示，以他评为主

续表

研学主题	研学链接	研学内容和方法
家庭健康防疫的方法建议	语文：重写作过程中收集素材、构思立意、列纲起草、修改加工等环节，提高独立写作的能力；能用文字、图表、图画、照片等展示学习成果 美术：运用线条、形状等造型元素，选择传统和新媒介，发展个性表现能力 体育与健康：室内锻炼与心理健康 信息：远程通信应用	制作涵盖图画、文字、图表、作息时间表等项目综合、实用的《防疫作战手册》 通过网络推介发布手册 向全体师生推介展示，共同评价
思想武装头脑，行动致敬逆行者	语文：多角度观察生活、发现生活，抓住事物特征，有自己的感受和认知，创作、朗诵诗歌、散文 英语：国际认同，社会责任感 音乐：歌曲创编及表演 美术：造型设计及应用 信息：创客作品制作，新媒体编导 道法：积极参与社会公益活动，服务社会，树立为社会服务的精神 历史：认识人民群众创造历史的作用以及杰出人物在历史上的重要贡献	收集为抗疫做出重大贡献的人物事迹，用诗词创作、音乐创编、艺术造型、创客设计、朗诵表演、中英文宣讲、志愿服务等多种方式，用行动致敬最可爱的人 向全体师生展示，共同评价

（本案例由滨州实验学校蒋大为提供）

案例评析

研学旅行课程涉及语文、数学、英语、科学、美术、物理、计算机、历史、化学、音乐、美术、思品等多个学科，超越了某一个学科的知识范畴、研究范式，创造性地连接起某个主题的多学科内容并进行整合，开启的是一种创造性的活动、新的认知视野和新的问题解决智慧。研学旅行指导师把这些人类社会和自然界实践过程中积累起来的丰富的经验成果进行加工、整理和诠释，就形成了跨越其他任何单一学科的研学旅行专业知识。学生通过体验和探究的方式交叉渗透学习，获得这些横跨不同的学科知识，对所学知识形成一个整体性和系统性的认知，从而开阔了学生视野，培养了创新创造能力，养成了科学探究精神，增强了团队合作意识，提升了自身的综合素质。

另外，研学旅行课程的内容涉及的多种学科的知识、理论和方法并非独立并行，而是处于交叉协同的状态，因为这些科目的交叉与协同产生了新见解、新知识或新思维。单一学科的知识、内容与方法无法解决研学旅行所面临的复杂问题，需要依托其他相关学科的知识、理论或方法加盟助力，协同支持，一起发力，最终让学生在研学旅行中遇到的问题迎刃而解。

本案例作者在网课课程设计中巧妙地运用“新冠病毒阻击战”这根主线，把中小学道法、语文、化学、美术、计算机、历史、音乐、美术等链接起来，完成了跨学科设计。通过课程的设计，我们不难看出，作者研学旅行教学过程中，教学方法灵活多样，多科目共同发力，共同完成研学旅行教学任务，学生兴高采烈的研学氛围跃然纸上。仅从教案片段我们便能推测研学旅行指导师的课程设计能力之高超，课堂组织教学驾驭课堂能力之强悍，研学旅行课堂气氛之活跃，足见作者对研学旅行事业的热爱，绝非普通研学旅行指导师所为。因此，本教案片段，包括整体教案都是不可多得的优质的研学旅行教案。

（点评人：文化和旅游部人才中心研学旅行指导师考评员李岑虎）

二、研学旅行指导师现场教学技能

案例 1–11

白垩纪恐龙地质公园研学旅行课程教学过程（摘要）

研学导入：古生物化石到底有多神秘？什么是化石？化石又有哪些分类？地质年代怎么划分？如何寻找到化石？一位经验丰富的化石猎人总是有办法唤醒沉睡在地下的化石。从未被发掘过的地层，里面藏着大量未出世的新物种，这次的科考非常“硬核”，需要各位小猎人拿出一点真本事。

★第一天★

第一课　化石猎人集合

研学时间：08 : 30—08 : 50

研学目标：

（1）从陌生到熟悉，打破坚冰，建立真正的队伍；

（2）分队，团建，为活动顺利进行打好基础；

（3）提高团队的凝聚力，小队员的仪式感。

小贴士破冰：消除成员间的隔阂，培养信任和默契。好的破冰环节可以让活动达到更好的效果。

研学地点：广场。

研学工具：（1）队服；（2）队旗；（3）坐垫；（4）马克笔；（5）国旗。

安全提醒：（1）封闭场地；（2）保安、医疗随行；（3）基地项目专家带队；（4）一切活动听指挥，禁止单独活动。

第二课　重装小分队，出击

研学时间：08 : 50—09 : 00

研学目标

（1）领取任务必备工具及物资（见图 1–1）；

（2）明确任务目标，第一次认识“团队”，培养团队精神。

研学地点：广场

研学工具：（1）地质背包；（2）地质锤；（3）放大镜；（4）罗盘；（5）记录本。

研学内容：基地项目专家讲解工具使用方法及规范。

安全提醒：(1) 封闭场地；(2) 安保，医疗随行。

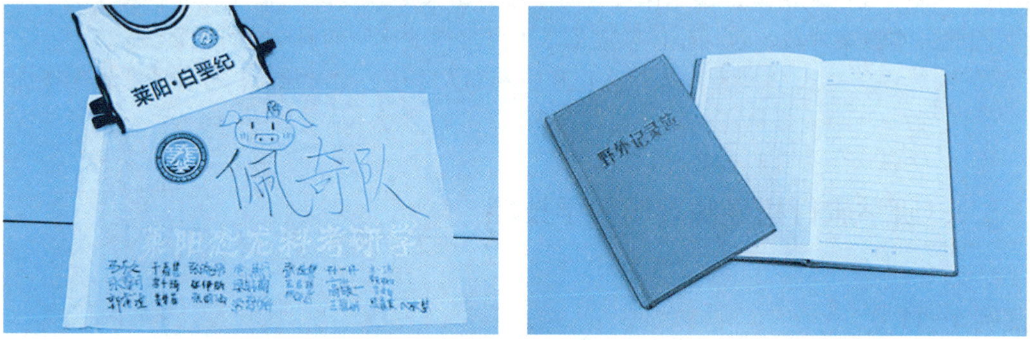

图 1–1　研学名单、笔记本

第三课　石中花语

研学时间：09 : 00—11 : 00

课程概述：

一、花的演化

莱阳第一朵花盛开的地方。在花植物的起源问题中，最早的花是什么样子？它从何时开始？为什么花会演化？为何有花植物在白垩纪一出现，就进化出如此多的物种？这几个问题是花起源的重要问题。由于早期的有花植物均已经灭亡，所以我们研究花起源必须要能找到那些早期的植物化石，比如在我国辽宁发现的辽宁古果化石（见图 1–2）和李氏果化石，都属于特别有名的植物化石。又比如在南美发现的菊科化石（见图 1–3），则从另一个侧面证明，菊科的历史相对要短一些。通过这几个非常重要的植物化石，学生可大致了解花的起源和进化。

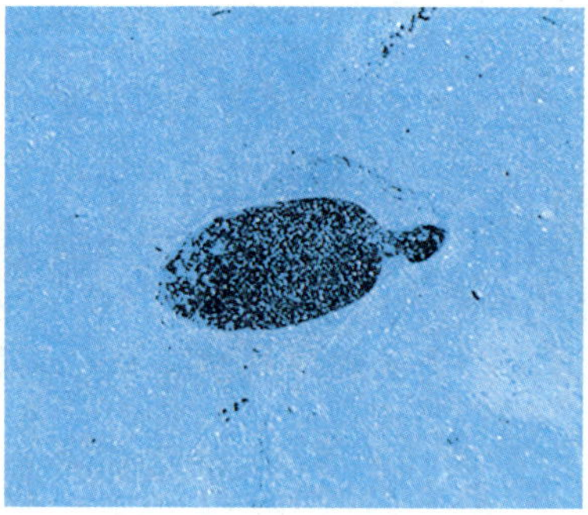

图 1–2　古果化石

图 1–3　菊科化石

二、岩石的划分

尽管岩石变化万千，但都归属于三大类：火成岩、变质岩和沉积岩。沉积岩是在地表条件下，由各种各样的沉积物形成的岩石，它是唯一能够保存化石的岩石。因此在寻找化石的时候，应把注意力放在沉积岩上。

研学小贴士：泥质灰岩或泥灰岩层的结核内，往往包裹着化石。因为含结核的岩层一般形成于浅水动荡的环境中，生物死亡以后，在水波搅动的情况下，生物遗体周围的泥质凝聚汇集起来，胶结成结核，所以在野外遇到此种岩层的结核，打开可能会获得形态比较完整的化石。洞穴和裂隙是哺乳动物化石的仓库。寻找哺乳动物化石和古人类化石，一般在洞口和洞的深处都比较容易找到化石。

研学目标：

（1）学会观察岩层剖面，了解“岩石三兄弟”；

（2）学会野外科考的技巧；

（3）通过化石分析当地在白垩纪时期发生了什么事件；

（4）体验科考发掘的苦与乐；

（5）学会页岩化石挖掘技巧。

研学工具：

（1）地质锤；（2）地质放大镜；（3）野外记录本；（4）手套；（5）标本袋。

研学流程：

（1）出发前查阅资料，了解目标地点的地质年代，搜集化石信息，做到有准备、不盲目；

（2）到野外寻找化石采集点。断崖、河床、采石场、道路切坡、水库周边等是最理想的采集点；

（3）莱阳群属于早白垩纪，我们要寻找的化石就藏在页岩里。页岩属于沉积岩，有很明显的分层，属于湖泊沉积岩层，较易采集；

（4）岩石性质发生改变的层位上，因为岩性（如成分、颜色、组织结构等）的改变，也就意味着沉积环境的改变，在此情景下，极易造成生物的大批死亡，因而化石也就比较集中。

安全提醒：

（1）禁止单独行动；（2）规范使用工具；（3）禁止爬高，不要远离公路。

第四课　化石猎人午餐

研学时间：11 : 00—13 : 00。

研学目标：

（1）补充能量；（2）休息，恢复体力。

小贴士：植食恐龙吃什么？植食性恐龙的食物以裸子植物为主，而我们通常说的草为被子植物，在白垩纪数量较少，并不是恐龙的主食。

研学地点：恐龙餐厅。

研学工具：

（1）水杯；（2）餐具。

小贴士提醒：

（1）研学专用餐厅，不对外营业；（2）专业厨师，持证上岗；（3）菜品搭配合理，保证营养；（4）菜品为当天采购，保证安全、新鲜；（5）自助取餐，杜绝浪费。

第五课　奇石小课堂

研学时间：13 : 00—14 : 00。

研学过程：由导师为大家开展奇石小课堂，为接下来的“硬核”任务打好关键的基础，在这里大家能够学习到“岩石三兄弟”的知识和玛瑙、植物化石的采集技巧。

第六课　凝固时光

研学时间：14 : 00—16 : 00。

研学过程：（1）修复采集到的化石；（2）将化石用特殊材料保护起来，变成美丽的化石标本（见图 1–4）。

图 1–4　化石标本

研学地点：修复室。

研学工具：

（1）滴胶；（2）模具。

安全提示：

（1）在研学旅行指导师的指导下进行；

（2）按照规则使用工具。

第七课　饭是饿时香

研学时间：16 : 00—17 : 30。

研学目标：（1）补充能量；（2）休息，恢复体力。

研学地点：恐龙餐厅。

研学工具：（1）水杯；（2）餐具。

研学过程：用餐（见图 1–5）。

图 1–5　用餐

安全提醒：

（1）研学专用餐厅，不对外营业；

（2）专业厨师，持证上岗；

（3）菜品搭配合理，保证营养；

（4）菜品为当天采购，保证安全、新鲜；

（5）自助取餐，杜绝浪费。

白垩纪寄语：在人类的劳动中，“做饭”是生存最基本却必备的技能。自己动手，丰衣足食，是对成长最基本的要求。

第八课　篝火正红

研学时间：17 : 30—18 : 30。

夜将至，正是白垩纪巨兽出没的时刻，让我们点燃篝火（见图 1-6），驱逐巨兽。这是这次营救任务里最轻松的环节了，放轻松，去玩吧！

研学地点：广场。

研学工具：（1）篝火；（2）移动音箱；（3）凳子。

研学过程：

（1）热闹的篝火晚会中，尽情放松自己，让友谊再次得到升华。（2）欢乐共同分享（见图 1-7），沉淀活动感悟。

图 1-6　点燃篝火，驱逐巨兽

图 1-7　共同分享欢乐

安全提醒：（1）封闭场地，保安随行；（2）远离篝火安全线。

第九课　共眠白垩纪

研学时间：18 : 30。

研学目标：

（1）学会野外求生知识；（2）合力搭建庇护所；（3）感受神秘夜睡在恐龙脚下的氛围。

研学地点：博物馆

研学工具：（1）帐篷；（2）睡袋；（3）充气垫；（4）防潮垫。

研学过程：

（1）伸开帐篷的帐篷杆；（2）用卡扣连接帐篷四角和帐篷杆；（3）压下帐篷顶部的伸缩杆（见图 1-8、图 1-9）；（4）依次铺好防潮垫、充气垫、睡袋。

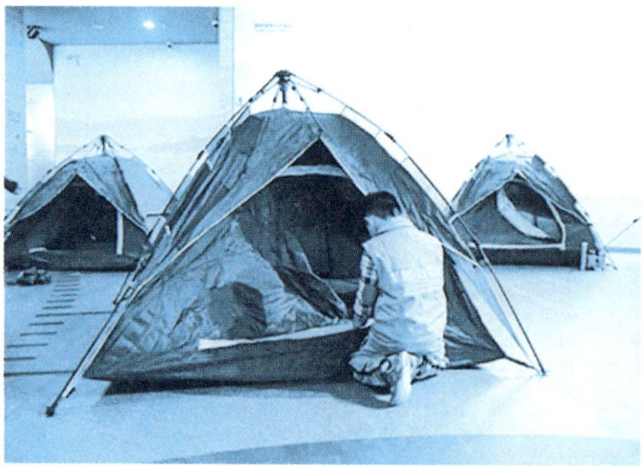
图 1-8　搭建帐篷

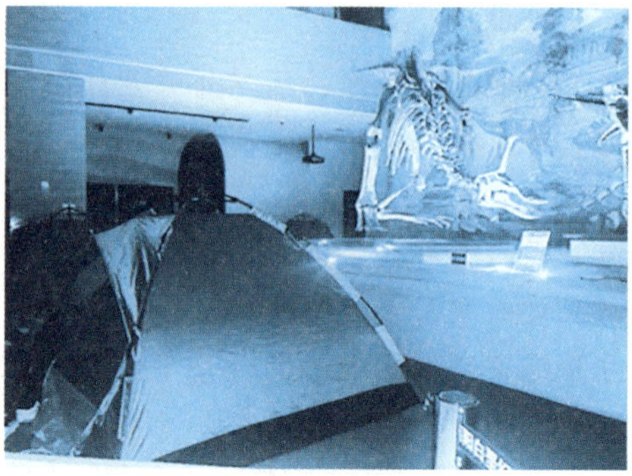
图 1-9　搭建好的帐篷

安全提醒：

（1）封闭场地，全天监控，紧邻疏散口；

（2）人造地面，防火、隔潮；

（3）空调全天开放，恒温、恒湿；

（4）男女分区搭建帐篷；

（5）睡前导师检查各种用具是否使用规范；

（6）晚上二楼通道上锁，为队员们留好夜灯；

（7）保安巡逻，男女导师分区巡逻，帐篷作明显标记，方便联系。

白垩纪寄语：睡吧，在你们自己亲手安的“家”里。恐龙守护着你们，星光陪伴着你们，枕着一天的疲惫，香甜地睡去。机智英勇的小队员们，你们是今天的勇士，更是明天的胜利者。

★第二天★

第十课　化石猎人之玛瑙

研学时间：08 : 30—11 : 00。

课程简介：今天我们要去到的地方就是莱阳白垩纪时期火山喷发的遗址，探秘“岩石三兄弟”中的火成岩，这里的地貌与恐龙的演变有着最直接的关系。火山的喷发还带来了另外一个惊喜——玛瑙。玛瑙基本的形成过程主要是亿万年前由于激烈的地壳运动引发的火山爆发，将地壳中的岩浆急速地喷出地面，岩浆冷却后会形成大大小小各种形态的气泡。在火山二次喷发或者是压力下含有二氧化硅的硅酸溶液会填充满岩浆中的空洞，硅酸溶液在冷却后，经过亿万年的沉淀结晶便形成了玛瑙。

研学目标：

（1）认识火成岩及火山喷发对动物演变的影响；

（2）观察玛瑙石（见图 1-10）的形态，了解玛瑙石的形成原因；

（3）学会玛瑙矿石的采集技巧；

（4）用机器打磨采集到的玛瑙石。

研学工具：（1）地质锤；（2）地质放大镜；（3）小刷子；（4）标本袋；（5）手套。

安全提醒：

（1）野外活动，请保持自己在规定范围内；

（2）不允许爬高；
（3）按照规定正确使用工具；
（4）佩戴手套，防止被页岩割伤。

图 1-10 玛瑙石

研学过程：将玛瑙打磨抛光就可以变成我们平时常见的首饰和装饰品啦，但是打磨可不是一件简单的事情，所以我们需要认真地学习。

（1）将玛瑙的表面打磨得更细腻平整（见图 1-11），这是抛光前的程序；
（2）用特制的抛光粉进行抛光；
（3）在玛瑙表面上进行较慢速的摩擦，转动一段时间，就可以获得光滑洁润闪烁着耀眼光芒的表面；
（4）将石蜡擦在烤热的玛瑙上，冷却后用布擦拭表面，使玛瑙表面有晶莹的亮度。

小贴士：如何辨别玛瑙石呢？玛瑙带状花纹是最有特点的。有的像大树的年轮，不同的是大树的年轮是从内往外生长的，而玛瑙正好相反。同学们，要仔细辨别哦！

研学评价：同学们，你现在了解玛瑙了吗？如果你已经掌握了玛瑙的辨别与打磨，请同学们根据各自的表现填写。

图 1-11 开始打磨抛光玛瑙

第十一课　我是修复小专家

研学时间：13 : 00—15 : 30。

研学过程：

（1）将自己采集到的化石精心修复并包装；

（2）将挖掘到的玛瑙石打磨成为宝石。

研学工具：（1）化石展架；（2）鼓气球；（3）刷子；（4）打磨机；（5）砂纸。

安全提醒：（1）打磨需由工作人员进行；（2）规范使用工具。

成果展示：我们为了手中的化石（见图 1–12）付出了巨大的努力和辛苦的劳动，现在是展示我们劳动成果的时候了，用专业的工具进行修复，并用精美的展架包装它们。在工作人员的帮助下，我们采集到的玛瑙原石最终会变成闪闪发亮的宝石（见图 1–13）。

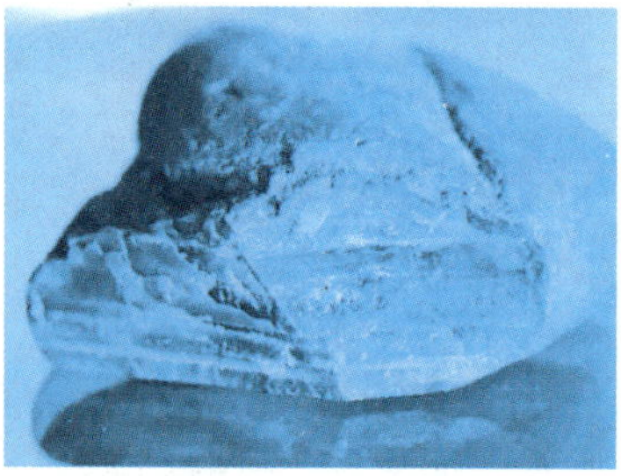

图 1–12　化石

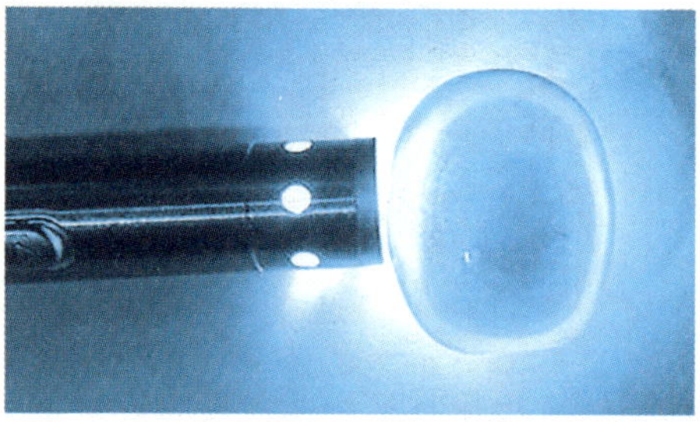

图 1–13　闪闪发亮的宝石

第十二课　励志结营

研学时间：15 : 30—16 : 00。

研学地点：影视厅。

研学工具：（1）研学毕业证书；（2）小礼物。

安全提醒：（1）禁止单独行动；（2）规范使用工具。

研学过程：感谢每位小猎人的认真付出，在大家的努力下，我们采集到了众多的珍贵化石，未来的地质学家、古生物学家从今天起步。现在，为大家颁发属于你们的特战勋章。

展示成果：（1）展示自己的收获；（2）荣誉时刻，体验成功的不易；（3）懂得团队责任，懂得付出，收获成长；（4）回忆探索过程，探究精神的养成。

（本案例由烟台白垩纪恐龙地质公园王正东编写，李子尚改编）

案例评析

本案例选取的是白垩纪恐龙地质公园研学旅行课程的教学过程，研学旅行指导师在教学实践探究过程充分注意了以下几个方面：

（1）按照研学旅行教材、学案，服从组织安排，遵循计划，规范参与研学旅行活动，遵守研学旅行纪律；

（2）主动、积极体验研学旅行活动过程，把握好独立思考、自主操作与小组合作、师生互动之间的关系；

（3）认真观察、调查，主动发现问题，积极提出问题，参与问题的分析与解决；

（4）积极参与实践操作，在实践活动中发现问题，在分析问题中思考解决问题的可行性实践；

（5）面对真实情景，积极整合多学科知识，综合运用多学科方法，独立思考，自主提出解决现实问题的意见；

（6）认真倾听别人的意见，积极表达自己的意见，参与集体讨论和辩论；

（7）安排好生活与学习，形成适应集体旅行、集体研学的节奏，关心同学，关心集体，养成团结互助的品格；

（8）遵纪守法、履行安全规范。

总体来说，教学实操过程细致周到，体验性、探究性等教学方法运用熟练，充分体现了一个优秀的研学旅行指导师现场教学的高超技能和对研学旅行事业的热爱。研学旅行基地的研学旅行指导师如果没有对中小学教育教学进行深入的研究，根本写不出来这样优秀的研学旅行教案，更讲解不了如此优质的研学旅行课程。

（点评人：文化和旅游部人才中心研学旅行指导师考评员甄鸿启）

三、变更研学规模的处理技能

案例 1–12

研学旅行指导师发现教学基地接待能力偏差，提出变更研学规模

10 月中旬的一天，南靖山区。安排三个班级上午统一前往茶园采茶做茶，下午前往土楼之光博物馆进行夯土、手工制作与木偶戏研学体验。因旅行社的研学旅行指导师对这两个研学点很陌生，于前一日下午前往踩线，发现这两个基地的容纳量都十分有限，两个班级已显拥挤。如果三个班级的学生同时前往，根本无法承载。研学旅行指导师把调研结果和规模变更意见汇报给旅行社领导。旅行社会同学校、基地商定：取消三个班级同时统一活动的计划，将三个班级分成两队活动。两个人少的班级为一队，另一个人多的班级为另一队，交替参加这两个地方的研学旅行活动。

（本案例由厦门霍金龙编写）

案例评析

在研学旅行教学实践中，很多经过学校、旅行社、研学旅行基地等多方讨论、确认的课程方案，往往到了研学旅行基地现场却不能按着原来设计好的课程方案正常开展，出现这样或者那样的问题，需要研学旅行指导师根据实际情况及时变通。本案例中的研学旅行指导师是旅行社的研学旅行指导师，可能在设计教案前没有提前踩线，或者没有参与课程设计。出于对学生的热爱和对教学的负责，研学旅行指导师提前一天到达基地才发现课程教学环境、接待规模与教案存在偏差，基地接待能力不能满足学生需要。研学旅行指导师踩线后立即向旅行社领导汇报。旅行社会同学校、基地商定改变原定计划，采纳研学旅行指导师“将三个班级分成两队活动”的方案，及时化解和避免了第二天研学旅行不能顺利进行的尴尬和失误，化解了矛盾，这就是一名优秀的研学旅行指导师必须具备的教学技能。借此机会，笔者也提醒不熟悉旅行社计调业务和导游业务的研学旅行指导师，还是要补一补旅行社计调知识和导游知识，掌握研学旅行中突发性事件的处理技巧和程序。

（点评人：文化和旅游部人才中心研学旅行指导师考评员李岑虎）

四、变更研学内容的处理技能

案例 1-13

原定课程内容与基地实际不符

10 月上旬，武夷山。当日上午参观闽越王城博物馆，下午参观茶博园。因闽越王城内容深刻抽象，与高一学生的学习生活差距较远，效果一般。而下午茶博园内容不充裕，回来较早。导师团队商议决定：下午参观茶博园回来后，进行手工设计课程。一是使得上午内容圆满，二是填补下午时间，三是锻炼学生设计、团队合作能力，提高审美品位。经过调查，得知酒店会议室空闲，可以免费使用。学校、旅行社和基地领导，三方协商同意改变原定方案，按照研学旅行指导师提出的意见开展研学旅行课程。研学旅行指导师遂组织全体学生按组分坐于会议室内，开展变更后的研学旅行活动。

下午约有 90 分钟时间。安排手工设计闽越王城元素文创产品。先由研学旅行指导师讲解 15 分钟，帮助学生回忆内容，明晰文创产品定义，并适当举例。后学生自由讨论 5 分钟，再进行小组设计。小组设计直接在手册空白页进行。

晚间进行汇报。由工作人员将小组成果编号拍照上传研学旅行指导师。当小组成员上台时，研学旅行指导师投在 LED 屏上展示此组内容，并适当进行引导，调动现场气氛。后由全体工作人员讨论。颁奖。奖项有三项，一是最佳设计奖，二是最佳创意奖，三是最搞笑奖（此奖以扫帚奖冠名，事先不与学生说明评选标准）。当晚研学旅行效果奇佳，获得了各方一致高度认可。

（本案例由厦门霍金龙编写）

案例评析

在研学旅行过程中，研学旅行指导师常常会遇到不同种类的事故和学生提出的各种问题和要求，如果处理不好，会直接影响到研学旅行的质量。很多时候，这些问题和要求并不是研学旅行指导师的责任，但作为研学旅行第一线的工作人员，研学旅行指导师有解决这些问题的责任。这就需要研学旅行指导师具备相应的应变能力。本案例由于研学旅行前没有做好前期的调研和试讲，出现原定课程内容与基地实际不符的情况，变更研学旅行课程内容，或者提出一些要求。出现这些问题，研学旅行指导师要慎重处理，应针对不同的情况区别处理。

（1）师生要求去不对外开放的地方活动。师生要求去不对外开放的地区、机构和单位参观研学，研学旅行指导师应婉言拒绝，不得自作主张答应师生的要求。

（2）师生要求更换或取消研学内容。凡是计划内的研学内容，研学旅行指导师应该不折不扣地按计划进行。若是全团统一提出更换研学内容，则需请示旅行社计调部门，与组团社、学校、基地联系，同意后方可更换；若是个别师生提出更换研学内容，研学旅行指导师应向师生耐心解释，不能随意更换。

（3）师生要求增加研学项目。在时间允许的情况下，研学旅行指导师应请示旅行社并积极协助，请其报价，然后将对外报价报给师生，若师生认可，学校认可，研学旅行指导师请随团导游陪同前往，并按旅行社要求办理增加研学项目的收费手续。

（4）变更研学内容将会涉及交通工具、酒店住宿、饭店用餐、保险责任、基地接待服务、研学费用增减、研学工具变更、研学场地和设施调整准备等一系列问题，因此变更研学内容时，研学旅行指导师一定要会同导游、学校代表、旅行社代表、基地代表商议，切不可擅自做主，各方同意后方可开展研学旅行教学活动。

最后，笔者希望不熟悉导游业务的研学旅行指导师，还是要补一补导游基础知识，掌握研学旅行中突发性事件的处理技巧和程序，在研学旅行教学中方能得心应手。

（点评人：文化和旅游部人才中心研学旅行指导师考评员李岑虎）

五、研学旅行手册的编写技能

案例 1-14

北京龙在天皮影剧团研学手册

封面内容：

单位标识，研学手册名称，单位，时间。

正文内容：

“传承民间艺术，弘扬工匠精神” 我是小小“皮影匠”

北京龙在天皮影艺术剧院成立于2006年，是一家专业从事皮影戏舞台表演、皮影抢救与保护、皮影文化传播、皮影技艺传习的单位。由北京皮影艺术家、海淀区政协委员、“京西皮影”传承人王熙任艺术剧院院长。北京龙在天皮影艺术剧院在弘扬民族文化，保护国家非遗过程中走出一条特色之路，曾受到中央领导及北京市委市政府的赞扬，中央电视台、凤凰卫视等500多家媒体曾进行了报道，并被评为北京市“民族艺术进校园”重点演出单位，被评为“全国文创新品牌50强”，荣获北京首届红色主题文创大赛奖，是北京市残疾人职业技能培训基地、海淀区爱国主义教育基地、北京市“市长级中小学生大课堂资源单位”，常年接待学生团、旅游团，让他们近距离了解皮影艺术。

一、什么是皮影

皮影艺术是现代影视和动漫的起源，是一项集绘画、雕刻、表演、口技、音乐、魔术、传说于一体的民间艺术。民间俗称“驴皮影”，被誉为“百戏之母”。传说皮影戏始于战国，兴于汉朝，盛于宋代，元代时期传至西亚和欧洲，可谓历史悠久，源远流长。2011年，中国皮影艺术入选人类非物质文化遗产代表作名录。

二、为什么看皮影

皮影是一项古老的民间艺术，没有年轻人愿意去传承皮影，导致皮影濒临失传。皮影是一项综合艺术，在学习表演过程中，能锻炼学生动手、动嘴、动心、动脑、动眼的能力。通过表演，能增强学生的语言表达能力、故事编创能力和团队意识。

三、去哪里看皮影

中国京西皮影非遗园坐落于海淀区上庄艺术区，占地3.3万多平方米，由皮影艺术大道、皮影休闲广场、京西皮影艺术馆、京西皮影体验馆、水墨莲台创意皮影馆、皮影大师工坊、皮影艺术品展示厅组成，是全国第一家专业研究中小学生认知皮影艺术的非遗场馆。2011年京西皮影非遗园被北京市教委评为“第二批市级中小学生社会大课堂资源单位”“北京市民族艺术进校园演出单位”。

四、谁在演皮影

北京龙在天皮影剧团由48名“袖珍人”组成，他们平均年龄22岁，平均身高1.26米。

有着儿童一样的面貌、声音，但有着大人一样的智慧，演出风格灵动，属世界独创。他们虽然没有伟岸的身材，但在美丽的皮影世界里，他们是永远年轻的艺术家。在整个皮影活动中，将由他们带领大家零距离地体验皮影的乐趣。

五、研学教具

剧团自行研发了动感皮影教具系列，并获得国家专利。

六、研学教材

（1）根据少年儿童喜欢动手的特点，京西皮影传承人、龙在天皮影剧院院长王熙专门设计开发了系列皮影教育产品，比如人民教育出版社出版的少儿皮影教材《皮影戏的秘密》。

七、研学课程

皮影活动由观看皮影戏、参观皮影博物馆、后台初体验、励志手语学习、亲手做皮影、即兴表演皮影、学跳皮影操、学唱皮影调等组成。活动全程由袖珍皮影演员带领完成，让同学们在愉悦的环境里体验、了解皮影艺术的每个环节。

（1）观看皮影戏：让学生们从小了解即将失传的皮影艺术的魅力；

（2）学生和演员一起学习手语表演；

（3）动手做皮影：让学生体验皮影制作的技术，感受皮影艺人的工匠精神；

（4）后台体验皮影操纵技巧；

（5）“袖珍人”表演。“袖珍人”身小志坚的精神会让孩子们从小学会关爱他人；

（6）有奖抢答皮影知识；

（7）即兴表演皮影戏；

（8）学跳皮影操：用皮影舞的方式锻炼身体，感受传统艺术独特的魅力；

（9）学唱皮影调：让学生了解北京皮影的唱腔魅力。

八、皮影课程推广方法

（1）建立学校皮影剧社。在北京市教委的指导和支持下，北京龙在天皮影剧团分析了传统皮影艺术的独特性，打造了让青少年儿童“动手制作—互动体验—编导排演—艺术观摩”一条龙了解皮影的课程。从 2009 年开始，剧团将皮影艺术带进校园、送进课堂，让学生们从小了解皮影艺术。目前，剧团已经在 18 个学校建立了校园皮影剧社。学生热情高，提高了语言、动手和创作能力，成效明显。剧团指导的多名应届毕业小学生考入了 101 中学皮影特长班。

（2）举办少儿皮影大赛。自 2016 年起，剧团因势利导，连续三年在国庆节期间举办了全国少儿皮影传习成果展演活动，来自全国多个省份的近 50 个学校皮影代表队、300 多名中小学生参加活动，其中北京多名学校代表队获得了活动金奖、银奖。

九、公司地址

北京海淀区上庄白水洼路京西皮影非遗园。

联系电话：____________________。

（本案例由中国皮影艺术委员会王熙编写）

案例评析

根据李岑虎的《研学旅行课程设计》理论，研学旅行课程手册编写主要包括以下内容：设计单位简介、资源单位简介、研学设施简介、研学课程说明、领导小组简介、联系方式说明等款项内容。

一、设计单位简介

研学旅行课程手册中的设计单位简介包括设计单位的理念、设计单位的战略目标、设计单位的战略方向、设计单位的课程、设计单位所服务的对象、设计单位所服务的行业、设计单位的企业文化、设计单位提供的服务、设计单位的研究方向、设计单位的合作伙伴、设计单位的创始人、设计单位的团队等内容，以及设计单位的未来发展规划、发展前景。

二、资源单位简介

研学旅行资源单位主要是指研学旅行基（营）地。资源单位简介就是研学旅行基（营）地简介，是学生了解基（营）地的基本参考资料。资源单位简介以纸质手册的形式呈现时，要包含基（营）地概况、导游图、全景图、教学项目，以及服务点、研学点的位置分布等内容。手册还可以适当配置图片，以二维码方式插入视频进行说明，方便学生随时获取基（营）地信息，获取相关的研学旅行知识。

三、研学设施简介

（1）标注研学设施分布及功能，研学项目的内容及地点；

（2）加入环境解说、温馨说明，起到保护环境和教育学生的作用。

四、研学课程说明

《研学旅行课程手册》中的课程内容包括：

（1）课程背景。研学旅行课程资源单位的政治背景、历史背景、旅游背景、研学背景、食住行背景；

（2）研学链接。《研学旅行课程手册》中的研学旅行课程内容与现行中小学课本相关联的内容；

（3）主题课程。《研学旅行课程手册》要设计出 3 个主题课程，并一一标明每个主题课程的目标、主题内容、课程适应对象、课程的优势特色、教育功能和意义；

（4）专题课程。《研学旅行课程手册》要设计出不低于 6 个专题课程。其中有特点、有特色的招牌课程尽量详细介绍。对于特色课程，出于商业机密考虑，可以采用节选的方法编写；

（5）安全方案。研学旅行安全方案包括 5 个方面内容：研学旅行安全管理工作方案；研学旅行应急预案操作制度；研学旅行产品安全评估制度；研学旅行安全教育培训制度；未成年人监护保护办法。另外，有关地震、火灾、食品卫生、治安事件、交通、设施设备等各项突发事件应急预案和组织演练方法，也要设计出来；

（6）课程费用；

（7）社会评价；

（8）精彩案例。

五、领导小组简介

略。

六、联系方式说明

略。

本案例项目齐全，要素完整，特色突出，亮点优势都能较好地展示出来，更令同行赞誉的是皮影剧团编写了《皮影戏的秘密》教材，由人民教育出版社出版发行，这在全国都是孤例。许多研学旅行课程的具体内容和教学过程都在《皮影戏的秘密》中一一展示出来，具有借鉴和示范意义。正是这些皮影研学工匠一代一代地薪火传承，才使中华民族优秀的非物质文化遗产立于世界民族之林，并散发着耀眼的光芒，推进着中国的研学旅行事业砥砺前行。中国新时代皮影大师们理应受到我们的敬仰和尊敬。

（点评人：文化和旅游部人才中心研学旅行指导师考评员李岑虎）

第四节　研学旅行指导师服务技能

研学旅行指导师除了具有研学旅行指导师相应资格，不断提高研学旅行指导师职业素养，培养自己的教学技能以外，还要注意锻炼自己的研学旅行服务技能。本节重点探讨安排房间服务、安排用餐服务以及学生患病、学生骨折、食物中毒等突发性事故的处理技能。

一、安排房间的服务技能

案例 1–15

研学旅行团安排房间有讲究

10 月中旬，南靖云水谣附近民宿酒店。因单个民宿酒店接待量不足，选择将三个班学生分住两个民宿酒店。因民宿酒店与学校先前沟通不到位，直到研学旅行团队到达酒店才知道房间号、房型。原定先安排学生入住，改为先吃饭后入住。因没有导游随同，安排房间工作由研学旅行指导师协助班主任完成。安排房间遵循以下原则：

（1）男生女生不安排在同一楼层。

（2）大床房分给女生。

（3）学校与基地领导安排套房或安静房间。

（4）学校老师、研学旅行指导师与班主任安排在楼梯口房间，与各班学生房间要靠近。

（5）房间不够时，优先安排学生与学校老师、研学旅行指导师和领导，辅助工作人员另行安排住宿。

我们在 15 分钟内顺利安排完房间，解决了入住问题。

（本案例由厦门霍金龙编写）

案例评析

在研学旅行过程中安排住宿本来属于随团导游的工作范围，但是有时候学校可能直接与基地接洽，很可能不再另外安排旅行社导游，那么安排住房问题就需要研学旅行指导师来承担。即使有旅行社导游，研学旅行指导师也有必要掌握安排住房技巧，协助办理研学团队入住手续。

（1）学生进入饭店后，研学旅行指导师应尽快协助学校代表或班主任办理好住店登记手续。请学校代表或班主任收齐学生证件，与学生名单表一起交给饭店前台。

（2）拿到客房号和住房卡（钥匙）后，请学校代表根据准备好的住房名单分发住房卡，并把分房情况迅速登记在分房名单表上，再请饭店前台人员将登记的分房名单复印两份，一份交饭店保存，另一份研学旅行指导师留存，以便掌握学校代表、班主任和学生的房号。

（3）学生进入房间，学校代表和研学旅行指导师要认真做好以下服务工作：一是教会学生使用房卡。二是帮助学生安排好行李，使行李迅速入房。三是帮助学生看看房间是否已打扫干净。有些饭店服务欠佳，尤其旅游旺季时，常常出现差错。

（4）此外，研学旅行指导师还应在前台处领取印有饭店名称、地址和电话的饭店卡片分发给学生。

（5）研学旅行指导师若留宿饭店，应将自己的房号告知学校代表和班主任；若不留宿饭店，在离开饭店前应将自己的电话号码告知班主任和学校代表，以便联系。

（6）如果研学团有全陪导游和地陪导游，研学旅行指导师只协助导游做好配合工作。

本案例作者安排房间技巧掌握非常到位，既有原则性，又有灵活性，更富有创造性，可谓研学旅行团队住房安排之典范，具有借鉴推广意义。

（点评人：文化和旅游部人才中心研学旅行指导师考评员李岑虎）

二、安排用餐的服务技能

案例 1-16

男生女生搭配，用餐不浪费

研学旅行中，很多基地为了方便管理，常常过分强调男生女生分开活动，人为地制约了学生品格的正常发展，影响了研学旅行活动。在用餐环节，若将男女生严格分桌入座则会造成男生不够吃、女生剩一桌子菜的情况。解决这个问题有两个思路：一是加大男生桌菜量，减少女生桌菜量。不过大家花了一样的钱，如此有违公平原则，还可能遇到投诉。二是让男女混合搭配坐餐桌，这样每桌菜量一致，且能使同学关系更和谐，实际执行效果更好。

（本案例由厦门霍金龙编写）

案例评析

学生在研学旅行活动中的饮食非常重要，只有吃得饱，才有精力去研学旅行；只有吃得好，才能研学得好；只有吃得干净、吃得卫生，研学才能愉快、顺利。在研学旅行过程中安排用餐和安排住宿一样，本来属于随团导游的工作范围，但是作为研学旅行指导师也有必要掌握安排住房技巧，协助办理研学团队用餐手续。要提醒学生注意以下饮食安全事宜：

（1）不要过多地在研学旅行期间改变平日饮食习惯，坚持饮食荤素搭配，注意多吃水果，以利消化；

（2）注意饮食卫生，一定要吃得干净，防止病从口入；

（3）注意饮食平衡，吃饭不可饥一顿、饱一顿。要多饮水，保持体内水分；

（4）防止偏食，特别注意少吃大鱼大肉，防止消化不良；

（5）各地名吃一定要“品”，但要注意量不可大，适应自己的消化能力；

（6）不要勉强吃自己不喜欢吃的东西；

（7）各地都有风味小吃，特别是特产瓜果、生猛海鲜等。这些当地人吃得津津有味的东西，学生并不一定能接受，因为确实存在水土不服的问题，应提醒学生特别注意；

（8）带领学生用好第一餐。学生进入房间之前，研学旅行指导师要向学生介绍该团在饭店内的就餐地点、时间、就餐形式。待全体团员到齐后，带领他们进入餐厅。向领座服务员问清本团的桌次后，再带领学生到指定的餐桌入座，并告知学生用餐的有关规定。譬如，哪些饮料包括在团费内，哪些不包括在团费内。若有超出规定的要求，费用由学生自理，以免产生误会。在用餐前，研学旅行指导师还要将学校代表介绍给餐厅经理或主管服务员，告知该团用餐的特殊要求和饮食忌讳。

本案例“男生女生搭配用餐”巧妙地解决了男生吃不饱、女生吃不了的问题，倡导了节约粮食、不浪费的美德，甚至减少了学生对饮食不足的牢骚和投诉。这是一个负责任的创意，值得参考。

（点评人：文化和旅游部人才中心研学旅行指导师考评员李岑虎）

三、学生患病的处理技能

案例 1–17

疫情期间学生发高烧

2020 年 10 月中旬，南靖云水谣旁民宿。研学旅行晚餐后，某学生感觉身体不适，头晕目眩，随队医生进房间测体温 39.1℃。遂迅速找到空房将其隔离。鉴于疫情期间对于高烧病人管理严格，经基地领导、研学旅行指导师、导游、班主任紧急商讨后，由基地安排小车一辆，班主任陪同前往，将学生送往晋江医院治疗，并告知家长。经过医院检查治疗，最后确诊为病毒性感冒。班主任说该生平日体弱多病，行前班主任已劝导该生不要外出参加研学旅行，但该生与家长执意前往。治疗费用全部由家长承担。

（本案例由厦门霍金龙编写）

案例 1–18

研学旅行中学生中暑

小张同学是某市实验小学六年级学生，在本周六参加学校组织的研学活动中，当天太阳很大，小张同学头痛头晕、恶心呕吐，最后晕倒在地。

研学旅行指导师救护措施如下：

（1）首先迅速撤离引起中暑的高温环境，将学生移到阴凉通风处，并且帮他解开衣裤，散热通风；

（2）用湿毛巾敷头部，或用冰块敷头部、腋窝下、大腿内侧；还可以在颞部、颈部涂抹清凉油（风油精）。

（3）让患者喝水或喝含盐分的清凉饮料，随团医生安排服用丹参、十滴水、藿香正气水等中药。

（4）如果发现患者的体温比较高，要及时给予降温，用冰块快速降温。

（5）情况严重的，要及时拨打120进行抢救，转移到医院进行进一步治疗。

（本案例由邹城市妇幼保健院儿童康复中心武洪梅编写）

案例评析

研学旅途劳累、气候变化、水土不服或饮食起居不习惯，尤其是体弱的小学生难免会感到身体不适，导致患病，甚至出现病危情况。常见的旅行疾病包括晕车晕船、中暑、腹泻、呕吐等。在研学旅行过程中，学生可能会突发急症，如心脏病猝发、昏厥，还会出现摔伤等事故。这就需要研学旅行指导师从多方面了解学生的身体状况，照顾好他们的生活，经常关心、提醒学生注意饮食卫生，避免人为的原因致使学生生病。研学旅行指导师应该学习预防和治疗旅行常见病的知识，掌握紧急救护的方法，以便在关键时刻为学生的救治争取时间。

一、学生患病的预防

（1）研学项目选择有针对性。研学旅行指导师在做准备工作时，应根据研学团的信息材料，了解研学团成员的年龄及研学团成员其他情况，做到心中有数。要选择适合该年龄段学生的研学线路；

（2）安排活动日程要留有余地，不要将一天的研学活动安排得太多太满；更不能将体力消耗大、研学项目多的研学点集中安排。要有张有弛，使学生感到轻松愉快。晚间活动的时间不宜安排过长；

（3）提醒学生注意饮食卫生；

（4）及时报告天气变化。研学旅行指导师应提醒学生随着天气的变化及时增减衣服、带雨具等。气候干燥的季节，提醒学生多喝水、多吃水果，尤其是炎热的夏季要注意预防中暑。

二、学生患一般疾病的处理

在研学期间经常会有学生感到身体不适或患一般疾病，如感冒、发烧、晕车、失眠、腹泻等，这时研学旅行指导师应该注意以下几方面：

（1）劝其及早就医，注意休息，不要强行参加研学旅行活动。在研学过程中，研学旅行指导师要观察学生的神态、气色，发现学生的病态时，应多加关心。照顾其坐在较舒服的座位上，或留在饭店休息，但一定要通知饭店给予关照，切不可劝其强行研学。学生患一般疾病时，研学旅行指导师应劝其及早去医院就医；

（2）关心患病的学生。对因病没有参加研学活动、留在饭店休息的学生，研学旅行指导师要主动前去问候，询问身体状况，以示关心。必要时通知餐厅提供送餐服务；

（3）需要时研学旅行指导师可陪同患者前往医院就医。应向患者讲清楚，所需费用要自理，提醒其保存诊断证明和收据；

（4）严禁研学旅行指导师擅自给患者用药。

案例 1–17《疫情期间学生发高烧》的处理是专业导游的做法，案例 1–18《研学旅行中学生中暑》的处理是专业执业医师的具体做法，都具有很高的参考价值，供大家在研学旅行中酌情参考。

（点评人：文化和旅游部人才中心研学旅行指导师考评员李岑虎）

四、骨折事故的处理技能

案例 1–19

研学旅行遇到学生骨折怎么办

小高同学是某市第一中学初二年级学生，于本周六参加学校组织的登泰山研学旅行活动。在登泰山的途中，小高同学因阶梯湿滑不慎摔伤，左前臂着地后，胳膊软组织（皮下组织、肌肉、韧带等）出现损伤，疼痛剧烈。受伤部位肿胀瘀血明显，左前臂变形，活动明显受阻，无头晕心慌现象。研学旅行指导师初步判断为左前臂骨折。在研学旅行过程中由于各方面的原因，学生骨折事故时有发生。遇到学生骨折研学旅行指导师该怎么办？

一、判断骨折

首先要考虑伤者受伤的原因，如果是车祸伤、高处坠落伤等原因时，一般骨折的可能性很大。其次观看一下伤者的情况，如伤肢出现反常的症状，肿痛明显，则骨折的可能性很大；如骨折端已外露，肯定已骨折。最后，在判断不清是否有骨折的情况下，应按骨折来处理。

二、止血

受伤者如出血量较大，应以手将出血处的上端压在邻近的骨突或骨干上，或用清洁的纱布、布片压迫止血；再以宽的布带缠绕固定，要适当用力但又不能过紧。不要用电线、铁丝等直径细的物品止血。如有止血带，可用止血带止血；如无止血带，可用布带。上肢出血时，止血带应放在上臂的中上段，不可放在下段1/3处或肘窝处，以防损伤神经。下肢止血时，止血带宜放在大腿中段，不可放在大腿下膝部1/3处或腿上段。放止血带时，要放置衬垫。放止血带的时间：上肢不超过1小时，下肢不超过1.5小时。

三、包扎

对骨折伴有伤口的患者，应立即封闭伤口。最好用清洁、干净的布片、衣物覆盖伤口，再用布带包扎。包扎时，不宜过紧也不宜过松，过紧会导致伤肢的缺血坏死，过松则起不到包扎作用，同时也起不到压迫止血的作用。如有骨折端外露，注意不要将骨折端放回原处，应继续保持外露，以免引起深部感染。

四、上夹板

尽可能保持伤肢固定位置，不要任意牵拉或搬运患者。固定的器材最好用夹板，如无夹板可就地取材用树枝、书本、木棍、雨伞等固定。在没有合适器材的情况下，可利用自身固定，如上肢可固定在躯体上，下肢可利用对侧固定，手指可与邻指固定。

五、搬运伤员

单纯的颜面骨折、上肢骨折，在做好临时固定后可搀扶伤员离开现场。膝关节以下的下肢骨折，可背运伤员离开现场。颈椎骨折，可一人双手托住枕部、下颌部，维持颈部伤后位置，另两人分别托起腰背部、臀部及下肢移动。胸腰椎骨折，则需要一人托住头颈部，另两人分别于同侧托住胸腰段及臀部，另一人托住双下肢，维持脊柱伤后位置移动。髋部及大腿骨折，需要一人双手托住腰及臀部，伤员用双臂抱住救护者的肩背部，另一人双手托住伤员的双下肢移动。伤员在车上宜平卧。如遇昏迷患者，应将其头偏向一侧，以免呕吐物吸入气管，发生窒息。

六、脱离现场，安全转移

安抚伤者情绪，避免活动患肢，就近转移到医院，行功能复位、手术复位等治疗。

（本案例由武洪梅编写，李子尚改编）

案例评析

本案例《骨折事故的处理技能》是由专业执业医师编写的，也是业内公认的骨折事故的处理办法，供读者参考使用，不再详细点评。

五、食物中毒的处理技能

案例 1–20

基地研学旅行指导师发现学生食物中毒，怎么办?

在研学旅行过程中，研学旅行指导师一旦发现学生出现上吐下泻、腹痛等食物中毒症状，研学旅行指导师首先应立即让学生停止食用可疑食物，同时拨打 120 电话。在急救车到来之前，可采取以下自救措施：

一、催吐

对中毒不久而无明显呕吐者，可用手指、筷子等刺激其舌根部催吐，或让中毒者大量饮用温开水并反复自行催吐，以减少毒素的吸收。经过大量温水催吐后，呕吐物已变为澄清液体时，可适量饮用牛奶以保护胃黏膜。如在呕吐物中发现血性液体，则提示可能出现了消化道或咽部出血，应暂时停止催吐。

二、保留食物样本

确定中毒物质对于治疗来说至关重要，因此，在发生食物中毒后，要保留导致中毒的食物样本，以提供给医院进行检测。如果身边没有食物样本，也可保留患者的呕吐物和排泄物，以方便医生确诊和救治。

三、应报告自己所在单位

报告自己所在单位，请所在单位追究餐厅的责任。

（本案例由济宁学院导游服务中心赵立芳编写）

案例评析

食物中毒是研学旅行中典型的研学旅行安全责任事故。本案例无论从医学救护角度，还是从法律角度，都为我们提供了处理食物中毒事故的参考模板。笔者借此再次提醒研学旅行指导师，要提前做好预防工作，避免食物中毒事故的发生。

（1）应安排学生去卫生有保障的研学旅行餐厅就餐；

（2）提醒学生不要在小摊上购买食物；

（3）如用餐时发现食物、饮料不卫生或有异味或变质，应立即要求更换，并要求餐厅负责人出面道歉，必要时向单位领导汇报。

（点评人：文化和旅游部人才中心研学旅行指导师考评员李岑虎）

第2章

研学旅行教育理论案例

研学旅行的本质是教育，研学旅行教育目标的确定、教学内容的选择、教学方法的应用以及研学旅行教育的评价等都需要在教育理论的指导下进行设计与实施。

研学基地：中国人民抗日战争纪念馆

第一节 研学旅行课程目标的确定

一、研学旅行中的德育目标

案例 2-1

踏雪无痕，精神有痕——雪乡研雪中的德育目标

中国雪乡长汀镇是举世闻名的冰雪旅游胜地和研学基地。长汀镇位于黑龙江省牡丹江市海林市，隶属于大海林林业局。这里有独特地势打造的梦幻之乡，有水雾、白雪、青松共同描绘的冰雪画廊，有随物赋形的冰雪神话，有屋在雪中藏、人在雪中行的童话世界，有记录雪乡历史、文化、民俗的雪乡文化馆……这里不仅可以欣赏雪的绮丽，感受大自然的魅力；还可以揭秘雪的成因，感受科学奥秘；更可以踏寻抗联足迹，感受抗联战士穿林海跨雪原的战斗豪情。

1. 课程主题

体验雪地行军不留痕，感知抗联战士的斗争精神与战士的斗争智慧。

2. 研学方式

体验、探究。

3. 研学目标

（1）价值体认：通过体验抗联战士的战斗生活，感受抗联战士的斗争精神和斗争智慧，认识到今天的幸福生活来之不易，培养珍惜幸福生活的情感；传承“坚定信仰信念，高尚爱国情操”等抗联精神；落实对家国的高度认同感、责任感、使命感等历史学科核心素养，培养爱国情怀。

（2）责任担当：踏雪无痕活动中明确职责，培养为他人负责、勇于担责的品质；磨炼意志品质，加强团队合作意识；增强实现中国梦的责任感、使命感。

（3）问题解决：运用物理、生物、地理等知识，通过小组讨论，运用模拟实验等方法，探究踏雪怎样才能无痕的问题，增强学生分析问题解决问题的能力，培养科学思维、科学态度等素养。

（4）创意物化：通过体验雪地行军不留痕研学旅行活动，感知抗联精神与智慧。运用本次研学旅行活动学到的技巧方法解决生活中的实际问题。

（本案例由黑龙江省海林市大海林林业局第四中学史月香提供，李子尚改编）

案例评析

本案例中的研学目标借用综合实践活动课程目标进行的陈述方式，为我们提供了一种相对规范的撰写研学目标的方式，具有典型的德育价值和意义。《中小学综合实践活动课程指导纲要》中指出中小学综合实践活动课程总目标是："学生能从个体生活、社会生活及与大自然的接触中获得丰富的实践经验，形成并逐步提升对自然、社会和自我之内在联系的整体认识，具有价值体认、责任担当、问题解决、创意物化等方面的意识和能力。"本案例紧密围绕抗联战士的斗争精神和斗争智慧，通过"踏雪无痕"感知抗联战士智慧，结合历史背景感受抗联精神；综合利用地理、物理、生物等学科知识，通过小组合作，提高综合应用学科知识、解决实际问题的能力，为责任担当和价值体认等德育育人价值的实现奠定了基础。

甄鸿启、李凤堂主编的《研学旅行教育理论与实践》第五章"研学旅行与人的全面发展"中指出，研学旅行以社会资源为第二课堂，让世界成为孩子们的课本，在体验中育人，其中德育教育价值是研学课程的出发点。本案例在德育育人目标方面可以作为研学旅行的典范案例。

（点评人：文化和旅游部人才中心研学旅行指导师考评员甄鸿启）

二、研学旅行中的智育目标

案例 2-2

基于黑瞎子岛研学旅行资源，确立培养学生问题解决能力目标

习近平总书记在东北三省考察时，就新时代东北全面振兴、全方位振兴作出重要部署。振兴中的黑龙江需要汇聚世界力量，开放的黑龙江渴望携手世界同行。2018 年 11 月 12 日，以"新时代的中国：黑龙江 走振兴新路 约世界同行"为主题的外交部黑龙江全球推介活动在北京隆重举行。国务委员兼外交部部长王毅表示，黑龙江是中国最早迎来日出的地方，这里曾创造过辉煌的历史，今天正在迎来更加光明的未来。这是从国家层面上向全世界推介黑龙江，与世界对话、与全球交流。

通过组织研学旅行，培养学生的社会责任感、创新精神和实践能力，落实立德树人根本任务，推动学校教育与社会实践相结合。研学基地的选择，应该富有时代性和学科教育的多元性。黑瞎子岛位于祖国的最东端，是中国最早迎来太阳升起的地方。黑瞎子岛回归映射出中国的崛起，是当代中国的骄傲，对于每一个华夏儿女富有吸引力和教育性；黑瞎子岛研学资源丰富且独特，研学内容涉及多个学科，观赏和科普价值高；佳木斯市与目的地距离适中，交通便捷。选择黑瞎子岛作为研学基地，可以充分体现人地关系的相互作用和大国崛起的时代精神。高二学生对身边的河流、沼泽等湿地资源都比较熟悉，对回归不

久的黑瞎子岛也是颇感兴趣的，于是适时拓展“黑瞎子岛”这一学习内容。

考察黑瞎子岛的自然环境，明确黑瞎子岛的地理位置、岛屿组成、地貌特征、气候特点、土地利用（林地、草地、耕地等）、水域情况、自然资源等地理要素；辨认土壤、岩石，描述其主要特征；观察湿地景观，解释形成原因；考察湿地植被，分析其与当地环境的关系；观赏黑瞎子岛的著名景点和了解黑瞎子岛的历史沿革；了解黑瞎子岛保护与开放发展等情况，对接“一带一路”，努力推进建设对俄合作示范区；深刻体会黑瞎子岛保持原生态环境，中俄共建友谊之岛、和谐之岛和自由之岛，培育和实践社会主义核心价值观。

基于黑瞎子岛以上研学背景分析，确立如下研学目标：

（1）黑瞎子岛的自然和地理特征，从整体性、差异性、开放性的角度认识区域地理问题。认识地理要素、地理原理，解决地理问题，谋求区域发展；

（2）通过分析湿地资源的重要价值，提升学生认识和解决地理事象和地理问题的思维能力，提高学生获取、整理地理信息的能力；

（3）反映学生对人地关系所持的看法以及解决问题时的态度。通过对湿地资源的利用和保护的分析，提高学生论证和探讨地理问题的能力，强化学生环境保护意识，帮助学生形成可持续发展观念；

（4）开展野外实地观察植被、水文等实践活动，感悟、体验人地关系。

（本案例片段由黑龙江省佳木斯市第十一中学陈英俊编写）

案例评析

本案例是高中地理老师编写的研学旅行课程，研学课程对象是高中学生。作者从研学资源环境基础知识入手，获取研学资源信息，论证探讨河流、沼泽等湿地研学旅行资源，探讨湿地资源与人地关系，为培养学生解决问题的能力奠定了基础。

《研学旅行教育理论与实践》中指出：“研学旅行课程承载着培育价值认同、培养创新精神和实践能力，以及提升分析问题和解决问题的能力等方面的任务。”教育部《地理课程方案》中指出：“帮助学生认识学校所在地区的生活环境，引导学生学以致用，培养学生实践能力，树立可持续发展的观念，增强爱国、爱家乡的情感。”将地理学科核心素养与研学课程有机结合，在培养学生的解决问题能力方面选材。

《中小学综合实践活动课程指导纲要》中对高中阶段解决问题的具体目标是：“能对个人感兴趣的领域开展广泛的实践探索，提出具有一定新意和深度的问题，综合运用知识分析问题，用科学方法开展研究，增强解决实际问题的能力。能及时对研究过程及研究结果进行审视、反思并优化调整，建构基于证据的、具有说服力的解释，形成比较规范的研究报告或其他形式的研究成果。”本案例立足于自然资源问题，力图培养学生运用科学方法开展研究，增强解决实际问题的能力，是一个值得推广的智育发展的案例。

（点评人：文化和旅游部人才中心研学旅行指导师考评员甄鸿启）

三、研学旅行中的学科核心素养目标

案例 2-3

镜泊湖的自然与人文研学中的学科核心素养目标

一、研学背景

镜泊湖区域是指以镜泊湖为中心，包括周围的山地、火山群、熔岩台地和河谷平原的大片区域。镜泊湖区域位于长白山支脉张广才岭与老爷岭之间，地处牡丹江流域的上游地区。镜泊湖位于黑龙江省宁安市西南 60 公里处，距牡丹江市区 90 公里，湖区所处地理坐标为 43°45'N~44°03'N 和 128°48'E~129°03'E。这里有美丽的湖光山色，有火山口神秘的地下原始森林，有地下熔岩隧道等奇特的地质景观，有享有盛誉的响水大米种植基地，有历史悠久的唐代渤海国遗址……在这里可进行火山熔岩地貌及成因考察，可进行生物群落演替及生态系统稳定性研究，可进行影响农业生产区位因素论证，可进行渤海国时期历史文化考证，可进行防灾减灾警示教育等。

二、研学主题

镜泊湖区域自然与文化之旅。

三、课程线路

第一天：镜泊湖—火山口地下原始森林。

第二天：渤海国遗址—玄武湖。

第三天：熔岩台地—沙兰镇。

第四天：平顶山。

四、课程类别

自然类（地理、生物、化学）+ 人文类（历史）+ 科普类（环保、防灾等）。

五、课程对象

高中 1~2 年级的学生。

六、课程理念

（1）课程目标：以培养学生发展核心素养为导向。通过镜泊湖区域研学旅行，学生综合运用地理、历史、生物、化学多学科知识，认识、分析和解决镜泊湖区域的地质、地貌、水文、植被、历史以及农业生产活动等相关实际问题，发展学生地理、历史、生物等学科核心素养。通过集体出行、集中食宿的方式，增强学生对集体生活方式和社会公共道德的体验，培养自理能力、创新能力和实践能力，增强社会责任感。

（2）课程内容：面向学生真实的生活世界。课程设计力图引导学生通过镜泊湖地区实地考察、生活观察，参与具有教育意义的主题活动，获得关于自我、自然、社会的真实体验；在与平常不同的学习生活环境中拓宽视野，丰富知识，加深与自然和文化的亲近感，建立学习与生活的有机联系，学习生活中对其终身发展有用的知识。

（3）课程实施：注重学生实践体验和开放生成。鼓励学生积极参与、主动实践、经历过程，亲身体验。在教师指导下，不断优化、深化研学活动的目标、内容、组织、方法、过程、步骤。学生是课程的主体，是课程的亲历者、实践者，也是课程的建设者。

（4）课程评价：主张综合考察和多元评价。注重发展性评价，将学生在研学活动中的综合表现和活动成果，作为考察课程实施状况与学生成长状况的重要依据，既重结果，也重过程。特别关注学生的合作和交流分享，自评、他评、师评相结合，充分发挥评价对学生的发展价值。

七、课程目标

（1）通过实地考察镜泊湖（断陷—熔岩堰塞湖盆）、吊水楼瀑布（溯源侵蚀）、火山地貌（熔岩台地）、平顶山（断块山）、牡丹江（河谷冲积平原）等典型地质、地貌、水文等学习内容，温习巩固内外力作用对地表形态的影响；学会借助地图、GPS、罗盘、高度表等地理考察工具，通过小组合作开展野外观察测量、土样采集、水样检测实践活动；培养合作意识、科学精神以及综合思维能力、区域认知能力、地理实践能力等地理学科核心素养。

（2）通过考察渤海国上京龙泉府遗址的古建筑和文物、渤海国卢城水稻与响水大米水稻种植的自然与社会经济因素分析，了解唐朝的民族交往与融合。学会使用历史遗迹、考古发现、资料作为证据来检验自己对历史问题的解答；学会用历史眼光和综合思维分析现实问题；感悟人类文明的多元性、共容性，增强民族自信心，培养唯物史观、史料实证、历史解释等历史学科核心素养。

（3）通过调查火山口地下森林的植被种群数量及群落的更迭、演替，尝试用生物学方法描述该地群落的结构特征，阐述群落的演替，分析生物多样性保护的意义。学习判断区域生态系统稳定性的方法，通过观察、提问、实验设计、方案实施以及结果的交流与讨论，理解结构与功能观、进化与适应观、稳态与平衡观、物质与能量观，增强环保意识，培养生命观念、科学探究、理性思维、社会责任等生物学科核心素养。

（4）通过文献查找、调查访谈等形式，了解2005年沙兰镇水灾的成因及危害。学会从自然（地形地势、地质地貌、气象气候、水文水系、植被等）和人类活动两方面分析某地洪涝灾害频发的原因，强化防灾减灾意识，树立人地协调观。

（本案例由黑龙江教师发展学院黄勤雁、新疆克拉玛依市第六中学陈书敏编写）

案例评析

本案例课程目标以培养学生发展核心素养为导向，通过镜泊湖区域研学旅行，学生综合运用地理、历史、生物、化学多学科知识，认识、分析和解决镜泊湖区域的地质、地貌、水文、植被、历史以及农业生产活动等相关实际问题，培养学生地理、历史、生物等学科核心素养。在研学旅行中增强学生的集体生活方式和社会公共道德的体验，培养自理能力、创新能力和实践能力，增强社会责任感。

《研学旅行教育理论与实践》提出，研学旅行课程目标要着眼于立德树人，提升学生的综合素质，培养学生的开放性思维，提供学生真实生活情境等要求。本案例充分体现了鼓励学生积极参与、主动实践、亲身体验。在教师指导下，不断优化、深化研学活动的目标、内容、组织、方法、过程、步骤。学生是课程的主体，是课程的亲历者、实践者、建设者，其目的都是紧紧围绕学科核心素养的教育目标展开。学科核心素养应该如何落实在研学课程中，如何设计研学内容和研学活动，如何进行有效的教育评价，都在本案例中得到有效的实现，为我们提供了一个可供参考的模板。

（点评人：文化和旅游部人才中心研学旅行指导师考评员甄鸿启）

四、研学旅行中的综合素质目标

案例 2-4

“我是状元郎”研学旅行课程方案（摘要）

一、研学资源

广西桂林独秀峰·王城景区位于广西师范大学校区内，是广西唯一一家国家 5A 级历史文化景区，拥有 1 项国家非物质文化遗产和 156 项知识产权，是国家服务业标准化试点企业，2019 年 7 月被桂林市教育局授予桂林市中小学生研学实践教育基地。

桂林独秀峰·王城景区状元文化历史底蕴丰厚。早在南北朝时期，大文学家颜延之在独秀峰山下习文咏诗，开启了整个桂北地区的文风。唐朝时期，在此建立了广西历史上第一所官办学府。宋朝时期，王正功在独秀峰下刻下“桂林山水甲天下”的劝学诗碑刻（见图 2-1），希望桂林学子如桂林山水一般甲天下，成为桂林最著名的广告词。清朝时期，这里是西南地区最大的乡试考场——广西贡院，共走出了 585 名进士，4 位状元中有 1 名三元及第获得者。独秀峰人杰地灵，是广西的文脉所在地，也是“我是状元郎”课程的最佳研学地点。

二、课程对象

小学 4~6 年级学生。

三、研学目标

（1）价值体认：通过国学传统礼仪的教学环节，让学生了解并遵守公共空间的基本行为规范；在团队竞赛的拓展教学活动中，让学生初步形成集体思想、组织观念。通过对优秀传统文化课程的学习，深刻感受“追求卓越，报国济民”和“卓然独立天地间，人人都是独秀峰”的状元精神，获得有积极意义的价值体验，提升民族自信、文化自信，为自己是中国人感到自豪。

图 2-1 “桂林山水甲天下”碑刻

（2）责任担当：讲授孔子与三元及第陈继昌的故事，鼓励孩子们要像孔子一样有仁爱之心，并积极践行，提升参与社区服务、公益活动的意愿，拥有自立自强的精神和热爱生活的态度。

（3）问题解决：在研学旅行指导师的引导下，结合学校、生活中的现象，对比古代状元的思想、生活，发现并提出自己的问题，并转化为考察探究的小课题。在研学课程的不断推进中，体验课题研究的过程与方法，并提出自己的想法，形成对问题的初步解释。

（4）创意物化：通过在科举考场的互动沉浸式体验，让学生深度融合在情景教学中，在科举考场中以绘画、诗词、散文等创意形式，完成主考官提出的考题（考题设置要符合真实性、开放性、挑战性、与主题一致可行的原则），并通过信息化手段建立自己的状元档案。在学生的创意得到物化的同时，也检验了本次研学活动的教学效果。

（5）研学方式：考察探究、情景体验式。

（6）研学方法：讲授式、问题探究式、训练与实践式。

（7）研学工具:《我是状元郎研学手册》、乡试考卷、毛笔、举人证书、学子服。

（8）研学链接：小学语文、思想与品德。

（9）研学内容：本课程以儒家“五常（仁义礼智信）”为核心育人价值，设置了五大教学环节，以沉浸式历史博物馆的知识寻宝、科举考场实景互动体验，团队积分竞赛等趣味性的教学方式，让孩子们全程保持高度的积极性与学习热情；通过了解广西历史上优秀状元的品格、精神以及他们的学习方法，去其糟粕，取其精华，将传统文化中优秀的部分吸收内化，促进学生的身心成长。

（本案例由桂林独秀峰·王城景区蒋冠华编写）

案例 2-5

“小小茶艺师，传承六堡茶文化”研学旅行课程方案（摘要）

表 2-1　“小小茶艺师，传承六堡茶文化”研学旅行课程方案（摘要）

<table>
<tr><td>主题课程</td><td colspan="2">小小茶艺师，传承六堡茶文化</td><td>研学地点</td><td>广西・梧州石表山景区</td><td>课型</td><td>新授课</td></tr>
<tr><td>学校班级</td><td colspan="2">小学六年级</td><td>校方代表</td><td>×××</td><td>带队老师</td><td>×××</td></tr>
<tr><td>备课人</td><td>覃秀琼</td><td>项目专家</td><td>欧飞辉</td><td colspan="2">研学课时</td><td>一天</td></tr>
<tr><td rowspan="4">研学目标</td><td>价值体认</td><td colspan="5">学生通过参加六堡茶文化研学，进行积极意义的价值体验。学生能主动分享体验和感受，与老师、同伴交流思想认识。通过职业体验活动，激发兴趣专长，形成积极的劳动观念和态度，具有初步的生涯规划意识和能力。培养学生爱家乡、爱国家的情怀，坚定中华民族自信和文化自信</td></tr>
<tr><td>责任担当</td><td colspan="5">学生通过研习茶艺，品茶、评茶，引导学生提升自己的思想境界，在生活学习中，以严格遵守纪律和法律法规，不断提高自己的修养，自觉担当六堡茶文化传承的责任，长大报效家乡、报效祖国，努力成为新时代具有德、智、体、美、劳的社会主义接班人</td></tr>
<tr><td>问题解决</td><td colspan="5">学生通过研学，能关注自然、社会、生活中的现象，理解茶叶的文化，喝茶对身体的好处。了解茶叶的来源，通过亲身体验采茶、炒茶、压制茶等茶工艺制作，从而达到以自身体验的数据成果解决研学前的问题</td></tr>
<tr><td>创意物化</td><td colspan="5">通过茶文化的体验，培养学生的感恩之情和孝敬之心。用本次研学旅行中学到的知识，解决现实生活中的一些问题，譬如茶具的制作、茶的包装技术、茶文化的传播推广等</td></tr>
<tr><td>研学内容</td><td colspan="6">学习中国茶文化起源，导入认识梧州六堡茶文化，通过基地采茶、炒茶、压制茶，提高学生对茶文化研学的兴趣：
（1）通过研学了解中国茶文化的起源
（2）链接课文：讲一个关于茶的典故（故事），或者标语的由来
（3）分组协作：进入六堡茶园进行采茶、炒茶、压制茶一系列体验
（4）利用中国茶文化导入（梧州六堡茶文化），引导地域乡土乡情茶文化教育
（5）研学人宣誓，颁奖仪式
（6）完成作业：写一篇关于石表山研学基地自然景色或者植物的作文，题目自拟，要求 400 字以上。例如：石表山的一角、石表山六堡茶园、石表山沙滩紫竹林等。写得好的文章将被评选入研学旅行最好文采榜，收录于石表山景区官方网站，赠送石表山景区（家庭）套票</td></tr>
<tr><td>教学方法</td><td colspan="6">问题探究式，训练实践式，参与体验式，现代信息技术，讲授法</td></tr>
</table>

续表

研学链接	小学四年级（浙教版）语文下册《吃茶》 小学六年级（人教版）语文下册《说茶》 关于茶的诗句： 纳兰性德《浣溪沙·谁念西风独自凉》：被酒莫惊春睡重，赌书消得泼茶香 杜耒《寒夜》：寒夜客来茶当酒，竹炉汤沸火初红 陆游《临安春雨初霁》：矮纸斜行闲作草，晴窗细乳戏分茶 苏轼《浣溪沙·簌簌衣巾落枣花》：酒困路长惟欲睡，日高人渴漫思茶 李清照《鹧鸪天·寒日萧萧上琐窗》：酒阑更喜团茶苦，梦断偏宜瑞脑香 白居易《山泉煎茶有怀》：无由持一碗，寄与爱茶人 张继《山家》：莫嗔焙茶烟暗，却喜晒谷天晴 陆游《幽居初夏》：叹息老来交旧尽，睡来谁共午瓯茶 董必武《元旦口占用柳亚子怀人韵》：举杯互敬屠苏酒，散席分尝胜利茶 辛弃疾《定风波·暮春漫兴》：老去逢春如病酒，唯有，茶瓯香篆小帘栊

（本案例由广西梧州市石表山中小学研学实践教育基地覃秀琼编写）

案例评析

2017 年 9 月，教育部颁发《中小学综合实践活动课程指导纲要》，明确规定了综合实践活动的课程总目标，即学生能从个体生活、社会生活及与大自然的接触中获得丰富的实践经验，形成并逐步提升对自然、社会和自我之内在联系的整体认识，具有价值体认、责任担当、问题解决、创意物化等方面的意识和能力。综合实践活动课程在提出总目标的基础上，具体分为价值体认、责任担当、问题解决、创意物化四个方面，我们把中小学综合实践活动课程目标称为综合素质目标。

综合素质目标为研学旅行课程目标维度的确定提供了依据。综合实践活动课程目标从价值体认、责任担当、问题解决、创意物化等四个方面进行陈述。这四个维度和研学旅行课程目标有着密切的关系，为课程目标维度的确定提供了依据。

综合素质目标为研学旅行课程目标的具体陈述提供了参考。综合实践活动课程目标的陈述内容和研学旅行有很多相似之处，在基本行为规范、集体思想、组织观念、爱党爱国情感表述等方面都是相通的。因此，综合实践活动课程目标为研学旅行课程目标在内容陈述上提供了参考。

研学旅行指导师在设计研学旅行专题课程时，根据主题课程总目标和学段目标，结合具体的课程资源，直接套用综合素质四个目标模式，变成研学旅行课程目标，也是有效、快捷的编写方法。

案例 2–4 和案例 2–5 两位作者直接运用《中小学综合实践活动课程指导纲要》中的综合素质目标，娴熟自然，全面具体，具有可操性，给读者提供了借鉴模板。

（点评人：文化和旅游部人才中心研学旅行指导师考评员李岑虎）

第二节　研学旅行课程内容的选择

一、依托基地现有资源选择教学内容

案例 2-6

齐文化博物馆研学旅行课程方案（摘要）

一、研学资源

齐文化博物馆位于山东省淄博市临淄区临淄大道308号，是一座集文物收藏、展陈、保护、研究、教育、休闲功能于一体的综合性博物馆。由原齐国故城遗址博物馆（齐国历史博物馆）迁建，于2016年9月12日开馆。2018年9月25日，齐文化博物馆被公布为中国国家二级博物馆。

齐文化博物馆建筑面积3.5万平方米，展厅分为四个部分，分别是基本陈列展厅、特色陈列展厅、专题陈列展厅和临时展厅。拥有文物3万余件，上展文物4100余件（套）。

齐文化博物馆的基本陈列展厅是以齐国故都800年的兴衰变迁为基点，由历史陈列与专题陈列组成。

基本陈列分为先齐文明、西周之齐、春秋齐国、战国之齐、秦汉齐风、稷下学宫、余韵传承等7部分。展厅通过实景沙盘与投影结合、多元化阅读等展示方式，动态演绎临淄城的繁华景象，多角度地向观众展示齐文化的兴衰演变过程。

齐文化博物馆的特色陈列厅包括齐地考古厅、煌煌齐都厅、稷下学宫厅、石刻厅。

石刻厅分为室内外两部分：室内展出佛教造像和汉画像石，包括华东最大单体石佛——西天寺北魏石佛，以及崔猷墓志、曹植词碑等；室外则展出临淄县城门匾等精品石刻。

齐文化博物馆的专题陈列展厅包括临淄党史厅、廉政教育厅、陶拍厅、瓷器厅、书画厅。

齐文化博物馆的临时展厅则负责承办各种临时展览，丰富博物馆的展览内容。

二、课程内容

（一）研学旅行前课程

（1）研学旅行前课程设计内容包括团队建设，要求学生们根据选择的研学问题自由组合形成研学小组。在课程设计时，要充分发挥学生的主动性，设计了“私人定制小组研学活动方案”活动，让学生自主选择活动项目，然后根据所选活动项目自由组合小组，共同完成活动项目内容。

（2）本次研学产生了四个研学小组，各小组通过组内讨论推举自己的组长，确定小组的名称、组徽和口号（见图2-2），通过这个活动形成小组归属感，为后期小组研学打下基础。

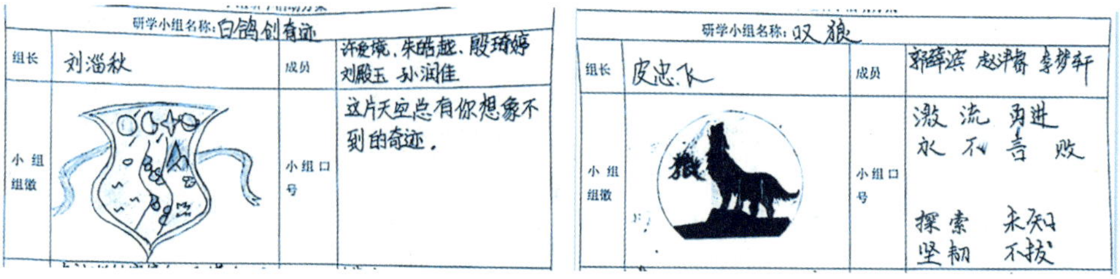

图 2-2　小组的名称、组徽和口号

（3）进入博物馆之后，组织小组活动：一是小组团队的展示，二是团队凝聚力活动。

（二）研学旅行中课程

（1）研学旅行指导师首先介绍齐国发展历史和馆内陈列文物。学生在研学旅行指导师的带领下，了解齐国的兴衰史，同时对馆内陈列的文物名称和用途进一步了解。通过了解，学生为古人的生活智慧叹服，为古代工匠的精湛技艺点赞，并将自己认为最美的文物拍摄下来。

（2）研学旅行指导师有意识地将研学问题中涉及的成语故事、蹴鞠、饮食器物等进行了详细的介绍，为后期完成研学任务、参与研学活动做铺垫。

本次研学任务分两组进行，自选的不是共性的问题，分散探究并进行单独展示，选择共性问题的进行集体性的集中探究活动。结合本次研学任务的特点，研学小组在稷下学官展厅进行了两项集体活动，一是组织“齐国成语大赛”；二是组织励志教育。

活动一：齐国成语大赛

（1）飞花令。因为是新年的第一天，所以提议用新年的“新”字开始活动。利用“新”字以及“新”字的谐音字组织成语。

（2）“事”说成语。根据研学旅行指导师提供的故事内容，猜出故事中隐含的成语。

（3）“图”有其名。根据研学旅行指导师出示的图片内容，猜出图片中隐含的成语。

活动二：追梦少年，勇往直前

研学旅行指导师：人才对国家发展的重要性在稷下学官厅得到充分的体现。古代君王非常重视对人才的培养，现代崛起中的中华民族也是如此。习近平总书记提出“人才是第一资源，是衡量一个国家综合国力的重要指标”。国家对人才非常重视。反思自己的学习和生活，在自己成人成才的道路上你有没有努力过、奋斗过，请在励志卡上为自己今后的学习写下一句激励的话。前有周总理“为中华之崛起而读书”，今有我辈“为实现伟大中国梦”而读书，在中华民族伟大复兴的奋进路上，笔者都是追梦人！

研学旅行指导师：在你的成才路上，你求学的学校和教授你的老师将为你的成人成才发挥重要作用，反思自己的学习经历，在感恩卡上写下你想对学校或老师说的话吧。

本次研学的另一个重点环节是“蹴鞠比赛”。因为场馆不能将蹴鞠带入，因此研学小组只能在场馆外进行了短暂的蹴鞠活动。距离博物馆不远就是蹴鞠小镇，蹴鞠比赛在蹴鞠小镇进行。

（三）研学旅行后课程

研学后的第二天，研学小组的同学们聚在一起聊收获，谈感悟，完善自己的研学手册。孩子们写得很认真，每个孩子都能详细地写出自己的所见所闻（见图 2-3）。在最后的研学评价中，孩子们郑重地写下了自己的表现，没有刻意的雕饰语言，也没有丝毫地掩饰失误。他们记下了自己这次研学之旅最真实的自我。对于每个孩子，老师都给予了评价，不仅评价他们的智慧、团结、善良、自律，也评价他们的时间观念、环保意识以及社会公德。

图 2–3　写出研学旅行的收获

研学留给学生的不仅是知识，更多的是做事和做人的道理。我们希望孩子们兴高采烈地出发，归来时留下一丝心灵的慰藉，而不只有同学间闲聊时的谈资。

（本案例片段由淄博市临淄区朱台镇高阳中学王雪艳提供，李子尚改编）。

案例评析

我们在研学旅行实践过程中，很多研学旅行基地以其固定、呆板、凝固的独特资源，制约了我们研学旅行指导师的自主创造性，束缚了学生主观能动性的发挥，譬如，博物馆、展览馆等类型的研学旅行基地，我们只能依托这些研学旅行基地现有的资源来选择教学内容。本案例作者巧妙地依托齐文化博物馆研学旅行基地现有的资源选择教学内容，堪称典范。作者采用比较擅长的活动性、体验性和参与性的方式，通过研学前的团队建设、研学中的活动设计以及研学后的评价环节，把研学旅行内容淋漓尽致展示出来。

同时，本案例非常简洁、细腻地设计出了研学旅行教学的全过程，从关注知识到关注知识之上的情感态度价值观转变，进而有效地实现了学生综合素养的提升。课程强调学生综合运用各学科知识，认识、分析和解决现实问题，提升综合素质，着力发展核心素养，提高学生的社会责任感、创新精神和实践能力。

（点评人：文化和旅游部人才中心研学旅行指导师考评员甄鸿启）

二、利用当地综合资源选择教学内容

案例 2–7

利用济南当地研学旅行资源选择研学旅行教学内容
济南绿水青山研学旅行主题课程（摘要）

一、研学背景

随着生活水平的提高，人们对优美环境的要求越来越强烈，“绿水青山”正在由环保理念逐渐变成美丽现实。“绿水”“青山”是如何实现的？如何理解“绿水青山就是金山银山”？我校利用学校附近的有关资源，结合初二地理水资源、土地资源、农业、湿地，初二生物繁殖方式等教材，为初二学生设计了“绿水青山”专题研学旅行，使“绿水青山”从学生的阅读资料、背诵任务转变成研学旅行经历。通过此次“济南绿水青山”研学旅行活动，使学生深入理解绿色发展理念、生态文明理念，逐渐由提倡、口号变成学生今后的自觉行动。

二、研学时间

2020 年 9 月 30 日。

三、研学对象

初二学生。

四、研学目标

认识常见优良树种，了解林业育苗技术在解决城市环境绿化，荒山、沙地、盐碱地绿化方面的巨大作用；了解我国是如何通过高科技实现“绿水青山”的；了解污水处理工艺，了解中水的广泛用途；了解城市湿地公园的环境效益、经济效益、社会效益；锻炼身体，提升意志品质；通过集体活动，培养团队意识；增强户外生存能力。

五、研学前准备工作

（1）9 月 23 日之前 4~6 人为单位分组，确定组长、安全委员、纪律委员、宣传委员等。

（2）9 月 30 日之前，以组为单位，在手机上下载识别植物的软件（例如微信小程序的“识花君”等）、测量海拔的软件（例如 GPS 等），并学会使用。

（3）9 月 30 日之前，以组为单位，准备 2 米长塑料绳子一条、矿泉水空瓶子一个、空塑料杯子 3~5 个、纯净水一瓶、自来水一瓶、石灰岩一块、花岗岩一块。

（4）每个学生准备 3 张以上的 pH 试纸。

（5）每组准备一只水质检测笔。

（6）每组准备一瓶稀盐酸。

（7）每班准备一瓶蒸馏水。

（8）熟悉测量海拔、识别植物的软件。

六、研学安全注意事项及应急措施

（1）根据天气情况增减衣物。每人必须携带口罩，必要时佩戴口罩。

（2）带简易方便午饭、水、餐巾纸等，穿干净的校服、轻便舒适的运动鞋，可以戴遮阳帽。

（3）研学地点很多，大部分有水域，跟紧队伍，不要拥挤，不要擅自离队。

（4）在研学过程中保持清洁，禁止随地吐痰、吐口香糖、乱扔垃圾；禁止追逐打闹、大声喧哗。

（5）可准备适量糖、巧克力等补充能量食物。严禁学生沿途购买零食、水等任何食品。

（6）坚持安全第一的原则。本次研学用稀盐酸做实验，有一定的腐蚀性，如果不慎沾到皮肤上，立即用清水冲洗。本次研学地点湖泊、湿地较多，在组织本次研学活动前，学校对研学地点进行了多次考察，根据考察情况，制订了详细的活动方案和安全应急预案，并根据实际情况，不同班级安排了交叉研学线路。请同学们一定注意安全。

七、认识山东省林科院育苗中试基地主要树种

各组使用辨认花草的手机软件，结合平时知识，在地理老师、生物老师、班主任带领下，沿着基地小路从西向东，识别并查阅资料。了解本基地的优良树种：白蜡、沙地柏、藏柏、楸树、柳树、毛梾、核桃、海棠、大樱桃、西亚紫荆等。

研学记录：略。

八、了解树苗繁殖方式

在苗圃田里找到白蜡、沙地柏、毛梾、核桃、三角枫树苗，在生物老师、育苗专家帮助下，填写它们的繁殖方式（见表 2–2）。

表 2–2　树苗的繁殖方式

树苗	白蜡	沙地柏	毛梾	核桃	三角枫
繁殖方式					

九、土壤酸碱性鉴别

在基地大棚土壤堆放区域和苗圃田里，根据以下资料判断土壤的酸碱性。

（1）通过土壤颜色判断土壤酸碱性。酸性土壤一般颜色较深，多为黑褐色，而碱性土壤颜色多呈白、黄等浅色。有些盐碱地区，土表经常有一层白色的盐碱。

（2）通过手感判断土壤酸碱性。酸性土壤握在手中一般是软软的，松开后土壤容易散开，不易结块；碱性土壤握在手中感觉硬实，松手以后容易结块而不散开。

（3）通过浇水后的状态判断土壤酸碱性。酸性土壤浇水以后下渗较快，不冒白泡，水面较浑；碱性土壤浇水后，下渗较慢，水面冒白泡，起白沫，有时表面还有一层白色的碱性物质。

（4）通过质地判断土壤酸碱性。酸性土壤质地疏松，透气透水性强；碱性土壤质地坚硬，容易板结成块，土壤容易板结。

（5）通过 pH 试纸判断判断样土酸碱性。以组为单位，将样土少许放入装蒸馏水的塑料杯中，溶解一会，将 pH 试纸条放入其中静置 2 秒，然后取出与比色卡对照。pH>7；则为碱性土壤；pH<7，则为酸性土壤。将判断结果填入表中（见表 2–3）。

表 2-3　判断样土的酸碱性

样土	椰砖土	白蜡树苗里的土	沙地柏树里的土	核桃树里的土
酸碱性				

十、树苗去哪里安家

（1）以班级为单位，请教山东省林科院育苗专家孙主任或者曹队长，本基地最主要育苗树种白蜡的主要推广地区及原因。

研学记录：略。

（2）观察并查阅资料了解基地主要育苗树种沙地柏树的树冠、树根特点，根据我国降水地区特点，推测沙地柏树主要推广地区，并请教地理老师验证。

研学记录：略。

（3）查阅济南地形图，根据因地制宜原则，推测本基地主要育苗树种核桃、海棠、大樱桃在济南本地主要推广区域，并请育苗专家验证。

研学记录：略。

（4）结合以上方法，验证楸树、柳树、藏柏、毛楝、核桃、西亚紫荆等树苗的用途和推广地区。

研学记录：略。

十一、午间讨论会

利用午休时间，在班内开展讨论赛。

（1）“荒山”“沙地”如何变“青山”。

研学记录：略。

（2）“青山”如何变“金山”。

研学记录：略。

（3）在荒山、沙地绿化中，应该遵循哪些原则。

研学记录：略。

十二、光大水务——“绿水”专题研学

（1）了解“中水”定义

中水也称再生水，水质介于污水和自来水之间，是城市污水、废水经净化处理后达到国家标准，能在一定范围内再使用的非饮用水。

研学记录：略。

（2）了解污水处理方法

走进光大水务车间，在工作人员的带领下，了解污水处理工艺和方法。实地观察物理处理法、物理化学处理法、生物化学处理法、生物处理法的区别（见图 2-4）。

研学记录：略。

图 2-4 光大污水处理车间

（3）水质监测

用水质检测笔检测处理前的污水、处理后的中水、自来水、纯净水的 TDS 数值，并对比差异（见表 2-4）。

表 2-4 检测各种水质的 TDS 数值

水源	处理前的污水	处理后的中水	自来水	纯净水
TDS 值				

（4）“中水”的使用

①济南是著名的“泉城”，泉水是济南最主要的水源。随着人口增长、经济发展，济南供水越来越紧张。说说济南通过哪些措施解决供水资源短缺问题。

研学记录：略。

②说说家庭中“一水多用”水循环使用的例子（中水就是指循环再利用的水）。

研学记录：略。

③观察洒水车接水点，说说中水在农业、工业、园林、保洁中有哪些用途。

研学记录：略。

小结：中水利用在很大程度上解决了济南水资源短缺问题。济南的中水比南水北调水量大，成本低，因为济南城市污水数量巨大、稳定，不受气候等自然条件的限制，济南的中水成为可靠的再生水源。中水处理站规模灵活，既可在济南城郊建大型再生水厂，也可以在居民小区、公共建筑内建设小型中水处理站。污水再生利用有助于改善生态环境，实现水生态的良性循环。

十三、济南华山历史文化湿地公园——“青山绿水”专题研学

（1）探究泉水形成原因

①济南南依泰山，北跨黄河。泰山海拔 1545 米，用手机软件（如 GPS）测量华阳宫南华阳湖的海拔，计算二者相对高度。

②济南南部山区的岩石主要是石灰岩，北区零散丘陵的岩石主要是花岗岩。用试管分

别把稀盐酸滴在石灰岩、花岗岩上，观看实验结果。

③用济南地势特点、岩石组成及特点，解释济南泉水形成原因。

（2）探究恢复华山历史文化湿地公园的原因

①大明湖是济南众多泉水汇集的天然湖泊。大明湖泉水出北门，经北护城河汇入小清河。小清河是济南泉水的疏泄通道。由于历史上小清河经常淤堵，排水不畅，在济南北部地势低洼地带，形成天然湿地。20 世纪，围湖造田，湿地面积逐渐减少，最后消失。现在恢复的华山历史文化湿地公园里的华阳湖水面为 2.51 平方千米，相当于 5 个大明湖的面积，与小清河连通。说说华山历史文化湿地公园在防洪、抗旱方面的作用。

②华山历史文化湿地公园里栽植了常绿乔木、落叶乔木、花灌木、绿篱、地被植物及水生植物等上百种。湿地总面积 6.25 平方千米。说说华山历史文化湿地公园的生态作用。

③感受济南八景中的“鹊华烟雨”美景，欣赏湿地生态环境，华山历史文化湿地公园已经成为火爆泉城的“网红打卡地”。说说华山历史文化湿地公园还有哪些作用。

研学记录：略。

十四、个人总结与思考（略）

十五、小组讨论

记录下你们组在研学中讨论的热点。

（本案例由山东省济南第三中学孔祥兰编写，李子尚改编）

案例评析

本案例根据学校所在地济南区域的研学资源情况、学生年龄特点和学科教学内容需要，紧紧围绕立德树人的教育理念，坚持以培养学生爱家乡、爱祖国的情怀，提高学生综合实践能力为核心来进行课程设计。在选择研学旅行资源内容时，从培养学生的思维技能、教会学生获得信息的方法、培养学生社会参与的积极态度、培养学生兴趣的角度出发，设计了本次研学课程内容，是带领学生走进真实生活情境的研学课程范例。

研学旅行以真实生活情境为课程内容，必须走出校门。学生面对的不是传统课堂中抽象的知识点和虚拟环境，而是现实世界的真实情境。学生可以感受到更为广阔的社会教育空间。这个空间无所不包，如自然资源、红色资源、文化资源、科技资源、国防资源和博物馆、工矿企业、知名院校等都能成为研学内容。这些资源为实现中小学学生健康成长提供了丰富的课程载体。本案例利用济南当地研学旅行资源选择研学旅行课程教学内容，为读者提供了参考性思路。

另外提醒读者，研学旅行课程不同于学校传统课堂的知识传授课程，我们选择研学旅行课程内容和教学方法时，一定要注意，不要把研学旅行课依然当成简单的知识传授课，或者延伸学校传统的“知识满堂灌”教学。研学旅行要跳出“满堂灌”“填鸭式”的应试教育方式，让学生在游中学，在学中游，寓教于乐。

（点评人：文化和旅游部人才中心研学旅行指导师考评员甄鸿启）

三、挖掘社区教育资源选择教学内容

案例 2-8

“千年古埠、北国江南”
——胶州少海风景区研学旅行基地课程方案（摘要）

一、研学背景

“千年古埠、北国江南”——胶州少海风景区。少海风景区位于胶州湾西北岸、青岛市区西侧。东隔大沽河，与青岛高新区紧密相连；南隔青兰高速公路，与胶州湾相望。总规划面积 16 平方千米，其中水域面积 6.28 平方千米。少海风景区定位为“宜游、宜业、宜居”的现代化滨水景区，体现自然生态、滨水休闲、旅游度假、历史人文等功能，再现胶州“千年古埠、北国江南”的城市风采。景区以“两湖、一带、三岛、多片区”作为主体框架，将丰富的自然资源和悠久的历史文化有机结合，实现水色与岸景、传统与现代的共融，体现生态、亲水、休闲、现代特色。

二、研学内容

（1）参观南湖广场、少海连樯雕塑、游客服务中心、中央草坪、廊架、龙腾柱、少海之花雕塑、大型音乐喷泉等景观，了解其文化内涵等与地理学科密切相关的知识；

（2）考察孔子六艺园，探究儒家传统文化，探究儒家经典内涵，学习中国传统拜师学艺过程；

（3）考察板桥镇、秧歌城，了解胶州市悠久丰厚的历史文化资源。板桥镇、秧歌城以仿古建筑和仿古场景复原的形式集中展现了古代胶州的辉煌历史；

（4）考察中国秧歌广场、民俗文化馆、市舶司、板桥商业榷场、高丽亭馆、历史名人馆、海洋文明展示区等仿古建筑；

（5）体会胶州民俗民风，了解胶州茂腔非物质文化遗产；

（6）探究少海风景区的地理位置以及政治、文化、经济、历史等有关知识。

（本案例由青岛胶州英姿学校张浩提供，李子尚改编）

案例评析

研学旅行倡导的是“读万卷书，行万里路”。其实很多时候，我们也未必行只有“行万里路”才能开展研学旅行活动。更多的研学旅行资源往往就在我们身边，在我们脚下，在我们的社区。社区很多资源内容经过我们简单地加工、整合，就成了我们所需要的研学旅行资源内容。本案例根据胶州社区特色、学生年龄特点和地理学科教学内容需要，紧紧围绕立德树人的教育理念，培养学生爱家乡、爱祖国的家国情怀，堪称挖掘社区教育资源选择教学内容的成功典范。本案例注意了以下几个方面的问题：

（1）充分利用少海风景区文化资源的多元性、内容的广泛性，开展多种选题的研究；

（2）以少海风景区文化有关资源及学科教学内容为基础，结合学生认知能力和本地实际整合开发课程，保证课程的实效性、多样性、开放性、互动性；

（3）尊重学生主体地位，以人为本，以学生调查、研究、角色体验等形式为主，组织学生走进社区，走进社会，培养学生创新精神和实践能力；

（4）充分挖掘胶州少海社区教育资源开展丰富多彩的研学旅行活动，胶州学生研究胶州，胶州学生热爱胶州；

（5）研学旅行课程内容的选择应坚持可行性与实践性相统一的原则。可行性的课程内容便于实现其社会价值，实践性的课程内容便于实现其思维训练价值。在课程内容的选择过程中，必须坚持两方面相统一的原则；

（6）研学旅行课程内容应该选择对人的发展价值较大的、有一定实用价值的知识。

（点评人：文化和旅游部人才中心研学旅行指导师考评员甄鸿启）

第三节　研学旅行教学方法的应用

一、情境教学法

案例 2-9

“寻梦台儿庄”研学旅行课程之情境教学法

台儿庄古城是一座“二战”遗存最多的抗战名城，被世人誉为“中华民族扬威不屈之地”；是古运河畔唯一一座南北交融、中西合璧的文化名城，八大建筑风格融为一体，72座庙宇汇于一城；是京杭大运河上唯一一座古码头、古驳岸等水工遗存完整的运河古城，城内留存有3000米长的明清时期的古运河，被世界旅游组织称为“活着的古运河”；是中国唯一一座东方古水城，拥有15千米长的古水街水巷，可以舟楫摇曳、遍游全城。

古城台儿庄集“运河文化”和“大战文化”为一城，融“齐鲁豪情”和“江南韵致”为一域，是极具人文魅力的研学目的地，是沿运河独有、世界知名的齐鲁文化新地标。

一、研学目标

（1）学会阅读和使用景区导游图，能够根据研学主题规划游览路线，确定研学景点。

（2）通过参观台儿庄大战纪念馆、台儿庄大战遗骸发掘地、台儿庄大战遗址公园、清真古寺等，寻找台儿庄大战证据，了解战争的残酷，培养爱国精神、民族气节，追思英雄的壮举，珍惜当下的和平。

（3）通过实地查看古驳岸、古码头、古民居，了解古城昔日的繁荣景象，理解古城兴衰与运河的关系。

（4）游览特色展馆，观看古民居、古街巷、古商埠、古庙宇、古会馆等，了解古城多元的文化特点，理解文化形成与自然环境的关系。

二、研学活动

台儿庄古城保留了 53 处“二战”遗址，是世界上经过“二战”炮火洗礼后遗存最多的城市，是中国唯一的一座“二战”纪念城市，与波兰华沙齐名，被誉为“中华民族扬威不屈之地”，2013 年被授予全国中小学生爱国主义教育基地。

研学路线：台儿庄大战纪念馆—台儿庄大战遗骸发掘遗址—安澜门粮包防御工事—久和客栈战地照片—月河街巷战旧址—台儿庄大战遗址公园（大战遗物陈列馆、台儿庄大战故事馆、弹孔墙）—清真古寺（“二战”遗址）。

（一）铁血征尘重回眸——台儿庄大战纪念馆

（1）资源概况：台儿庄大战纪念馆（见图 2-5）位于台儿庄城区古运河河畔，为纪念抗日战争初期著名的台儿庄战役而修建，是全国百家爱国主义教育示范基地、全国中小学生爱国主义教育基地、山东省首批中小学生研学实践基地。馆内展出文物史料 2000 多件，影视厅主要播放当年战地记者拍摄的珍贵纪录片《台儿庄战役》以及《参战将士访谈录》、故事片《血战台儿庄》。全景画馆再现了台儿庄大战中爱国将士浴血奋战报效祖国的英雄壮举。

图 2-5　台儿庄大战纪念馆外景

（2）研学方式：参观展览馆，查看台儿庄大战时中日双方资料及文物，了解台儿庄大战背景及双方交战概况，阐述台儿庄大战及其历史意义；参观书画馆，观看珍藏的参战将士和亲属以及著名书画家、政界人士的书画作品，激发爱国情怀；参观影视馆，观看当年战地记者拍摄的珍贵纪录片《台儿庄战役》《参战将士访谈录》以及故事片《血战台儿庄》；参观全景画馆，缅怀爱国将士浴血奋战报效祖国的英雄壮举。

（3）想一想：台儿庄战役中的著名将领有哪些？血战台儿庄的中国军队主力军是哪支部队？

（4）议一议：台儿庄大战胜利的原因是什么？台儿庄大战的历史意义有哪些？

（5）搜一搜：上网查找更多关于台儿庄战役的内容。

（二）英烈豪气枕长河——大战遗骸发掘遗址

（1）资源概况：战争的硝烟早已散尽，但是抗战英雄的英勇事迹还在台儿庄世代传诵。2011年9月，台儿庄古城重建开挖地基时，在西门北侧约50米处意外发现了两具头戴钢盔的残骸，经鉴定均为国军将士。2012年4月8日，台儿庄大战胜利74周年之际，当地隆重举行了“台儿庄大战无名英雄遗骸集中安葬活动”，以此告慰先烈，昭示后人。台儿庄大战期间，此处是战斗最激烈的地方之一，“57把大刀定乾坤”的传奇故事就发生在这里。

（2）研学方式：听讲解员讲述当时的战斗情境，了解57位敢死队员的英雄壮举；参观两位敢死队员牺牲的遗址，向英雄默哀3分钟。

（3）搜一搜：上网了解“57把大刀定乾坤”和“台儿庄举行无名英烈安葬仪式”等相关资料。

（三）弹痕不言炮声远——台儿庄大战遗址纪念公园

（1）资源概况：台儿庄大战遗址公园是全世界唯一一座以战争遗迹为依托的“二战”纪念公园，保存了10余处“二战”遗迹，昭示战争与和平，不仅成为文物，而且上升为符号的人类文化遗产。公园分为台儿庄大战遗址区、雕塑区和多处纪念馆区。

（2）研学方式：在台儿庄大战遗址区，观看完好保存的弹孔墙和部分残垣断壁，再现当年战争场景，感知战争之残酷，珍惜当下之和平；雕塑区再现了当年的悲壮场面，追思英雄壮举；走进了大战纪念馆，记住台儿庄大战的真实故事，记住英雄的名字；走进了大战遗物陈列馆，记住中国人民浴血奋战的抗战精神和英雄事迹，揭露日军侵华罪证，勿忘历史，珍惜和平。

（3）议一议：结合自己看到的史料与感想，讨论一下台儿庄古城作为“二战”纪念城市而重建，在维护世界和平上有什么重要意义？

（4）想一想：和平年代的中学生应当培养怎样的英雄气质与担当精神？

（四）翠柏苍松照廊檐——台儿庄大战旧地：清真古寺

（1）资源概况：台儿庄清真寺俗称北清真寺，始建于明朝初年。1938年春，日军侵犯鲁南，台儿庄清真寺成为中日双方争夺的焦点，是战斗最激烈的地点之一。战后的清真寺，残垣断壁，尸体成堆。寺中的4株古柏，有两株化为灰烬，另外两株见证了战争的残酷，留有战争的痕迹。西侧小讲堂的墙壁上累累弹痕，不仅是无声的“历史见证者”，更是中国军民抗战精神的真实写照。

（2）研学方式：听古寺中的老人讲台儿庄大战的故事；抚摸两株古柏，观看古墙面，寻找战争留下的印迹，追思为国殉难的英烈，珍惜当下的和平生活；走进台儿庄大战186团指挥所旧址，参观指挥所的各种陈列物品，观看当时作战形势图，了解当时的严峻形势和台儿庄大战对于整个抗日战争的重要意义。

（3）读一读：清真寺拉锯战。

1938年春，日军侵犯鲁南，台儿庄清真寺遭到了毁灭性的破坏。当时，中国军队第二集团军31师186团指挥部就设在清真寺内。由于清真寺离北大门较近，又是日军向城内进犯的必经之路，因而成为中日双方争夺的焦点，是战斗最激烈的地点之一。七天七夜的拉据战，有 5000 人在这里战死。寺中的 4 株古柏，有两株化为灰烬。西侧小讲堂的墙壁上弹痕累累，密集处的 80 平方厘米砖墙，于 1988 年 10 月被中国革命历史博物馆移去陈列。

（本案例由枣庄三十九中赵炎编写，李子尚改编）

案例评析

本案例的研学教学活动设计立足于真实情境，从“二战”遗存最多的抗战名城历史遗存角度设计了一系列的活动，真实展现了古城台儿庄是集“运河文化”和“大战文化”为一城，融“齐鲁豪情”和“江南韵致”为一域，是极具人文魅力的研学目的地，是沿运河独有、世界知名的齐鲁文化新地标。设计的活动均立足于真实情境，并且充分运用多种手段和方式，让情境更充实、更真切，是情境研学教学方式的实际展现。

《研学旅行教育理论与实践》在情境教学法中指出：“知识是在具体情境中建构的，它与具体情境紧密相连，研学旅行指导师应把学生置于一定的社会情境中学习，通过社会互动或活动来促进学习，这对于改善课堂学习的去情境化、抽象化，增强学生学习动机和学习的互动性，具有重要的指导意义。”研学旅行指导师在选择研学情境时应符合学生的学情，能够让学生在知识和情感上找到共鸣点，这样既能激发学生的研学兴趣，又能兼顾知识的应用和拓展。研学教学活动，如果只是参观和说教，也就失去了研学课程的内在价值。因为兴趣是驱使学生热衷研学的重要动力。学生最不想遇见的研学就是像课堂上一样的听和看。他们想“动”起来，想在情境中完成各项研学旅行活动。在情境中会更有利于学生学习的进步、能力的提升以及思想品德的提高。

（点评人：文化和旅游部人才中心研学旅行指导师考评员甄鸿启）

二、体验式教学法

案例 2–10

基于“体验学习圈”的高中研学旅行案例研究
——以南京滨江带为例

南京作为长江经济带上的标志性城市之一，依山抱水、跨江而踞。作为首批国家历史文化名城，南京拥有丰富的自然与人文资源。2017 年 5 月，南京市委、市政府在《关于推进南京市全域旅游发展的意见》中提出要推进旅游与教育的融合发展，创建国家级研学旅行示范基地，相关部门共制定了 39 条包含自然景观、历史人文景观、博物馆、爱国主义教育基地等资源的研学旅行线路。

一、主题选取与目标制定

南京滨江带位于建邺区、鼓楼区、栖霞区与浦口区内，沿岸充分展现了大江风貌，独具山水城林特色，南依幕府山、栖霞山，北拥江心洲、八卦洲，江间横跨两条隧道、三座轮渡、四座桥梁。通过对南京滨江带研学旅行资源的充分挖掘，基于“体验学习圈”的学习路径，本案例选取了滨江区域内的10个研学旅行地点。

考虑到“体验学习圈”路径的生成需依托具备一定连贯性的体验环境，故本案例以识别地质地貌为开端，通过探究长江南北两岸地貌成因的差异，进一步比较山体与耕地的土壤剖面结构，以及生长的植被种类与分布状况；接着，由八卦洲岛的特色芦蒿入手，分析芦蒿种植业的区位优势，调查其由传统农业向现代农业转型的原因，并指出交通条件改善的重要性，进而引发对长江二桥与长江大桥选址原因的探讨；再经过走访与调查，了解区域内建桥前的主要交通线路，通过比较沿江码头与南京西站周边土地利用类型的变化，阐述其主要功能的转变；最后，通过挖掘南京西站搬迁的原因，引发关于城市环境保护的思考。如图2–6所示。

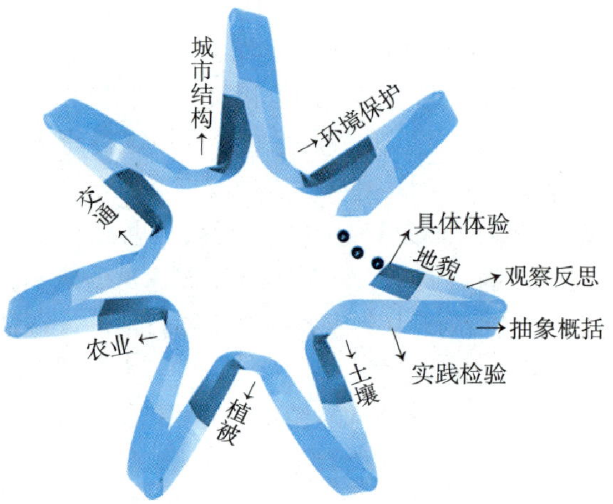

图2–6　基于“体验学习圈”的地理学科要素关联路径

二、研学路径

案例以“自然要素—人文要素—自然要素”为主线，绘制了由7个“体验学习圈”搭建的地研学旅行地理学科要素关联路径。这是一种螺旋式循环学习路径，但首尾圈未完全相连，模式并非完全固定。这是因为，图2–6仅符合该案例设置的课程内容，其他研学旅行案例需根据研学地点的具体情况，合理设置学习圈的数量、调整各要素的关联顺序。参照上述思路，本次研学旅行以地理类课程为主，按研学旅行开展的顺序，制定了“勘金陵地质，观江岸地貌”“赏金陵绿植，察江岸土壤”“知八卦农业，议江洲发展”“忆金陵交通，析城市规划”四个主题活动，并依据《研学旅行课程标准》中的内容标准与活动建议制定了具体活动目标（见表2–5）。

表 2–5　活动主题、活动线路及地点和活动目标

活动主题	活动线路及地点	活动目标
勘金陵地质，观江岸地貌	幕府山—燕子矶—栖霞山： 幕府山：长江南岸。宁镇山脉西端。地层发育齐全且褶皱和断层构造典型，山体岩性多为石灰岩或白云岩地形以丘陵为主河漫滩平原与岗地相间 燕子矶：观音门外直山东北角处的石峰，三面临空，因势如燕子展翅欲飞而得名，西南方沿江的悬崖上有若干个石灰岩溶洞 栖霞山：茅山入南京地区之北，山体主要由石灰岩、砂岩等组成，北麓有带状花岗岩分布。三面环山，北临长江，红叶种类丰富，古生物化石众多，且具备历史悠久的茶文化	借助手机定位软件确定所处地理位置；通过野外观察或查阅资料，描述幕府山、栖霞山的地质构造，结合内力作用的水平运动与垂直运动阐述其成因 在不破坏地理环境的前提下，使用地质锤、放大镜等勘察工具判别幕府山、燕子矶、栖霞山的主要岩石类型；掌握地质罗盘的使用方法，以识别方向；测量典型地质体的形状 观察长江南岸地貌的发育，识别丘陵、岗地、河漫滩平原等地形地貌；从河流（流水）侵蚀与堆积两种外力作用解释沿岸岗地、河漫滩平原、燕子溶洞的成因
赏金陵绿植，察江岸土壤	栖霞山—八卦洲湿地公园： 八卦洲湿地公园：位于南京市八卦洲西南部位置，是经江苏省林业局批复设立的省级湿地公园，总面积 691 公顷。园区划分为湿地森林保育区、温地科教文化区、湿地森林游览区、耐水湿苗木试验培育区、特色蔬菜花卉种植区、湿地森林休闲度假区和综合管理服务区 7 个功能区	对比栖霞山山体土壤剖面与八卦洲耕作土壤制面的差异，说出土壤的形成过程，并绘制出两种类型的土壤结构制面示意图 借助景区介绍或软件资料，识别栖霞山八卦洲湿地公园的主要植物，并说出其生长特性；对湿地公园展开植物群落调查，探究乔灌草型、湿生草本型、水生草本型植物的培植方法 分析气候、土壤等要素对植物生长的影响，解释几种植物的地带性和非地带性分布规律
知八卦农业，议江洲发展	陌上花渡现代农业区： 陌上花渡现代农业区的八卦洲被称为“中国芦蒿第一乡”。近年来因同业竞争、产业结构单一，开始向建设现代农业产业园转型，其中集观光、休闲、娱乐、餐饮、采购、科普、教育、婚庆，会展九大功能于一体的休闲农业综合体陌上花渡园区就是最新样本	通过查阅资料，走访本地居民，分析八卦洲的区位优势；结合八卦洲独特的地理位置，指出其农业成功转型的基本社会经济条件 查阅相关政策文件，根据八卦洲布局结构图，以陌上花渡为例，设想八卦洲未来的发展方向
忆金陵交通，析城市规划	长江二桥博物馆—大桥纪念馆—江码头—南京西站： 长江二桥博物馆：位于长江二桥建设纪念区，馆内展示了长江二桥建设历程及世界名桥历史概况 长江大桥纪念馆：由大桥南桥头堡改造而成，展示长江大桥历史背景及文物资料 中山码头：位于鼓楼区长江南岸，临近南京西站，常年开行驶往对岸的“宁浦线”轮渡 浦口码头：位于浦口区长江北岸，1910 年浦口码头随津铁路贯通而开办，与中山码头相对 南京西站：位于鼓楼区，是沪宁铁路终点站，宁铜铁路的起点站，曾经是南京的重要门户，2018 年启动搬迁工程	通过参观长江二桥博物馆、长江大桥纪念馆，了解长江二桥与长江大桥的建设历史。综合自然与人文要素分析两座大桥选址的原因 在乘坐轮渡的过程中，观察轮渡的结构特征，尝试在地图上绘出“宁浦线”线路；结合区域内铁路、工业区、居民区等的分布，推测两个码头的主要功能 对比 50 年间，南京西站周边城市用地类型的变化，探究南京西站衰落的原因。结合南京西站新址的位置及其面积、功能区等方面的变化，分析交通运输发展及布局变化对城市环境改善的作用

（本案例来源：《地理教学》2020 年第 24 期，黄雅婷、赵媛《基于“体验学习圈”的高中研学旅行案例研究——以南京滨江带为例》，李子尚改编）

案例评析

本案例是结合新的学科课程标准设计的研学旅行课程案例，最为突出的特点就是“体验”。作者基于“体验学习圈”理论设计了一系列的研学旅行实践学习内容，以体验为基本思想，紧密结合新课程标准进行研学内容设计，充分凸显了体验性和研究性。在设计体验性的研学旅行活动时要坚持四个原则：

（1）趣味性原则。一是要体现未知的知识，让学生有新鲜感；二是要体现生活性的知识，让学生有熟悉感；三是要体现疑惑的知识，让学生有悬念感。本案例所选取的活动内容既熟悉又具有一定的新鲜感，而且善于设疑，让本次研学体验具有了较高的操作价值。

（2）实践性原则。应弱化学科性，不能将课堂搬到研学地，这样会大大降低学生的参与兴趣。在引入学科知识性时，要进行变通或兴趣加工，寻找一个小的切入点将学科知识隐藏在兴趣的外衣下探究，这样学生就能在兴趣的引导下，自然地去应用学科知识或探究学科知识了。

（3）探究性原则。主题设计要能够引导学生获取新知识或应用旧知识解决新问题，让学生在探究的过程中学会科学的方法、技能和思维方式。

（4）时代性原则。研学无论是自然风光还是文化遗迹，都是时间留给我们的活的文化。

本案例从学科入手，从体验切入，将南京滨江带的研学体验活动设计得既有趣味性，又具有时代性，并且依据实践的原则展开探究活动，水到渠成，充分地展现了研学旅行实践教育的体验性和研究性的内在要求。

（点评人：文化和旅游部人才中心研学旅行指导师考评员甄鸿启）

图 2-7　研学旅行指导师运用体验式教学法指导学生制作竹简《孟子》

三、小组合作法

案例 2–11

北京大学红楼研学旅行课程

一、资源概况

北京大学红楼研学旅行课程位于北京市东城区五四大街 29 号。因建筑的主体用红砖建成，故人们称之为“红楼”。红楼建成于 1918 年，是北京大学旧址，是 20 世纪初中国新文化运动的营垒，五四爱国运动的策源地，中国共产党早期活动的重要场所，是中国近代史上具有重要意义的见证地之一。北京大学红楼遗存有校长室、校长办公室、第二阅览室等。北京大学红楼是中国近代史上李大钊、陈独秀、毛泽东最早传播马克思主义和民主科学进步思想的重要场所，具有重要历史价值。1961 年红楼被国务院公布为第一批全国重点文物保护单位。2002 年对社会开放后，北大红楼先后被命名为北京市爱国主义教育基地、第一批全国百家红色旅游经典景区，成为对广大青少年进行爱国主义教育的重要场所。

二、课程目标

通过本次北京大学红楼考察、新文化运动考察探究、北京共产党小组成立探究、五四爱国运动情景再现等系列活动，让学生了解新文化运动，认识文化觉醒的意义，了解党的早期创始人工作的艰难，树立热爱中国共产党、热爱社会主义新中国的坚定信心。

三、专题课程

专题课程一：走进北大红楼

1. 研学内容

红楼的建筑历史、建筑特点、结构、功能、文物遗存；红楼里发生的革命大事件及其历史意义。

2. 研学方法

小组合作法、查阅资料法、现场考察法、走访调查法。

3. 研学过程

第一步：分组活动。

分成 5 个研学小组：建筑考察组、文物考察组、历史发展组、革命事件组、宣传报道组。

第二步：分配任务。

给每个小组分配考察任务（见表 2–6）。

表 2–6　北京大学红楼研学旅行考察任务表

名称	组长	成员	任务
建筑考察组			考察红楼的建筑
文物考察组			考察红楼的文物

续表

名称	组长	成员	任务
历史发展组			考察红楼的历史发展
革命事件组			考察红楼的革命事件
宣传报道组			负责资料整理、编写，宣传报道

第三步：开展活动。

（1）以小组为单位，小组组长带领组员开展活动。

（2）通过查阅资料法、现场考察法、走访调查法等方法，完成分配的任务，写出调查报告，推出研究成果。

（3）宣传报道组整理汇总。

（4）研学旅行指导师组织5位组长写出调查报告。

第四步：总结评议。

通过学生访谈、填写评价表、提交报告、北大红楼项目专家评价等方式，进行总结评估。采用学生自评、学生互评、专家评价、导师评价、学校评价进行综合评价。

专题课程二：新文化运动考察探究

1. 研学内容

考察新文化运动的历史背景、主要领导人、主要内容、提出的两大口号，马克思思想学说研究会、北京共产党小组成立情况，当时的反对势力和思想，新文化运动的历史意义和评价。

2. 研学方法

小组合作法、查阅资料法、现场考察法、走访调查法。

3. 研学过程：

第一步：分组活动。

分成9个研学小组：历史背景考察组、领导人考察组、内容考察组、口号考察组、马克思思想学说研究会组、北京共产党小组调查组、反对势力调查组、历史意义评价组、宣传报道组。

第二步：分配任务。

给每个小组分配考察任务（见表2–7）。

表2–7　新文化运动研学旅行考察任务表

名称	组长	成员	任务
历史背景考察组			考察新文化运动的历史背景
领导人考察组			考察新文化运动的主要领导人
内容考察组			考察新文化运动的主要内容

续表

名称	组长	成员	任务
口号研究组			研究新文化运动提出的两大口号
马克思思想学说研究会研究组			考察当时的马克思思想学说研究情况
北京共产党小组调查组			调查北京共产党小组成立情况
反对势力调查组			调查当时的反对势力和思想
历史意义评价组			考察研究新文化运动的历史意义
宣传报道组			负责各组的资料整理、编写，宣传报道

第三步：开展活动。

（1）以小组为单位，小组组长带领组员开展活动。

（2）通过查阅资料法、现场考察法、走访调查法等方法，完成分配的任务，写出调查报告，推出研究成果。

（3）宣传报道组整理汇总。

（4）研学旅行指导师组织 9 位组长写出调查报告。

第四步：总结评议。

通过学生访谈、填写评价表、提交报告、新文化运动专家评价等方式，进行总结评估。采用学生自评、学生相评、专家评价、导师评价、学校评价进行综合评价

专题课程三：北京共产党小组成立情景剧

1. 研学内容

北京共产党小组成立。

2. 研学方式

职业体验。

3. 研学方法

小组合作法、角色扮演法、头脑风暴法。

4. 研学过程

第一步：分组活动。

分成 9 个研学小组：编剧组、导演组、演员组、道具组、服装组、摄影组、化装组、美术组、宣传组。

第二步：分配任务。

给每个小组分配考察任务（见表 2–8）。

表 2-8　北京共产党小组成立情景剧任务表

名称	组长	成员	任务
编剧组			负责情景剧本的编写、策划
导演组			负责情景剧的导演和制作
演员组			负责情景剧的表演
道具组			负责情景剧的道具准备和管理
服装组			负责情景剧演员服装准备和管理
摄影组			负责情景剧的摄影、录制
化装组			负责情景剧演员的化装
美术组			负责情景剧的美术工作
宣传组			负责情景剧演出的报道宣传

第三步：开展活动。

（1）以小组为单位，小组组长带领组员开展准备活动，完成分配的任务。

（2）导演宣布北京共产党小组成立情景剧表演开始。

扮演李大钊、张申府、张国焘、蔡元培、毛泽东、陈独秀、鲁迅、邓中夏、高君宇、胡适、袁世凯、康有为的演员陆续登场表演。

1920 年 3 月，在李大钊的指导下，邓中夏、高君宇等 19 人在北京大学红楼秘密成立马克思思想学说研究会；同年 10 月，在北京大学红楼一层东南角的李大钊办公室，李大钊、张申府、张国焘三人秘密成立北京共产党小组。

各剧务小组根据任务分工开展工作。

（3）最后宣传报道组整理宣传报道，展示本次的研学旅行成果。

第四步：总结评议。

采用学生自评、学生互评、专家评价、导师评价、学校评价进行综合评价。

图 2-8 为研学旅行指导师指导学生开展野外救护演练。

图 2-8　研学旅行指导师孔令敏（左二）采用小组合作法指导学生开展野外救护演练

（本案例由文化和旅游部人才中心研学旅行指导师考评员李岑虎编写）

案例评析

本案例研学方法的最大特点是大量使用小组合作法。在研学旅行中，很多研学旅行基地不能够开展人数众多的大规模的研学活动，只能化整为零，分成若干个小组，合作开展研学旅行活动，这叫作小组合作法。

一、小组合作法的含义

小组合作法是指学生在研学旅行小组或团队中为了完成共同的任务，有明确责任分工的互助性学习。研学旅行中的小组合作法不仅解决了教学中研学旅行指导师难以面向有差异的众多学生进行教学的不足，更是立足于新的研学旅行教育理念，为每一位学生的全面发展创设了适宜的环境与条件。

二、小组合作法的要求

（1）学生要全员参加。

根据明确的研学旅行目标导向，落实学生个体学习，让每个学生有较充足的时间，按自己的水平进行自我学习。

（2）学生要主动参与。

研学旅行指导师要努力提高学生参与学习合作活动的主动性，要善于精心设计合作学习的内容，让学生在研学旅行过程中学会自己发问、分析与解决问题。学生在合作过程中争论，才会有所发现、有所创新。

（3）学生要人人有岗位。

依据学生能力的大小，引导学生在小组中选择合理的角色，从而促进不同层次的学生在小组合作中都能得到最优发展。

三、小组合作法的流程设计

（1）首先引导学生选择、确定研学旅行活动主题，制订活动方案（活动目标、活动准备、过程设计）。

（2）按照小组制订的计划开展活动，做好活动记录。

（3）活动告一段落时，要及时总结活动的体验，准备小组交流的材料。

（4）在做活动总结时，尽量通过多种形式展示研究成果。

（5）活动结束之后，要求每一位学生对整个活动过程进行反思，以激发学生内心深层次的触动和感受。

本案例的两位研学旅行指导师在纪念馆、博物馆，大胆地打破了原来“听听看看、合影照相”的研学方式，精心分组，开展合作，场面宏大，气势磅礴。他们把研学旅行小组合作法运用得惟妙惟肖，活灵活现，把学生带进了当年新文化运动的洪流之中。小组合作的魅力淋漓尽致地呈现出来，为我们今后在纪念馆、博物馆、展览馆等固定场所的研学旅行活动提供了教科书式的模板。

（点评人：文化和旅游部人才中心研学旅行指导师考评员高霞）

第四节　研学旅行教学评价的方法

一、研学旅行过程性评价

案例 2–12

初中学生研学旅行评价标准

一、评价对象

初中学生。

二、评价目的

（1）建立牢固的安全机制，确保学生安全；

（2）培养学生的学习能力，引导学生学会学习、学会合作、学会交流；

（3）培养学生的探究能力，提升学生的科学素养；

（4）帮助学生养成良好的行为习惯，促进学生健康成长；

（5）培养学生热爱自然的价值观，提高学生的环保意识。

三、评价原则

关爱、培育、人文、和谐。

四、评价内容（见表 2-9）

表 2-9　研学旅行过程性评价表

评价项目		评价标准	评价结果		
			优	良	中
时间观念	守时	能否按时集合、参观、乘车			
	出勤	是否无故缺勤			
专注学习	学习态度	学习态度是否端正			
	学习准备	学习准备是否充足			
	学习过程	能否及时记录			
	合作学习	能否积极与组内成员合作学习			
	小组交流	能否与他人交流分享			
	学习收获	学习成果呈现是否准确			
纪律意识	服从管理	能否服从组长管理			
	听从指挥	能否听从老师指挥			
	规范参观	能否按照安排有序参观			
文明礼仪	乘车	是否文明乘车			
	参观	是否文明参观			
	礼仪	是否注重礼仪规范			
	交往	是否和他人文明交往			
团队意识	组织	团队能否组织有效的活动			
	交流	小组内是否进行了有效的交流			
	协作	团队内是否进行了有效的协作			
	和谐	能否营造和谐的团队氛围			

五、评价方式

（一）过程性评价

（1）带队老师具体负责对每位成员作出公正评价；

（2）小组长在研学期间督查小组成员的研学情况，计入过程性评价表；

（3）带队老师及小组长随时记录学生的研学情况。

（二）评价结果呈现

综合过程性评价和终结性评价，评选研学旅行优秀学员。

（本案例由桂林旅游学院研学旅行指导师培训授课专家陈朝晖编写）

案例评析

过程性评价是以注重评价对象在发展过程中的变化为主要特征的价值判断，具有全面、及时、灵活、深入、可持续的优势。

研学旅行的质量不仅反映在研学旅行的效果上，也反映在研学旅行的过程中。学生参与研学旅行时的动机、参与研学旅行所采取的策略以及获得的效果是三维一体的。评价不仅应关注研学旅行的效果，还应关注研学旅行的情态动机和方式过程，这种理念由于采用多样化的评价手段而得以落实。过程性评价既支持从外部对研学旅行成果进行“量化”的测量，同时倡导而且更加重视“质性”的方法，强调内部的、开放的评价过程，将评价嵌入研学旅行教学的过程中，贯穿于研学旅行教学过程的始终，包含了多样的方法和策略。过程性评价主张评价主体和客体的整合，通过师生、基地、学校之间共同的民主参与、协商、交往，共同判断这种渗透于研学旅行过程中的成果价值，不断地进行反馈，从而使研学旅行质量得到优化。

通过研学旅行过程性评价，对学生的研学旅行质量水平做出判断，肯定成绩，找出问题，促进学生对研学旅行过程进行积极的反思，从而更好地把握自己在研学旅行中的表现，提升自己的能力。

最后提醒大家，不要把对研学旅行效果的评价排除在过程性评价之外。譬如，用成长记录或研学旅行档案作为评价工具时，学生可以把自己认为是优秀的作品放进其中，这些都是学生在一定阶段的研学旅行效果。当收集了一系列的作品时，这些作品也就很具体生动地显示了学生的学习和发展的进程。本案例的评价方法为我们做了很好的示范和启发。

（点评人：文化和旅游部人才中心研学旅行指导师考评员李岑虎）

二、研学旅行结果性评价

案例 2-13

三园润花城——曹州牡丹园课程评价

本研学课程采用对照课程目标，以学生自我评价为主的评价方式。请同学们根据自己在研学活动中的表现，对照课程目标要求，在“较好”或“一般”上打“√”。如果较好地完成了 6 项及以上目标，可以综合评价为“优秀”等次；如果较好地完成了 4 项或 5 项目标，可以综合评价为“合格”等次；如果只较好地完成了 4 项以下目标，综合评价为“不合格”等次。

一、结果性评价表（一）（见表 2-10）

表 2-10　结果性评价表（一）

课程目标	较好	一般
学会通过查阅资料了解一个地区的基本自然概况。并体验当地的人文习俗		
学会阅读和使用省级交通地图、景区导览图，并能够根据时间要求初步规划游览路线		
了解了牡丹组织结构、生长习性		
了解了菏泽牡丹种植历史、分布与规模		
掌握了历代关于牡丹的诗词		
了解了关于牡丹的故事、传说，并提炼出故事中人物性格		
通过研学感受到牡丹花带来的情感熏陶		
通过深入企业，初步了解牡丹产业的发展。因地制宜，为牡丹产业可持续发展建言献策		
综合评价		

二、结果性评价（二）（见表 2-11）

表 2-11　结果性评价（二）

评价项目		评价标准	评价结果		
			优	良	中
调查报告成果呈现	原创	成果是否为原创			
	书写	书写是否规范			
	形式	形式是否新颖			
	主题	主题是否鲜明			
	内容	内容是否丰富			
研学作品成果交流	语言	语言表达是否流畅清晰			
	形式	表达形式是否独特			
	见解	能否体现独特见解			
成果评价	自我评价	自我评价成果			
	小组评价	小组评价成果			

（本方案由菏泽实验中学赵娟编写，李子尚改编）

案例评析

对研学旅行课程的评价有很多种方式，比较可行的，也是比较客观的方式是根据学生的实际表现和最后结果来评价研学课程，这是常用的评价方式。案例 2-13 就是立足于学生的表现来评价研学课程结果的案例。

《研学旅行教育理论与实践》第八章第四节提到课程 CIPP 评价模式，即背景评价（Content Evaluation，CE）、输入评价（Input Evaluation，IE）、过程评价（Process Evaluation，PE）、结果评价（Product Evaluation，PE）。其中结果评价中指出："评价研学旅行课程对目标受众的影响程度、课程实际服务对象与计划受益者吻合的程度，包括评价课程对学生的影响以及学生对影响的感知、师生教学实践总结和成果的质量、课程对学校和教师的影响、课程服务非预期受益者的程度等。"本案例就是采用从结果评价的角度反观研学旅行课程。

中共中央国务院《关于深化教育教学改革全面提高义务教育质量的意见》中关于发展性评价中指出："学生发展质量评价突出考查学生品德发展、学业发展、身心健康、兴趣特长和劳动实践等。坚持和完善国家义务教育质量监测制度，强化过程性和发展性评价。"过程性评价和发展性评价都是关注与学生在研学旅行过程的表现，其实就是研学课程的教育教学效果的具体体现。我们在进行研学课程评价时也可以采用这种结果性的评价方式来检验研学课程的质量高低。

（点评人：文化和旅游部人才中心研学旅行指导师考评员甄鸿启）

三、研学旅行过程性兼结果性评价

案例 2-14

雪乡研雪研学旅行课程方案（摘要）

一、课前

（1）安全教育：

做好保暖、防滑等行进安全教育

（2）实地勘察：

通过勘察找到区域宽阔、景色特点鲜明的地方，作为研学基地。

（3）分组：

每组 6 人。每组一个组长，负责组织调度；一个副组长，负责联络。

（4）课前准备：

①物品准备：手机或相机、雪斧、雪铲、冰柜、箱子等。

②知识准备：八年级美术摄影选景与构图（人教版七上）第三章《世界的气候》及

（人教版八下）《白山黑水东三省》。

二、课中

（一）感受随物赋形特点

（1）以小组为单位，依次游览雪韵大街，参观梦幻雪乡，欣赏雪兔、雪蘑菇、雪蛋糕等，体会随物赋形特点。

（2）老师讲解摄影选景构图知识。

（3）学生选景摄影。

（4）照片评比。

（二）探究随物赋形成因

（1）感知雪大、雪厚、雪黏的特点。用手攥一攥，感知雪黏度；放眼看一看，感知雪多；用脚踩一踩，感知雪厚。

（2）在观光栈道上俯视雪乡，观察雪乡地形特点。

（3）小组分工探究。

①探究雪乡地形与随物赋形的关系。

②探究纬度位置与随物赋形的关系。

③探究海陆位置与随物赋形的关系。

（4）综合地形特点、纬度位置、海陆位置。

（5）探究随物赋形成因，完成随笔《随物赋形之成因探究》。

三、利用随物赋形制作雪雕

（一）老师讲解雪雕制作方法

（1）构建框架。

在制作一个大型雪雕之前，首先要有一个精确的设计图，依照图纸建成一个木结构的框架，然后再以紧压的雪填充其中。这个木架也可以作为整个雪雕的框架来用。

（2）拆除框架。

当压紧的雪变得坚固成形时，木制框架就可以拆掉了，然后对雪的精雕细琢就可以开始了。

（3）切割雕刻。

斧子和铲子是制作雪雕轮廓的必备工具，同时手边应当有一个小型模型做样本之用。白天天气温暖雪雕会融化，因此很多雕刻者选在夜间工作（人造雪比自然雪黏性大、水分高，制作起来比较容易）。

（4）最后修整。

当整个雕刻工作完成，雪雕上堆积的余雪和冰屑要及时处理掉，所有的木制框架也可以拆掉。

（二）以组为单位制作雪雕——雪企鹅

绘制企鹅图纸；往准备好的冰柜纸箱中装雪，压实制成雪模型；拆除冰柜纸箱，照着图纸把企鹅画到成雪模型上；按照图纸雕塑注意加工细节。

（1）交流拍摄经验体会。

（2）雪雕前合影。

四、课后

（一）完成任务单（见表 2–12）

表 2–12　完成任务单

任务一	拍摄雪景照片	姓名
照片		
拍摄体会		
任务二	随笔《随物赋形之成因探究》	姓名
随笔		

（二）研学评价（见表 2–13）

表 2–13　研学评价

	评价内容	评价标准	自我评价	学生互评	教师评价
过程性评价	纪律	遵守纪律 10 分 偶尔不遵守纪律 8 分 不遵守纪律 0 分			
	环境保护	自觉保护环境 10 分 在别人督促下能保护环境 8 分 没有保护环境意识 0 分			
	参与情况	积极参与并能积极分享 10 分 积极参与分享不积极 8 分 不积极参与 0 分			
	团结合作	与其他同学配合融洽并能主动帮助同学 10 分 与同学配合较融洽 8 分 不与同学配合 0 分			
结果性评价	研学随笔	《随物赋形之成因探究》 有理有据，条理清晰，内容充实 10 分 观点明确，比较有条理，内容不够充实 8 分 观点不明确，条理不清晰，内容不充实 5 分			
	艺术照片	照片精美，构图合理，有艺术性 10 分 照片清晰，构图比较合理 8 分 照片清晰，构图不太合理 5 分			
	成果汇报	特色鲜明，要点突出 10 分 有一定的特色 8 分 特色不鲜明，但是有具体成果 5 分 没有实际成果 0 分			

（本案例由黑龙江省海林市大海林林业局第四中学刘畅编写，李子尚改编）

案例评析

本案例中的研学旅行评价，采用过程性和结果性评价相结合的方式进行，这是最为常见的评价方式。该评价方式综合运用多种学科，提高学生分析问题、解决问题的能力；采用小组分工合作方式，多法并举，既分散了难度，又培养了分工合作意识；依据学生认知特点，分层次进行研究，降低了难度，培养了学生科学思维和严谨的科学态度。譬如，《随物赋形原因探究》分为感知随物赋形、探究随物赋形、利用随物赋形三个环节，由感性到理性再到感性，逐层深入；由感性认识到理论探究再到实践应用，学生实践能力、探究能力等逐渐提升。

不足之处是评价内容还不够丰富，评价方式还需生动活泼些。

结合本案例，对于研学活动的行后课程补充三点：

（1）行后课程不能局限于简单的见闻展示。研学归来之后才是各种研学知识或感受真正沉淀和升华的重要时间段，行后课程应该如何设计？是否只让学生谈谈感受、写篇日记？

行后课程应该分为三部分：第一部分是研学后了解了什么；第二部分是研学后感受到了什么，从简单的认识到情感的触动是研学初级层面的升华；第三部分是研学后是否成长了，这是上升到自我认知和自我反思的高度去感受研学带来的收获。如案例中的学生懂得了知识能够改变命运，重新审视自己的学习现状，为今后的学习生活提出目标和要求。

（2）行后课程不能等同于研学评价。很多研学设计将研学的后期评价等同于行后课程。研学回来组织一场汇报活动当作研学评价的做法是不合适的。实际上研学评价贯穿研学的整个过程，不能就一次汇报或一份作业就完事了，应该关注过程性评价、发展性评价和增值性评价对于学生成长的意义和价值。

（3）在研学旅行评价过程中尽量不要用具体分数来衡量评价学生，以免挫伤学生的积极性。

（点评人：文化和旅游部人才中心研学旅行指导师考评员甄鸿启）

第3章

研学旅行课程设计案例

研学旅行课程设计是开展研学旅行活动的中心环节。一个完整的研学旅行课程方案设计，对研学旅行活动的准备、实施、评估以及对研学旅行指导师的培养都有着非常重要的意义。本章重点列举研学旅行课程主题名称、主题课程方案、专题课程方案三个方面的案例供大家参考。

研学基地：成都杜甫草堂博物馆

第一节　研学旅行课程名称设计

研学旅行课程名称是研学旅行课程的主题。课程名称是课程主题内容或中心的概括，是课程的眼睛，因此，给研学旅行课程起一个好名称至关重要。

一、研学旅行课程名称设计

案例 3-1

中国关工委研学旅行课程目录（摘录）

（1）大别山生物资源调查及多样性保护
（2）中学生使用电子设备的现状调查
（3）做个养绿护绿小能手
（4）我是小交警，交通秩序我维护
（5）组装我的计算机
（6）我是小小烹饪师，探究营养与烹饪
（7）河南省农耕工具的变化与创新探究
（8）走进现代农业基地
（9）黄帝故里的传统文化研究
（10）参与禁毒宣传主题系列活动
（11）初中生军事技能演练
（12）《八月桂花遍地开》情景剧
（13）我做红军菜，体验红军战士的艰苦岁月

（本案例由中国关心下一代工作委员会健康体育发展中心核心素养教育研究院郑州分院王亚娇提供）

案例 3-2

山东弘道研学旅行课程目录

（1）我是小厨师，我做山东水饺

（2）我是小小美食家，我做煎饼卷大葱
（3）潍坊木版年画制作技术
（4）黄河入海口植物资源辨别
（5）我是孟庙小导游
（6）孔府里的活字印刷术
（7）我是一个小小环卫工人
（8）山东快书比赛
（9）我是一名小交警
（10）泰山脚下小八路
（11）拜师礼体验
（12）拓片制作
（13）我是黄姜种植能手
（14）我是校园法庭小法官
（15）我是舆情防控协助宣传员
（16）古代造纸术技术探究
（17）《峄山独占鳌头中状元》情景剧
（18）京剧小演员才艺大比拼
（19）剪刀描绘中国福
（20）《愚公移山，改造中国》情景剧
（21）《孟子》竹简制作
（22）我是小小园艺师，我会蔬菜种植技术
（23）我会做东方红拖拉机模型
（24）云蒙山“北方植物王国”辨植物
（25）微山湖土琵琶制作
（26）水生植物科普知识研究
（27）盆栽荷花制作技术体验
（28）灰城子陶器制作

（本案例由山东省弘道研学教育服务有限公司吕明波提供）

案例 3-3

山西荣时旅行社研学旅行课程目录（高中版）

（1）阅行三晋——寻根华夏之源 感受尽善尽美
（2）致知于行 科创未来——中北大学国防科技
（3）走进晋商故里，探访家国晋商——晋商文化

（4）探访古中国，寻根华夏源——运城华夏文明
（5）“一座雁门关，半部华夏史”——长城明珠雁门关
（6）“红色三晋”爱国主义教育研学——武乡篇
（7）弘扬吕梁精神，追寻红色足迹——吕梁兴县蔡家崖红色爱国主义教育
（8）游山西读历史——长城军事斗争史
（9）我是服装设计师——纸模服装设计与制作
（10）我是现代鲁班，我学习使用金木电工具和设备
（本案例由文化和旅游部人才中心考评员考官、第四届全国导游大赛冠军张晓旭提供）

案例 3-4

济宁市研学旅行协会课程目录

（1）传承圣贤智慧——幼儿研学旅行一日行程计划
（2）研学圣城曲阜——传承圣贤智慧研学旅行一日行程计划
（3）研学圣城曲阜——传承圣贤智慧研学旅行三日行程计划
（4）追寻圣贤踪迹——品读经典内涵与价值五日行程计划
（5）追寻圣贤踪迹——品读经典内涵与价值七日行程计划
（6）研学圣城曲阜——传承圣贤智慧研学旅行多日行程
（7）到孔子做官的地方去学习
（8）大运河文化和考古体验一日行程

（本案例由济宁市研学旅行协会杨岩提供）

案例 3-5

北京神乐研学旅行课程总纲（摘要）

（1）《小小乐舞生》概论讲座
（2）神乐之旅——清代中和韶乐及官廷雅乐鉴赏
（3）体验课程
①乐器体验课：钟和磬、柷和敔、琴和瑟、埙和篪、笛和箫等；
②舞蹈体验课：中和韶乐的祭祀舞蹈；
③礼仪体验课：中国祭祀礼仪、秦汉礼仪、态势讲解礼仪等；
④语言体验课：中和韶乐唱诵、普通话发音基础、讲解语言基础等；

⑤知识体验课：中和韶乐的五彩流苏、清代宫廷服饰和装饰、中国古代和清代乐律、中国古代祭祀建筑及其文化内涵等。

（4）精讲课程

①现场面授课：八音乐器知识、认识中和韶乐的祭祀舞蹈、中国古代礼仪、清代宫廷服饰和装饰、古代乐律学、普通话发音技巧和态势语言练习、讲解技巧等。

②艺术欣赏课：中和韶乐赏析、清代宫廷音乐赏析、先秦雅乐赏析等。

③动手实践课：五彩流苏的制作、八音乐器的演奏练习、八音乐器的设计和制作、祭祀舞蹈的表演练习、讲解实操练习等。

（本案例由北京天坛神乐署雅乐中心王玲编写）

案例评析

研学旅行教育专家李岑虎主编的《研学旅行课程设计》认为：研学旅行主题命名要符合准确规范、简洁醒目、新颖有趣、贴近实际四个基本要求。

以上五家单位研发的研学旅行课程名称基本做到了准确规范、简洁醒目、新颖有趣、贴近实际的要求。标题的理论水平高，学术价值大，符合学生年龄实际，具有借鉴意义。

我们在研学旅行主题课程命名时要注意以下几点：

（1）课程名称的内涵不能太大，也不能太小，要把研学的对象和内容准确地表达清楚。

（2）课程名称表述不能含糊笼统，应尽可能突出研学主题、研学内容、研学对象、核心概念。

（3）课程名称长度不要超过 20 字 。课程名称要新颖独特，富有新意；课程名称宜简不宜繁，宜短不宜长，尽量避免概念化语言，多用形象化、具体化语言；课程名称表述方式要符合阅读习惯，避免晦涩的学究语言。

（4）课程名称要贴近学生的生活实际，适合学生的年龄特征。研学旅行课程在小学、中学的不同年龄段的学生都要开设，要充分考虑到学生的年龄和身心特点。小学生更适合趣味性、生活化的标题，初中生需要新颖、有挑战性的标题，高中生更适合思考性更强一些的标题。需要根据不同的学情和研学内容特点选择适合的标题。

（点评人：李子尚）

第二节　研学旅行主题课程方案

一、国情教育类课程

案例 3-6

走进福建土楼　感悟客家文化

一、研学背景

世界文化遗产福建土楼是东方文明的一颗明珠，是世界上独一无二的神话般的山村民居建筑，是中国古建筑的一朵奇葩，它以历史悠久、风格独特、规模宏大、结构精巧等特点独立于世界民居建筑艺术之林，对世界建筑和人类文化产生了巨大的影响。

福建永定客家土楼是全国传统文化研学旅行产品。深入提炼永定客家土楼所蕴含的“家”“和谐”“廉洁”和“爱国”文化内涵，让同学们能深入体验家训家规、客家楹联、客家民俗、民间绝艺等博大精深的客家文化和百年土楼所积淀的深厚家国情怀，感受营造技艺、土楼功能、土楼样式等鬼斧神工的土楼建筑文化。

二、研学目标

（1）价值体认：通过亲历、参与福建土楼的研学活动，获得有意义的价值体验，初步形成集体思想、组织观念，深层次地了解土楼的文化背景和悠久的历史，从而激发热爱家乡的激情，将来为福建的发展做出应有的贡献。

（2）责任担当：让同学们以体验的方式感受不同的生活，见识更广阔的世界，收获更丰富的感悟。亲身体验，以了解土楼夯筑技艺，探寻土楼背后的故事，担当起民族复兴的重任。

（3）创意物化：能在教师的引导下，结合研学旅行活动，发现并提出自己感兴趣的问题，能将问题转化为研究小课题，体验课题研究的过程与方法，提出自己的想法，形成对问题的初步解释。

（4）问题解决：通过研学旅行过程中系列动手操作实践，初步掌握手工建筑设计与图画制作的基本技能；亲身感受客家人在土楼的建造中把夯土技术提高到无与伦比的水平。

三、课程链接

人民教育出版社，语文，六年级下册《客家民居课后练习》。

四、研学方式

考察探究、社会服务、设计制作、劳动技术、职业体验。

五、研学重点、研学难点

学习土楼夯筑技艺，学习客家山歌，学习永定客家家训文化，体验土楼美食制作、万应茶饼古法制作。

六、研学过程

（一）研学前

（1）基地研学旅行指导师等工作人员提前一周进入学校，与学校协商组建研学旅行小组。

（2）发放客家土楼图片、研学教材、研学旅行手册、宣传材料等。

（3）学生在学过的教材中查找与客家文化、土楼的研学有关资料。

（4）学校举办研学旅行开课仪式。

主持人 1 师 1 生，校长致辞；学校带队老师发言；基地代表发言；研学旅行指导师代表发言；导游代表发言；学生代表发言；校长检阅仪式；校长授旗；出发。

（二）研学中

专题课程一　召开研讨会

研学内容：研学旅行指导师进行自我介绍，告知学生研学旅行学习方案，宣布课程开始。随后由研学旅行指导师引导学生组建学习小组，并创意学习小组名称、口号。

研学旅行指导师引导各学习小组展开研学旅行知识研讨会。研学旅行指导师引导各学习小组展开研学旅行安全纪律研讨会。

专题课程二　我来拍个最美土楼美景

美景在前，大家迅速拿出手机，将土楼尽收镜头之中。土楼之旅，让学员们感受到古代中国劳动人民的智慧，也让学员们亲身领略到土楼的独特魅力。学员们走进土楼群，寻找最美土楼风景，感受独特的非遗魅力。

研学内容：研学旅行指导师引导各个学习小组评比最美土楼风景，体验欣赏最美土楼风景图片。

专题课程三　了解土楼夯筑技艺

在客家土楼夯土体验馆通过近距离观赏和亲身体验了解土楼夯筑技艺，探寻土楼背后的故事。

研学内容：研学旅行指导师引导各学习小组对土楼建筑进行考察。小组长组织组内进行责任分工，展开调研活动，记录整理本小组所考察的古建筑知识，并选出代表在全团进行分享汇报。研学旅行指导师对各小组考察探究成果进行点评。

专题课程四　观看土楼木偶戏

研学内容：客家土楼提线木偶戏的由来。研学旅行指导师引导各学习小组展开木偶戏知识讨论。小组长组织组内进行讨论，进行知识汇整，并选出代表在全团进行分享汇报。研学旅行指导师对各组汇报成果进行点评启发。

专题课程五　学习客家山歌

研学内容：客家山歌是祖国艺术宝库中一颗璀璨的明珠，继承了《诗经三百篇》的风格，具有鲜明的主题和地方特色，富有浓郁的乡土生活气息。研学旅行指导师引导各小组对客家山歌进行讨论学习。随后进行责任分工，引导学生演唱。研学旅行指导师引导各小组展开心得体验分享。研学旅行指导师进行点评。

专题课程六　学习永定客家家训文化

研学内容：研学旅行指导师引导各小组对客家家训文化展开讨论。研学旅行指导师对研讨成果进行点评。

专题课程七　体验土楼美食制作

研学内容：体验土楼人家菜干制作技艺、芋子包制作技艺、客家老鼠粄制作技艺、客家腌菜制作技艺、柿饼制作技艺、打糍粑等。研学旅行指导师引导各小组对土楼美食制作进行考察。小组长组织组内进行责任分工，展开调研活动，记录整理本小组所考察的土楼美食制作，并选出代表在全团进行分享汇报。研学旅行指导师对各组考察探究成果进行点评。

专题课程八　探究土楼楹联文化

研学内容：每一座土楼不仅有一个吉祥的楼名，而且都有一副或者几副甚至十几副含意隽永的楹联。书法名家、雕刻高手联合，共同创造出令人叹为观止的诗、书、雕刻杰作。研学旅行指导师引导各小组对土楼楹联文化进行讨论。小组长组织组内进行责任分工，展开调研活动，记录整理本小组所考察的土楼楹联文化，并选出代表在全团进行分享汇报。研学旅行指导师对各组考察探究成果进行点评。

专题课程九　召开交流会

研学内容：研学旅行指导师引导各小组进行研学旅行交流会，研学旅行指导师引导各小组进行研学旅行心得体验分享。

（三）研学后

做好写实记录，建立档案袋，开展科学评价。

七、安全方案

（1）制订研学旅行安全管理工作方案。

（2）制定研学旅行应急预案及操作手册。

（3）制定学生安全监护方法。

（本案例由文化和旅游部人才中心研学旅行指导师考评员高霞编写）

案例评析

《研学旅行课程设计》指出：“研学旅行主题课程方案设计主要包括以下要素：主题课程名称、学校班级、研学旅行课程方案设计人、研学旅行项目组长、总课时、研学旅行具体项目负责人、研学旅行目的地、研学旅行课程总目标、研学旅行内容及实施流程、活动经费说明、师资配置情况、研学旅行方式、研学旅行方法、安全管理制度及防控措施、研学评价、研学反思等。”因为本案例可能不宜公开或者有不确定的项目，课程方案包含研学背景、研学目标、课程链接、研学方式、研学重点、研学难点、研学过程、安全方案等基本要素，这是合理的，也是科学的。其中研学目标按照《中小学综合实践活动课程指导纲要》要求，从价值体认、责任担当、创意物化、问题解决四个方面撰写，突出了立德树人教育目标。研学过程按照研学前、研学中、研学后三个基本阶段编写，符合研学旅行行业特点和教学规律。研学中的 9 个专题课程内容，按照实施先后流程顺序，构成一个完整的研学旅行主题方案。这是目前国内常用的研学旅行主题课程方案，是研学旅行主题课程方案的参考模式，具有很高的推广示范价值。

从教学方法来说，本案例每个专题都开展小组讨论学习、进行责任分工，引导学生自我管理、自主学习，研学旅行指导师点评，突出动手参与、团结合作，突出能力导向和人生价值观导向，利于学生综合素质的提高和培养。

由于作者是学校教学专业老师，对活动经费、安全管理制度及防控措施不是很熟悉，没有展开说明；对师资配置情况也没有详细说明，这是美中不足的地方。研学旅行师资配置情况包括参与研学旅行活动的学校代表、带队老师、研学旅行指导师、安全员、导游、项目专家和其他工作人员。在实践中，有的把救生人员、医务人员、安保人员、家长志愿者列入其中，安排相应的任务，赋予岗位职责，也可参考借鉴。

（点评人：文化和旅游部人才中心研学旅行指导师考评员李岑虎）

二、国防科工类课程

案例 3-7

走进湛江军港　探寻海洋文化

一、研学背景

南海舰队是目前中国海军三大舰队之中防御海域最大、实力最强的舰队，云集了目前中国海军最先进的战舰。通过参观南海舰队军史馆、游览湛江十里军港，了解中国海军发展史，追溯南海舰队的前世今生。向中国海军致敬，感受各种战舰的飒爽英姿。参观先进的武器装备、干净整洁的舰容、英姿飒爽的水兵，让你感受到了我国海军力量的日益强大，培养学生爱国主义情操。

二、研学目标

通过亲历、参与军港湛江的研学活动，了解国家海洋强国战略的意义，感受海洋国防对国家发展的重要性。让学生了解舰艇相关知识，感受海军的风采，增强国防观念和组织纪律性，养成良好的学风和生活作风，掌握基本军事知识和技能，激发热爱祖国情怀。

让学生在本次研学过程中认识大海，帮助学生构建知识框架，在实践中学会学习，激发学生探索世界的兴趣，以及积极寻找解决问题的方法。培养学生的科学素养、创新思维意识、人文精神；提高自主学习能力、收集信息和动手能力、与人合作能力和解决问题的能力。

三、课程链接

研学对象为小学三年级学生。提前让学生查找出小学三年级与湛江、军港、海洋有关的课文。

人教版小学语文三年级上册第18课《富饶的西沙群岛》。

人教版小学语文三年级上册第19课《海滨小城》。

人教版小学语文三年级下册第23课《海底世界》。

人教版小学语文三年级下册《在金色的海滩上》(选学课文)。

四、研学方式

考察探究，社会服务，设计制作，劳动技术，职业体验。

五、研学重点、研学难点

参观军港，军史馆，体验军营生活，沙滩寻宝、海边拓展、赶海捡贝壳，环岛研学。

六、研学过程

第一环节：研学前

(1)基地研学旅行指导师等工作人员提前一周进入学校，与学校协商组建研学旅行小组。

(2)发放湛江军港公开的图片、研学教材、研学旅行手册、宣传材料等。

(3)学生在学过的教材中查找与军港、海军、湛江有关的资料。

(4)学校举办研学旅行开课仪式。

主持人：1师1生，校长致辞；学校带队老师发言；研学旅行指导师代表发言；导游代表发言；学生代表发言；校长检阅仪式；校长授旗；出发。

(5)制订安全方案。

①制订研学旅行安全管理工作方案。

②制定研学旅行应急预案及操作手册。

③制定学生监护方法。

第二环节：研学中

大巴上研学准备导入。

研学内容：

研学旅行指导师进行自我介绍，告知学生研学旅行学习方案，宣布课程开始。随后由研学旅行指导师引导学生组建学习小组，并创意学习小组名称、口号。研学旅行指导师引导各学习小组展开研学旅行知识预习研讨会。

专题课程一：我来到了南海舰队十里军港

研学内容：

领队、导游带领学生坐游船，观看军港外景，配合研学旅行指导师教学。

湛江是粤西门户、海上花园城市。抵达湛江后乘坐粤西最大的红嘴鸥号游船，畅游南海。海面碧蓝如玉、波澜不兴，渔帆点点、巨轮争流，海鸟掠浪飞翔，远距离眺望军舰，感受南海舰队的强大的军事力量及各类军舰。向中国海军致敬，培养学生爱国主义情操。

研学旅行指导师提前布置观光时的研学旅行任务。考察并了解军港的意义、著名的研学点的意义，学习中国海洋知识、海产品知识等。

研学旅行指导师对各组研学成果进行点评。

专题课程二：威武的南海舰队军史馆

1. 研学资源

南海舰队军史馆 2006 年 12 月筹建，2012 年 6 月建成开馆。南海舰队军史馆展览面积 5400 平方米，展线 2500 米。展览共分上下两层，一层展示舰队光辉历史，二层展示舰队辉煌成就。馆内共展出图片 2500 余张，有南海舰队肇始奠基的组图，有执行重大任务时历史记录，有历次海战的光辉记录，内容丰富，史料齐全。展出的实物 1000 余件。2015 年获全国博物馆十大精品陈列展览精品奖，2018 年被教育部评选为全国中小学生研学实践教育基地。

2. 研学内容

参观南海舰队军史馆；牢记军史馆主要展品文物名称特点；了解南海舰队主要战役；聆听英雄模范光辉事迹；学习海洋主权知识。

3. 研学目标

培养学生爱国主义精神，传承红色基因，不忘初心，牢记中华民族伟大复兴使命。

研学旅行指导师引导小组长负责组内责任分工，展开调研活动，并挑选出本小组最喜欢的某一展馆，将记录该展馆的知识整理，随后选出代表向全团分享整理的内容。

专题课程三：中国少年先锋队队员入队仪式

1. 地点

金沙湾海滩。

2. 仪式

中国少年先锋队队员入队仪式。

（1）全体立正。

（2）出旗（鼓号齐鸣，全体队员敬礼）。

（3）唱队歌。

（4）宣布新队员名单。

（5）授予队员标志。授予者双手托红领巾授予新队员，新队员双手接过，授予者给新队员系上红领巾，互相敬礼。

（6）宣誓（读誓词时举右手）。

（7）共青团组织的代表或研学旅行指导师讲话。

（8）呼口号。

（9）退旗（鼓号齐鸣，全体队员敬礼）。

专题课程四：我来制作小小木船模型。

在老师的帮助下了解船的结构和海上丝绸之路的历史。通过制造木船模型，感受制作木船的乐趣。

研学内容：

研学旅行指导师引导各学习小组学习木船模型知识。小组长组织组内讨论，进行知识汇整，并选出代表在全团汇报分享。研学旅行指导师对各组汇报成果进行点评。

专题课程五：海洋趣味小手工

1. 研学要求

利用净滩行动所得的材料，创作出海洋生物模型。利用所得材料，发挥自己的想象，制作成海洋生物模型。大大小小颜色不一的贝壳在孩子们的搭配下变成了风铃，轻轻晃动发出悦耳的音符。孩子们还用乌贼壳做帆船底，把自己喜欢的图案色彩画在白纸上做出一只帆船。

2. 研学内容

研学旅行指导师引导各小组对海洋生物模型进行讨论学习，随后进行责任分工，引导学生自主制作。研学旅行指导师引导各小组分享心得体验。研学旅行指导师进行点评。

专题课程六：绳结我最棒

研学内容：

用绳索结在渔船上，绳结的运用可以说随处可见，比如系缚工具、绑连靠岸船只、救助遇难渔船拖带等。了解绳索在渔船中的运用。学习绳结的结法。研学旅行指导师引导各小组对绳结知识展开研讨。随后各小组分工练习绳结的结法，练习后进行绳结结法大比武。研学旅行指导师对比赛全程进行点评启发。

专题课程七：海岛求生我能行

1. 研学资源

海岛求生以体验活动为主，通过带领学生在海岛、沙滩上集训，训练体能并增加其对海洋知识的了解和对大自然的敬畏，学习必要的生存技能。利用岛上的一切资源，搭建一个庇护所，供人员休息。海岛上虽然有少许淡水水源，但是无法直接饮用，需要过滤成净水，学习要学会过滤海水取得可食用的干净水。饿了可以想办法抓鱼、捞海螺、挖野菜等加工食品。发挥团队的聪明才智，挑战生存极限。

2. 研学内容

研学旅行指导师引导学生探究单兵灶制作及野外食物的加工方法。研学旅行指导师引导各学习小组在海岛、沙滩上集训。研学旅行指导师对各组表演进行点评。

研学总结交流

研学内容：

研学旅行指导师引导各小组开展研学旅行复习研讨会。研讨本次研学旅行活动的收获、存在的问题、改进的方法。研学旅行指导师引导各小组分享研学旅行心得体验。

第三环节：研学后

（1）整理研学旅行记录；2. 建立档案袋；3. 开展科学评价；4. 成果展示。

（本案例由李子尚老师设计）

案例评析

本案例设计模式和案例 3–6 有很多相似之处，值得参考借鉴。本案例中的课程链接部分，写得详细。小学三年级的学生参加军港研学活动，研学旅行指导师提前让学生查找出小学三年级与湛江、军港、海洋有关的《富饶的西沙群岛》《海滨小城》《海底世界》《在金色的海滩上》四篇课文，调动了学生的积极性和参与性，既巩固了教材书本知识，又亲自参与考察探究体验，利于学生核心素养的培养。

在研学旅行方法上，本案例强调了以下环节：

（1）小组长组织组内进行责任分工。

（2）学习小组展开知识讨论，进行知识总结。

（3）引导学生自主制作、开展活动。

（4）研学旅行指导师引导学生探究方法。

（5）组织各个学习小组做记录。

（6）选出代表向全团分享自己小组所整理的内容。

（7）研学旅行指导师对各组考察探究成果进行点评。

（8）写心得体会，分享心得体会。

这些都与填鸭式方法、满堂灌教学方式不同，研学旅行指导师是引导、启发，而不是机械传授讲解，这正是研学旅行课程的精髓和魅力。

另外，大巴上的研学旅行活动至善至美，构成了完美的研学旅行体系，正所谓“研学旅行在路上”。

（点评人：文化和旅游部人才中心研学旅行指导师考评员李岑虎）

三、传统文化类课程

案例 3–8

走进孔孟之乡，探究儒家文化

案例如表 3–1 所示。

表 3–1　走进孔孟之乡，探究儒家文化课程

<table>
<tr><th colspan="3">时间</th><th>内容</th><th>主讲人</th><th>地点</th></tr>
<tr><td rowspan="3">第一天</td><td rowspan="3">上午</td><td>12 : 30 之前</td><td>集合出发赴东方圣城曲阜。曲阜是首批中国历史文化名城、全国爱国主义教育示范基地、首批国家 5A 级景区、全国廉政教育基地、全国研学旅行示范基地。孔庙、孔府、孔林是全国重点文物保护单位，被联合国教科文组织列入世界文化遗产名录</td><td></td><td></td></tr>
<tr><td>12 : 50—13 : 40</td><td>午餐（用好第一餐，餐前诵感恩词，养成珍惜食物的好习惯）</td><td rowspan="2">导游</td><td rowspan="2">酒店</td></tr>
<tr><td>13 : 40—14 : 30</td><td>入住酒店；整理内务</td></tr>
</table>

续表

时间			内容	主讲人	地点
第一天	下午	14 : 30—16 : 30	乘车赴孔子博物馆，观看孔子列国行雕塑，参观孔子像广场，在研学旅行指导师的指导下探寻儒家思想 2000 年流传延续的历史过程 参观孔子博物馆主展厅：通过序厅“大哉孔子”投影，直观地了解孔子 参观孔子博物馆五大展厅：揭秘孔子的时代，了解孔子的一生；学习孔子的智慧，感受孔子思想对中国以及对世界的影响，观瞻孔府数十万件的馆藏文物 孔博传习：探究学习古籍修复或文物修复技艺	研学旅行指导师	孔子博物馆
		16 : 30—17 : 30	儒家经典讲座	专家	
		17 : 30—18 : 30	欢迎晚宴		酒店
	晚上	19 : 00—21 : 00	步入会场，分发教材、营服、研学手册；分组、选队长，团队建设；召开说明会：宣布纪律、活动方案、研学任务	研学旅行指导师	酒店
第二天	全天	7 : 00—17 : 30	早餐，晨读 在导游带领下赴三孔景区，欣赏晨钟开城仪式。这是融合了古城晨钟和贵族六艺的一种迎宾仪式，思考贵族六艺对人行为的影响 大成殿举行拜师礼，做一名尊师重道的人 现场教学，通过特殊的教学方式，在轻松愉快的环境下，用简练易懂的语言讲述，对学生心灵产生触动 研学颜庙：学习颜回“箪食瓢饮，不改其乐”的生活态度，学习他“不迁怒，不贰过”的高尚品格	研学旅行指导师	三孔景区、颜庙
			研学古建筑博物馆，走进古建知识课堂，了解古建筑保护修缮技艺，体验拼装斗拱、彩画绘制等课程	专家	古建筑博物馆
		17 : 30—18 : 30	晚餐		酒店
		19 : 00—21 : 00	步入会场，导学组织回顾当天的收获，小组分别就自己的任务完成情况发言，完成研学手册，布置第二天的任务	研学旅行指导师	酒店

续表

<table>
<tr><th colspan="3">时间</th><th>内容</th><th>主讲人</th><th>地点</th></tr>
<tr><td rowspan="6">第三天</td><td rowspan="2">上午</td><td>8 : 00—10 : 00</td><td>早餐，晨读
乘车赴邹城市。邹城是国家历史文化名城、中国优秀旅游城市、国家森林城市，是中国历史上著名的思想家、教育家孟子的诞生地，素有“孔孟桑梓之邦，文化发祥之地”之美誉。孟庙孟府是国家 AAAA 级旅游景区，第一批全国研学旅行示范基地
孟庙孟府是孟母三迁后定居的地方，听老师讲解孟母三迁的故事，诵读《孟子》句章</td><td>研学旅行指导师</td><td>孟庙孟府</td></tr>
<tr><td>10 : 30—10 : 00</td><td>集合乘车赴尼山圣境。这里是孔子的出生地，有尼山孔庙、尼山书院、夫子洞等，了解古代书院制度</td><td>研学旅行指导师</td><td>尼山圣境</td></tr>
<tr><td>中午</td><td>12 : 30—13 : 30</td><td>午餐</td><td>导游</td><td>酒店</td></tr>
<tr><td rowspan="3">下午</td><td>13 : 30—15 : 30</td><td>欣赏《金声玉振》演出
走进大学堂：参观迎宾大厅、台阶大厅、七十二贤廊、礼厅、义厅、仁厅、智厅、信厅、礼乐堂，在仁厅体验“手读论语”，进行《论语》书法描红，学思结合、学书结合，感悟孔子的智慧</td><td>研学旅行指导师</td><td>孟庙孟府</td></tr>
<tr><td>16 : 00—17 : 50</td><td>返回曲阜，晚餐</td><td></td><td></td></tr>
<tr><td>18 : 00—20 : 00</td><td>步入教室，听老师讲《论语》的经典句章，然后举行分享会。分享研究成果，展示收获，成员点评，交流评选</td><td>研学旅行指导师</td><td>酒店</td></tr>
<tr><td rowspan="2">第四天</td><td rowspan="2">上午</td><td>7 : 00</td><td>起床，早餐，退房</td><td></td><td>酒店</td></tr>
<tr><td>8 : 00</td><td>集合返程，结束传统文化研学旅行活动</td><td></td><td></td></tr>
</table>

（本案例由山东省曲阜市三孔文化旅游服务有限责任公司朱芬、曲阜市文物保护中心杨君晓编写，李子尚改编）

案例评析

本案例突出的特色是：在研学旅行方案中注入了旅游元素，把旅游专业元素引进研学旅行活动方案中，形成了研学旅行专业方案。

（1）课程设计合理，详细周全，具有明显的旅游计调专业功底和特点。

（2）师资多方参与，符合国家要求。除了研学旅行指导师以外，表格中“负责人”出现“导游”“专家”等职业名称，符合国家 11 部门《关于推进中小学生研学旅行的意见》

精神。《研学旅行服务规范》（LB/T 054–2016）人员配置要求：主办方应至少派 1 名主办方代表，每 20 位学生宜配置 1 名带队老师；承办方应为研学旅行活动配置 1 名项目组长、1 名安全员、1 名研学旅行指导师、1 名导游人员。本案例突出了教育、旅游、交通、保险、公安、景区等多方参与研学旅行的特点，正所谓专业的人做专业的事，做优质的研学旅行服务。

另外结合本案例提醒大家，景区的研学旅行课程往往带有注重讲解、忽视动手参与的弊端，我们在设计课程方案时一定避免这种填鸭式的研学旅行教学方法。

（点评人：文化和旅游部人才中心研学旅行指导师考评员李岑虎）

四、革命教育类课程

案例 3–9

弘扬淮海战役精神，做新时代优秀青少年 教案片段

一、淮海战役纪念馆简介

淮海战役纪念馆位于江苏省徐州市泉山区解放南路 2 号，于 1965 年 11 月 6 日建成开放。2003 年 5 月，淮海战役纪念馆进行扩建工程。2007 年 7 月，新馆建成开放。

淮海战役纪念馆占地面积 7 万平方米，建筑面积 2.56 万平方米，半径 25 米、高 28 米的全景画馆位于纪念馆中心。馆内陈展面积 1.2 万平方米，共分序言、战前形势、战役实施、人民支前和缅怀英烈 5 部分内容，展出文物、照片、图表近 3000 件，复原场景 9 个，展线 1470 米。全景画《淮海战役》长 150 米、高 20 米，以淮海战役 3 个阶段的主战场为创作背景，用写实的艺术手法，再现了淮海战役的生动场景。

淮海战役纪念馆入选第四批国家二级博物馆，被国务院批准为全国重点烈士纪念建筑物保护单位，被民政部公布为爱国主义教育基地，被中共中央宣传部公布为全国爱国主义教育示范基地，被中央精神文明建设指导委员会公布为全国文明单位，教育部首批全国中小学生研学实践教育基地。

二、研学对象

高中生。

如果是小学生和初中生，则需采用灵活的适应学段、学情特点的教学方法，因人而异、因材施教。

三、研学链接

人教版高中历史必修一，第 17 课：解放战争；人教版初中历史八年级上册“三大战役”；中图版 七年级地理下册（2003 版）秦岭—淮河线；教育科学出版社五年级语文上册《淮海战役的支前大军》；小学语文《十人桥》。

四、研学目的地

江苏省徐州市淮海战役纪念馆。

五、研学目标

通过瞻仰淮海战役烈士纪念塔、敬献花篮，参观淮海战役纪念馆，参加淮海战役知识比赛、淮海战役的支前大军情景剧表演，让学生初步了解淮海战役的基本情况、熟悉淮海战役知识。培养学生学会使用考察探究法、博物馆参观法、小组合作法、调查访问法、研学讨论法解决观察问题的能力、组织合作能力、独立思考能力；引导学生以深切怀念和感恩的心情，铭记为中国人民解放事业建立卓越功绩的先辈和献出宝贵生命的革命先烈们。让学生懂得，我们生活在和平幸福的年代里，是先辈用生命换来的，应当珍惜。引导学生增强民族自尊心、自信心和自豪感，激发学生的爱国主义情怀，精忠报国，勇于担当，肩负中华民族复兴的历史使命，做合格的新时代中国特色社会主义事业接人，让青春在时代进步中焕发出绚丽的光彩。

六、师资配置

研学研学旅行指导师 2 名、学校带队老师 2 名、导游 1 名、安保人员 1 名、医护人员 1 名。

七、研学旅行方式

考察探究、博物馆参观。

讲授法、激励法、讨论法、小组合作法、调查访问法。

八、研学旅行内容

瞻仰淮海战役烈士纪念塔，敬献花篮；参观淮海战役纪念馆；参加淮海战役知识比赛；排练演出淮海战役的支前大军情景剧。

九、研学旅行教学过程

研学旅行指导师首先宣布纪律。由于烈士纪念馆管理严格，请各组小声讨论，不要大声喧哗，肃穆、庄重、安静，服从管理。

大集体活动不掉队，全员参加。

在研学旅行指导师的指挥下以小组为单位研讨。

专题课程一：悼念英烈，敬献花篮

一、研学地点

淮海战役烈士纪念塔。

二、研学流程

（1）学校代表宣布向淮海战役人民英雄敬献花篮仪式正式开始。

（2）齐唱中华人民共和国国歌。

（3）默哀。向为中国人民解放事业献身的淮海战役人民英雄烈士默哀。

（4）致队礼。手持鲜花的学生代表面向烈士纪念塔高唱《我们是共产主义接班人》，并致少年先锋队队礼。

（5）献花篮。2 名学生抬起花篮，缓缓走向烈士纪念塔，摆放在纪念塔基座上。

（6）瞻仰烈士纪念塔。缓步登上纪念塔基座，在花篮前驻足凝视。鲜艳挺拔的花烛、芬芳吐蕊的百合、轻盈绽放的文心兰，寄托着师生对人民英雄的深切缅怀和崇高敬意。随后，缓步绕行瞻仰烈士纪念塔。

仪式结束。

专题课程二：参观淮海战役纪念馆

一、纪律要求

馆内大厅集合 先集中再分散。先统一集中讲解，再分组探讨。

二、基本流程

（1）研学旅行指导师在纪念馆广场布置参观任务，分组管理。敬献花篮后，参观淮海战役纪念馆。

（2）听讲解员介绍淮海战役纪念馆概况、历史沿革、建筑布局、机构设置、场馆特色、展出内容、主要文物、所获荣誉、作用价值。

（3）考察淮海战役纪念馆展出内容、主要文物，观看文字展品、图片、影像、实物。

（4）分组讨论。

①说出淮海战役纪念馆 45 种以上文物名称及特色。

②请画出 10 种以上文物。

③讨论支前民工在淮海战役中的作用。

④结合淮海战役纪念馆文物讨论如何弘扬淮海战役精神。

专题课程三：淮海战役知识比赛

一、基本流程

（一）淮海战役知识准备

研学旅行指导师提前一周到学校，布置任务。学生从历史课本和语文课本等教科书上，查找关于淮海战役知识资料。发放淮海战役知识材料。参观纪念馆后，在纪念馆广场开展淮海战役知识比赛

（二）淮海战役知识研讨

（1）知识内容。战争名称、含义、背景、起因、时间、地点、特点、参战方、参战方兵力、伤亡情况、主要指挥官、主要战役、战争过程、战争意义、支前民工。

（2）知识问答题题型。单项选择题、多项选择题、判断题、简述题。

（3）研学方法。

①发放淮海战役知识卡片。

②手机查找淮海战役知识。以小组为单位自行研讨学习。

二、淮海战役知识比赛规则

（1）分组管理。全团 45 人，分成 9 组，每组 5 人。

（2）小组比赛。每组自行开展淮海战役知识比赛活动，选出第 1 名，参加全团比赛。

（3）全团比赛。各组推荐 1 名学生，共 9 名学生，集中参加比赛。设一等奖 1 名、二等奖 3 名、三等奖 5 名。

三、淮海战役知识小组比赛

小组选拔淮海战役知识问答最佳能手。小组通过研讨活动，选拔 1 名淮海战役知识最佳能手，参加全团淮海战役知识比赛。

四、淮海战役知识比赛

（1）推荐主持人，主持淮海战役知识比赛。

（2）宣读比赛规则。选手上台答题，按照评分规则选出一、二、三等奖。

（3）获奖选手谈谈获奖感言。

专题课程四：淮海战役的支前大军情景剧

一、研学内容

淮海战役的支前大军情景剧。

方式：角色扮演模式、情境体验式。

方法：小组分工合作法、头脑风暴法、查找资料法。

二、研学过程

第一步：分组活动

分成 12 个研学小组：导演组、担架组、小车组、大车组、挑子组、弹药组、牲畜征收组、船只组、粮食征收组、伤员救护组、军服制作组、宣传报道组。

第二步：分配任务

给每个小组分配考察任务（见表 3–2）。

表 3–2　淮海战役支前大军情景剧任务表

名称	组长	成员	任务
导演组			负责情景剧策划、导演等全部剧务工作
担架组			负责剧中担架制作、伤员运送
小车组			负责剧中小车征集、管理、运输
大车组			负责剧中大车征集、管理、运输
挑子组			负责剧中挑子制作、管理、物资运输
弹药组			负责剧中弹药管理、运输
船只组			负责剧中船只制作、管理、运输
牲畜征收组			负责剧中牲畜征收、管理、运输
粮食征收组			负责剧中粮食征收、管理、运输
伤员救护组			负责剧中伤员救护运输
军服制作组			负责剧中军服制作管理、运输
宣传报道组			负责剧中宣传报道

第三步：开展活动

（1）以小组为单位，组长带领组员开展准备工作，完成小组分配的任务。

（2）导演宣布淮海战役的支前大军情景剧表演开始。

剧情简介：1948 年冬天，在以徐州为中心的广阔土地上，淮海战役鏖战正酣。在这场以歼敌 55 万人而宣告胜利的大决战中，中国共产党发动了华东、中原、华北等地 543 万名民工支援前线。这支支前民工大军共出动88万辆小推车、30.5万副担架、4.24万副挑子、6300头牲畜、1.36万艘船只、250辆汽车，358.5万吨粮食、弹药等物资，从后方送到决战的最前线。同时把近10万名伤员从前线不分昼夜地运回了后方，留下了一个个可歌可泣的故事。广大支前民工转战淮海战场，冒枪林弹雨，忍风雪饥寒，为夺取战役的胜利建立了不朽的功勋。

开始演出。扮演刘伯承、陈毅、邓小平、粟裕、谭震林的演员出场，各组根据自己的任务分工，陆续登场，开展支前活动。中国人民解放军华东野战军司令员陈毅讲话后结束。

陈毅满怀深情地说："淮海战役的胜利，是解放区人民用小车推出来的。"

三、成果展示、研学评价

把本次研学旅行活动的记录、照片、心得体会等收集整理，全班展示。

采用学生自评、学生互评、专家评价、导师评价、学校评价五部分进行综合评价。

四、安全管理及防控

（1）淮海战役纪念馆举办的基本陈列藏品和专题展览藏品可以拍照留念，但请勿使用闪光灯和三脚架。引进的临时性展览，将依据办展协议确定是否可以拍照，若不可拍照，展厅内设有明显的提示标识。

（2）请勿吸烟。请勿触摸展柜。

（3）观众自带液体饮料经本人试喝检验后可以带入场馆，观众自带食品经安检后可以带入场馆。

（4）请勿将各类管制刀具、打火机、光盘、危险品及宠物带入场馆。

（5）参观前整理好衣物，衣冠不整者谢绝入内。

（6）参观时请勿大声喧哗，将手机设置为静音，以免影响他人参观。参观时请勿触摸展品。

五、研学资料

淮海战役小知识卡片

（1）战争名称：淮海战役，国民党称"徐蚌会战"，是解放战争时期中国人民解放军华东野战军、中原野战军在以徐州为中心，东起海州（连云港），西至商丘，北起临城（今枣庄市薛城），南达淮河的广大地区，对国民党军队进行的战略性进攻战役。

（2）时间：于1948年11月6日开始，1949年1月10日结束。

（3）结果：中国人民解放军胜利。国民党军5个兵团、22个军、56个师及一个绥靖区共55.5万人被消灭及改编。解放军共伤亡13.4万人。

（4）特点：是解放军牺牲最重、歼敌数量最多、政治影响最大、战争样式最复杂的战役。

（5）地点：淮海地区。

（6）参战方：中国人民解放军、国民党军队。

（7）参战方兵力：中国人民解放军60万人，民兵40万人；国民党军队约80万人。

（8）主要指挥官：刘伯承、陈毅、邓小平、粟裕、谭震林；杜聿明、刘峙、黄百韬。

（9）主要战役：陈官庄战役、双堆集战役、碾庄战役。

（10）支前民工：华东、中原、华北等地 543 万民工不分昼夜支援前线。

（本案例由李岑虎编写）

案例评析

本案例是红色研学旅行课程方案，在中国共产党成立 100 周年之际，看到这个方案备受鼓舞。案例把我们带入那血与火的革命战争时期，仿佛看到了 60 万名伟大的中国人民解放军战士为了拯救中国人民摆脱三座大山的压迫和剥削，推翻蒋家王朝，抛头颅洒热血，不怕牺牲、不怕吃苦、艰苦奋斗的伟岸形象；仿佛看到一支 543 万名支前民工的庞大队伍，抬着担架、推着小车、挑着挑子、赶着牲畜、划着船只，拉着粮食、弹药等物资，从后方送到决战的最前线，同时把近 10 万名伤员从前线不分昼夜地运回了后方。革命先辈为人民不怕牺牲、勇于献身的革命精神，散发着耀眼的光芒。淮海战役的胜利，是人民群众用小车推出来的，独轮车推出了淮海战役的胜利。

本案例是通过瞻仰淮海战役烈士纪念塔、敬献花篮、参观淮海战役纪念馆、参加淮海战役知识比赛、淮海战役的支前大军情景剧表演，加深了对课本中的中国共产党、三大战役、淮海战役基本知识的了解掌握。研学旅行过程中，考察探究法、博物馆参观法、小组合作法、调查访问法、研学讨论法的运用，提高了学生解决生活中很多的实际问题的能力、组织合作能力和独立思考能力。通过缅怀先烈的感恩教育，让学生懂得我们生活在和平幸福的年代里，是先辈用生命换来的，从而激发学生的爱国主义情怀，坚定自己肩负的历史使命。

本教案中的教学方法方式灵活多样，研学旅行课堂气氛、学生的积极性可见一斑。教案的编写方法、教案要素都具有很高的参考价值；研学资料项目的增加，弥补了研学旅行课程教案的不足。总之，这是一个经典的红色研学旅行课程。

（点评人：文化和旅游部人才中心研学旅行指导师考评员高霞）

案例 3-10

法卡山英雄山，龙州红军路，保家卫国挑重担（摘要）

一、研学背景

法卡山英雄纪念碑园是为安葬收复和坚守法卡山对越自卫反击战中牺牲的 154 名烈士

而建，是著名的爱国主义教育基地。1984 年 1 月 31 日，时任中共中央总书记胡耀邦同志亲临视察并题字“法卡山英雄山”。

龙州（水陇—甫荼）红军路景区位于上龙乡上龙村水陇屯，与法卡山英雄纪念馆园相距 43 公里。1929 年，邓小平、李明瑞等为筹备龙州起义多次经此路往返于龙州与百色间，并在此召开水陇平叛会议。龙州起义后，红八军一纵队从此路分赴大新、靖西、下雷等地，因此被龙州人民称为“红军路”。

研学对象：7~9 年级学生。

研学地点：广西凭祥法卡山英雄纪念碑园、法卡山、龙州（水陇—甫荼）红军路景区。

研学方式：团队合作、体验参与、探究发现。

研学课时：8 小时。

二、课程目标

（1）知识目标：了解法卡山对越自卫反击战的背景和战斗故事；了解邓小平、李明瑞领导红八军在龙州艰苦作战的革命历史；了解红军后勤工作内容。

（2）能力目标：学会利用简单的竹竿和绳子制作担架；学会使用麦秸、玉米秸、稻草等这些农村常见的物品制作成草鞋；能利用有限的条件解决生活和工作上的困难，增强动脑、动手能力。

（3）素质目标：激发学生的爱党、爱国情怀；树立艰苦朴素的生活作风；培养顽强拼搏的精神和吃苦耐劳的品质；形成创新性思维。

三、研学过程

（一）前期准备

学生利用书籍和网络查找法卡山位置，了解对越自卫反击战的背景，了解法卡山精神。学生利用书籍和网络查找龙州（水陇—甫荼）红军路景区在广西地图上的位置。了解红军饭、红军草鞋的制作材料。

（二）研学活动

（1）重走法卡山。到法卡山展览馆了解法卡山对越自卫反击战历史背景，了解猫耳洞、碉堡的实景和作用。重走法卡山战场、胡耀邦小道，亲临中越边境线，了解法卡山战役的重要性。了解和传承“为人民甘愿吃亏，乐于吃苦，勇于献身”的法卡山精神，感受革命光荣历史，激发学生保卫家国的责任心和爱国情怀。

（2）祭奠英烈。全体同学到达法卡山烈士纪念馆前，展示党旗、国旗、团旗，祭奠英烈；唱中华人民共和国国歌，向革命烈士三鞠躬，依次敬献鲜花；瞻仰缅怀烈士陵园，追忆革命光荣历史。

（3）做红军饭。在红军路景区，了解红军路的历史和红八军的战斗故事；体验红军后勤工作，分组体验战区炊事班工作：5 人为一组，第一组负责下地摘菜、洗菜，第二组负责土灶烧火煮饭，第三组负责淘米、削南瓜。做红米饭南瓜汤，吃忆苦思甜红军饭，提高动手能力，体验当年红军艰苦生活，珍惜当下来之不易的幸福生活。

（4）制作简易绳结担架运伤员。3 人组合为一组，找 2 根长 210 厘米、直径 3 厘米的竹竿或木棍，找一根长 2 米、直径 1 厘米的绳子，打结缠绕做成简易担架。学习几种简易的绳结方法：半结、八字结、平结、双套结、三套结。了解运送伤员的要领：慢行轻放。

了解担架的作用和制作方法，体验战场运送伤员的困难，培养学生团结互助的精神，学会动手动脑，形成顽强拼搏的精神。

（5）编红军草鞋。首先观摩专家编红军草鞋示范，学习编织方法：一系、一搓、一挽、一编、一压、一敲。将稻秆绳的一头系在木质的草鞋靶上，一头紧拽在手，细搓麻绳后，将麻绳挽向草鞋靶的空隙内，按照编织顺序逐次编织；然后用木叉将草鞋压实，把草鞋拉紧；再取两条麻绳，穿过草鞋鼻头；最后，用木锤子将编织好的草鞋敲结实些。2 人为一组，合作动手编织草鞋，提升动手能力，发扬红军艰苦奋斗的革命精神。

（6）缝补红军服。红军军容严整，军帽军服齐备，但当时生活艰苦困难，物资匮乏，一件衣服缝缝补补，衣服上有好些补丁是十分常见的。3人为一组，领3根针，一件红军服，一把剪刀，一段长约 6 米的线，共同将红军服缝补好。体验红军的艰辛生活，增强日常生活自理能力。

四、学习后总结

完成研学报告，与你的家人、朋友分享本次研学活动学习的心得体会。

（本案例由广西机电职业技术学院钟营编写、编委会整理）

案例评析

本案例红色研学主题明朗，红色资源优秀，具有时代性和代表性。专题课程内容真实具体感人，重走法卡山、祭奠英烈、做红军饭、制作绳结担架运伤员、编红军草鞋、缝补红军服，六个项目课程个个经典。体现了对红军的思念和感恩，一举一动表达着对抗越英烈的敬仰和追忆，一绳一木、一针一线表达着师生对和平生活的珍惜，在无声的春雨里孕育着孩子们爱国爱党的无限情怀，同时提升了学生的动手能力、合作意识，培养了学生的艰苦奋斗精神。法卡山英雄山，红军路英雄路，保家卫国挑重担。红色研学，红遍南疆，红遍中国。

（点评人：文化和旅游部人才中心研学旅行指导师考评员李岑虎）

第三节 研学旅行专题课程方案

一、综合教育类课程

案例 3-11

跳竹竿舞，探究竹文化教案

一、课程

（1）课程名称：跳竹竿舞，探究竹文化。

（2）学校班级：广西桂林某中学初一（3）班。学生数量：46 人。

（3）带队老师：陆校长、黄主任（附联系电话）。

（4）设计人：李岑虎、李子尚（附联系电话）。

（5）研学旅行指导师：郝老师、杨老师（附联系电话）。

（6）导游：孔潇敏、刘亚文（附联系电话）。

（7）专题课时：2 课时。

（8）研学地点：桂林旅游学院研学实践教育基地。

二、课程目标

（1）价值体认：积极参加竹竿舞团队活动与实践体验。亲历竹竿砍伐制作，加深对竹竿舞文化的价值体验。主动分享自己的跳舞体验和感受，与老师、同伴交流思想认识，形成国家认同，热爱中国共产党，热爱家乡，热爱少数民族兄弟姐妹。

（2）责任担当：观察基地周围的生活环境，增强为同学的服务意识、服务他人的行动能力；形成探究民族竹竿舞文化的意识，愿意参与团队活动，担任砍伐制作师、竹竿舞敲打师、安全员、救护员，形成社会负责任的态度和社会公德意识。

（3）解决问题：能关注自然、社会、生活中的现象，深入思考并提出有价值的竹竿舞文化系列问题，将问题转化为有价值的竹竿文化研究课题，学会运用科学方法开展研究。能主动运用所学物理、生物、音乐知识理解与解决课堂问题，形成基本符合规范的竹竿文化研究报告或其他形式的研究成果。

（4）创意物化：运用学到的竹竿乐器制作的操作技能解决生活中的问题，将一定的想法或创意付诸实践，通过设计、制作或装配等，制作和不断改进较为复杂的竹笛、竹筷子等竹制品或用品，培养实践创新意识和审美意识，提高创意实现能力。

三、研学链接内容和难点，研学方式方法

（1）研学链接：人教版《道德与法治》四年级下册《我们当地的风俗》；浙教版小学美术第十二册第 11 课《竹》；桂林某中学校本课程《走进竹文化》。

（2）研学内容和重点：竹竿舞工具竹竿的制作，竹竿舞的跳法。

（3）研学难点：竹竿舞的跳法，竹竿舞文化

（4）研学教具：

音响系统；高 300 厘米、粗 3 厘米的竹子 16 根，手锯 1 把；砂纸 6 张；竹刀 2 把。

（5）研学方法：

小组合作法、情境体验法、角色扮演法、讲授法等。

（6）研学方式：

考察探究、设计制作、职业体验、劳动教育。

四、研学过程

第一步：研学前

第一环节：研学准备，设置问题

（1）研学旅行指导师提前一周前往学校，与校方沟通组建研学旅行小组。研学旅行指导师与参加研学旅行的学生见面，告知学生研学旅行行程安排，并布置预习作业，要求收集在学习过的教材及生活中所了解的有关苗族、竹竿舞的知识。课前任务研学前发放明白纸。

研学旅行课前作业

（1）竹竿舞怎么跳？是哪个民族的？

（2）常见的民族服饰及苗族的民族历史。

（3）延伸 56 个民族的民族特色。

（4）少数民族的地区分布及形成原因（认知简单的地理知识）。

（6）了解苗族竹竿舞的来源与历史文化内涵。

（7）竹竿舞的地区分布与民族特色。

（2）了解参加研学旅行的学生组建研学旅行新班级，构建班级框架，选出班委。根据人数组建数个学习小组，并选出组长。要求在出发前，各小组组长组织组员为自己的学习小组命名，并创意小组学习口号。

第二步：研学中

第二环节：研学导入，提出问题

（1）班委组织苗族知识研讨会。

（2）班委发言布置任务，由各组组长引领本组组员进行知识分享，交流在参加研学旅行前的预习内容，并进行知识汇总。

（3）讨论完毕后，各小组选出本组代表发言，向全团分享本组的预习内容。

（4）小组全部发言完毕后，引导各小组相互对其他小组发言进行点评，随后由研学旅行指导师讲授苗族的兴起来源及发展历史。

第三环节：研学新课，解决问题

（1）研学基地实地考察。

考察苗族村寨，学习竹竿的制作，看苗族人砍竹竿表演。

①竹竿制作项目专家教学。学习竹竿的选择、砍伐，体验竹竿的制作。

②班委对全班提出问题：

问题1：竹竿的选择方法。

问题2：砍伐竹竿所需要的工具。

问题3：砍伐的技巧和方法。

问题4：砍伐的注意事项。

③班委组织各小组开展讨论，交流自己在观看竹竿制作项目专家演示时所留意的问题，并进行知识汇总。讨论完毕后，引导班委组织各小组选出本组代表发言，向全团分享本组的答案。班委组织各小组对全部方案进行修改，定制出最适合本团队的活动方法。

④班委布置任务：制作本小组的竹竿舞道具。各小组长组织组员进行责任分工，各小组组长带领组员制作道具。

（2）竹竿舞道具的制作流程。

第一步：依据之前环节的规划，小组长带领组员对舞蹈场地进行勘察测量，预设出适宜场地及本组人数的竹竿长度及数量。

第二步：小组长在组内进行责任分工，进行竹竿道具制作。前往规定竹林，砍伐合适的竹子，随后将竹子进行切割，对竹竿手握部分进行打磨等。

第三步：组内选出代表，向全团分享自己小组的制作过程。

制作完成后，引导班委组织各组进行展示，并选出质量优秀的竹竿道具。随后请制作出质量优秀竹竿道具的小组去协助其他小组完善道具。

道具全部验收完毕后，引导班委组织各小组更换民族服装，练习竹竿舞，随后各组进行表演。

（3）学习竹竿舞的基本步伐。

第一步：首先请苗族舞蹈专家跳竹竿舞，展示苗族竹竿舞文化（见图3-1）。播放音乐《跳柴歌》。学生欣赏苗族青年男女跳竹竿舞。美妙的旋律，鲜明的节奏，引发学生不由自主地用身体的动作感应舞蹈和音乐的节拍，从而尽情享受舞蹈和音乐带给人们的快乐。

图3-1 竹竿舞表演

第二步：小组长进行组内人员分工，并规划出竹竿操纵人员与跳舞人员的切换。

第三步：舞蹈项目专家教授学生学习跳竹竿舞的基本步伐。学生练习竹竿舞的竹竿操作与跳法。

一对一、面对面，蹲在地上，双手紧握竹竿顶端贴在地面上反复做开、合（两拍）练习。要求与《跳柴歌》的音乐吻合。没拿竹竿的学生原地坐下，模仿动作练习，研学旅行指导师有意识地从开合的竹竿中间跳过去，第一次出现跳竹竿舞的完整动作。

第四步：在竹竿操作与跳法熟练后，小组长带领组员进行跳法升级实验及练习。

第五步：班委组织“竹竿舞王争霸赛”。各小组陆续登场表演，并组建评委团（由学校代表、基地代表、专家组成），对各小组舞蹈表演的熟练度及跳法升级的难度等方面进行综合评分。

第六步：播放一些记录研学点的照片、小短片，同时集体跳一次竹竿舞。研学旅行指导师带着学生参与，增进师生情谊，给研学旅行画上一个圆满的句号。

第四环节：研学总结，拓展问题

（1）竹制品的拓展制作。

第一步：前往竹子工坊，参观各类竹制品。

第二步：小组长带领组内人员对自己小组最喜爱的竹制品进行考察探究，调查其来历、功能等知识。到竹子工坊，体验竹子用品的制作，观看手工艺人的制作之后可用已成型的物品打磨制作小纪念品，如碗筷、杯子、笔筒、书签等。

第三步：各小组选出代表向全团展示自己小组所制作的竹制品，分享竹制品的知识及制作过程。

（2）竹竿舞研学总结。

学生分享自己今天的研学旅行心得，讲述自己在不同研学环节做了什么，学到了什么；在活动中哪里做得好，还有哪些欠缺，自己的伙伴有哪些值得自己学习的地方，有哪些是需要自己帮助的地方。随后由研学旅行指导师对学生所掌握的知识点进行梳理，对学生个人感悟进行鼓励提升。这节课，同学们不仅学唱了《跳柴歌》，而且学会了竹竿舞的基本舞步，还增进了同学之间的团结合作精神。

学生发言，畅谈理想，自己长大后要做什么，要如何为家乡为国家做贡献。

第三步：研学后

第五环节：研学评价，反思问题

（1）研学评价：学生通过访谈、填写评价表、提交报告等方式，进行总结评价。聘请相关人员为整个竹竿舞演练、竹制品的制作等进行测评。测评方式：学生自评、学生互评、专家评价、导师评价、学校评价。

（2）研学反思：课后补充。

（本案例由李子尚编写，李子尚改编）

案例评析

李岑虎主编的《研学旅行课程设计》指出："专题课程方案设计主要包含以下基本要素：课程名称、学校班级、带队老师、设计人、研学旅行指导师、导游、专题课时、研学目的地、课程目标、研学背景、研学链接、研学内容、研学重点、研学难点、研学教具、研学方法、研学方式、研学过程、研学评价、研学反思等。"跳竹竿舞，探究竹文化教案，是文字式的研学旅行专题课程方案。该方案涉及课程名称、学校班级、学生数量、带队老师、设计人、研学旅行指导师、导游、联系电话、专题课时、研学地点、课程目标、研学链接、研学内容、研学重点、研学难点、研学教具、研学方法、研学方式、研学过程、研学评价、研学反思等21项目，而且增加了电话号码，利于研学旅行联络、咨询、服务活动。可谓要素齐全，要点充实，符合中小学教师教案要求，又具有研学旅行课程教案特点。

研学旅行目标从价值体认、责任担当、问题解决、创意物化四个维度编写，恰当合理，利于立德树人教育；研学旅行方法有小组合作法、情境体验法、角色扮演法、讲授法等，灵活多样，具有较强的参与性和实用性；教学方式有考察探究、设计制作、职业体验、劳动教育等，多种方式统筹使用，多法并举，机动灵活，而不孤立某一个方式方法，不墨守成规，课堂气氛之活跃可见一斑。研学旅行内容包括竹竿舞道具的制作、竹竿舞的跳法、竹竿舞文化探究，层层递进，逻辑合理，设置科学；研学旅行教学过程采用"三步五环"基本教学法，研学前、研学中、研学后三步清晰明了，利于开展教学；"研学准备，设置问题""研学导入，提出问题""研学新课，解决问题""研学总结，拓展问题""研学评价，反思问题"五个环节，环环相扣，有条不紊。

研学评价方法多样，通过学生访谈、填写评价表、提交报告、基地研学项目专家评价等方式，进行总结评估。采用学生自评、学生互评、专家评价、导师评价、学校评价五部分进行综合评价。这些方法打破了以往研学旅行指导师给学生简单打分的方式，客观、公平、利于学生、家长、学校全面掌握学生研学旅行表现和取得的成绩。

研学旅行教学过程中主要突出以下方法，值得参考和模仿。

（1）研学旅行指导师提前一周前往学校，与校方沟通组建研学旅行小组，并布置预习作业、发放明白纸。

（2）研学导入：引导班委组织知识研讨会；引导班委发言布置任务；各组组长引领本组组员进行知识分享。所有小组全部发言完毕后，小组之间相互点评纠，随后由研学旅行指导师传授正确知识。

（3）研学新课：采用实地考察法，考察苗族村寨，学习竹竿的制作。观看苗族人砍竹竿，学习竹竿舞道具的制作流程，学习竹竿舞的基本步伐，培养了学生的劳动精神和品德。

（4）除了学习竹竿舞、制作竹竿道具以外，最后进一步拓展问题，拓展制作碗筷、杯子、笔筒、书签等竹制品，升华了本次研学旅行活动课程，收到预期的目的。

（5）拓展问题环节，学生唱《跳柴歌》、跳竹竿舞，增进了同学之间的团结合作精神。学生发言，畅谈理想，谈谈自己长大后要如何为家乡为国家做贡献，引导学生由竹竿舞的文化认知延伸到为国家做贡献，把本次研学旅行活动推向高潮。因此，本案例具有很高的学术价值和实践参考价值，是一个教科书式的经典品牌课程。

受作者优质教案的感染，借此机会，笔者强烈呼吁不熟悉中小学教育教学规律的研学旅行指导师，一定要研究中小学教育教学规律，虚心学习学校老师们的备课方法，去课堂听听学习老师的讲课技巧，按教育规律开展研学旅行活动，设计出符合教育规律的研学旅行教案。

（点评人：文化和旅游部人才中心研学旅行指导师考评员李岑虎）

案例 3-12

走进王力故居，探究语言文字的魅力

一、研学课程架构

课程名称：走进王力故居，探究语言文字的魅力

目的地：博白县王力故居

学校班级：新仲村小学五年级学生

设计人：邓红瑜

研学背景：王力故居位于广西博白县城，是缅怀中国近百年来最伟大的语言学家王力先生的纪念馆，是全面研究王力先生学术的基地，是广西壮族自治区级第五批爱国主义教育基地。

研学链接：人民教育出版社《语文》五年级下册:《遨游汉字王国》《我是小小讲解员》。

研学内容：了解王力先生的生平事迹，感悟优良品质；活字印刷《静夜思》排序并拓印；用家乡话读李白的《静夜思》、杜甫的《登高》；繁体字简化小组接力书写比赛；汉字面团制作。

研学重点、研学难点：王力先生的生平事迹；繁体字简化探讨。

研学方式：参观王力故居、探究体验活动、设计制作。

研学方法：现场教学法、参观教学法、探究谈论法、团队合作法、体验法。

研学教具：研学手册、画质、水彩笔、宣纸、毛笔、墨水、碟子、发酵好的面团、数字印章、可食用色素、活字印刷诗《静夜思》拓片、拓片颜料、拓印纸。

二、研学旅行过程

（一）研学前的准备

（1）召开研学旅行课程部署会，建立研学学习小组组织机构，明确各小组成员、职责分工。

（2）开展研学旅行安全纪律专题教育，树立安全意识，重申《新仲小学研学旅行安全预案》，确保研学过程中各项工作安全有序开展。

（3）组织学生成立研学小组，以班级为单位（50 人为一组），选出组长、纪律委员、学习委员、文艺委员，确定小组队名和口号。小组讨论研学过程中的安全注意事项。

（4）发放研学手册。教师指导完成第 1~4 页问题，并预习思考、尝试解决后面问题。通

过查阅资料了解王力先生事迹；试用地佬话和客家话诵读李白的《静夜思》、杜甫的《登高》；尝试对 10 个繁体字进行创意简化；尝试复述王力先生“坐红凳子”“0~100”的小故事。

（二）研学中的教学

第一课 参观王力故居

在带队老师及各班班主任的带领下，分批进入王力故居参观（一次进入一组）并完成研学手册第 6~7 页内容。

（1）每组代表尝试简述王力先生事迹。

（2）问题解决。

①王力先生为繁体字简化改革做出了怎样的努力？他是一个什么样的学者？

②你的职业理想是什么？为什么？

（3）引导学生总结王力先生是一位热爱祖国、刻苦钻研、勤奋好学的学者，以及学生自己树立正确的职业理想。

第二课 活字印刷排序并拓印

仔细辨认，将两套（繁体字一套、简体字一套）打乱字序的活字印刷《静夜思》分别排序并拓印在纸上。

第三课 地佬话和客家话诵读

（1）学生跟研学旅行指导师学习分别用地佬话、客家话读李白的《静夜思》，并说说自己听到两种不同语言的感受，并用自己的家乡话读一读这首诗，用录音设备录下；尝试说一说，地佬话和客家话的语音和声调有什么不同，给人有什么不同的感受。

（2）研学旅行指导师引导学生总结。

第四课 繁体字简化比赛

（1）以小组为单位，尝试简化多个繁体字。各组代表进行展示，并说说这样简化的理由。

（2）小组比赛。用接力的方式组员一人写一笔画，最先完成一句繁体的诗、一句简体的诗。

（3）学生尝试说一说繁体字简化的意义；研学旅行指导老师引导学生说出繁体字简化能使书写更简便，更有利于文化传播；思考后说一说，还可以对生活中的什么事物进行改变，能给生活带来便利。

第五课 制作简化字食品

用面团捏出自己创意简化的字，并用食用色素、数字印章印上第几组的组数，蒸熟后分组食用。

（三）研学后的评价和反馈

评价方式：自评、学生互评。

评价内容：是否树立了正确的职业理想；是否能尊重不同的文化，尊重每一个人；是否能大胆尝试创新且了解繁体字简化的意义。

评价方法：指导学生完成研学手册，批改研学手册，给出评语，发放给学生；分别给班主任、学生发放一份调查问卷，根据问卷反馈情况，改进课程。

（本案例由广西博白县王力故居管理所邓红瑜编写、赵立芳改编）

案例评析

目前在名人故居类、博物馆开展研学旅行一般都是导游讲、学生听，边走边讲，讲完散场。然而本案例一反常态，别开生面。本案例教学流程中，首先参观王力故居，在适当场合小组代表简述王力先生事迹。紧接着开展第二课，将两套（繁体字一套、简体字一套）打乱字序的活字印刷《静夜思》，仔细辨认，分别排序并拓印在纸上。突出了实践环节，学生参与要素，而不是机械被动地听讲。第三课运用地佬话和客家话诵读《静夜思》，分析地佬话和客家话的语音和声调有什么不同，给人有什么不同的感受。第四课让学生动手动脑尝试简化多个繁体字，小组比赛。第五课制作简化字食品，融知识性、趣味性为一体深得学生喜爱。这才是真正的研学旅行课程。

根据《研学旅行课程设计》理论，总结归纳名人故居类、博物馆参观类研学旅行课程教学流程供大家参考。名人故居类、博物馆研学旅行流程：明确参观主题目标；选择博物馆；参观并听讲解；体验探究；参观后的任务实施、实践体会；分享参观后的成果交流讨论会、知识拓展；回顾反思与总结。

（点评人：文化和旅游部人才中心研学旅行指导师考评员李岑虎）

案例 3–13

五四爱国运动情景剧

一、研学课程架构

剧情概况：1919 年 5 月 4 日发生在北京的一场以青年学生为主，广大群众、市民、工商人士等阶层共同参与的，通过示威游行、请愿、罢工，暴力对抗政府等多种形式进行的爱国运动，是中国人民彻底的反对帝国主义、封建主义的爱国运动，又称“五四风雷”。

研学内容：五四爱国运动情景剧。

研学方式：角色扮演模式、情境体验式。

研学方法：小组合作法、头脑风暴法、查找资料法。

二、研学过程

第一步：分组活动

分成 11 个研学小组：策划组、编剧组、导演组、演员组、道具组、服装组、音响组、摄影组、化装组、美术组、宣传组。

第二步：分配任务

给每个小组分配考察任务（见表 3–3）。

表 3–3　五四爱国运动情景剧任务表

名称	组长	成员	任务
策划组			负责整个情景剧的策划、筹备、运营

续表

名称	组长	成员	任务
编剧组			负责编写五四爱国运动情景剧
导演组			负责组织创作、技术和演员表演情景剧
演员组			负责表演情景剧
道具组			负责演出道具
服装组			负责演出服装
摄影组			负责演出的摄影、录像
音响组			负责演出的音响设备
化装组			负责演员化装
宣传组			负责本次研学旅行活动和情景剧的宣传
美术组			负责剧情美工

第三步：开展活动

（1）以小组为单位，小组组长带领组员开展准备工作，完成分配的任务。

（2）导演宣布五四运动情景剧表演开始。

扮演李大钊、陈独秀、章士钊、胡适、辜鸿铭、刘师培、鲁迅、匡互生、方豪、罗家伦、袁世凯、段祺瑞、徐世昌、傅增湘、曹汝霖、陆宗舆、章宗祥和军警、游行学生、日本代表的演员陆续登场表演。

（3）最后宣传报道组整理宣传报道材料，展示本次研学旅行成果。

第四步：总结评议

（1）采用学生自评、学生互评、专家评价、导师评价、学校评价进行综合评价。

（2）颁发奖品。根据评议结果，推举一等奖 1 名、二等奖 2 名、三等奖 3 名。

（3）获奖学生谈获奖感言。

（本案例由赵立芳编写）

案例评析

本案例的研学旅行教学方法和方式主要采用小组分工合作法和角色扮演模式，同时也采用了情景体验式的一些程序和技巧，这些都是研学旅行常用的教学方式和方法，在此有必要再做简要介绍。

1. 小组分工合作法

小组合作法是指学生在研学旅行小组或团队中为了完成共同的任务，有明确责任分工的互助性学习。

（1）小组合作法的要求：学生要全员参加，学生要人人有岗位，依据学生能力的大小，引导学生在小组中选择合理的角色，从而促进不同层次的学生在小组合作中都能得到最佳发展。

（2）小组合作法流程：首先引导学生选择、确定研学旅行活动主题，制订活动方案（活动目标、活动准备、过程设计）；按照小组制订的计划开展活动，随时做好活动记录；活动告一段落时，要及时总结活动的体验，准备小组交流的材料；在做活动总结时，尽量通过多种形式展示研究成果；活动结束进行反思。

2. 角色扮演模式

角色扮演模式是指研学旅行指导师在教学中设计某个问题情境，让学生扮演各种角色进入情境中；通过讨论分析，帮助学生观察并探究角色的情感、态度和价值观，培养学生解决问题的方法与技巧，引导学生从不同思维角度出发并最终找到解决问题的方法。

角色扮演模式教学程序：小组准备活动；选出扮演者；安排活动场景；组织观众；实施表演活动；讨论和评价；分享经验和总结。

3. 情境体验式教学模式

情境体验教学模式通过向学生提问的方式创设问题情境，而不直接给出答案，通过引导学生对自己的回答产生怀疑而使问题得以解决。

情境体验教学程序：创设情境；体验情境；反思情境；提升情境。

（点评人：文化和旅游部人才中心研学旅行指导师考评员李岑虎）

二、劳动教育类课程

案例 3-14

我来制作声音报警器

一、研学课程架构

设计人：张志生。

专题课时：4 课时。

研学地点：邹城市机电产业园研学旅行基地。

课程目标：了解绕线机等工具的正确使用方法，掌握线圈的绕制工艺方法。掌握报警电铃的安装使用方法，加深对电磁铁的认识。培养学生的劳动精神、劳动习惯和劳动光荣的觉悟，养成良好的团队合作意识。

研学内容：报警电铃的制作及其使用方法。

研学链接：人民教育出版社，九年级《物理》第二十章第三节。

研学重点：报警电铃的制作安装。

研学难点：报警电铃的调试以及使用实例。

研学方式：参观学习，导师讲解，学生 DIY。

研学团队：以 50 人团队为例，每 5 人一组，共 10 组。

研学工具：万用表 10 块，电烙铁（35W）10 把，尖嘴钳 10 把，绕线机 10 台，熔胶枪 10 把，胶棒 1 盒（20 只），螺钉旋具 20 个，可调直流电源（0~30V），10 台，各种器材若干。

二、研学过程

第一步：研学旅行前

1. 研学准备，设置问题。

知识准备：电流的磁效应，电磁铁的构造。

器材准备：检查工具是否齐全，检查材料是否和备料单上一致，数量是否正确。

人员准备：提前对学生进行科学分组，指定小组负责人。每 5 人一组，共 10 组。

第二步：研学旅行中

2. 研学导入，提出问题。

导入词：欢迎同学们的到来！同学们，我们生活工作中离不开电，谈到电又不能离开磁，电磁铁就是这样一种电磁控制器件。在今天的研学旅行中，我带领大家具体学习报警用电铃的制作方法及其典型应用电路实例。

3. 研学新知，动手制作。

学习任务一：报警电铃的制作安装。

共分为三个活动环节。

活动环节一：导师讲授要领，示范操作；学生认真听讲，观察思考。

（1）器材准备：整理工具，准备材料。每组材料清单如表 3–4 所示。

表 3–4 材料清单

序号	材料名称	规格	数量
1	安装基板（环氧树脂万用板）	120 毫米 ×90 毫米	1 块
2	铃铛	Ø50 毫米	1 个
3	线圈架	6 毫米 ×25 毫米	1 个
4	漆包线	Ø0.15 毫米	1 盘
5	螺钉带螺母	4 毫米 ×30 毫米	1 套
6	衔铁	定制	1 个
7	接线柱	m10 毫米，红黑色	4 套
8	紧固件		若干

（2）绕制电磁铁：铁心：6 毫米 ×20 毫米，螺钉带螺母；线圈：直径 0.15 毫米漆包线，500 匝。绝缘处理：绝缘胶带。

（3）安装电铃：

①安装板正下方用螺钉固定铃铛。

②在铃铛上方固定电磁铁，焊接线圈引线至接线柱 L1 和 L2。

③在安装板右上方安装固定衔铁，形成固定触点 K1。调整螺钉使其与衔铁接触，形成常闭触点 K2（见图 3–2、图 3–3）。

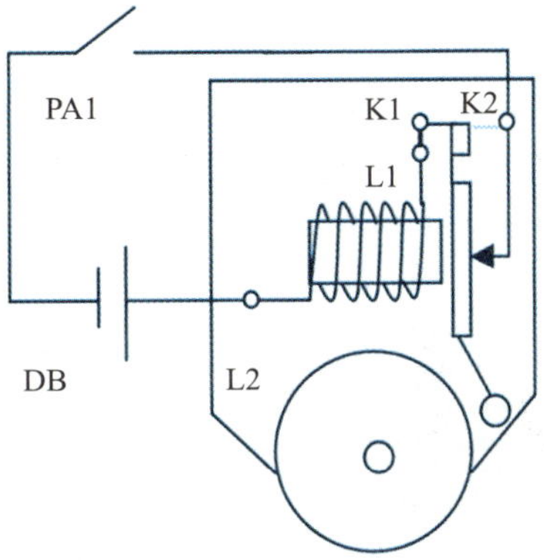

图 3–2 报警电铃接线图

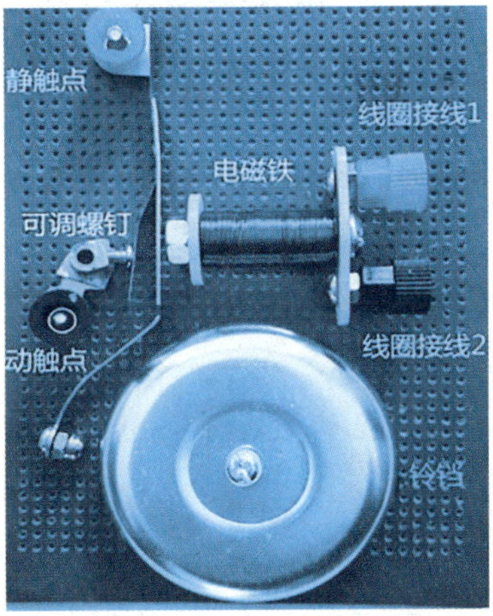

图 3–3 电铃组件及成品

（4）通电调试：

①照接线图接线，并检查确保无误。直流电可调电源调整为输出电压 3V，电流保护调整为 1A。

②合开关 PA1。检查电铃是否响动，若不响或者是响一下就停，可调整触点 K2 处的可调螺钉，使电铃声连续响动。

活动环节二：学生分组操作，分工合作；导师巡回检查指导。

活动环节三：学生任务完成，上报学习成果；导师给予评价指导，纠正问题。

3. 研学拓展，探求新知。

学习任务二：报警电铃的应用实例——门（窗）控报警器。

活动环节一：导师讲授要领，示范操作；学生认真听讲，观察思考。

（1）器材准备：电铃（已经安装调试好）、门磁开关一套。

（2）安装步骤：

①在门框适当位置处安装门磁开关（常闭式），将开关 PA2 引出线与电铃的控制开关 PA1 并联连接（见图 3–4）。

②在木门对应的位置上安装磁铁（可用双面胶辅助安装）。

③接通电源调试，调整磁铁的位置，使门关闭的时候，电铃不响，处于防盗值守状态；一旦门被打开，电铃通电发出声音报警，直至门被关闭。实现了门开报警作用。

门（窗）控报警器电路图如图 3–5 所示。

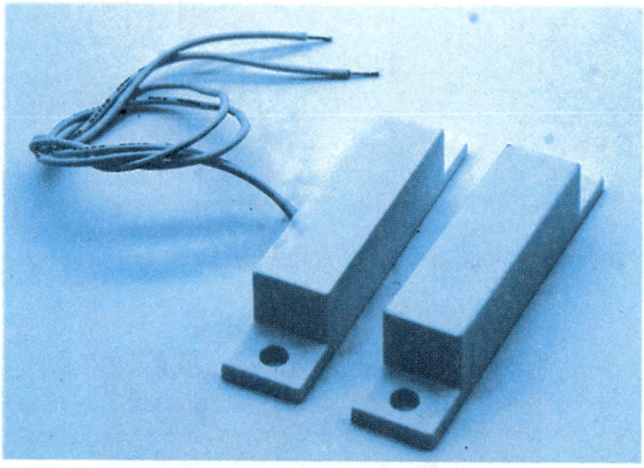

图 3–4　门磁开关成品（市售品）

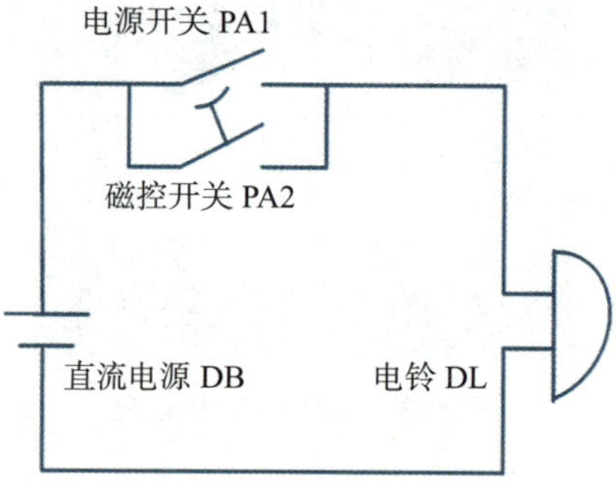

图 3–5　门（窗）控报警器电路图

活动环节二：学生分组操作，导师巡回指导。

活动环节三：学生完成任务，上报作品；导师巡回检查，进行专门指导。

研学要点：

导师讲授要领，示范指导；学生分组操作，分工合作；导师巡回指导，纠正错误。

第三步：研学旅行后

（1）研学评价与反思。

研学评价：

①各活动小组自查作品质量，填写小组活动评价表（一）（见表 3–5）。

表 3-5　小组活动评价表（一）

学校：　　　　　　　　班级：

小组名称			
组长		成员	
活动时间		指导教师	
评价项目	评价内容		评价结果
组长组织情况	工作负责，能积极为小组服务		
	能平均、合理分配任务		
	做好器材收集、整理工作		
小组合作情况	每个成员都能积极参与小组活动		
	每个成员任务明确、完成认真		
	合作氛围愉快、合作效果好		
任务完成情况	在规定时间内完成，质量好		
安全文明操作	符合安全文明生产要求		
组长签名			
成员签名			

注：A 等，五颗☆；B 等，四颗☆；C 等，3 颗☆；D 等，二颗☆以下。

②小组互相展示作品，交流探讨各自的经验，寻找不足。

③导师点评，指出各组设计制作中的成果和收获，找出存在的问题和不足，对各活动小组的表现进行评价鼓励（见表 3-6）。

表 3-6　小组活动评价表（二）（可展示在白板上）

小组名称	作品完成情况评价	团队合作情况评价
一组		
二组		
三组		
四组		
五组		
六组		

注：A 等，五颗☆；B 等，四颗☆；C 等，3 颗☆；D 等，二颗☆以下。

研学反思：

（1）通过本次研学活动，你收获了什么？

（2）在我们日常的生活和工作中，电磁铁还有哪些具体的应用？

（3）结合大国竞争、芯片等高新技术断供，我们要重视基础物理研究，培养动手能力，提升创新能力，为国家建设贡献力量。

（本案例由邹城市高级职业技术学校张志生设计）

案例评析

本案例是高级职业技术学校教师编写的研学旅行课程教案，案例突出了学校传统科目教学教案的特点，又注入了研学旅行和劳动教育要素，形成了新的劳动教育课程示范教案，特别令人欣慰。课程教学目标设计除了要求掌握绕线机等工具的正确使用方法、线圈的绕制工艺、报警电铃的安装使用方法以外，又专门设计出劳动教育的一些要素，譬如，培养学生的劳动精神、劳动习惯和劳动光荣的觉悟，养成良好的团队合作意识等。教案中的学生分组操作法、分工合作法、研学旅行指导师巡回指导法，研学旅行指导师示范法等教学方法都是研学旅行和劳动教育中提倡的教学方法，能够极大地促进学生核心素养的提高和思想品德的提升。

目前不少学校或老师受不恰当的传统教育思想的影响，在教案设计中，不考虑教学方法的设计，在施教过程中不考虑学生实际，机械传播课程内容，这是研学旅行和劳动教育课程要回避的。我们要求在研学旅行和劳动教育教案设计中，坚持生本化原则，力求课程设计每个环节都要精心设置一些促使学生参与的活动。譬如，小组合作让学生自主提出问题，自己解决问题；研学旅行指导师指导学生制作、学生帮助学生制作；学生学会发言、学会倾听、学会质疑、学会组织、学会担当、学会参与、学会点评。设计多方位的激励评价机制，采用学生自评、小组互评、学生互评、师生互评等方式，发挥先进、典型学生的示范效应，引导全体学生全方位地参与研学旅行和劳动教育评价过程。

最后提醒大家，注意区分劳动技术课程和劳动教育课程的区别，不要把劳动教育课程讲成简单的劳动技术课。我们要通过劳动过程，对学生开展劳动教育，培养学生的劳动精神、劳动习惯和劳动光荣的美德，而不仅仅是传授技术、掌握某项劳动技能。

（点评人：文化和旅游部人才中心研学旅行指导师考评员李岑虎）

案例 3-15

皮影“小红军”制作体验课程教案

一、课程架构

研学地点：北京海淀区上庄白水洼路东 800 米中国京西皮影非遗园。

研学背景：北京龙在天皮影艺术剧院成立于2006年，是一家专业从事皮影戏舞台表演、皮影抢救与保护、皮影文化传播、皮影技艺传习的单位。由北京皮影艺术家、海淀区政协委员、“京西皮影”传承人王熙任艺术剧院院长。北京龙在天皮影艺术剧院在弘扬民族文化、保护国家非遗过程中走出一条特色之路，受到中央领导及北京市委市政府的赞扬，中央电视台、凤凰卫视等 500 多家媒体进行了报道。被评为北京市“民族艺术进校园”重点演出单位、全国“文创新品牌 50 强”、北京市残疾人职业技能培训基地、海淀区爱国主义教育基地、北京市“市长级中小学生大课堂资源单位”，常年接待学生团、旅游团，让他们近距离了解皮影艺术。

研学目标：

（1）了解皮影的历史、各流派皮影特色。

（2）了解皮影的特征及制作过程。

（3）了解皮影文化的现状，激发孩子表演皮影戏的兴趣。

（4）锻炼和提高孩子在团队组合表演时的协作精神和团队意识。

（5）锻炼孩子口说、耳听、手动的协调动作能力和讲故事、表演的才能。

（6）加强青少年学生的爱国主义教育，树立为国家为民族而学习的信念。

（7）让广大少年儿童了解红色经典故事，传承红色基因。

研学链接：

（1）美术教材里的皮影：义务教育教科书《美术》五年级上册第 11 课，有关《皮影》的课程。

（2）语文教材里的“小红军”：九年义务教材人教版《语文》第八册第 16 课《倔强的小红军》；四年级《语文》下册《马背上的小红军》；北京市小学《语文》九册教材《草地夜行》。

（3）音乐教材里的小红军:《闪闪的红星》等。

（4）电影里的小红军:《闪闪的红星》《小红军》《小红军风雨长征路》等。

研学重点难点：

重点：各流派皮影的特色；体验皮影表演和制作；皮影传承的重要性。

难点：体验皮影表演；皮影传承的重要性。

二、研学过程

第一步，研学前

提前一周给学校发放研学手册，让孩子们提前了解皮影的有关知识，查找课本里的小红军战士同敌人斗争的英雄事迹，查找身残志坚的英雄人物故事。

第二步，研学中

1. 观看皮影展览

袖珍皮影演员讲解，让孩子们了解皮影起源，感受皮影的博大精深，认识不同皮影流派。

2. 观看袖珍演员表演皮影

欣赏动态皮影表演，身临其境地感受皮影艺术的魅力，让学生们从小了解即将失传的皮影艺术的魅力，通过袖珍人的表演，让孩子感受袖珍人身残志坚的精神。

3. 皮影手工 DIY

自己制作动感创意皮影，扩展思路，增强创作力，让学生们体验皮影制作的流程，感受皮影艺人工匠精神。

（1）皮影艺术家展示皮影教具，学生触摸、感受皮影教具。激发学生动手、动口、动脑的感官协调，寓教于乐，锻炼孩子们主观创意、群组创造、语言表达、故事编创、动手协作能力，让孩子们能表演自己制作的皮影人，体验皮影的乐趣。

（2）皮影艺术家讲解皮影“小红军”制作，学生跟着模仿制作。制作流程如下：

①皮影人由“小红军”模板、三根操纵杆、两脚钉组成（见图 3-6）。

②将皮影人每个部位取出（每个部位都有链接孔），按照模板上邮票的造型，摆出影人的样子（见图 3-7）。

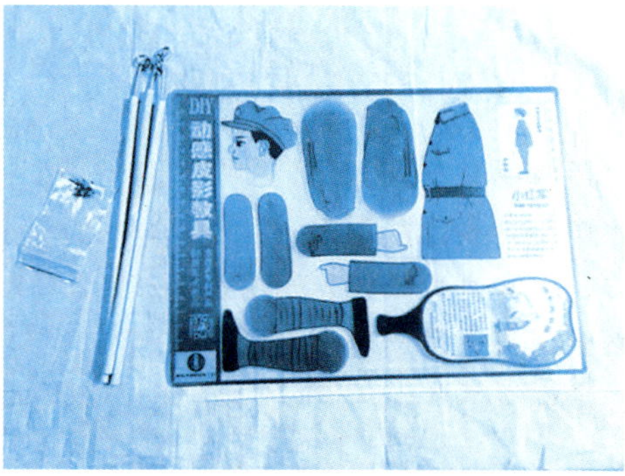

图 3-6　皮影人制作材料

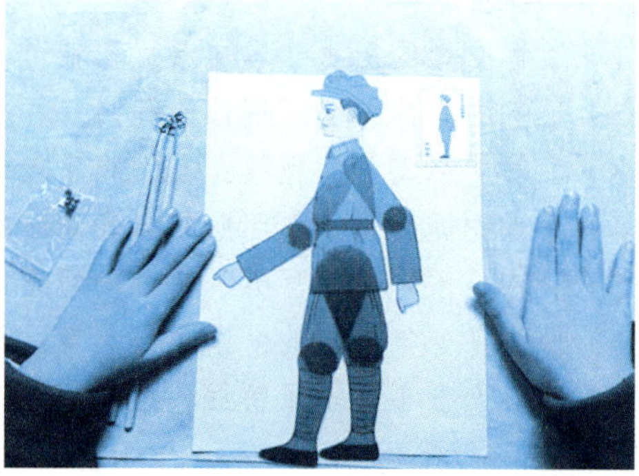

图 3-7　皮影人造型

③先将人物两只胳膊组装起来，组装时，将大臂、小臂重叠，用两脚钉组装在一起，钉子穿过小孔后将两脚钉掰开（见图 3-8）。

④然后，两只胳膊包住上身，对准肩膀处的小孔，三个小孔重叠到一起，用两脚钉关住（见图 3-9）。

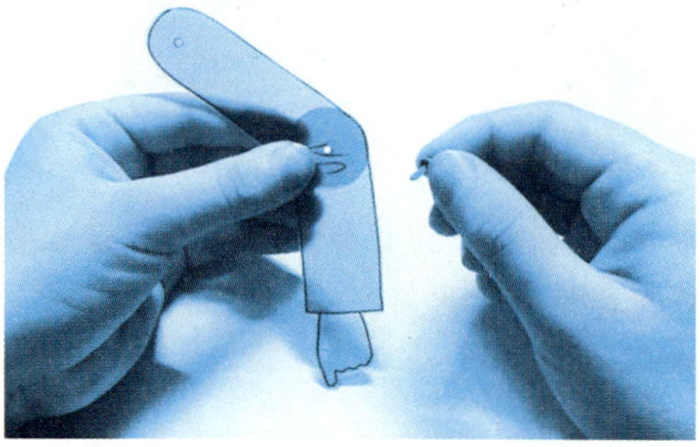

图 3-8　皮影人组装（一）

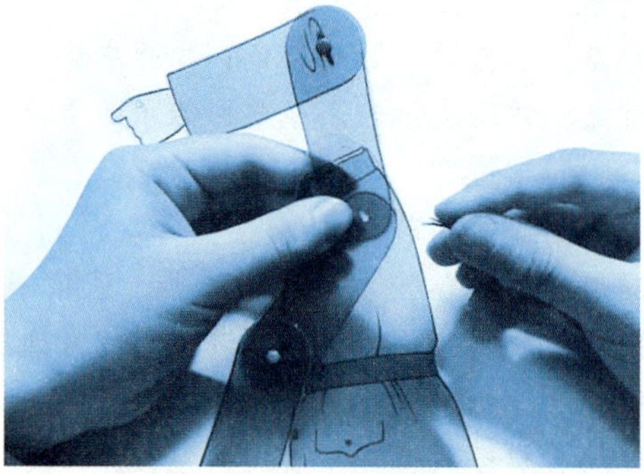

图 3-9　皮影人组装（二）

⑤再将人物两条腿的大腿、小腿用两脚钉组装到一起（见图 3–10）。

⑥然后，将两条腿包住身子，在臀部的小孔处，三个小孔重叠到一起，用两腿钉关住（见图 3–11）。

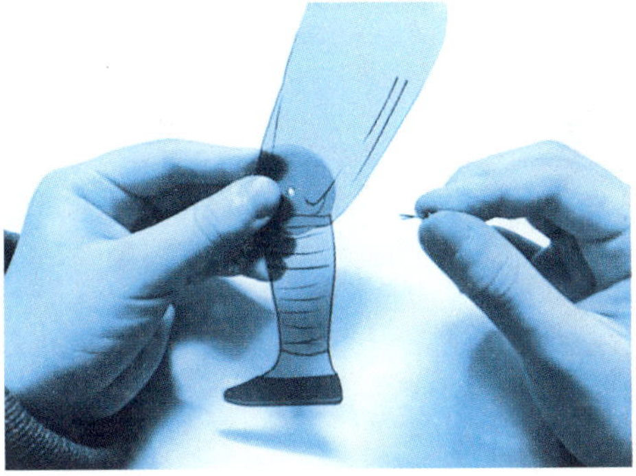

图 3–10　皮影人组装（三）

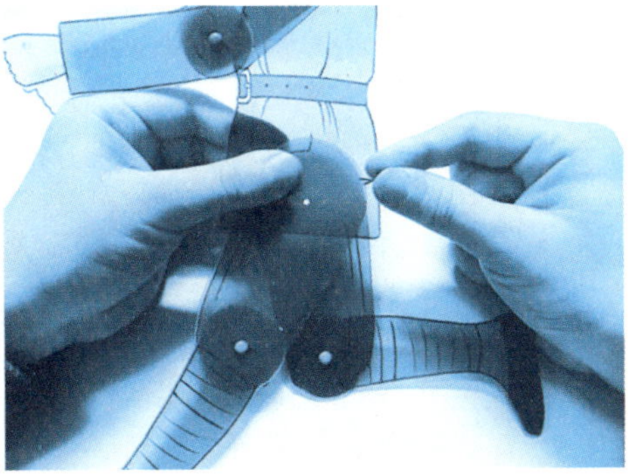

图 3–11　皮影人组装（四）

⑦身子组装完成后，将整个身子和头部组装到一起，人物的每个部位组合完毕（见图 3–12）。

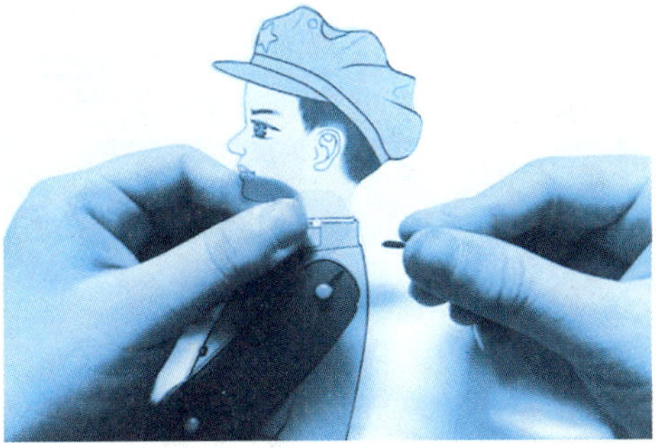

图 3–12　皮影人组装完成

⑧每个部位装好后，再将一根杆装到皮影人的头部（用穿钥匙环的方式），头杆装好了（见图 3–13）。

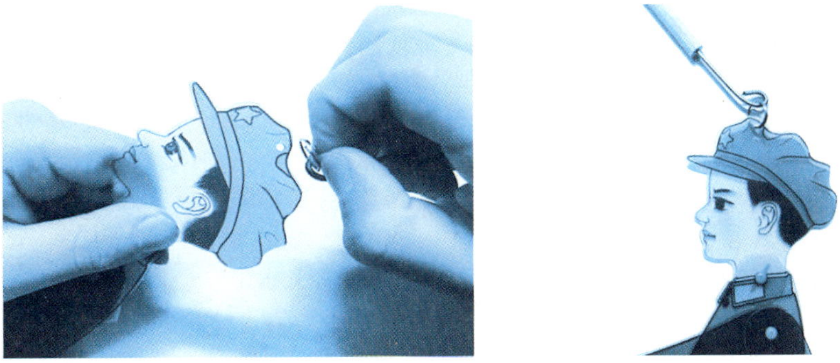

图 3–13　装入头杆

⑨然后，再将其他两根杆装到皮影人的两只手上（用穿钥匙环的方式，见图 3-14）。

图 3-14　装两只手

⑩装在头上的叫头杆，装在手上的叫手杆。左手拿头杆，右手拿手杆。
（3）演皮影戏。
①皮影艺术家教唱皮影唱腔，学生跟着皮影老师学习皮影唱腔，熟悉老北京皮影调。
②编导排演一场原创皮影戏，锻炼学生的写作、创作、团队协作等能力。
③学生表演皮影戏（见图 3-15）。

图 3-15　学生表演皮影戏

4. 做个皮影人带回家
（1）根据学习到的皮影制作技术，亲手做个皮影人带回家。
（2）学跳皮影操。
（3）同学们大合影。
第三步，研学后
（1）反思自己的收获和体会。
（2）回家后和同学们一起表演皮影剧“疫情阻击战中的小护士”（见图 3-16）。

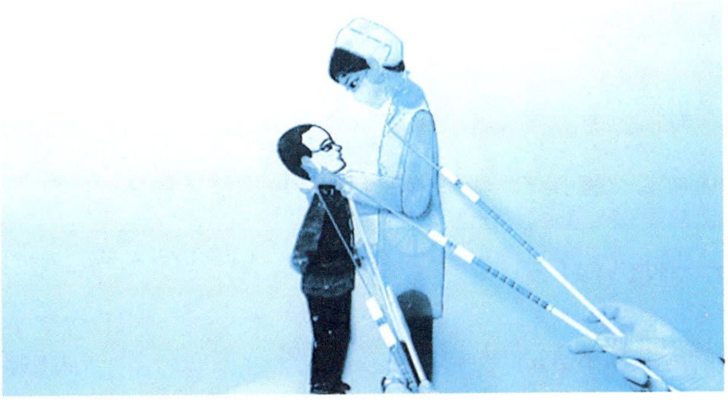

图 3–16　表演皮影剧

（本案例由北京龙在天皮影艺术剧院王熙编写，李子尚改编）

案例评析

皮影戏是让观众通过白色布幕，观看一种平面偶人表演的灯影来达到艺术效果的戏剧形式。皮影戏中的平面偶人以及场面道具景物，通常是民间艺人用手工刀雕、彩绘而成的皮制品，故称之为皮影。皮影戏是我国出现最早的戏曲剧种之一。中国皮影戏是我国民间工艺美术与戏曲巧妙结合而成的独特艺术品种，是中华民族艺术殿堂里不可或缺的一颗精巧的明珠。2011 年联合国教科文组织把中国皮影戏列入《人类非物质文化遗产代表作名录》。

纪念中国共产党建党 100 周年之际，本案例作者把非遗项目——皮影制作技术和红军故事巧妙地连接在一起，研学主题明确，思想内容站位高，有创意，符合立德树人根本任务要求，拳拳爱国爱党之心跃然纸上。研学旅行过程中的方法技巧也符合中小学教育教学核心素养要求，突出动手、动脑等参与互动环节，既弘扬了中华民族优秀的传统文化，也打造了优秀的研学旅行示范课程，引领中国非遗文化传承砥砺前行。

（点评人：文化和旅游部人才中心研学旅行指导师考评员李岑虎）

案例 3–16

我是山东大葱种植小能手教案如表 3–7 所示。

表 3–7　我是山东大葱种植小能手教案

<table>
<tr><td>课程名称</td><td colspan="5">我是山东大葱种植小能手</td><td>课型</td><td>单一课</td></tr>
<tr><td>学校班级</td><td colspan="5">山东省邹城市匡衡路小学五年级（3）班</td><td>带队老师</td><td>李凯</td></tr>
<tr><td>研学时间</td><td>2 课时</td><td>研学旅行指导师</td><td>吴红岩</td><td>导游</td><td>汤鲜花</td><td>备 课 人</td><td>李长伟</td></tr>
<tr><td rowspan="4">研学目标</td><td>劳动观念</td><td colspan="6">通过大葱的种植技术学习，树立学生正确的劳动观念。正确理解劳动是人类发展和社会进步的根本力量，认识劳动创造人、劳动创造价值、创造财富、创造美好生活的道理；尊重劳动，尊重普通劳动者，牢固树立劳动最光荣、劳动最崇高、劳动最伟大、劳动最美丽的思想观念</td></tr>
<tr><td>劳动能力</td><td colspan="6">掌握大葱种植的知识和技能，正确使用常见劳动工具，增强体力、智力和创造力，具备完成一定劳动任务所需要的设计、操作能力及团队合作能力</td></tr>
<tr><td>劳动精神</td><td colspan="6">通过大葱种植，培育学生积极的劳动精神，继承中华民族勤俭节约、敬业奉献的优良传统，弘扬开拓创新、砥砺奋进的时代精神</td></tr>
<tr><td>劳动习惯和品质</td><td colspan="6">养成良好的劳动习惯和品质。能够自觉自愿、认真负责、安全规范、坚持不懈地参与劳动，形成诚实守信、吃苦耐劳的品质。珍惜劳动成果，养成良好的消费习惯</td></tr>
<tr><td>研学地点</td><td colspan="7">山东省邹城市弘泽生态农业专业合作社劳动实践基地</td></tr>
<tr><td>资源概况</td><td colspan="7">山东省邹城市弘泽生态农业专业合作社劳动实践基地位于孟子故里——邹城市九龙山南麓，成立于 2019 年 7 月。2020 年，基地按照《中共中央 国务院关于全面加强新时代大中小学劳动教育的意见》和教育部《大中小学劳动教育指导纲要（试行）》要求，结合当地农业生态环境和农业劳动教育课程资源，按照国家农业产业化标准和省劳动教育实践基地标准改建成专门的大中小学劳动实践基地。基地依据“基地 + 农户 + 学校 + 劳动教育 + 乡村旅游”的产业化运营模式，开发了种植体验、采摘探究、劳动成果展示、弘扬劳动工匠精神等系列课程，在面积 400 多公顷无公害基地的沃土上耕耘出诗歌一样的劳动教育事业</td></tr>
<tr><td>研学内容</td><td colspan="7">大葱的种植技术</td></tr>
<tr><td>重点难点</td><td colspan="7">大葱的种植技术</td></tr>
<tr><td>活动方式</td><td colspan="7">团队合作式、职业体验式、考察探究式、劳动教育式</td></tr>
<tr><td>教学方法</td><td colspan="7">角色扮演法、成果展示法、讲授法、情境体验法、讨论法等</td></tr>
</table>

续表

教具准备	印制大葱种植教材；准备劳动器材：铁锨、锄头、镐、铁耙、水管、水桶等
研学过程（五个环节）	
山东大葱种植技术 1. 课前准备，设置问题： 建立种植小组机构。种植劳动团下设 10 个小组：选地组、开沟组、施肥组、选苗组、定植组、浇水组、管理组、宣传组、安全组、保障组。要求人人有岗位，个个有职责。提前让学生自行分工组合。研学旅行指导师配合班主任或带队老师分配具体任务。 2. 导入新课，提出问题 在由学校去往基地的大巴上，研学旅行指导师安排司机播放山东大葱种植影像，做好课程准备，导入新课。让学生讨论怎样种植大葱，宣传组收集整理发言情况。 3. 研学新课，解决问题 授课要求：教学中，注意发挥共产党员、共青团员、学生干部、先进学生的模范带头作用。 （1）选地： 要选择土壤肥沃、平坦、疏松、靠近水源、周围排水良好、土壤中性的耕地。由选地组负责。 （2）开沟： 由农民对选中的土地浅耕细耙后，由开沟组负责组织挖沟整地。标准：行距为 100 厘米，宽度 15 厘米，深度 30 厘米。 （3）施肥： 开沟后，由施肥组负责组织在沟内施基肥。标准：每亩可施 50 千克复合肥作基肥，同时可施 2.5 千克肤喃丹、0.5 千克多菌灵粉剂灭杀地下害虫和病菌。 （4）选苗： 定植前首先要由选苗组负责组织将葱苗严格分级，然后进行药剂处理，有利于消灭根蛆，保证全苗。 （5）定植： 施肥后，由定植组负责组织在沟内填撒 2~3 厘米的消毒后干净的细土，开始定植葱苗。 标准：株距为 1.5~2 厘米。葱苗埋土深度以到葱叶和葱茎分离处为准。 （6）浇水： 葱苗定植后，由浇水组负责组织浇水，浇透为原则，不可大水漫灌。 （7）管理： 葱苗定植后，管理组要负责组织适时追肥、适时培土、浇水、病虫害防治 4. 研学总结，拓展问题 （1）以小组为单位总结并谈谈自己在本次活动中的思想品德、劳动技能、劳动精神、劳动观念的转变提升情况。写出个人劳动心得体会。研学旅行指导师写出自己的教学总结。	
（2）评选出 10 名山东大葱种植小能手。一等奖 2 名，二等奖 3 名，三等奖 5 名。奖品待议。 5. 研学评价，反思问题 方式：学生自评、学生互评、专家评价、导师评价、学校评价五部分。	
研学成果	（1）将个人心得、日志、图片、录像、课件等资料成果进行整理、保存。 （2）完成研学任务卡。 （3）与你的家人、朋友、同学分享研学活动之后的心得体会，或者作为日记写下来。

（本案例由李子尚设计）

案例评析

案例 3-10“我是山东大葱种植小能手教案”，是表格式的研学旅行专题课程方案，与文字式的研学旅行方案一样具有研学旅行方案的一般特性和基本要素。该案例要素齐全，目标恰当，方法灵活多样，教学方式正确，内容科学规范，研学旅行过程科学合理，具有引领示范作用和很高的学术参考价值。

（点评人：文化和旅游部人才中心研学旅行指导师考评员李岑虎）

第 4 章

研学旅行学校管理案例

研学旅行管理按照管理主体可分为学校管理、基地（营地）管理、旅行社管理、家庭管理和教育行政部门管理等；按照活动的流程可分为研学旅行前的管理、研学旅行中的管理和研学旅行后的管理。本章将按照活动的流程，仅对研学旅行的学校管理进行评析。

研学基地：国家中印科技国际创新园

第一节 研学旅行管理流程

开展好中小学生研学旅行活动，规范研学旅行流程是关键环节。教育部等 11 部门《关于推进中小学生研学旅行的意见》中明确要求：“规范研学旅行组织管理，各地教育行政部门和中小学要探索制定中小学生研学旅行工作规程。”所以任何单位在开展研学旅行活动时必须遵守科学、规范的活动流程。

一、研学旅行活动流程制度

案例 4-1

第五中学开展研学旅行的流程制度

（1）确定研学旅行的目的地和主题，确定参与研学旅行活动的第三方。

（2）动员老师、学生，介绍研学旅行的主题和行程，宣传研学旅行的意义，明确研学旅行的要求。

（3）确定研学旅行活动的人员配置。配备一定比例的学校领导、老师和安全员，可接受少数家长作为志愿者负责学生的生活管理和安全保障。与家长签订协议书，明确学校、家长、学生责任。

（4）上报教育局审批。由教育局对研学旅行的主题、时间、地点、价格、安全性等进行综合把控和审批。

（5）发放开展研学旅行的《致家长的一封信》，介绍研学旅行的意义、目的、时间地点、主题以及收费情况等，由家长确认是否参加。若确定参加，则由家长帮助学生做好各项准备事宜；若不参加，则家长自行安排学生的学习和生活。学校应对家庭贫困学生减免费用。

（6）学校研学旅行教研组下发研学旅行课题，指导学生做好行前知识储备。

（7）参加研学旅行的学生组成课题研究小组，分工合作，熟悉课题内容，完成预备工作。

（8）对参与研学旅行的老师和学生进行安全纪律教育，制定出行规则。

（9）策划研学旅行课程；举行出发仪式。

（10）研学旅行归来后进行成果展示和综合评价，组织交流分享。

（11）学校如委托第三方机构承办研学旅行，还应举行公开招标，选择有资质、信誉好的企业或机构，签订协议书，进行清晰的责任划分，并公示研学旅行的价格。

（本案例由邹城市第五中学冯芝军提供）

案例评析

根据案例 4–1 分析，学校自行组织研学旅行活动一般流程是：确定活动目的地和主题、宣传介绍活动的目的意义、明确责任权利、申请活动、活动具体安排、行前准备、活动开展和活动总结评价等。从学校自行组织研学旅行活动程序分析，其规定较为详尽，有较高的参考借鉴价值。一些学校委托第三方机构组织开展研学旅行活动，其描述较为简单，只是从招标、第三方机构选择以及签订协议书明确责任和公示等方面进行了描述，中间还有重要的环节：保险的购买、路线实际勘察（了解路途和活动场地安全保障，食宿接待能力等）、活动测评、应急演练等环节。这些环节对举行大型研学活动非常重要，因此在开展研学旅行活动中一定要规范流程，只有这样才能保证研学旅行活动开展得尽善尽美。

（点评人：研学旅行教育专家，皖西学院教授刘乃宝）

二、研学旅行活动申请书

（一）文字式申请书

案例 4–2

中心店中学关于开展“走进上九山古村落，探究农耕文化”研学旅行活动的申请

市教育局：

山东省教育厅等 12 部门联合下发了关于推进中小学研学旅行的实施意见，中小学生开展研学旅行的时机已经成熟。在此背景下，我校拟于　月　日组织初二年级师生开展“走进上九山古村落，探究农耕文化”的研学旅行活动，具体情况如下：

一、研学意义

（1）读万卷书不如行万里路。研学活动能拓宽学生视野、丰富学生知识，增强学生集体观念，提升公共道德的意识，培养学生的自理能力、创新精神和实践能力。

（2）了解上九山古村落的基本情况，了解旅游产业在振兴乡村发展中的重要作用。

（3）培养学生的观察能力、表达能力、思考能力、创作能力以及团队合作精神。

（4）通过上九山古村落的研学课程和农耕文化活动的体验，以创新人才培养模式，引导学生学习真正的工匠精神；培养学生独立思考、分析问题、解决问题的能力，促进书本知识和生活经验的深度融合，培养适应未来发展的能力。

二、研学内容

（1）了解当地民俗。了解编织、剪纸、布老虎、酿酒、纺织等技法；了解农耕文化的发展历程；了解民间手工艺，了解乡土乡情，开阔眼界，增长知识，激发家国情怀。

（2）通过寓教于游的方式，将研学知识融入其中，深化科学教材相关知识，拓展知识面。

（3）考察民俗馆、竹编馆、农耕馆、酿酒馆、织布作坊、上九山地质地貌，参与农耕文化体验活动，分享研学旅行心得，增强团队合作精神，培养学生的实践能力，使学生真正做到知行合一。

三、研学归来，学校将组织研学有奖征文竞赛活动

本次研学活动坚持遵循安全第一、家长自愿原则，并强化学生的安全教育与管理。每班配6名管理人员，每个年级指定一位老师为本年级活动提供协调，由年级组长具体管理，制订详尽的活动方案和安全预案。

本次活动由上九山古村落风景区研学旅行基地负责承办接待。

以上活动安排，妥否？请批示。

申请单位：中心店中学（学校章）

________年____月____日

附件：活动方案和安全预案。

图4-1为孟子故里邹城市上九山古村落研学旅行基地。

图4-1　孟子故里邹城市上九山古村落研学旅行基地（李岑虎　摄影）

（本案例由邹城市第十中学付国编写）

案例评析

本案例以书面文字的形式较为规范地从研学旅行活动的上位文件要求、活动目的、意义、前期准备和后期计划等方面，全方位论证，提出书面申请，科学合理，有较好的参考借鉴价值。从本案例内容分析，本次研学旅行活动是学校委托第三方机构承办的，但在申请中没有提到第三方的资质、水平和能力等，也没有说明此次研学旅行活动是否进行招投标、本

次研学旅行活动的论证情况、活动经费和经费的来源等，这样上级部门容易对本次研学旅行活动的合法性、合规性以及可行性产生疑问，申请获批的成功率会大大降低。因此我们在申请研学旅行活动时，一定要全面综合、完整阐述，只有这样申请才能成功获批。

（点评人：研学旅行教育专家、皖西学院教授刘乃宝）

（二）表格式申请

案例 4–3

研学旅行活动审批表见表 4–1。

表 4–1　× × 市中小学研学旅行活动审批表

学校（盖章）：× × 市 × × 镇 × × 小学　　　　校长签字：　　　　年　月　日

活动时间		
活动地点	尽美故乡一日游	
活动内容	研学路线：× × 村委会— × × 故居—革命烈士纪念馆— × × 放羊小道— × × 公园— × × 风俗旅游区。在行进过程中，感悟红色文化，领略家乡的美好风光，了解家乡的传统文化和革命烈士为美好生活而前赴后继的革命精神，感受今天美好生活的来之不易	
学生情况	参与年级	参与人数
	三年级一班	16 人
参加教师人数	4 人	
家长委员会意见	家委会成员同意本次活动的开展，参与学生的安全服务后勤工作	
服务单位	无	
活动流程	5 月 18 日，召开家长委员会会议，介绍相关情况 5 月 19 日，前期实地考察，确定活动路线 5 月 21 日，召开班主任会安排部署；发放《研学旅行致学生家长的一封信》 5 月 22 日，召开学生动员大会 5 月 23 日，公布相关工作安排 5 月 26 日，组织实施	
经费预算	4000 元	
主要安全措施	外出活动前周密筹划，制订详细方案，充分考虑活动路途及目的地的安全因素，做好突发事件的应急准备 突发事件时，领导小组要在最短的时间作出决策，采取相应措施 突发事件后，及时向上级部门汇报并做好各项善后工作 活动前班主任做好安全教育及卫生习惯教育	

续表

中心校（市直学校）意见 签字：　　　　盖章： 　　　　年　月　日	教育局安全科意见 签字： 　　　　年　月　日	教育局基础教育科科意见 签字： 　　　　年　月　日

案例评析

本案例以表格的形式较为规范地从研学旅行活动的时间、地点、内容、学生基本情况、教师安排、活动流程、经费预算和安全措施等方面全方位论证提出申请，科学合理，言简意赅，简单明了。尤其是规划了清晰的路线图，有较好的参考借鉴价值。然而从本案例内容分析，本次研学旅行活动是学校一个年级一个班组织的研学旅行活动，从表格所涉及的内容分析，作为申请表设计过于简单，应该加入上位文件、本次研学旅行活动目的、意义以及活动原则等内容，更好地提升申请表格的权威性和规范性。经费预算建议更加明细，注明收支情况。总体评析：本案例加以完善后还是一个值得学习借鉴的科学规范案例。

（点评人：研学旅行教育专家、皖西学院教授刘乃宝）

三、研学旅行活动备案书

（一）文字式备案书

案例 4-4

关于开展 2019 年春季小学生研学旅行活动的备案

市教育局：

为进一步落实教育部等 11 部委《关于推进中小学生研学旅行的意见》（教基〔2016〕8 号）、省教育厅《关于进一步做好中小学生研学旅行试点工作的通知》（×× 教基函〔2014〕11 号）和《×× 市教育局〈转发 ×× 省教育厅关于进一步做好中小学生研学旅相关行试点工作的通知〉》（×× 教基〔2014〕23 号）文件精神，深化课程改革，让学生在研学中陶冶情操、增长见识，体验不同的自然和人文环境，提高学习兴趣，全面提升学生综合素质。经研究，我校将组织三、四、五、六年级学生（所辖村小、教学点）开展一天的研学旅行活动。学校将加强管理，确保安全，使家长放心又满意，学生开心有收获。

特此汇报

××中心小学
2019 年 5 月 8 日

附件：研学旅行活动方案和安全预案

（本案例由刘乃宝提供）

案例评析

本案例以书面文字的形式较为简明扼要地向当地教育局进行了行前备案，虽然文字不多，但分别从国家、省、市三级层面列出了上位文件，点明了本次活动的合法性、合规性；同时也从学校的角度点明了本次研学旅行活动是一次课程改革，是全面提升学生综合素质的活动，并注明了研学旅行活动对象和天数以及学校对本次活动的安排，比较全面简要。学校和研学从业人员可作为备案资料借鉴。本案例对研学旅行活动的组织形式、具体工作程序及安排等方面要加以说明，这样就较为完善了。

（点评人：研学旅行教育专家、皖西学院教授刘乃宝）

（二）表格式备案书

案例 4-5

局直初中、小学研学旅行活动备案表如表 4-2 所示。

表 4-2　局直初中、小学研学旅行活动备案表

申报时间：　　年　　月　　日　　　　　　　　　　　　编号：

<table>
<tr><td>申报学校（盖章）</td><td colspan="4"></td></tr>
<tr><td>研学活动主题</td><td colspan="4"></td></tr>
<tr><td>活动时间</td><td colspan="2"></td><td>活动目的地</td><td></td></tr>
<tr><td>活动人数</td><td colspan="4">学生人数：　　　人　　　　　　随队教师数：　　　人</td></tr>
<tr><td>带队领导</td><td colspan="2"></td><td>联系方式</td><td></td></tr>
<tr><td>是否委托实施</td><td></td><td colspan="2" rowspan="2">承办机构名称</td><td rowspan="2"></td></tr>
<tr><td>是否自行实施</td><td></td></tr>
</table>

续表

校长签字			
课程审核意见	年　月　日	安全部门意见	年　月　日
主管局长意见	年　月　日	局长意见	年　月　日

说明：

（1）学校应在组织本校学生研学活动的前一周，将此表一式两份连同下列所需材料一并提交，报局相关科室备案，领导签字批准后，方可组织学生研学活动。

（2）备案所需材料：①学校请示报告。②活动课程方案。③安全应急预案。④行前安全教育方案。⑤致家长的一封信。⑥与家长签订的协议书。⑦委托机构资质证明。⑧与委托方签订的协议书。⑨运输企业资质证明及驾驶员有效证件复印件。⑩出行师生编组名单。⑪ 行前为师生购买的意外险保单复印件（行前还需确认已经为每一名师生购买了校方责任险）。⑫ 活动总结（事后提交）。

案例 4–6

中小学研学旅行活动报备表如表 4–3 所示。

表 4–3　中小学研学旅行活动报备表

申报时间：　　年　月　日

学校名称		家长委员会意见	
外出时间	年　月　日至　　年　月　日，共　天。		
活动地点	省　　市　　区（县）		
学生情况	参与年级（班级）	参与人数	
教师情况	参与教师人数		
带队领导	姓名	职务	
	手机号码		
活动流程及安全措施		（附活动流程表及安全应急预案）	
交通方式			
租车（船）数量			
车（船）租赁公司名称		（附单位资质等相关材料）	

续表

委托第三方公司名称（服务单位）	（附单位资质等相关材料）
序号	**工作要求**
1	要牢固树立“安全第一”的指导思想，学校法定代表人为第一责任人。法定代表人要召开会议专门研究审核活动各项方案、预案，责任到人，留存会议记录
2	研学旅行学校要按照一定的师生比例安排随行教师。活动必须由副校长级及以上领导带队
3	每次要有活动课程方案，包含课程目标及内容，课程实施与组织方式，要有课程评价
4	制订活动安全方案、突发事件处里预案（交通、防恐、防伤害、防踩踏、食品安全、防食物中毒），并存档备查
5	加强师生安全教育。活动前必须对全体师生进行有针对性的安全教育，列出隐患重点，做到人人管安全、重点隐患有人管
6	加强与家长沟通联系并留下联系方式。用书面形式明确告知家长活动的内容与目的、活动时间及地点，说明活动具体安排及注意事项。必须注明参加活动需自愿。对不参加活动的学生，学校应进行相关安排。如遇恶劣天气，应按要求暂停外出活动
7	安排专人（副校长及以上领导）做好考察工作。做到活动地地形地貌、空间（面积）、逃生通道、天气状况、消防设施、就餐地点、疏散集合地点、就近的医疗机构位置及联系方式等心中有数
8	高度重视交通安全。必须直接与政府定点采购资质的租赁公司签订租车（船舶）安全协议。如果委托第三方组织活动，要与其签订安全责任书
9	高度重视就餐安全。集体用餐必须在有资质的餐厅用餐，并留存就餐单位的有效资质，如工商执照、餐饮单位的相关许可证明等
10	重视住宿安全。必须在有资质的宾馆住宿，并留存有效资质
11	所有开支应符合财务制度
12	一次活动超过 1000 人（含）的应报当地公安机关备案

注：该备案表（纸质版）请各学校于外出之日起，提前 10 个工作日报区教育局审批备案。活动方案、安全协议、各项预案需同时报送电子版。

我已严格按照教育局要求对此次学生研学旅行活动进行部署，并认真落实了各项工作，对此次活动承担法定代表人责任。

校长签字：　　　　　　　　　　　　　　　　　单位盖章：

年　　月　　日

案例评析

表格式备案申请简单明了，一般由一个地区教育行政部门统一制定，统一要求，以上两个典型案例有很高的借鉴价值，如案例 4–5 备案清晰明了，包括申报学校（盖章）、研学活动主题、活动时间、活动目的地、活动人数、带队领导、是否委托第三方实施、校长签字、课程审核意见、安全部门意见、主管局长意见、局长意见等内容，同时在后面的备注说明中对备案工作有进一步的细化要求，形式较好。但是较案例 4–6 相比，缺少对交通方面的规定和要求，而且工作要求放在备注说明中，略显不严谨，而且容易被申报单位所忽视。案例 4–6 就做得较好，直接把研学旅行工作要求写到表格中去，明确规范。较案例 4–5 而言，案例 4–6 缺少上级领导批示栏。既然是研学旅行备案申请，需要上级管理部门和领导批示，所以案例 4–6 应增加领导批示栏。案例 4–6 都没有注明表格一式几份，不利于学校和上级单位备案的材料存档，所以案例 4–6 的研学旅行报备表还需要进一步细化完善。

（点评人：研学旅行教育专家、皖西学院教授刘乃宝）

第二节　研学旅行前的管理

研学旅行活动开展行前按照《关于推进中小学生研学旅行的意见》和《研学旅行服务规范》规定："学校需要与学生和家长之间签订一系列关于学生声明书、家长告知书、家长协议书等规范管理文件，明确各方权利和义务。"

一、学生声明书

案例 4–7

学生参加研学旅行活动声明书

本人自愿参加学校组织的研学旅行社会实践活动，并保证本人身体和心理状况适合参加本次研学旅行，对本次研学旅行的目的、性质、基地的情况以及可能的风险有清楚的了解。详细阅读并全部理解教育部《学生伤害事故处理办法》（教育部令 2020 年第 12 号）。在本人社会实践期间，本人保证将自觉遵守国家法律法规和学校纪律，严格执行学校关于参加研学旅行的各项规定。如出现下列情况，依据本责任书和有关规定处理：

（1）本人财物的遗失、被盗、毁坏等经济损失由本人承担。

（2）由于本人过错、不可抗力、意外事件导致的自身人身伤害，依据《学生伤害事故处理办法》（教育部令 2020 年第 12 号）第十二条处理。

（3）本人实施的违法行为或违反实践当地各项规定以及民族习惯等行为所造成的损失和引起的法律责任由本人承担。

（4）由于本人的过错造成的第三方的人身伤害或经济损失由本人承担。

本人已经详细阅读并认可本责任书，对整体内容和各项规定均无异议。

学生本人签字：________________

________年____月____日

（本案例由广西蓝天职业技术学院潘晓琳提供）

案例评析

本案例比较简明地告知学生在开展研学旅行活动中自身应尽责任和义务。通过本协议可以规避一些小的事件，避免因为责任和义务不清而产生不必要的纠纷，也能为万一发生意外事故走司法程序时，提供“自甘风险”判定依据。同时，从学生培养的角度分析，本研学旅行活动学生声明书也能培养学生规则意识、契约精神和责任担当的优秀品质。此种做法较好，值得广大研学旅行组织者借鉴和参考。

（点评人：研学旅行教育专家、皖西学院教授刘乃宝）

二、家长告知书

案例 4-8

研学旅行活动致学生家长的信

尊敬的家长：

您好！在这春暖花开的三月，为进一步让学生感受大自然的美好风光，丰富学生课外生活，开阔视野，拓展知识面，陶冶情操，体验在阳光下成长的快乐，教育集团（×× 校区、×× 校区、×× 校区）组织集团学生开展本次春季研学旅行活动。现将相关事项通知如下：

一、活动时间

　　年　　月　　日（星期　　）6 : 50 到学校集合，17 : 00 左右返校。如遇天气原因，此次活动顺延至________年____月____日（星期____）

二、活动地点：________文化园、________村

三、活动费用：________元 / 生（含门票、交通费、保险），中餐自备

四、注意事项

（1）本次活动本着自愿报名参加的原则，凡参加活动的学生须经家长签字同意，3 月 20 日（星期一）让你的孩子带齐经费到校；不参加活动的学生，请家长看管好孩子，注意安全，同时妥善安排好孩子的学习和生活。

（2）请提醒孩子不要携带贵重物品和过多的零花钱，以防丢失。如携带手机或者相机，请让孩子妥善管理。

（3）请你加强对孩子的文明旅行和安全教育。活动中一切行动听指挥，严禁私自行动，不得做有损学校名誉、有损公物和不利于安全的活动。

（4）在公共场所，不得乱扔果壳垃圾，遵守公共场所的有关规定。

（5）为了确保你的孩子在活动中的安全，学校一方面选择了有资质、信誉好、责任心强的旅游公司承担本次活动；另一方面，学校也安排了多名教师负责安全护导工作，请各位家长给予大力支持。

______________中学

_______年___月___日

研学旅行活动致学生家长的信的回执

______________中学：

《研学旅行活动致学生家长的信》已收悉，我们将按要求做好各方面的工作。

你是否参加此次研学旅行？（参加 / 不参加）

班级：______________　　学生：______________

家长（签名）：______________　　家长联系电话：______________

_______年___月___日

案例评析

本案例从研学旅行主办方的角度以一封信的形式告知家长本次研学旅行活动的相关内容。具体包括目的意义、时间地点、费用开支和注意事项等，并明确各自的权利和义务，使家长学生对本次研学旅行活动有一个总体的认知。这个做法非常可行。但是从总体上分析，本案例前面缺少上位文件依据，缺乏本次活动的合规性；同时也没有强调本次活动对学生教育的必要性，缺乏说服力；更缺少活动内容，家长容易对本次研学旅行活动产生疑问。所以本案例需加以完善后，才具有很好的借鉴意义。

（点评人：研学旅行教育专家、皖西学院教授刘乃宝）

三、家长协议书

案例 4-9

×× 中学研学旅行协议

甲方：学生家长

乙方：×× 中学

根据上级相关文件精神，根据县教育局安排，我校组织首届研学旅行活动。为了使活动安全有序地开展，参行学生家长与活动组织领导小组就有关事项协商如下：

（1）甲方保证家长与学生意见完全一致，自愿参加学校首届研学旅行活动。无特殊原因不得中途退出，若中途退出造成双方的经济损失由甲方负责。

（2）甲方在活动前认真阅读了组织方提供的相关资料，充分了解了参行的相关内容与要求。

（3）甲方在报名前指导、督促学生认真阅读组织方提供的相关资料，使学生充分了解随行要求。

（4）甲方保证行前对学生进行相关的教育，如遵规守纪教育、安全教育等。

（5）甲方保证报名前如实向组织方说明并填写参行学生身体、性格等情况，以便乙方准确了解掌握相关情况。

（6）甲方保证督促参行学生携带好随身必需物品（衣物、洗漱用具、通信工具等）。

（7）乙方保证按照资料中介绍的内容与要求精心组织活动，确保活动安全、有序地开展，使学生行有所获。

（8）乙方充分利用信息手段保证甲方能全程关注、监督活动的开展。

（9）乙方确保运作过程公开透明，确保甲方的知情权。

（10）未尽事宜由甲乙双方协商解决。

甲方签字：

乙方代表签字：

×× 中学

________ 年 ____ 月 ____ 日

案例评析

本案例从研学旅行主办方的角度，以协议书的形式明确学校和家长在本次研学旅行活动各自应尽的义务，给家长一个较为正式和权威性的告知。这种方式无论在学校研学旅行管理方面，还是在学生家庭教育方面都有较高的学习和借鉴价值。但从协议书的行文规范方面分析，本案例还需要进一步完善。如本协议的背景、目的和意义，协议书遵循的原则，双方的权利和义务，双方若有一方出现分歧怎么解决等。因此我们在今后的研学旅行活动中拟定协议书或者合同时一定要咨询法律专业人士，形成规范的协议和合同文本，使研学旅行管理更加科学合理。

（点评人：研学旅行教育专家、皖西学院教授刘乃宝）

第三节　研学旅行中的管理

本节将列举研学旅行学校通用方案、小学研学旅行方案、初中研学旅行方案、高中研学旅行方案，分析学校在研学旅行中的管理艺术。

一、研学旅行通用方案

案例 4-10

“走进上九山古村落，探究农耕文化”研学旅行方案

一、研学主题

走进上九山古村落，探究农耕文化。

二、目的和意义

读万卷书不如行万里路。研学活动能让学生在研学旅行的学习、生活中拓宽视野，丰富知识，增强集体观念，提升公共道德的意识，培养学生的自理能力、创新精神和实践能力。

三、研学内容

（1）了解当地民俗。了解编织、剪纸、布老虎、酿酒、纺织等技法，了解农耕文化的发展历程，了解民间手工艺，了解乡土乡情，开阔眼界，增长知识，激发家国情怀。

（2）通过寓教于游的方式，将研学知识融入其中，深化科学教材相关知识，拓展学生的知识面。

（3）考察民俗馆、竹编馆、农耕馆、酿酒馆、织布作坊、上九山地质地貌，参与农耕文化体验活动，分享研学旅行心得，增强团队合作精神，培养实践能力，使学生真正做到知行合一。

（4）研学拓展。研学活动结束后，举办“我眼中的最美乡村”主题的研学感悟班会，举办征文比赛。

四、组织单位

××学校。

五、承办单位

××研学旅行有限公司。

六、组织机构

学校领导小组、××研学旅行有限公司工作人员及研学旅行指导师、医护人员、后勤保障人员、学校教师共 15 人。

七、活动安排

1 天。详见九山古村落研学基地研学旅行课程方案。

八、分组安排

每组（班级）配 1 名研学旅行指导师、1 名班主任、1 名任课老师，1 名讲解员（由学校、旅行社、九山古村落研学基地三方组成）。

九、活动流程

07 : 00：研学旅行指导师进班级，跟学生相互交流，宣传安全知识，讲解研学流程。

07 : 30：学生在学校操场集合。（上九山周边地区）

07 : 35：启动仪式，校领导讲话，学生代表讲话，授予研学活动旗帜。

08 : 00：学校准时出发。

08 : 00—10 : 00：上大巴。

10 : 10—11 : 30：开展九山古村落研学基地研学活动。

11 : 30—12 : 10：补充能量。

12 : 30—15 : 00：团队拓展活动。

15 : 10—15 : 30：集体拍照。

15 : 40：乘车返程。

十、安全提示

（1）学生需注意乘车安全。

（2）学生在九山古村落研学基地要听从讲解员的安全提示，服从工作人员的统一安排，注意安全。

（3）此次研学活动的目的地为九山古村落研学基地，参观人员较多，全体师生都要注意自己的人身和财物安全。

十一、活动前准备

提前 3 天准备。提供九山古村落研学基地的相关资料供学生学习。活动中携带食物和活动延伸物品等。

十二、研学旅行应急预案（略）

（本案例由上九古村落景区研学旅行基地高玉斌编写）

案例评析

本案例从学校研学旅行管理的角度制订的研学旅行活动方案，总体较为详细，分别从研学主题、目的意义、活动内容、组织单位、承办单位、组织机构、活动安排、分组安排、活动流程、安全提示、活动前准备、研学旅行活动外出应急处理预案等 12 个方面，系统全面地对本次活动做了详细的规定，为本次研学旅行活动管理提供可靠的方案保障，是研学旅行管理者学习借鉴的典范。但是方案对研学旅行活动中学生具体的研究性学习教育方面的内容写得较少，没有实质性内容，缺乏行之有效的教育教学过程，需添加完善研究性学习方面内容。

（点评人：研学旅行教育专家、皖西学院教授刘乃宝）

二、小学研学旅行方案

案例 4–11

×× 镇中心小学清明祭英烈——研学旅行方案

为全面实施素质教育，深化基础教育课程改革，让学生能在旅行的过程中陶冶情操、增长见识、体验不同的自然和人文环境、提高学习兴趣，全面提升学生综合素质。结合我校实际，将组织五、六年级学生赴 ×× 抗日纪念园开展研学旅行活动。让学生走出校园去认知社会，体验集体生活，了解革命先辈的英雄事绩、培养热爱家乡、热爱社会主义祖国的思想情感。

一、研学旅行组织机构

领导小组名单：

组长：__________ 副组长：__________ 成员：各班主任

联络员：__________ 安保：__________ 后勤：__________

二、活动地点及时间

地点：×× 抗日纪念园。

时间：______ 年 ___ 月 ___ 日（星期 ___）。如遇恶劣气象或特殊情况，活动推后进行。

三、活动参与对象与条件

（1）五、六年级学生。本次活动以班级为单位分为 8 个活动大组，各班主任再根据本班情况细分若干小组。

（2）坚持自愿的原则。报名参加的同学，须填写《申请表》，经所在班级班主任推荐，家长同意签名后，由学校审核通过方能获得参加资格。

（3）学生身体健康，无病史及其他疾病。凡患有先天性心脏病、癫痫等病史的学生，体质虚弱的学生，不得报名参加。

四、活动阶段安排

3 月 13 日召开校委会会议，部署本次活动。

3 月 14 日制订实施细则预案。

3 月 16—17 日召开五、六年级班主任会议，明确活动内容及意义。发放《致家长的一封信》，对家长进行宣传。

3 月 20 日上报学生名单（名单附后）。

3 月 21—27 日准备活动的有关事宜。

3 月 28 日开展活动。

3 月 29—30 日后续活动。

（1）各班级写出“研学旅行”活动总结，每位学生写一篇研学旅行的心得体会（侧重于知识收获，谈感受或体会等）。

（2）展示本次研学旅行收获。

五、活动安排

3 月 28 日 09 : 00 学生身着校服，在学校集合。

09 : 30 在带队老师的指挥下乘车赴活动基地——×× 抗日纪念园。在路途中，带队老师强调活动纪律，负责安全并组织学生开展相关活动，如知识问答、小导游讲解、节目表演等。到达目的地后，在指定的停车点下车集合，各小组清点人数后，统一入园参观。

11 : 00 参观 ×× 纪念园，介绍 ××× 的英雄事迹（大队部准备）。

15 : 00 参观结束后，进行研学旅行活动小结，对优秀学生进行表扬。收起队旗，稍事休息后集合，带队老师清点人数，乘车返回校园，研学旅行活动结束。

六、注意事项

（1）带队老师及时清点学生人数，做好学生纪律安全等活动管理工作。教育学生乘车时注意安全，不要在车厢内来回走动，不得将头或身体伸向车窗外。

（2）学生不得擅自脱离团队。

（3）学生有秩序地参观，听从带队领导及老师的安排。

（4）文明参观。做到语言文明、行为文明。参观时不大声喧哗，不乱涂乱画，注意所到之处的环境卫生，不乱扔废弃物。

（5）注意饮食安全。不吃三无产品及过期、霉变食物。

（6）带队教师注意观察学生情况，如学生有身体不适，必须及时处理。

×× 镇中心小学

______ 年 ____ 月 ____ 日

案例评析

本方案是按照小学五、六年级学生研学旅行制订的，分别从研学旅行的目的意义、组织机构、活动地点及时间、活动参与对象与条件、活动阶段安排、注意事项 6 大方面进行描述，行文较为规范，尤其是在时间安排方面较为详尽，值得借鉴。但是本方案没有详细注明活动主题，没有按照教育部等 11 部委《关于推进中小学生研学旅行的意见》（教基一

〔2016〕8号）和《研学旅行服务规范》（LB/T 054-2016 国家标准）等文件要求进行规范管理性描述。方案还是停留在重旅、轻研、少学的层面。活动的安全预案也没有详细制定，只是在注意事项中进行了简单的描述。本案例还需进一步完善。

（点评人：研学旅行教育专家、皖西学院刘乃宝教授）

三、初中研学旅行方案

案例 4-12

“在那桃花盛开的地方，有我可爱的故乡”研学旅行活动方案

一、研学背景

根据教育部等11部门《关于全面推进研学旅行工作的意见》（教基一〔2016〕8号）等文件精神，我校认真全面推进核心素养教育，培养学生的社会责任感、创新精神和实践能力，落实立德树人根本任务，决定在2021年3月27日组织初一、初二两个年级学生开展以“在那桃花盛开的地方，有我可爱的故乡”为主题的研学旅行活动，地点定在泉林村桃园基地。

二、研学目标

（1）让学生了解桃园基地建设发展情况，桃子的销路，桃子基地如何带动周边农民增收致富；开阔学生视野，引导学生关注周围生活环境。

（2）了解各届桃花节的举办情况以及举办桃花节的意义，培养学生作为新时代青少年的荣誉感和责任感。

（3）指导学生通过采访、实地踏勘、上网查阅等方式收集所需资料，提高学生收集信息、处理信息的能力。

（4）各班设计班级旗帜，以导游身份编写导游词，学生积极参与，做自己力所能及的事。

（5）开展“画笔绘桃园、相机摄桃园、诗歌颂桃园”活动。在旅行中让学生接触自然，亲近自然，感受春天的气息，增长知识，陶冶情操。

（6）开展“爱我家乡，净化桃园”活动，增强学生的环保意识。

（7）引导学生观察生活，以敏锐的触觉感知生活、体验生活。活动结束后在学生中开展“桃园行”征文活动。

三、研学时间

2021年3月27日（星期六）。

四、研学对象

（1）初一、初二全体学生。

（2）学校领导、年级组长，班主任、部分教师。

五、研学主题

在那桃花盛开的地方，有我可爱的故乡

六、研学内容

（1）桃园基地建设发展情况调查。

（2）桃园基地与周边农民增收致富的关系调查。

（3）桃花诗词比赛。

（4）桃园书画比赛。

（5）桃园歌咏比赛

七、研学地点

泉林村桃园基地。

八、协作单位

泉林村村民委员会。

九、组织机构及职责分工

学校成立研学旅行领导小组，研学旅行领导小组办公室设在政教处。组成人员如下：

组长：×××　　　　副组长：×××　　　　组员：×××

领导小组职责：考察研学旅行路线，制订研学旅行活动方案和安全应急预案；召开活动前的工作协调会并明确具体要求；确定休营地位置，与泉林村民委员会联系相关事宜；准备校旗一面。

总指挥：

初一年级指挥长：×××　　　　副指挥长：×××

初二年级指挥长：×××　　　　副指挥长：×××

下设 5 个工作组：

（1）统筹协调组

①负责制订方案，确定活动主题。

②成立各工作小组，组织召开工作组筹备会，明确各工作组职责；全面统调，组织各班召开班会，明确旅行的意义及相关注意事项。

③确定各班的班旗、班级口号，将各班工作尤其是安全工作落到实处。每班除班主任外最少有一位教师跟班。

（2）组织指挥组

负责出发前各项的准备工作，下达往返途中各种指令，安排休营地布局，各工作组人员调度等。

（3）安全纪检组

负责旅行全过程的道路指引、途中路口车辆的指挥。负责全程安全工作。负责检查学生纪律，并将检查结果纳入班级考核。

（4）宣传摄影组

负责学生行进途中各班级精神面貌、口号、歌声以及班级活动的考核；负责活动全程摄像，及时收集旅行中同学们表现出来的感人瞬间和活动片段；活动完成后的宣传工作。

（5）后勤医护组

协调一辆车全程跟随做应急时用，校医准备必备药物，做好应急准备工作。

十、时间安排

06 : 30 早饭，做好一切准备。

07 : 15 学生集合，教师清点人数。

07 : 30 出发前动员会（进行组织纪律、安全教育，布置研学任务）。

08 : 00 出发。

14 : 30 启程返回。

十一、纪律要求

（1）四路纵队，女生在前，男生在后，注意交通安全。

（2）行进中队伍整齐，口号、歌声响亮，精神饱满，情绪高涨。要做到一路高歌，一路口号。

（3）统一穿校服、运动鞋。

（4）不能在途中购买食物。

（5）研学旅行过程中，不得擅自离队，谨防掉队。严禁家长接送。

（6）活动全程不乱扔废弃物，每个学生需准备一个塑料垃圾袋。

（7）行进途中不追不闹，休整期间不到远处游玩。

（8）在规定地点活动，不远离，不单个行动，严禁到危险地域。

十二、工作要求

（1）出发前要求。

①年级组长向政教处上交各班参加人员名单、各班带队老师名单、留守学生（有特殊情况不能参加活动）名单及看护教师名单。

②召开班主任和随行老师会议，讲解活动的目的、意义、要求、注意事项等，对班主任提出要求和希望。

③班主任确定班级宣传口号，确定旗手。将班级学生分成若干小组，确定小组长。班干部协助老师维持秩序，重点强调安全、纪律、环保等要求。

（2）途中要求。

各工作组要认真履行职责，考虑问题要仔细，相互配合，重点是交通安全，听从指挥长的命令。指挥长直接联系各班主任。班主任是本班活动的第一责任人，跟班教师要配合班主任，出现突发问题班主任直接和指挥长联系。确保不让一个学生掉队，不出现任何安全事故。

（3）参观要求。严格按照参观路线文明参观，不乱跑，不乱摸，不喧哗，不打闹。

（4）活动结束后要求。各班级召开主题班会总结。每班上交 3 篇研学旅行心得体会、2 篇桃园导游词、6 件摄影作品参加学校展览。宣传摄制组制作时长 1 小时的视频录像交给学校，统一制作宣传片。

（本案例由赵立芳提供）

案例评析

本方案是按照初一、初二年级学生研学旅行活动特点制订的研学旅行方案。方案从研学背景、研学目标、研学日期、研学对象、研学主题、研学场所、研学内容、协作单位、组织机构及职责分工、时间安排、纪律要求、工作要求 11 个方面进行诠释，行文较为规范。尤其是人员职责分工和学生研学旅行后安排等方面非常详细，值得研学旅行工作者借鉴。其研学目标非常全面，但是具体实施时还需细化，如：让学生了解桃园基地建设发展情况，周边农民增收致富有哪些新途径。具体由谁来介绍桃园基地建设发展情况，介绍的具体内容包括哪些方面？桃子销售有哪几个路径？怎样带动周边农民增收致富？怎么引导学生开阔视野？研学内容还需要细化，把详细方案落实到位。方案中没有注明资金预算。总之，一套成熟的初中研学旅行研学方案只有全面具体细化才有实操性，才能行之有效。

（点评人：研学旅行教育专家、皖西学院教授刘乃宝）

四、高中研学旅行方案

案例 4-13

霍邱县第二中学研学旅行活动方案

为贯彻教育部关于全面实施素质教育的要求，深化基础教育课程改革，让学生能在研学旅行的过程中陶冶情操、增长见识，体验不同的自然和人文环境，提高学习兴趣，全面提升中学生综合素质，根据市教育局转发的《安徽省教育厅关于开展中小学生研学旅行试点工作的通知》文件精神，通过集体旅行、集中食宿的方式走出校园，在与平常不同的生活中拓宽视野、丰富知识，加深与自然和文化的亲近感，增加对集体生活方式和社会公共道德的体验，培养中小学生的自理能力、创新精神和实践能力。学校研究决定利用暑假及双休日开展研学旅行活动，具体方案如下：

一、指导思想

把立德树人作为教育的根本任务，培养德智体美全面发展的社会主义建设者和接班人，以开放的教育视野，以研学旅行的方式，拓展学生学习与发展的渠道；加强教育与社会的联系，改进社会实践及研究性学习等综合实践活动思路，促进学生综合素质的全面提高，从而实现《中长期教育改革和发展规划纲要》确定的素质教育目标。

二、领导小组

为了保障研学旅行的顺利、有序举行，根据校领导班子集体会议研究决定，学校成立研学旅行领导小组。组成人员如下：

组长：×××，副组长：×××。

成员单位：办公室、政教处、总务处、教务处、团委会、年级部。

依托团委的研学部，下设研学旅行办公室，办公室主任由 ××× 兼任，全面组织协调研学旅行相关工作。××× 同志协助 ××× 同志工作，负责档案整理、研学手册的收集。

三、活动内容

（1）活动主题：读万卷书，行万里路。

（2）研学活动对象：全体自愿参加的高中学生，已经参加完高考的高三学生也可报名参加。

（3）研学活动对象的管理：所有参加研学旅行活动的同学根据自己的实际情况，遵循自愿的原则，自愿报名参加研学。研学部将根据报名的总人数和年级班级分为若干个小队，根据参加人数安排若干教师带队。研学期间均以小队为单位开展活动。

（4）研学旅行路线：学校提出规划设想，由旅行社代为拟定研学旅行路线，交研学领导小组批准同意后实施，学生自主选择研学内容及线路。

（5）活动时间、地点和目的：

方案一　市内1日行

参观市辖区的风景名胜、红色革命历史遗迹、自然资源，如古城、革命纪念馆、历史博物馆等，了解家乡的历史文化、资源景观，培养学生爱我家乡的情怀。

方案二　省内2日行

参观省内的风景名胜、科教胜地、著名大学校园、红色革命圣地、历史文化遗迹、自然资源等，如山、村、古镇、省博物馆、名人馆、科技馆、科技大学等，了解家乡周边地区的历史文化、风土人情、资源景观等，增加学生的知识，培养学生爱我家乡的情怀。

方案三　国内3~7日行

参观国内其他省区的风景名胜、科教胜地、著名大学校园、红色革命圣地、历史文化遗迹、自然资源等，如山东泰山、江苏周庄、江西景德镇、湖南韶山等地，让学生对我们国家的历史文化、自然地理等有更加直接的了解，培养学生热爱祖国的情怀。

四、研学旅行的组织与管理

研学旅行线路及研学内容主题由研学旅行领导小组集体研究确定，研学旅行活动的报名、组织、管理工作由研学旅行办公室全面负责。配备专职领队教师（或研学旅行指导师）及医生。研学旅行的交通、食宿等在学校领导小组的监管下，挑选省内有资质、有组织研学经验、营运正常、信誉良好、安全管理规范的旅行社，确保研学旅行规范实施。

（1）4 月 1—31 日，宣传动员，招募研学旅行指导师。

（2）5 月 1—31 日，研学旅行指导师培训、考试、筛选。

（3）6 月 1—30 日，与旅行社协商研学路线、研学时间及费用等相关事宜。

（4）双休日、暑假（视学校教学安排），组建研学旅行团队，实施活动。

（5）9 月 1—30 日，研学旅行图片、文章等评比，并在橱窗中展示。

五、费用收入与支出

根据物价局和财政局文件标准，费用公开、透明，统一据实收取。收取的费用用于行程中的车旅费、住宿费、场馆景区门票费。

六、其他要求及注意事项

（1）研学期间，学生一切活动听从带队老师指挥，不得擅自离队行动，并认真完成研学旅行作业。研学旅行期间必备洗刷用品、书包、学习用具、笔记本和作业本等生活及学习用品。研学期间每天必须根据研学内容撰写研学日记，当晚报研学旅行指导师签署审核意见。研学活动结束后，每位同学必须上交一篇关于研学的心得体会，并完成相关的社会实践报告或研究性学习报告。

（2）每位带队教师都必须每天撰写研学札记，活动结束后必须写一篇研学论文并上传至 ×× 县教育博客网。返校后，及时召开有关学生研学旅行研讨会，交流体会，分享收获，总结经验。

（3）根据省教育厅《关于开展中小学生研学旅行试点工作的通知》第四条“试点要求”，“学生自愿报名参加，并且由学校和家长签订自愿报名参加协议，费用收取与支出必须要公开、透明”，“要坚持食、宿、学统一的原则。需安排集体就餐、集体住宿、集体学习等活动，就餐、住宿、学习的形式可根据学生年龄特点及地区实际灵活多样，务求实效，要保证卫生、安全、适用、节约，防止追求豪华、舒适，杜绝铺张浪费”。

（4）为确保学生安全，每天就寝前清点学生人数。随团校医务必带上急救箱常用药品。学生尽可能做到每人携带一部移动电话，并保持开机状态，以便随时联系。

霍邱县第二中学

2013 年 3 月 19 日

（本案例来自霍邱县第二中学网站）

案例评析

本方案是我国早期研学旅行实验阶段开展研学旅行活动的方案，是按照高中学生研学旅行特点制订的，行文较为规范。主要包括指导思想、领导小组、活动内容、研学旅行的组织与管理、经费收入与支出、其他要求及注意事项，比较周全详细。尤其是 3 个可供选择的研学旅行方案、组织与管理、注意事项等，至今都具有借鉴价值。按照目前国家研学旅行方面的相关要求，这个研学旅行方案肯定存在一些不足，还需要进一步优化和细化。但是，正是因为有了霍邱县第二中学这些早期的研学旅行实点单位的艰苦付出和反反复复的试点、实验，才有了今天研学旅行事业的百花齐放。他们为我国的研学旅行教育事业的推进做出了巨大贡献，值得我们敬仰。

（点评人：研学旅行教育专家、皖西学院教授刘乃宝）

第四节 研学旅行后的管理

本节主要从学生总结和反思、老师总结和反思、学校总结和反思三个方面的案例来探究研学旅行后的管理。

一、学生总结和反思

案例 4-14

读万卷书不如行万里路
——阆中研学旅行有感

读万卷书不如行万里路。

世界那么大，我想去看看。

我坐在教室里眺望窗外，我想尽情释放生命的激情，追逐崭新的体验。

为了落实立德树人根本任务，开拓我们的学习视野，在学校老师的精心组织下，我们学校组织高二年级到素有“春节之源”“四大古城”之称的阆中开展了一次有意义的研学旅行，收获多多，受益终生。

阆中，虽没有长城那样的雄伟壮观，也没有西湖那样的美丽清秀，但却有不同寻常的文化底蕴。千百年来吸引着无数文人墨客慕名而来，而这次旅行我们选择了道台衙门、魁星楼、红军烈士纪念园，也别有一番收获。

一、实践中认知、探寻

我们的第一站是道台衙门，阆中除了大名鼎鼎的张飞庙、贡院等蜚声天下外，道台衙门也具有极高的历史价值，属于珍品极品，是不可多得的古城文化生态资源。阆中道台衙门曾是省府衙门，管理着西南各区域，是全国仅存两处道台衙门遗址，道台衙门标志着阆中曾经也“阔”过，在清初的四川及后来的川北地区具有无法取代的政治、军事、经济、文化各方面的重要历史地位。通过对道台衙门的参观不仅丰富了我的历史知识，也感受了家乡厚重的历史文化底蕴，自豪我是阆中人。

第二站我们选择了魁星楼。魁星楼又名“奎星楼”“翰天宫”，魁星是中国民间信仰中的主宰文章兴衰的神，在儒士学子心目中，魁星具有至高无上的地位。在古代，人们的富贵大都只有一条路——通过科举考试求取功名，中状元是当时读书人梦寐以求的最高理想、最高荣誉。考中状元即称“独占鳌头”“大魁天下”，天子赐诗，礼部赴宴，身着锦袍，打马游街，故里建坊，最为风光。所以人们向神灵祈祷最大的心愿就是科举得中，不仅能光宗耀祖，而且可以享得荣华富贵。我和同学们也虔诚地瞻仰了大成夫子像，期许明年的高考也能一路过关斩将、金榜题名。

第三站我们来到了红军烈士纪念园。在这里举行了“缅怀先烈，十八而志”的宣誓活动。站在纪念碑下，面对英烈墙，举起右手，铮铮誓言，我早已热泪盈眶，烈士的英魂，先烈的丰功伟绩，是他们，在敌人的压迫下，挺起了胸膛，不畏枪林弹雨，冒死冲锋在战争的最前线。在内忧外患之际，是他们，果断出击，置生死于度外。他们无私的奉献精神，坚韧的革命作风，是如此的令人敬畏，让我们钦佩不已，让我更加明确了历史赋予我们学生的神圣使命。烈士用他们的生命诠释了什么叫伟大，也激励着我要好好学习、努力创新、自觉服务祖国和人民，更加坚定了我们跟着共产党走的决心。

二、别样的课堂，不同的感悟

在这次活动中，学习知识是一个方面，我感悟最深的是我和老师之间、同学之间那份深深的情谊。平时，我们在学校学习，老师和我们的交流主要在课堂上，事无巨细。安全、劳动、学习，而且学习为多，聚精会神，老师见到我们不是怕我们捣乱，就是怕我们学习不好，我们和老师总有一些距离，而且是那么的遥远，不可逾越。

可走出课堂，我们和老师之间和同学之间那份深深的情谊让人感动。行进路途中老师为我们拎包，烈日下老师为我们递水、撑伞，每到一处，老师为我们照相，我们给老师照相、与老师交流、谈心、无话不说，大家所表现出来的开心是发自内心的，平时我们看见老师就躲，怕老师问作业、问学习，可到了这里，我们跟老师开玩笑、跟老师合影、缠着老师买零食……我们之间不再是老鼠和猫的关系，老师与我们，我与同学们没有了任何间隙，是朋友之间的相互沟通，是人人平等的和谐共处。

去，满怀期待；回，收获满满。我们心怀理想，带着汗水与微笑，留下了美好的足迹。这次旅行，不仅让我们增长了见识、陶冶了情操，感受了美丽家乡厚重的历史文化底蕴，更多的是让我们接受了大量的爱国主义教育和红色党史教育，受益匪浅。阆中，我的故乡，我爱你！难忘的研学旅行，伴我成长，一路同行！

（本案例由张丽梅提供）

案例评析

本案例是学生参加研学旅行活动后的反思文章。在研学旅行活动中，学生的收获如何只有学生自己最为清楚。从研学旅行活动事后管理的角度分析，要组织学生对研学旅行活动进行总结。一方面通过总结升华学生对本次活动的教育成果；一方面研学旅行活动组织者也能通过学生的活动了解本次活动的实际成效。本案例就是从学生层面进行的总结。该同学分别从行前的殷切期望，行中的 3 站不同感知过程，到行后感悟收获，都认真进行了详尽描述。本案例行文规范，文字练达，文采斐然，情投意合，值得借鉴和学习。如果再对本次研学旅行活动存在的不足和对组织者的建议加以描述，这样从研学旅行活动管理层面就更加完美了。就本案例综合分析，研学旅行活动组织者在活动结束后时，对学生的总结和反思要做具体要求，学生可对本次活动的不足之处提出建议，只有这样才能提高各参与单位的研学旅行活动组织管理水平。

（点评人：研学旅行教育专家、皖西学院教授刘乃宝）

二、老师总结和反思

案例 4-15

六朝古都研学旅行活动总结

为了贯彻立德树人教育，落实核心素养目标，培养学生自主合作、探究的精神和实践能力，帮助他们走进大自然，走向社会，培养他们正确的历史观、人生观和价值现，根据市教育局有关要求和学校安排，2021年5月5日—5月6日。我校组织开展了研学旅行活动，七年级120名同学在教务主任和我们10位老师带领下，赴南京开展旅行研学活动活动，取得了预效果。活动中做到了以下几个方面。

一、积极主动，热情参与

本次研学旅行活动中，学生都表现出很高的个人素质和很强的团队合作精神，给其他团队的学生留下了深刻的印象，获得了很高的评价。活动开展前，校团委将全体参与同学分成8个小组，并开展组员间的合作与小组间的评比，各小组齐心协力，表现了良好的合作意识和团队精神，展示了新时代青少年的良好风采。

二、认真学习，收获良多

在活动中，同学们先后参观了雨花台烈士陵园、南京博物院、中山陵、南京大屠杀遇难同胞纪念馆、南京科技馆及南京大学6个目的地，所到之处，同学们认真研学，积极互动，参与体验，拍照留影，认真记录，准时归队，顺利完成各项研学内容。这次研学旅行活动，既拓宽了我校学子高远的视野，又展现了我校学子昂扬的风采。

三、组织得力，经验多多

这次研学旅行，其主要经验表现在以下三个方面：

1. 组织严密，学校制定研学旅行活动工作方案和应急预案，研学旅行不是简单的“学习＋旅游”，而是把一个主题在旅游过程中由始至终地体现出来，通过多种多样的活动形式达到提高学生在科学知识、智力能力、情感与意志、个性心理等方面能力的目的。

2. 活动前广泛宣传发动，晓谕家长，明确开展该项活动的目的意义；加强学生的安全教育，教育学生一切行动听指挥，不准随意离开队伍，单独活动；在外要排队有序，不随意调换位置。

3. 形式多样，做到了生动、活泼、轻松、愉快。采用多种形式进行，避免了呆板的说教。这次研学旅行不仅激发了我校学生对家乡的热爱之情，培养其科学精神、创新意识和实践能力，而且增进了我校学生爱党爱国，树立远大理想，努力学习为校争光，为家乡建设作出自己贡献的坚强意志。

总之，本次研学旅行活动的开展，是一种新的教育教学模式改革，同学生收获颇丰，希望今后学校多组织类似的研学旅行活动，开拓新的教学模式，提升学校的教育教学质量水平。

另外不足的是，老师们在本次研学旅行活动中，尚需把自己的教学方法、教学技能，同研学旅行基地实际资源相结合，拓宽知识层面，避免出现老师走到基地不会讲研学旅行课的尴尬。

（本案例由刘乃宝提供）

案例评析

本案例是一名教师对研学旅行活动的总结。行文内容主要从目的意义、上级文件依据、学生主要表现和收获、三个主要特点等方面进行归纳总结。该教师通过本次研学旅行活动的开展，看到校外研学使学生获取知识效果同样非常重要，能够达到在校内课堂教学使学生获取知识不一样的特有成效，是一种新的教育教学改革实践，为其今后的多样化教学研究提供新的方向和思路，今后研学旅行活动结束一定要加强参与研学旅行活动老师的管理，提升研学旅行活动组织老师的管理水平，使教育教学水平有更高的提升。参与研学旅行活动的教师对本次活动存在的问题可以提出合理化建议，这样更加有利于研学旅行活动组织管理者开展研学旅行活动。

（点评人：研学旅行教育专家、皖西学院教授刘乃宝）

案例 4-16

走进潮州古城　传承优秀传统文化（摘要）

一、研学目标

（1）从多角度感知潮州传统文化之美，理解我国优秀传统文化的由来与优势。

（2）形成探究传统文化意识，学会团队协作；在研究旅行中学会交流、合作、沟通，提高人际交往及口头表达能力；学会综合所学知识分析问题，用科学方法进行探究，增强解决实际问题的能力；养成独立思考，乐于动手、动脑解决问题的能力。

（3）培养学生热爱优秀传统文化，树立文化自信；培养学生的家国情怀；认同“以和为贵”的社交原则；培养工匠精神意识。

二、研学内容

（一）古城新貌——潮州古建筑探究

教学地点：甲第巷、牌坊街、广济桥。

教学内容：

（1）了解潮州古民居建筑风格。

（2）了解牌坊街的历史。

（3）了解广济桥的历史和桥的结构特征。

（4）潮州灯光秀。

（二）我是茶艺师

教学地点：载阳茶馆。

教学内容：

（1）品茶；

（2）学习工夫茶礼仪；

（3）体验茶艺文化——“以和为贵”。

（三）指尖的技艺——陶瓷手工艺，走近非遗——潮绣

教学地点：中国瓷都陈列馆、广东省枫溪陶瓷工业科技教育基地、百师园。

教学内容：

（1）指尖的技艺——陶瓷手工艺。

①观赏陈列馆陶瓷精品。

②了解陶瓷手工艺流程。

③体验陶瓷工艺的设计与制作。

（2）走近非遗——潮绣。

①优秀作品赏析。

②了解潮绣的技艺特点。

③制作潮绣作品。

（四）潮州民俗祭祀文化探究

教学地点：牌坊街。

教学内容：

（1）观看祭祀文艺游行。

（2）了解祭祀文化渊源。

（3）体验民俗舞龙运动。

（五）走近大文豪——韩愈

教学地点：韩文公祠

教学内容：

（1）游览韩文公祠。

（2）了解韩愈来潮治潮的故事。

（3）我是小主持人。

三、研学课程评价（见表 4–4）

表 4–4　研学课程评价表

评价指标			非常满意	满意	一般	不满意	非常不满意
评分标准			10 分	9 分	8 分	7 分	7 分以下
一级指标	二级指标	三级指标					
研学课程规划	课程主题	明确新颖					
	课程内容	教学目标					
		学科关联					
		德育关联					
		地方特色					
	行前先导课	安全课					
		知识课					
		技能课					
	研学手册资料	指导手册					
		课程教具					
研学课程实施	课程执行情况	流程顺序					
		实践内容					
		趣味程度					
	师资配备情况	研学旅行指导师					
		后勤服务					
		专家讲师					
	出行交通安排	巴士					
	住宿安排	酒店					
	餐饮安排	用餐					
	研学过程反馈	意见反馈					
研学课程成果	研学课程目标	目标完成					
	手册完成情况	内容完成					
	研业汇报计划	内化成果					

续表

评价指标			非常满意	满意	一般	不满意	非常不满意
评分标准			10 分	9 分	8 分	7 分	7 分以下
一级指标	二级指标	三级指标					
研学安全保障	安全执行方案	安全方案					
		保障措施					
	课程应急预案	安全教育					
		应急预案					

（本案例由韩山师范学院孙虹编写）

案例评析

本案例是研学旅行指导师通过研学反思的方式来评价自己的研学旅行课程结果。研学旅行指导师通过对研学活动进行的理性观察与矫正，从而提高自身研学能力的活动，是一种分析研学技能的技术。它是促使研学旅行指导师对整个研学旅行工作的参与更为主动、专业发展更为积极的一种手段和工具。研学反思是研学旅行指导师专业发展和自我成长的核心因素，是提高研学旅行指导师研学能力和水平的基础，也是提高研学有效性的有力保障。研学旅行指导师深入分析、探讨研学后教学反思问题，对转变研学旅行指导师的研学观念，促进研学旅行指导师专业发展无疑是很有必要的。

本案例作者在课程设计时客观、公正地设计了一整套反思方案，既能提前给自己教学提醒告知，又能课后全面评价研学旅行教学上的成败得失，实事求是地进行分析与总结，具有很高的参考价值。

（点评人：文化和旅游部人才中心研学旅行指导师考评员李岑虎）

三、学校总结和反思

案例 4–17

峡江中学“红色之旅”研学旅行活动总结及反思

为认真贯彻《中共中央办公厅、国务院办公厅关于实施中华优秀传统文化传承发展工程的意见》《中共教育部党组关于教育系统深入开展爱国主义教育的实施意见》、教育部等 11 部门《关于推进中小学生研学旅行的意见》精神，让同学在户外活动的过程中陶冶情操、增长知识，体验不同的自然和人文环境，利用红色资源进行革命传统教育、爱国主义教育，我校于7月4日至5日组织高三部分同学到南昌开展研学旅行活动。现将活动开展情况总结如下：

一、学校重视，部署合理

学校领导在认真学习上级文件精神后，成立了研学旅行工作领导小组，副校长 ××× 任组长、政教处主任 ××× 具体负责活动的实施和开展。工作小组召开多次专题会议，并且有明确具体的分工，制订了一套完整的活动方案，为本次活动的圆满开展奠定了良好的基础。

二、以人为本，精心筹备

（1）为了营造活动氛围、渲染活动气氛，结合本次活动的“红色之旅”主题，同学们穿校服并定制了队帽、队旗和缅怀先烈的宣传标语和旗帜。

（2）南昌红色文化资源丰富，为了更好地完成此次活动，学校选择了参观八一起义纪念馆。通过参观八一起义纪念馆，同学们深化了对党和人民军队的认识。在平时的学习中，更应该勤奋刻苦，在生活中更应该朴素节约。奋斗是学生的人生的职责，八一精神是同学们奋斗的动力。

（3）向县教育局汇报，争取上级主管部门的指导；联系交警部门，确保交通安全；聘请了一名随队医生，配备常用药品；防止意外事故发生，与县汽运公司联系，安排好车辆，并与汽运公司签订了安全协议。

（4）活动前，对同学进行了文明出行、讲究卫生、爱护花草、安全守纪等方面的教育。

（5）活动结束后，要求学生写一篇研学旅行活动有感，并评选出优秀作品；同时对教师的摄影作品也进行了评比。

三、活动丰富，过程严谨

（1）7月4日和5日的上午，同学们一同瞻仰八一起义纪念馆，听讲解员的解说，观看起义部队有关事迹的视频材料。一声枪响，威震四方，唤醒了广大国民，揭开了中国共产党独立领导武装斗争和创建革命军队的序幕。一张张泛黄的历史图片、一件件珍贵的历史资料，展现出人民军队听党指挥、为民奋斗的光辉形象。大家缅怀革命先烈，感受到了革命先辈艰苦奋斗、顽强拼搏的时代精神，而且深感幸福生活来之不易。

（2）7月4日和5日的下午，在八一广场开展了拓展活动。同学们纷纷在八一起义纪念碑下合影留念。

四、红色之旅，收获颇丰

（1）培养了学生团队精神。在各项活动中，学生能够互相帮助，增强了集体意识、关心他人意识。

（2）增进了老师与学生之间的感情。通过徒步同行，乘船乘车结伴，研学互动，教师与学生之间、同学与同学之间关系变得十分融洽。

（3）利用八一起义纪念馆的红色资源，对学生进行了爱国主义、革命传统教育。学生被红色文化所熏陶，为红色精神所感染，从而受到深刻的教育和启迪。红色育人活动十分成功。

五、学生感悟，家长评价

活动在全体学生和家长中引起了极大的反响，下面是部分学生及家长的感悟（本案例中的所有名字均为化名）：

高三（1）班学生陈小华：研学旅行活动给我带来的不只是成熟，还有些说不出的感觉在我胸口慢慢沉淀，并悄无声息地开花结果。这种感觉给我带来的收获，一辈子也不会消失。

高三（1）班学生张小旭：经过这次艰苦的研学旅行，我们少了份娇气，多了份坚强；少了份依赖，多了份自强；少了份怨天尤人，多了份勇往直前。这次是一生中难得的考验和磨砺，不但培养了我们吃苦耐劳的精神，更锻造出我们坚韧的意志。

高三（1）班学生张倩倩的家长张宝安：看到一群群朝气蓬勃、阳光四溢的孩子，举着队旗，踏着青春的步伐在明媚的阳光下昂首阔步奔向红色圣地，在绿意盎然的春日里与大自然亲密地拥抱。大家都开心积极地参与，身心放松，让青春飞扬。一张张天真、舒心的笑脸，矫健的身影，团队合作的体会，都会成为他们成长道路上一段珍贵而又美好的回忆。

六、意犹未尽，活动反思

（1）参加活动的学生人数较多，在具体实施过程中还是存在一些安全风险，例如：乘车时出现上车拥挤现象，学生过度兴奋将手伸出车窗外的情况时有发生。

（2）研学的地点不固定，上午在八一起义纪念馆，下午在八一广场。路上车子多，而且需要步行，耽误了很多时间。

（3）研学的主题不是很突出，上午参观八一起义纪念馆，让学生心灵浸润，增强爱国主义意识，加强革命传统教育。下午拓展训练，偏向团队合作等方面的培养。

（4）由于是初次研学旅行，所以准备不是很充分。在研学的过程中，目的性不强，研学与旅行的关系没有处理好，偏重于旅行，忽略了研学。

峡江中学

________年______月______日

（来源：http：//www.whyanxue.com/ 木兰云雾山研学营地网站，作者：泥人王）

案例评析

本案例是从学校层面对研学旅行活动进行总结和反思，从学校重视，部署合理；以人为本，精心筹备；活动丰富，过程严谨；红色之旅，收获颇丰；学生感悟，家长评价；意犹未尽，活动反思六个方面进行归纳总结。行文规范整齐，内容丰富全面，尤其是在“学生感悟，家长评价”方面呈现了本次研学旅行活动的成效，形式新颖别致，值得借鉴和学习。最后的“意犹未尽，活动反思”，对本次活动的不足之处不回避、不遮掩，实事求是地指出了存在的安全问题、组织安排不合理问题、重旅行轻研学问题，为今后科学规范开展研学旅行活动奠定坚实基础。不过，从主办方学校管理角度分析，总结分析其缺少活动过程描述和今后努力方向。总之，本案例站在学校管理的角度分析，有诸多优点和长处值得研学旅行管理者学习和借鉴。

（点评人：旅游教育专家、皖西学院教授刘乃宝）

第5章

研学旅行基（营）地管理与服务案例

研学旅行基（营）地管理与服务范围很广，内容很多，本章重点列举基（营）地宣传介绍、人才招聘、管理服务和级别申报认定等方面的案例，供读者参考。

研学基地：抗美援朝纪念馆

第一节　基（营）地宣传介绍

广义的研学旅行基（营）地包括文旅部门管理的风景区内部的研学旅行基（营）地和教育部门管理的专门的研学实践教育学校、综合实践学校，以及其他部门管理的博物馆、纪念馆、工矿企业等。为便于清晰易懂，我们只按照研学旅行基（营）地和研学实践教育学校两类展示。

一、景区研学基（营）地简介

案例 5-1

西安亮宝楼研学旅行基地简介

西安亮宝楼，西邻西安大雁塔、南接大唐芙蓉园，位于“国家级文化产业示范区”西安曲江新区和大雁塔旅游景区的核心位置。国内外众多文化艺术名家在这里举办艺术作品展、书画展、文物精品展、民风民俗及园林艺术精品展及各类文化艺术活动等，有“亮宝”之意，因而得名。2003 年，西安曲江新区规划设立，为了更好地保存中国文化历史瑰宝，凸显陕西文化内涵，亮宝楼在文化旅游领域深入探索，于 2005 年建成融文物收藏与展示、艺术展览与交流、餐饮及配套服务等项目为一体的文化实体，建筑面积达 15 000 平方米。2006 年，亮宝楼被国家文化部文化产业司授予“文化（美术）产业示范基地”，被中国美术家协会授予“中国美术家协会西安展览中心”。2009 年经陕西省文物局批准成立陕西亮宝楼艺术博物馆，2015 年成为“中国博物馆协会团体会员单位”。2020 年经西安市旅游资源开发管理评价委员会组织评定，达到国家 3A 级旅游景区标准，确定为国家 3A 级旅游景区。

该基地为了让中小学生更好地开展爱国主义教育和研学旅行活动，在景区范围内规划设置了美术展览馆、艺术博物馆、主题展览馆、文创中心、传世珍宝、曲江茶宴、曲江国宴和具有关中地域特色的亮宝楼庭院等研学旅行教育板块，秉承文化与旅游、文化与生活、文化与传承相结合的理念，通过开展一系列的文化艺术展览、文化交流推广、公共教育和研学活动等，充分发挥文化产业对社会的有益推动，弘扬中华优秀传统文化，满足人民精神文化生活的需要。

该基地自创办以来，始终坚持教育性、实践性、安全性、公益性的思想原则，在省、市、区（县）等各级教育行政主管部门的正确指导和关心、爱护下，通过基地全体员工的共同努力，得到了学校、老师、家长的大力支持和学生的积极参与。全国各地到亮宝楼研学基地参加研学实践教育活动的学生络绎不绝，其中 2017 年接待总量为 31.2 万人次，2018 年接待总量为 34.3 万人次，2019 年接待总量为 37.8 万人次。2020 年受疫情影响，同步开展线上参观，线下接待参观群众 6.6 万人次，线上线下合计约 8 万人次。

基地中小学生研学实践教育活动取得了较好效果，并得到了教育行政主管部门、学校、老师、社会、家长和学生的广泛认可及良好评价。亮宝楼始终坚持和坚定文化自信和民族自信，为进一步促进和繁荣文化事业发展做出贡献。“楼藏礼乐、艺蕴千秋”，亮宝楼研学基地将更好地承担起“大课堂”的职责，努力在传播历史知识、弘扬传统文化中做出更大贡献。

（本案例由西安亮宝楼研学旅行基地刘莉编写）

案例评析

无论是景区研学旅行基（营）地还是学校研学实践基（营）地，其宣传介绍均应包括基（营）地所在位置、功能、成立时间、基（营）地规模、容纳承载量、办学理念、管理组织结构、建筑设施结构、教学区域结构、师资、课程资源、课程主题、课程特色优势、对外合作关系、每年的接待量、社会评价、获得荣誉等基本要素。

案例 5-1 中的西安亮宝楼研学旅行基地是景区研学旅行基地，基地的简介涉及名称由来、所在位置、功能、成立时间、基（营）地规模、获得荣誉、建筑设施结构、教学区域结构、办学目的和理念、接待总量、社会评价等基本要素，最后也表明了基地研学旅行的信心和担当。全文思路清晰、编写有条理，展示了研学旅行单位对研学旅行的认真负责、周到细心，以及对研学旅行的热爱和忠诚。但是该简介对于研学旅行课程师资、资源、课程主题内容、课程特色优势，介绍得不是很详细明了，甚至有的就没有提及。这正是国内很多景区的研学旅行基（营）地存在的共性和弊端。因此，在开展研学旅行教学活动时，景区研学旅行基（营）地务必重视研学旅行课程教学质量的提升，设计出符合教育规律的研学旅行课程，按照教育教学规律讲解授课，坚决杜绝千篇一律的景区讲解员填鸭式授课，杜绝走马观花式的旅游讲解。

（点评人：文化和旅游部人才中心研学旅行指导师考评员李岑虎）

二、研学实践教育学校简介

案例 5-2

宜昌市青少年实践教育基地简介

一、概况

宜昌市青少年实践教育基地位于湖北省宜昌城区，于2017年建成投入使用，总投资1.5亿元。2018年11月，该基地被评为“全国中小学生研学实践教育基地”，并被教育部认定为全国重点支持的三大示范性营地之一。在“十三五”期间，获得中央专项彩票公益金1.2亿元，用于支持中小学生开展研学实践活动和基地基础设施建设。

二、特色

（1）区位优势显著。宜昌营地位于风景秀丽的宜昌城区，被誉为“三峡明珠·世界电都”，是中国优秀旅游城市，境内有4处国家5A级旅游景区，数量居全国城市第四。

（2）基础设施齐全。宜昌营地一期占地13.3公顷，总建筑面积38 600平方米，建有实训楼、主题教育馆、少儿活动中心、学生公寓、餐厅等7栋主体建筑，可同时安排1200名学生食宿。

（3）师资力量雄厚。目前一线教师40人，包括高级教师7人和国家级中高级拓展师、体验师15人（均具有本科或硕士研究生学历），教师平均年龄30岁。

（4）课程线路丰富。宜昌营地注重线上线下资源开发，自主构建研学实践整体课程规划，已开发室内外实训课程50多门，坚持综合实践教育与生产劳动、社会实践相结合。在全国同行中率先研发网上选课系统和线上实景课堂，建立研学实践课程超市，供学生根据个人兴趣爱好自主选课，有效满足了学生个性化需求，增强了实践效果。

（5）宜昌研学模式。经过不断探索和实践，我们逐步确立了宜昌研学旅行“1+4”管理模式，即市研学旅行协调小组统筹协调，学校、家长委员会、基地和旅行社4个方面参与的研学管理模式。基地年组织约16万名中小学生开展研学实践活动，2020年，在做好疫情防控和活动安全的前提下，组织开展了“宜昌万名学生红色行”“革命老区学生三峡行”研学旅行专项公益活动，惠及学生约5000人，深受师生欢迎，社会反响良好，获教育部、省教育厅高度肯定。

（本案例由宜昌市青少年实践教育基地曹建强编写）

案例评析

本案例中的宜昌市青少年实践教育基地是教育主管部门创建的青少年研学实践学校，是学校型研学实践基地，是教育部门主管的研学旅行专业教育机构。文中涉及的所在位置、功能、成立时间、营地规模、容纳承载量、办学理念、建筑设施结构、教学区域结构、师资、接待量等方面，描写详细具体，而又恰到好处。尤其是“一个概况＋五个特色”的编写一目了然。“区位优势显著”“师资力量雄厚”“课程线路丰富”“研学模式”“课程特色优势”的说明展示了专业的研学旅行教育机构的丰厚功底，足以让家长放心，社会满意，具有借鉴意义。

但是案例中缺乏课程资源和教学课程的详细介绍，的确是淡淡的遗憾。目前在教育部门主办的研学旅行基地中，往往缺乏旅游元素，有的直接不考虑旅游元素，甚至回避旅游元素。譬如，学校外出研学旅行不用专业的旅行社、不用专业的导游、不用专业的旅游车，学校搞“一揽子”工程，单枪匹马做研学，不知不觉中就把自己置于研学旅行的安全高压线之下而不能自拔。另外对外合作关系也是学校做研学旅行的弱势。其实研学旅行本身既是一个教学科目，也是一种新型业态。这种新行业、新业态离不开其他行业和社会的合作支持。研学旅行教育工作者不可自命清高，应积极加强对外合作交流，全方位争取社会各界的帮助和支持，努力把研学旅行事业做得更大更强。

（点评人：文化和旅游部人才中心研学旅行指导师考评员李岑虎）

三、博物院类研学基地简介

案例 5-3

全国中小学生研学实践教育基地——山西博物院简介

基地名称：山西博物院。

基地地址：太原市万柏林区滨河西路北段 13 号。

基地概况：山西博物院位于太原市秀美的汾河西畔，占地面积 11.2 公顷，建筑面积 5.1 万平方米，展厅面积 1 万平方米，文物库区 1.2 万平方米，是目前国内屈指可数的大型现代化、综合性博物馆之一。山西博物院主题陈列“晋魂”分为文明摇篮、夏商踪迹、晋国霸业、民族熔炉、佛风遗韵、戏曲故乡、明清晋商 7 个历史文化专题和土木华章、山川精英、翰墨丹青、方圆世界、瓷苑艺葩 5 个艺术专题。展线全长 2689 米，汇集珍贵文物 4400 件，精选山西历史文化中最辉煌的历史阶段和最具特色的文物，集中诠释了三晋泱泱五千年的恢宏历史和灿烂文化。

2019 年，山西博物院经山西省文物局、国家文物局推荐，成功申报教育部全国中小学生研学实践基地。作为基地成员，山西博物院将从 6 月开始推出“晋是你我”晋文化研学实践活动，将博物馆与中小学校联动起来，借助基地平台，让更多的学生走进博物馆，受益于博物馆。

（本案例由山西省财政税务专科学校高薇提供）

案例评析

在研学旅行实践中，博物馆类研学旅行基地很受学校师生和家长欢迎。譬如，军事博物馆、海洋博物馆、历史博物馆等。博物馆研学注重学生的亲历感悟、实践体验、行动反思，形成理性思维。通过博物馆的文化展示，使学生了解人类文明、民族历史积淀，获得崇拜感和自豪感，拓展个人视野，培养主动探索和深厚的创新精神。

本案例山西博物馆是教育部公布的全国中小学生研学实践基地。作者开门见山，直接点题，强调了这一显要要素，颇具吸引力。作者把山西博物院的 7 个历史文化专题和 5 个艺术专题以“文明摇篮、夏商踪迹、晋国霸业、民族熔炉、佛风遗韵、戏曲故乡、明清晋商和土木华章、山川精英、翰墨丹青、方圆世界、瓷苑艺葩”12个词组48个字，把博物馆的基本构架描写得令人神往。最后一段推出“晋是你我”晋文化研学实践活动，将博物馆与中小学校联动起来，借助博物馆平台，让更多的学生走进博物馆，受益于博物馆，言简意赅，引人入胜。

（点评人：文化和旅游部人才中心研学旅行指导师考评员李岑虎）

四、工业研学旅行基地简介

案例 5-4

高淳陶瓷工业研学旅行基地简介

一、基地概况

江苏高淳陶瓷股份有限公司位于六朝古都江苏省南京市郊高淳开发区，创建于1958年，是江苏省陶瓷行业的创汇创利大户，综合经济效益名列我国陶瓷行业首位。近5年公司的窑变釉特色餐具在全美百货店销售中连续保持销量第一，是目前北美地区最大的陶瓷餐具全球供应商。国瓷小镇依托当代国瓷的文化内涵，积极探索陶瓷文化旅游和研学旅行等旅游方式，被评为江苏省、南京市首批创建的特色小镇，被中国陶瓷工业协会、中国工艺美术协会授予“中国国瓷小镇”区域特色荣誉称号。国瓷小镇也是全国中小学质量教育社会实践基地、江苏省中小学质量教育社会实践基地。

陶艺苑研学旅行基地被中国陶瓷工业协会授予全国唯一的中国陶瓷文化创意产业示范基地。基地占地面积8公顷。学生可以体验手工拉坯、捏瓷、修坯、上釉、画瓷等陶艺制作过程，让学生直观充分地认识中国当代陶瓷产业发展现状，了解科学技术在陶瓷生产中的实际应用，从而更进一步了解陶瓷国情，树立学习报国的远大理想，激发学生的创新能力，点燃下一代心中大国匠心的火种。

二、基地课程

（1）走进国瓷小镇，感受浓郁的陶瓷文化，聆听中国故事。

（2）参观考察高淳陶瓷博物馆。

（3）参观考察陶艺苑。

（4）手工陶艺制作（泥条盘筑技法、泥板成型技法、筒类日用品制作、泥坯贴画、泥坯雕刻、釉下绘画、综合技法）。

（5）基础陶艺知识及陶艺制作。

“国瓷之美——品味中国”研学旅行课程是由营地百科携手江苏高淳陶瓷股份有限公司共同开发推出的一系列以中国传统文化教育、劳动教育、生活美学为主要内容的研学实践教育课程。该课程作为2020年度南京市文旅局官方认证推荐的“研学南京”产品之一，是江苏省优秀研学旅行课程的重要组成部分。课程设计通过理论导入、实地学习、讲解与综合实践，达到增强学生劳动意识，树立文化自信，陶冶情操，寓教于乐，学以致用的研学目的。

（本案例由营地百科邵显涛、江苏高淳陶瓷股份有限公司王贵夫提供）

案例评析

2020 年 8 月 10 日国家工业和信息化部工业文化发展中心发布《关于开展中小学生工业文化研学实践教育基地评估活动的通告》指出，为贯彻落实《关于推进工业文化发展的指导意见》，落实立德树人的根本任务，进一步弘扬工业文化，传播工业精神，工业和信息化部工业文化发展中心拟联合社会力量加快推进工业文化研学发展。

工业文化研学是以工业园区、工业企业、工业遗产、工业博物馆、重大工程项目、理工院校、科研院所为主体开展的工业文化传承、工业精神传播的研学实践活动，对帮助中小学生了解国情、开阔眼界、增长知识，感受中国工业伟大成就，提高工业文明素养，坚定文化自信，促进形成正确的世界观、人生观、价值观等具有重要意义。

本案例简介中的“基地概况”内容的描写，要素齐全，成绩优异，荣誉称号，引人入胜。尤其是针对教育的称号——全国中小学质量教育社会实践基地、江苏省中小学质量教育社会实践基地、南京市中小学生研学教育基地，把师生带入陶瓷帝国开展研学旅行活动。走进全国唯一的中国陶瓷文化创意产业示范基地，学生可以体验手工拉坯、捏瓷、修坯、上釉、画瓷等陶艺制作过程，点燃了中国少年的大国匠心的火种，字里行间蕴含着召唤和使命。本案五个基地课程，让师生跃跃欲试，欣然前往，走进国瓷小镇，感受浓郁的陶瓷文化，立志发扬工匠精神，从小树立强国品牌意识。本简介主题鲜明，特色突出。如再结合前面案例统筹考虑增添相关要素，本简介即为上乘之作。

（点评人：文化和旅游部人才中心研学旅行指导师考评员李岑虎）

第二节 基（营）地人才招聘

研学旅行基（营）地人才招聘工作中，最后的三个基本程序是发布招聘简章、参加面试办理入职手续、签订聘用合同书。

一、基（营）地招聘简章

案例 5-5

______风景区研学旅行基地人才招聘简章

______风景区研学实践教育基地创建于2017年5月，坐落于风景秀丽、环境优美的国家AAAAA级生态旅游度假区内，占地面积100公顷，是教育部命名的第一批全国中小学生研学实践教育基地。基地依托度假区得天独厚的自然环境资源，不断加大研学实践教育师资队伍建设、课程建设、场馆设施建设的投入。研学实践教育基地融观赏性、趣味性、生活性、灵活性、科学性、创新性为一体，采用准军事化方式管理，对大中小学生研学旅行进行综合教育训练，年培训量10万人次以上，是我省最大规模的研学实践教育培训基地。2021年大规模的研学旅行实践教育活动即将开始，经研究决定，基地招聘一批优秀的研学旅行师资人才。研学基地欢迎您！

一、研学旅行指导师岗位

（1）招聘人数：10人。

（2）工作地点：______生态旅游度假区。

（3）聘用时间：3年。

（4）工作内容：负责学生在基地内的管理、带队、训练和教学工作。

（5）岗位要求：

①思想道德品质优良，爱岗敬业，责任心强，有上进心，有良好的团队合作能力。

②有较强的语言表达能力，善于沟通协调，能吃苦耐劳，具有良好的团队合作精神。

③仪表大方，五官端正，四肢协调，身体健康，无传染疾病。

④性别男女不限，年龄：20~35岁。

⑤中专以上学历，有良好的语言表达能力、组织能力。退伍军人、警官专业毕业生、师范专业毕业生以及有教师资格证、导游证者等优先录用。

（6）待遇：

①月薪3600~8500元。

②免费提供服装（夏常服、冬常服两套）、床上用品。

③第一年包食宿。

④每年有寒暑带薪假两次。

⑤实习三个月期满，签订正式劳动合同，交纳五险一金。

⑥硕士研究生直接录用，报请政府人事组织部门按高端人才引进。

二、教导处岗位

（1）招聘人数：主任1名，副主任2名。

（2）年龄：30~50岁。

（3）学历要求：本科以上。

（4）职位要求：

①掌握中小学教育知识，提升基地的教学质量和课程完善及培训，热爱教育行业；

②具有较强的管理协调能力；

③具有严谨认真的工作态度；

④具有较强的数据收集整理与分析能力；

⑤具有良好的沟通能力和策划能力；

⑥能熟练操作电脑及办公软件；

⑦能吃苦耐劳，有较强的抗压能力与心理承受能力；

⑧有同等职位工作经验、有实践基地工作经历优先。

（5）待遇：

①月薪 10 000 元以上。

②免费提供服装（夏常服、冬常服两套）、床上用品。

③第一年包食宿。

④每年有寒暑带薪假两次。

⑤实习三个月期满，签订正式劳动合同，交纳五险一金。

⑥有副高级职称或硕士研究生直接录用，报请政府人事组织部门按高端人才引进。

三、女生管理员岗位

（1）招聘人数：30 名。

（2）学历要求：高中以上 。

（3）职位要求：

①女，年龄：20~40 岁；

②身体健康，责任心强，有上进心，学习意愿强，良好的团队合作能力；

③有良好的语言表达能力和学生管理能力；

④能负责基地学生生活时段管理等工作。

（4）薪资待遇：

①月薪 3600~5600 元。

②免费提供服装（夏常服、冬常服两套）、床上用品。

③包食宿。

④每年有寒暑带薪假两次。

⑤实习三个月期满，签订正式劳动合同，交纳五险一金。

说明：

本招聘长期有效，有意者请将求职申请、个人简历、近照、证件复印件寄至基地。并将联系电话（个人、家庭或能帮助联系上您的亲友）告知基地，以便能够保持联系。

详情请查看基地网站，上面有视频、图片、电子画册、报纸、专刊等资料供参考。

报名地址：____________________

联系人：______________________

联系电话：____________________

网址：________________

______风景区研学旅行基地

2021 年 3 月 15 日

（本案例由赵立芳提供）

案例评析

招聘简章一般包括以下内容：招聘单位名称、概况介绍、招聘岗位、岗位职能、招聘人数、工作地点、聘用时间、岗位要求、聘用待遇、报名地址、联系人、联系方式、有效期、发布时间等基本项目。其中岗位要求包括政治条件、资格条件、年龄条件、性别条件、身体条件、户籍条件等。福利待遇包括工资待遇、住房保障、社会保险、福利抚恤等。在实践中，很多招聘简章，未必都要面面俱到，可以根据自己单位实际来确定招聘简章相应的条款项目，只要表达清楚明了即可。如有表达不清或者没有表达的条款，可以在将来的主合同中体现。要提醒的是招聘简章是将来聘用主合同的附件，应与主合同保持一致。

本案例招聘简章内容清楚，项目齐全，应聘者一目了然，可供研学旅行基（营）地招聘人才参考使用。

（点评人：文化和旅游部人才中心研学旅行指导师考评员李岑虎点评）

二、基（营）地招聘手续

研学旅行人才招聘信息发布后，为保证双方权益，基（营）地要给招聘人员及时办理相应聘用手续，譬如，填写应聘登记表、填写特殊岗位身体状况告知书、签订人才聘用合同书等。鉴于目前国家尚无统一的规范的招聘程序和参考表格，我们无法制定统一的模板，只能参考叶娅丽主编的《研学旅行基（营）地服务与管理》中的理论和国内知名研学旅行机构实践中的做法，编制或提供下面几个案例，供研学旅行机构参考。

（一）应聘登记表

案例 5-6

研学旅行基（营）地应聘登记表（见表 5-1）

表 5-1　研学旅行基（营）地应聘登记表

应聘职位：________________　　　　　　　　_____ 年 _____ 月 _____ 日

<table>
<tr><td>姓名</td><td colspan="2"></td><td>性别</td><td></td><td>出生
年月</td><td></td><td>身高</td><td></td><td rowspan="4">相
片</td></tr>
<tr><td>籍贯</td><td colspan="2"></td><td>民族</td><td></td><td>身份证</td><td colspan="3"></td></tr>
<tr><td>毕业
学校</td><td colspan="2"></td><td>专业</td><td></td><td>学历</td><td></td><td>职称</td><td></td></tr>
<tr><td>地址</td><td colspan="4"></td><td>电话</td><td colspan="3"></td></tr>
<tr><td rowspan="5">个人
简历</td><td colspan="4">工作时间</td><td colspan="3">工作学习单位</td><td>职 务</td><td>备 注</td></tr>
<tr><td colspan="4"></td><td colspan="3"></td><td></td><td></td></tr>
<tr><td colspan="4"></td><td colspan="3"></td><td></td><td></td></tr>
<tr><td colspan="4"></td><td colspan="3"></td><td></td><td></td></tr>
<tr><td colspan="4"></td><td colspan="3"></td><td></td><td></td></tr>
<tr><td rowspan="5">家庭
主要
成员</td><td>称谓</td><td colspan="3">姓 名</td><td colspan="3">工作学习单位</td><td>职 务</td><td>备 注</td></tr>
<tr><td></td><td colspan="3"></td><td colspan="3"></td><td></td><td></td></tr>
<tr><td></td><td colspan="3"></td><td colspan="3"></td><td></td><td></td></tr>
<tr><td></td><td colspan="3"></td><td colspan="3"></td><td></td><td></td></tr>
<tr><td></td><td colspan="3"></td><td colspan="3"></td><td></td><td></td></tr>
<tr><td>特长</td><td colspan="9"></td></tr>
<tr><td>个人
能力</td><td colspan="9"></td></tr>
<tr><td>面试
情况</td><td colspan="6"></td><td>基（营）地
意见</td><td colspan="2"></td></tr>
<tr><td>备注</td><td colspan="9"></td></tr>
</table>

（二）特岗告知书

研学旅行教学资源五彩缤纷，教学内容博大精深，研学岗位多姿多彩，对研学旅行指导师的要求也是五花八门。很多特殊研学旅行岗位对研学旅行指导师的身体状况要求极为严格，专业技能要求必须具备相应资质，研学旅行指导师身体状况和职业技能状况成为研学旅行基（营）地招聘研学旅行指导师必备的基本条件。

案例 5-7

特殊岗位告知书

为了维护基地和职工双方的利益，根据国家有关政策规定，结合基地的工作特点，现将应聘人的相关事项予以告知确认。

一、应聘人

姓名：__________，应聘______________岗位。

二、证件

（1）身份证号：____________________；

（2）驾驶证号：____________________；

（3）退伍证号：____________________；

（4）技术资格证号：____________________；

（5）家庭详细地址：____________________；

（6）现居住地：____________________；

（7）家庭主要成员：____________________；

（8）电话：___________________。

三、身体健康状况

应如实陈述，并对其真实性承担法律责任。

（1）有无传染疾病，______________，是何病症：______________；

（2）有无严重疾病，______________，是何病症：______________；

（3）有无慢性疾病，______________，是何病症：______________。

四、保险情况

应如实陈述，如有虚假个人承担责任。

（1）是否在原籍办理了合作医疗或医疗保险？______________；

（2）是否在原籍办理了意外伤害保险或意外医疗保险？______________；

（3）是否愿意参加由基地为其办理的意外伤害保险或意外医疗保险（其中基地承担80% 个人承担 20%）？______________；

（4）是否愿意参加由基地为其办理的医疗保险（其中基地承担 60% 个人承担 40%）？______________；

（5）是否愿意参加养老保险？______________。

五、注意事项

（1）凡不参加医疗保险或意外伤害保险者，视为自动放弃，其在基地期间出现的各种疾病完全由个人承担，基地不承担任何责任。

（2）凡不参加养老保险者，视为自动放弃，基地不承担任何责任。

（3）有关职工医疗问题按照上级文件规定执行。

（4）职工因病进行治疗，按照医疗保险的相关规定执行，由保险公司承担职工的医疗事宜，基地不承担职工的医疗责任。

（5）不符合办理医疗保险或意外伤害保险的职工，其医疗费用自行处理，基地不承担其的医疗责任。

确认人（签名）：

______年______月______日

（三）聘用合同书

签订聘用合同，是确立双方劳务关系，保护研学旅行基（营）地和基地人才合法权益而不可缺少的重要环节和管理方法。

案例 5-8

基地员工聘用合同书

甲　方：______研学旅行实践教育基地

地　址：____________

法定代表人：____________

乙　方：______　性别：______　出生年月：______

身份证号码：____________　家庭住址：____________

为确立甲乙双方劳务关系，保护实践基地和员工的合法权益，根据《中华人民共和国民法典》的有关规定，经甲乙双方协商一致，同意订立本合同。

一、聘用合同期限

甲乙双方约定如下，确定聘用合同期限：

（1）本合同为无固定期限的聘用合同。合同期从______年_____月_____日至合同中法定解除或终止合同的条件出现时止。

（2）本合同自_____年_____月_____日至_____年_____月_____日止。期限为______个月。其中试用期______个月，从_____年_____月_____日至_____年_____月_____日止。合同期满自行终止劳动关系。如甲方工作需要，经双方协商可以续订聘用合同（续订合同时不再实行试用期）。

（3）本合同以完成一定工作任务为期限的聘用合同。合同从_____年_____月_____日至_____年_____月_____日止。

二、工作内容

甲方安排乙方在 ______________ 岗位上工作。乙方应完成该岗位所承担的各项工作内容。如工作需要，甲方有权调换乙方的工作岗位。

三、工作时间和休假

（1）乙方的工作时间，依其工作性质按下列第①款或第②款确定：

①实行基地正常工作制：每周工作 6 天，每天工作 9 小时。

②实行不定时工作制：乙方上下班时间根据工作需要和甲方的实际工作安排而定。甲方采用集中工作、集中轮休、集中休息或轮流调休等适当方式，确保员工的休息、休假权利和工作任务的完成。

（2）乙方按甲方的内部制度规定，享有休假和福利待遇。

四、劳动报酬

甲方应当每月以货币或转账方式支付乙方工资，不得克扣或者无故拖欠乙方的工资。乙方在法定工作时间内提供了正常劳动，甲方向乙方支付的工资不得低于当地最低工资标准。

（1）甲方承诺每月 _______ 日为工资发放日；

（2）经甲乙双方协商一致，乙方的工资报酬按照甲方依法制定的规章制度中内部工资分配办法确定，按岗按绩效取酬。

五、劳动纪律

甲方根据国家的法律、法规的有关规定，制定员工纪律和规章制度，乙方自觉遵守甲方的劳动纪律和规章制度，服从甲方管理。

六、聘用合同的终止、解除、续订和变更

（1）有下列情形之一的，合同即行终止：

①聘用合同期满的；

②已完成一定的工作任务为合同期限的；

③乙方参加职业技能培训，甲、乙双方约定的终止条件到期的；

④在合同期内职工达到法定退休年龄办理退休手续的；

⑤劳动者死亡或者被人民法院宣告死亡和失踪的；

⑥基地被吊销营业执照责令关闭、撤销或者基地用人单位决定提前解散的；

⑦基地被依法宣告破产的；

⑧法律、行政法规规定的其他情形。

（2）本合同经甲乙双方协商一致，可以解除。

（3）乙方有下列情形之一的，甲方可以解除聘用合同：

①在试用期间被证明不符合录用条件的；

②经常迟到、早退和有旷工行为的；

③故意违反操作规程，给公司生产设备和生产安全造成重大损失的；

④严重失职，徇私舞弊，或以岗位便利谋取私利对公司形象和利益造成影响和损失的；

⑤偷盗公司财物或涉毒、赌博被查处的；

⑥行凶打架或以暴力伤害他人的；

⑦请人代工的；

⑧在岗员工兼任第二职业或从事经营活动为自己创收谋利的；

⑨以弄虚作假手段建立劳动关系的；

⑩被依法追究刑事责任的。

（4）有下列情形之一的，甲方可以解除本合同，但应当提前 30 日以书面形式通知乙方：

①乙方患病后或者非因工负伤，医疗期满后，不能从事原工作也不能从事由甲方另行安排的工作的；

②乙方不能胜任工作，经过培训或者调整工作岗位，仍不能胜任或不接受岗位调整的；

③本合同订立时所依据的客观情况发生重大变化，致使本合同无法履行，经甲、乙双方协商不能就变更劳动合同达成协议的。

（5）甲方濒临破产进行法定整顿期间或者生产经营发生严重困难，确需裁员的，可依法定程序裁员，裁减人员自裁减之日起，其聘用合同自行终止。

（6）乙方有下列情形之一且不符合第（7）条条件的，甲方不得解除劳动合同：

①患职业病或者因工负伤并被确认丧失或者部分丧失工作能力的；

②患病或者负伤，在规定的医疗期内的；

③女员工在孕期、产期、哺乳期内的；

④在本单位连续工作满 15 年，且距法定退休年龄不足 5 年的（员工本人要求解除除外）；

⑤从事接触职业病危害作业的劳动者未进行离岗前职业健康检查或者疑似职业病人在诊断或者医学观察期间的；

⑥法律、行政法规规定的其他情形。

（7）乙方解除劳动合同，应当提前 30 日以书面形式通知甲方。

（8）有下列情形之一的乙方可随时通知甲方解除劳动合同：

①在试用期内（提前三日通知用人公司，可以解除劳动合同）；

②基地以暴力、威胁或者非法限制人身自由的手段强迫工作的；

③基地未按聘用合同约定支付劳动报酬或者提供工作条件的；

④基地未依法为劳动者缴纳社会保险费的；

⑤用人单位的规章制度违反法律、法规的规定，损害员工权益的。

（9）当乙方在聘用合同期满后，经用人部门或用人单位考核合格，由用人部门或用人单位向基地人事部门申报审批可以续订劳动合同。

（10）经甲乙双方协商一致，本合同可以解除，但必须提前 30 日通知对方。

七、社会保险和福利

（1）甲乙双方依法参加社会保险，按期足额缴纳养老保险、失业保险、医疗、工伤、生育保险。乙方个人缴纳部分，由甲方在其工资中代为扣缴；

（2）乙方的公休假、婚丧假、女工孕、产期待遇以及终止聘用合同时的经济补偿金等，均按国家有关法律、法规、规章、政策以及甲方依法制定的规定执行；

（3）乙方患职业病或者因工负伤及因工或因病死亡应享受的待遇均按国家有关法律、

法规、政策执行；

（4）乙方患病住院或因工负伤医疗期的待遇按国家政策的有关规定执行。

八、违反聘用合同的责任

（1）由于乙方的过错，造成合同不能完成履行，由乙方承担违约责任；如属双方过错，根据实际情况，由双方分别承担各自应负的违约责任。

（2）当事人由于不可抗拒的原因不能履行合同的，应及时向对方通报不能履行或者需要延期履行、部分履行的理由，在取得有关证明后，允许延期履行、部分履行或者不履行，并可根据情况部分或者全部免于承担责任。

（3）乙方由于工作或生产的需要，甲方负责对乙方的岗位或者专业技术培训的，当乙方违反培训协议时，按培训协议条款执行。

（4）在公司涉及公司秘密和关键技术的核心岗位的员工解除劳动关系后 2 年内不得从事与公司相同职业的工作，公司 2 年内以本地最低工资按月支付保密费。如果乙方在保密期内给公司造成损失的，公司将按《中华人民共和国民法典》追究连带赔偿责任。

九、双方约定的其他事项

（1）甲方应将企业规章制度明确告知乙方。

（2）本合同未尽事宜，通过甲乙双方协商解决。

（3）本合同依法订立后，对双方具有约束力，甲乙双方必须严格履行。

（4）本合同一式二份，甲乙双方各执一份。

（5）双方协商签订的培训协议作为本合同书的附件，具有同等约束效力。

（6）因乙方擅自离职，致使公司重要文书和法律文书无法当面送达时，按地址、邮编、收信人、当面送达。

甲方：__________　　　　乙方：__________

法定代表人：__________　　　　（签字或盖章）

联系电话：__________　　　　联系电话：__________

签订日期：____年____月____　　　　签订日期：____年____月____

案例评析

我国宪法规定：“中华人民共和国公民有劳动的权利和义务。”国家通过宪法和法律保障劳动者实现劳动权。劳动者订立合同，意味着劳动权的实现，劳动者在合同期限内获得有保障的工作，用人单位不得无故解除合同；合同是用人单位合理使用劳动力、巩固劳动纪律、提高劳动生产率的重要手段；签订合同，明确规定当事人双方的权利和义务，有助于提高双方履行合同的自觉性，促使他们正确地行使权利，严格地履行义务。这样，就可以减少和防止发生劳动争议。因此研学旅行机构与受聘者签订劳动合同是必要的聘任程序和管理方法。本案例中的揭阳市中小学生综合实践活动教育基地，是教育部 2018 年评定的全国中小学生研学实践教育基地，其聘任合同是经过法律专业人士和丰富的研学旅行实践经验编写而成，具有很高的参考借鉴意义，值得研学旅行机构参考使用。

关于合同格式、内容等具体问题，参见第六章“研学旅行服务合同案例”。

（点评人：文化和旅游部人才中心研学旅行指导师考评员李岑虎）

第三节　基（营）地管理服务

研学旅行基（营）地的管理服务内容广博，项目多样，各地也是千差万别，无法穷尽所有内容，此处我们只对其中几个具有普遍性的环节进行举例展示，不再一一点评，仅供读者参考。

一、基（营）地接待服务

（一）接待岗位职责

案例 5–9

研学旅行基（营）地岗位职责分工如表 5–2 所示。

表 5–2　研学旅行基（营）地岗位职责分工

岗位部门	岗位职责
项目组长	负责整个研学旅行的监督、处理、协调、应急工作，协调基地、学校等关系
教培部	负责研学旅行的课程规划、设计、教学实施、师资培训、研学质量监督管理
保障部	负责研学旅行团队的资金保障、教具保障、安全保障、交通保障、食宿保障
客服部	负责前期的对接工作、课程设计中的沟通工作，以及活动结束后的售后服务工作
导师部	负责研学旅行教学、导游服务工作
安全部	负责学生的日常安全管理、安全教育、突发事件的处理和协调
宣传部	负责研学旅行宣传报道、对外信息发布、舆情防控
法务部	负责研学旅行合同的签订、法律文书的起草、法律事务处理、调解和诉讼

（二）产品报价清单

案例 5–10

研学旅行费用报价单如表 5–3 所示。

表 5–3　研学旅行费用报价单

序号	项目	内容	单价	单位	数量	小计 / 元
1	研学材料	前置课程		元 / 人		
2		研学手册		元 / 人		
3		活动材料		元 / 人		
4		横幅（规格 600cm × 60cm）		条		
5	餐饮费用	特色团餐		元 / 人		
6	基地费用	门票		元 / 人		
7		场地费		元 / 人		
8		景区交通		元 / 人		
9		全程讲解		元 / 名		
10	餐饮	特色团餐		元 / 人		
合计费用：　　元						

（三）接待服务订单

案例 5–11

研学旅行团队接待服务订单如表 5–4 所示。

表 5–4　研学旅行团队接待服务订单

订餐单位		用餐日期	
用餐人数		学生　　人；教师　　人；导游　　人；司机　　人。	
用餐标准	□桌餐　□自助餐　□盒饭　□其他		
用餐方式			

续表

用餐数量		用餐标准					
住宿标准	□标间　　□单间						
特殊要求							
预订方式		订餐人		联系电话		订餐时间	
预订日期		接单员		主管领导		汇报时间	

（四）特异体质学生登记表

案例 5–12

特异体质学生备案登记表如表 5–5 所示。

表 5–5　特异体质学生备案登记表

学校		负责人		电话	
班级	特异体质情况及要求	家　长	电话	带队老师	电话

（五）研学旅行服务流程表

案例 5–13

研学旅行服务流程表如表 5–6 所示。

表 5-6　研学旅行服务流程表

阶段	工作项目	具体工作内容	时间进度	完成
前期准备	启动会	项目介绍：研学旅行组织单位和学生情况介绍		
		明确责任：签订责任书，明确负责区域，确定对接人员		
研学旅行前	研学方案设计	初稿调整：积极配合学校或研学服务机构对设计方案的调整		
	通知书发放	通知发放：制作研学旅行通知文件，发给学校或研学服务机构		
	学生统计	报名统计：对本次研学旅行学生、教师和研学研学旅行指导师、导游、安全员及工作人员进行统计，并分组		
	交通安排	车辆统筹：根据学校参加研学的人数，结合班级分组，初步确定车辆数量		
	研学旅行课程的设计、制作及准备	准备材料：电子版资料，包括研学旅行文档正式版、研学指引、通信录、报名表、分组表等		
		印刷教材：联系印刷厂，确定价格，印刷研学旅行教材		
		打印材料：列出研学旅行活动中所需打印的清单及打印份数		
	住宿	客房服务：通知酒店，确定房间类型及数量		
	餐饮	用餐服务：通知餐厅，确定用餐菜单、时间及人数		
	设备	现场录制：安排现场录像、摄影等事宜		
		自备相机：研学旅行现场抓拍		
	保障人员	确认学校或服务机构研学随队老师		
		确定本次研学旅行的安全人员、研学旅行指导师等		
	确认	再次确认参加研学的人员和带队老师、教学流程、用餐等事宜		
	培训	对工作人员及研学旅行指导师进行现场模拟培训		
研学旅行中	车队	研学交通：调度车辆，准时安全接送学生		
	人数确认	点名确认人数，发放研学旅行资料		
	摄录	录像、摄影人员场景拍摄		
	确认	与学校或研学服务机构人员确认人数及流程、用餐和住宿等		
	巡查	餐厅巡查基地的餐具、菜品		
	引领	做好研学服务活动中的用餐、教学活动引领服务		

续表

阶段	工作项目	具体工作内容	时间进度	完成
研学旅行后	教学评价	研学旅行后一周内评价本次研学旅行		
	后续服务	对研学期间发生的费用进行结算，开具发票		
	成果展示	制作研学旅行成果集（画册或照片），将画册及照片发送学校		
	研学总结	研学旅行总结短片，汇编、设计		

（六）学生综合情况确认表

案例 5-14

研学旅行学生综合情况确认表如表 5-7 所示。

表 5-7　研学旅行学生综合情况确认表

<table>
<tr><td>研学单位</td><td colspan="8"></td></tr>
<tr><td>车牌号码</td><td colspan="2"></td><td>车型</td><td colspan="2"></td><td>司机电话</td><td colspan="2"></td></tr>
<tr><td>带队老师</td><td></td><td>电话</td><td></td><td colspan="2">研学旅行指导师</td><td></td><td>电话</td><td></td></tr>
<tr><td>班主任</td><td></td><td>电话</td><td></td><td colspan="2">安全员</td><td></td><td>电话</td><td></td></tr>
<tr><td>抵达时间</td><td></td><td>抵达地点</td><td></td><td colspan="2">离开时间</td><td></td><td>离开地点</td><td></td></tr>
<tr><td>序号</td><td>姓名</td><td>性别</td><td>身份证号码</td><td>序号</td><td>姓名</td><td>性别</td><td colspan="2">身份证号码</td></tr>
<tr><td>1</td><td></td><td></td><td></td><td>2</td><td></td><td></td><td colspan="2"></td></tr>
<tr><td>3</td><td></td><td></td><td></td><td>4</td><td></td><td></td><td colspan="2"></td></tr>
<tr><td>5</td><td></td><td></td><td></td><td>6</td><td></td><td></td><td colspan="2"></td></tr>
<tr><td>7</td><td></td><td></td><td></td><td>8</td><td></td><td></td><td colspan="2"></td></tr>
<tr><td>9</td><td></td><td></td><td></td><td>10</td><td></td><td></td><td colspan="2"></td></tr>
<tr><td></td><td></td><td></td><td></td><td></td><td></td><td></td><td colspan="2"></td></tr>
<tr><td>学生总数</td><td></td><td colspan="2">陪同老师总数</td><td></td><td colspan="2">学校负责人签字</td><td colspan="2"></td></tr>
</table>

（七）研学旅行回访记录表

案例 5–15

研学旅行回访记录表如表 5–8 所示。

表 5–8　研学旅行回访记录表

<table>
<tr><td rowspan="3">受访人</td><td rowspan="3"></td><td>学生</td><td></td><td>联系方式</td><td></td></tr>
<tr><td>家长</td><td></td><td>联系方式</td><td></td></tr>
<tr><td>老师</td><td></td><td>联系方式</td><td></td></tr>
<tr><td colspan="2">研学课程名称</td><td colspan="2"></td><td>出行时间</td><td></td></tr>
<tr><td colspan="2">对课程的满意度</td><td colspan="4">□安全性
□实践性
□教育性
□趣味性</td></tr>
<tr><td colspan="2">对课程的意见和建议</td><td colspan="4">□安全性
□实践性
□教育性
□趣味性</td></tr>
<tr><td colspan="2">回访人</td><td colspan="2"></td><td>回访时间</td><td></td></tr>
</table>

（本案例由牡丹江大学卢秉新提供）

（八）基地房屋维护检查表

案例 5–16

基（营）地房屋维护检查表如表 5–9 所示。

表 5–9　基（营）地房屋维护检查表

<table>
<tr><td>营会名称</td><td colspan="7"></td><td colspan="4">检查日期</td><td colspan="3"></td><td colspan="3">检查人</td><td colspan="4"></td></tr>
<tr><td colspan="22">如果符合要求，请在该项处打钩或标注相应的工作单编号</td></tr>
<tr><td>建筑或结构名称</td><td></td><td></td><td></td><td></td><td></td><td></td><td></td><td></td><td></td><td></td><td></td><td></td><td></td><td></td><td></td><td></td><td></td><td></td><td></td><td></td><td></td></tr>
<tr><td>地基</td><td></td><td></td><td></td><td></td><td></td><td></td><td></td><td></td><td></td><td></td><td></td><td></td><td></td><td></td><td></td><td></td><td></td><td></td><td></td><td></td><td></td></tr>
</table>

续表

窗台																					
地面																					
外墙																					
内墙																					
窗																					
帷幕																					
屋顶																					
台阶																					
围栏																					
烟囱																					
壁炉																					
供电线路																					
水暖设备																					
消防																					
建筑结构																					
房屋排水																					
后勤管理																					

（本表格由赵立芳老师设计）

（九）基（营）地设施维护检查表

案例 5-17

基（营）地设施维护检查表如表 5-10 所示。

表 5-10　基（营）地设施维护检查表

营地名称				检查日期			
如果符合要求，请在该项处打钩或标注相应的工作单编号							
基础设施		**餐饮加工**		**游泳池**		**通信设备**	
供水系统		加工区布局		围栏		办公家具	
水井套管		电 / 火炉		围墙		检查人：	
井盖		冷藏柜		水池墙面			
泉水保护		冷冻柜		池底		日期：	
滤水器		搅拌机		溢水槽			
水泵		烤箱		排水系统		项目活动区	
水泵电机		洗碗机		更衣室		滨水区	
氯化器		杀菌处理		淋浴		码头	
过滤装置		水池		马桶		浮板	
控制系统		桌面 / 台面		过滤装置		游艇码头	
水管		碗碟		氯气消毒设备		救生员瞭望塔	
储水池		碗碟存放		清洁设备		沙滩	
阀门		厨具		检查人		护栏	
冬季管道泄水		储藏室				跳水板	
		换气装置		日期		船	
卫生		照明设备				橹	
下水道		垃圾桶		土地管理		皮划艇	
化粪池		检查人		湖泊 / 池塘		船桨	
渗水井				淤泥控制		帆船	
废品处理场		日期		水草		救生设备	
垃圾处理				水坝		个人漂浮装置	
隔油池		**维护**		泄洪道			
		卡车		闸门		郊游 / 户外生存训练	
电		拖拉机				绳子	
电线		拖拉机设备		资源保护		斧子	
电线间隔		拖车		侵蚀防治		锯	

续表

电话		电动工具		野生动物管理		指南针	
电话线		手动工具		溪流管理		烹饪设备	
电线杆 / 线托		零配件		森林管理		铁锹	
		应急设备		景观		帐篷	
天然气 / 石油		消防设备		小路		背包	
天然气管道		灭火器		土壤保护			
储油 / 储气池		营会标识		有害植物		其他项目活动区域	
调节设备		易燃物 / 危险品		资源保护设备		射箭场	
检查人： 日期：		材料安全性数据表				射箭设备	
		基本维护记录		公共区域		射击场	
		基础设施图		野餐区		步枪 / 手枪	
		机械设备使用记录		分界墙 / 边界栅栏		渔具	
道路 / 停车场		车辆使用记录		草地		绳索项目	
路面		烟雾探测器				绳索项目设备	
水渠		一氧化碳探测器		检查人： 日期：		检查人：	
排水系统		自动喷水灭火系统					
桥							
涵洞 / 道路下的排水管		检查人： 日期：					
辅路				**办公室**			
大门				电脑		日期：	
路障				打印机复印机			
检查人： 日期：				电话系统			
				传真机			

（本表格由赵立芳老师设计）

二、基（营）地课程开发

（一）综合实践学校课程开发

案例 5–18

三明市综合实践学校课程开发（摘要）

三明市综合实践学校是2017年建成的国家级示范性综合实践基地，2018年被确定为福建省三明市研学旅行营地。结合小学、初中、高中不同学段学生的年龄特点，建立了小学、初中、高中“三级递进”的课程体系，开设了200多门研学实践课程（见表5–11）。

表 5–11　课程类别和科目

课程类别	课程科目
优秀传统文化类（27）	陶艺文化研学、朱熹文化研学、邮政文化研学、中草药研学、闽学之源研学、客家之源研学、闽师之源研学、活字印刷研学、古民居研学、陶艺制作、软陶制作、泥塑艺术、手绘艺术、扎染艺术、风筝制作、绳结艺术、京剧脸谱设计制作、十字绣、才艺展示、互动晚会、篝火晚会、达·芬奇密码、牵线搭桥、场地历奇、驿站传书、汉诺塔、动力圈
革命传统教育类（23）	长征之源研学、中央红军村研学、大田“第二集美学村”研学，寻找最全号谱、追寻中央苏区“乌克兰”，探究中央红军标语博物馆，真人CS野战、队列训练、军事内务、学唱军歌、军姿挑战，帐篷搭建、晾衣架搭建、罗马炮架搭建，风雨人生路，中空五连环，信任背摔、众志成城、盲人方阵，穿越电网、毕业墙，高空攀岩、N攀挑战
国情乡情教育类（26）	三明土楼之旅、村之旅、祠之旅、街之旅、井之旅、塔之旅、堡之旅、灯之旅、婚之旅、圩之旅、三钢之旅；国情省情大讲堂、研学旅行讲坛；法治教育、模拟法庭、禁毒教育、感恩教育、环保教育、礼仪教育、感恩食育、眼健康教育、心理健康教育；高尔夫体验，重走长征路，参观革命英雄纪念馆，编草鞋
国防科工类（30）	探究三明兵工厂、工业三明之旅，户外野营拉练，国防教育大讲堂（国防理论、国防知识、国防历史、国防法规、国防形势），军事训练、消防演练、夜间应急疏散演练，安全骑行、扎绳逃生、迷雾逃生、地震逃生，心肺复苏急救，机器人搭建、无人机飞行体验，3D打印设计与应用、短片设计拍摄与视频节目制作，建筑模型与搭建，定向越野、皮划艇接力、水上相依、抢滩登陆、载人纸船、水上浮桥、水上气球、水上拔河，激情节拍、不倒森林、一圈到底、无敌风火轮
自然生态类（34）	三明树王之旅、自然保护区之旅、森林康养之旅、万寿岩考古研学、竹之旅、茶之旅、莲之旅、花之旅、梯田之旅、溶洞之旅、湖之旅、泉之旅、瀑之旅、河之旅；昆虫旅馆、植物拓印、造纸探究、古法造纸；桂花酒制作、登山杖制作、植物标本制作、中草药制作；野外树屋搭建、动植物生态考察、野外定向、空气测量、土壤测量、水质测量、野外饮用水的寻找及净化；森林徒步、森林音乐会、草帽制作、森林寻食、森林环保

续表

课程类别	课程科目
劳动教育类 （60）	才艺劳动：金工制作、木工制作、竹工制作、茶道、剪纸、插花；树屋搭建、工程搭建、秋千搭建、户外餐桌搭建、瞭望塔搭建、宣传板搭建 家政劳动：整衣装、叠被子、拖地板、洗水池、摆桌椅、端菜、分菜、擦桌子、洗涤餐具、收剩菜剩饭、缝纫、豆制品制作、烹饪；我是小厨师、我是面点师；倒垃圾、垃圾分类、垃圾分拣、垃圾处理、垃圾运输 稼穑劳动：认识劳动工具，整地、翻土、播种、育苗、移栽、施肥、浇水、锄草、松土、抓虫、摘菜；蔬菜栽培（种植萝卜、花生、玉米、姜、地瓜、西瓜、花菜、插秧、割水稻）等 30 多种农作物；果树栽培与管理（百香果、桃树、葡萄、扬梅、蓝莓、草莓、枇杷、梨树、竹子）等 20 多种果树；畜牧养殖（养兔子、养黄羊、养猪、养鸡、养鸭）等 10 多种家畜 社区劳动：劳动教育大讲堂；豆腐制作、草鞋编制、竹篮编制；社区服务、走进养老院、走进社区贫困家庭；职业认知及职业方向、职业兴趣测试及职业规划、职业角色体验、企业考察、模拟招聘会

（本案例由三明市综合实践学校巫常清、王彩光编写）

案例评析

研学旅行活动课程是综合实践育人的有效载体，精心设计丰富多彩的研学旅行活动课程是提高研学旅行质量的根本保证。根据教育部《关于开展“全国中小学生研学实践教育基（营）地”推荐工作的通知》《大中小学劳动教育指导纲要（试行）》的规定和《研学旅行课程设计》理论，结合研学实践，研学旅行课程内容基本可以分为六大类型。课程开发者要根据研学旅行课程的目标，并根据学生发展的实际需求，遵循自主性、实践性、开放性、启发性、连续性、整合性等基本原则，开发研学旅行课程资源，选择研学旅行课程内容。

本案例是研学旅行专业学校的研学旅行课程，学校围绕立德树人目标，开发优秀传统文化等六类系列课程，形成小学、初中、高中不同层次的三级递进课程，体现了课程的系统性。结合小学、初中、高中不同学段学生的年龄特点，建立了小学、初中、高中“三级递进”的课程体系，这都与学生能力基础相匹配，具有学段性特征，符合教育规律和学生成长规律。

同时，本案例依托红色三明、生态三明、工业三明、文明三明四大主轴，充分利用三明市本地优秀的社会资源，开发长征之源、树王之源、闽江之源、闽师之源、闽人之源、客家之源等不同系统的研学课程，并将劳动教育纳入课程体系，具有浓郁的乡土气息，符合国家立德树人、培养人才理念和要求，利于培养学生热爱家乡、热爱国家的情怀。

课程内容丰富、专题齐全，具有知识性、趣味性、生活性、具体性，宜教、易学、易懂、宜模仿、易操作。

最后提醒读者，开发本单位课程资源时，一定要注意整体课程的统一性和规范性，注意学生的阶段性、层级性。同一研学旅行课程资源，在不同学段的课程中内容的呈现应有所区别。课程内容的深度、广度及表现形式都要与学生的学段特点相适应。同时提醒大家，同一课程资源不同的研学旅行指导师有不同的施教方法，因此基地加强和提升师资队伍建设是开展好研学旅行课程的关键。

（点评人：文化和旅游部人才中心研学旅行指导师考评员李岑虎）

（二）研学旅行基地课程开发

案例 5–19

蓬莱八仙过海集团三仙山研学旅行基地研学课程（摘要）

一、课程资源背景

三仙山风景区研学旅行基地位于蓬莱黄海之滨，先后获得国家文化产业示范基地、国家 AAAA 级旅游景区等荣誉称号。

三仙山的研学课程以中国古建筑艺术、树化玉艺术、中国漆器艺术、东阳木雕艺术为切入点，将景区建筑文化、书院文化、博物馆文化和学校教学相连接，将传统文化内涵和现代社会需求相连接，以体验探究、课堂讲座、智慧闯关等不同的方式，针对不同年龄段学生的特点，提炼出独特的三仙山风景区研学旅行课程资源。

二、研学主题课程

研学主题课程（一）　我是建筑小达人

（一）课程资源

1. 三仙山建筑特色

（1）蓬莱仙岛以清代界画大师袁江、袁耀的《蓬莱仙境图》为蓝本，经过清华大学建筑学院院长赵秉时教授二次创作建设而成。它的创新是把中国文人画的意境变成了现实。

（2）瀛洲仙境取自元代大书画家赵孟頫的《十八学士登瀛洲图》为蓝本而建。这组建筑由内四亭、外四亭环绕。内四亭分别是“礼仪廉耻”，外四亭分别是“忠孝节义”，这八个字是儒家思想的核心。这里主要以儒家文化为主题。

（3）方壶圣境气势雄伟，风格独特，结构严谨，体现一团和气的主题思想。这组建筑是按照圆明园的图纸、按照一定的比例还原建成，再现了当年圆明园建筑的辉煌。

2. 三仙山的建筑知识

（1）屋顶：中国传统屋顶共分 9 级，其中重檐庑殿顶、重檐歇山顶级别最高，其次为单檐庑殿、单檐歇山顶，再次是悬山顶、硬山顶、攒尖顶、卷棚顶、单坡顶。

（2）屋脊走兽：在中国的古建筑上，屋顶上常常排列着一些数目不等的小动物作装饰，这是中国古建一大特点，称之为“屋脊走兽”。

（3）斗拱：我国建筑特有的一种结构。在立柱和横梁交接处，从柱顶上加的一层层探出成弓形的承重结构叫拱，拱与拱之间垫的方形木块叫斗。合称斗拱，也作枓拱、枓栱。

教学建议：观察景区内的古建筑形式及部件，提出问题将问题转化为小组研究课题，体验课题研究的过程与方法，引导学生提出自己的想法，形成对问题的初步解释。

（二）课程特色

1. 古建筑讲堂（讲授式、探究式）

以 PPT 展示和视频短片播放、现场讲解等形式进行知识化的建筑文化讲座。学生了解学习古代建筑的斗拱、屋脊走兽、藻井、彩绘等构造的建筑原理及实用意义。

2. 手工课堂·我是小鲁班（体验式）

鲁班锁，是中国古代传统的土木建筑固定结合器，利用榫卯结构。不用钉子和绳子，完全靠自身结构的连接支撑，看似简单，却凝结着不平凡的智慧。可以让同学们了解榫卯技术的建筑原理，自主设计研究课题；以小组为单位合作制作简易鲁班锁，开发智力，培养学生的探究思维能力和动手能力。

3. 拓展活动·仙境寻宝（探究式）

以小组为单位，分工协作，在古建筑群中通过答题挑战、开启锦囊等环节收集线索，拼速度、找技巧、重合作，最先完成的一组将获得“古建筑小博士”的称号并有奖励。通过小组赛增强同学们的团队意识、责任意识，提高组织能力、协调能力、团队合作能力。

研学主题课程（二） 匠之神韵 文化传承

（一）课程资源

1. 树化玉专题（探究式）

树化玉是在地球地壳的变动过程中，树木经过剧烈的燃烧和碳化后深埋地下，在特殊的地质条件下经过了 1.7 亿年的漫长岁月，树木中的有机质逐渐被硅、钙、铁、铬、镁、铜等元素置换替代，在保留了树木原有特征的同时纳入周围岩层的矿物元素，形成了形如树质如玉而又颜色缤纷的树木遗体化石，地质学家称之为树化玉。

2. 活字印刷（体验式）

三仙山风景区内有一处瀛洲书院，它的名称起源于明朝嘉靖年间，为旧时府县学习读书的地方，是培养学生从童生到状元的场所。藏有《四库全书》《续修四库全书》《四库毁书》《古今图书集成》，还有从汉代至今有价值的中国线本上万册。共藏书 5 万余册。

探究古人印制书籍方法，“寻找状元郎·纸上千年”活动课程，将这古老的工艺传承下来，带领同学们穿越时光找回过去的印记。

3. 漆器专题（探究式，体验式）

漆器是中国古代在化学工艺及工艺美术方面的重要发明。在三仙山景区内展示的漆器作品有以下两类：福建脱胎漆器、扬州漆器。

福建脱胎漆器制作方法体验：其制作方法是以泥土、石膏或木材等塑成胎胚，以大漆为黏合剂，然后用麻布或绸布在胚胎上逐层裱褙；待阴干后脱去原胎，留下漆布雏形；再经过上灰底、打磨、髹漆研磨，最后施以各种装饰纹样，便成了栩栩如生的脱胎漆器成品了。

扬州漆器制作过程观摩体验。2006 年，被列入国家级非物质遗产保护名录。

（二）课程特色

1. 我是小小玉匠师（体验式）

观看树化玉原石打磨过程的视频（见图 5–1），并发现问题，以小组为单位探究。对树化玉形成原理、科研价值、精神哲思进行探究、讨论和思考，形成对问题的初步解释。

璞玉

打磨

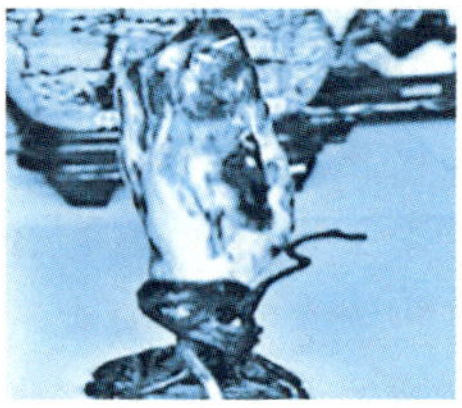

成品

图 5-1　树化石原石打磨过程

2. 手工课堂——巧手米雕（体验式）

跟专业大师学习“米上写字”技艺，并制成装饰品，进一步提高同学们动手能力，艺术创造能力，探究工匠精神的深层含义。

3. 纸上千年——活字印刷体验（体验式）

首先在老师的导览下，一起欣赏木活字印刷的小视频，了解木活字印刷的工序和制作流程，接下来，按小组实际操作。第一步是拣字；第二步按照定制的内容和版式整齐地排到版里；第三步校对；第四步手工敷墨；第四步印刷。用鬃刷在吸满墨汁的字模上来回扫动，待纸张泛出均匀墨迹，揭开宣纸，一张生动的木活字印刷品就完成了。

（本案例由蓬莱阁三仙山风景区李妍、夏文君、李婧编写，李子尚改编）

案例评析

本案例中的蓬莱八仙过海集团三仙山研学旅行基地属于依托风景区建立的研学旅行基地。这种类型的研学旅行基地研学资源十分丰富，尤其是国家 AAAAA 级景区的研学旅行资源更是数不胜数。如何利用本景区的资源开发属于中小学生的研学旅行课程，李岑虎主编的《研学旅行课程设计》一书第四章“研学旅行课程内容”和第六章“研学旅行课程资源”做了详细的论述，本案例也为我们提供了可以参考的思路。

第一，突出课程资源和内容的教育性原则，而不是突出旅游特色。

三仙山风景区是国家 AAAAA 级风景区。全文两个课程中却没有一处是写旅游，没有一处是写“游览”“参观”“观看”“聆听”等“纯旅游”行业常用的词语。全部是按照研学旅行教育教学规律和学校教育规律和行业来描述、表达。只是利用景区的资源，把学生引进来，耳闻目睹，亲力亲为，触景生情。利用三仙山建筑特色和建筑知识，鲁班锁制作、树化玉艺术、活字印刷技术、漆器艺术、雕刻艺术，开展爱国主义教育、革命传统教育、国情教育、传统文化教育。

第二，在教学方法上，突出了实践性原则，体现了学生动手能力的培养。该研学旅行课程强调学生亲身经历各项活动，在“动手做”“实验”“探究”“设计”“创作”“反思”的过程中进行“体验”“体悟”“体认”；在全身心参与的活动中，发现、分析和解决问题，体验和感受生活，发展实践创新能力。课程内容的设计上做到了让学生动起来，学会动手、动眼、动耳、动口、动脑，调动所有感官，参与到课程实践中。

第三，分组合作的教学管理模式，利于学生之间沟通、交流、合作，利于开展爱国主义教育、集体主义教育、合作意识教育、文明素质教育、理想信念教育、意志品质教育、自我管理教育等，起到研学旅行立德树人、教书育人的效果。

第四，课程专题体现了开放性原则。树化玉专题、活字印刷专题、漆器专题、我是小小玉匠师、巧手米雕、活字印刷体验课程，都是基于学生已有经验和兴趣专长，打破学科界限，选择综合性活动内容，鼓励学生跨领域、跨学科学习，为学生自主活动留出余地。要引导学生学会拓展活动内容，使学生的个性特长、实践能力、服务精神和社会责任感不断获得发展。

最后结合本案例提醒大家两点：

第一，很多景区的研学旅行课程依靠传统的景点开设研学旅行讲程，讲解方法主要采用“导游讲解法”“导学讲解法”，用千百年来误人子弟的“满堂灌”“填鸭式”“放羊式”等原始的手段来开展研学旅行活动，这是不符合教育部门要求的研学旅行课程，是十分有害的，也是风景区、博物馆类研学旅行的致命软肋。研学旅行基地必须按照教育规律加强研学旅行师资的培养。

第二，国内很多景区都存在宗教场所、祈福烧香、易经算命等现象，但是，这些都是大中小学研学旅行的红线，在资源的选择和课程的设计中绝对不允许踏入半步。该案例中的三仙山研学旅行基地严格地规避了道教话题和宗教资源，值得借鉴。我们每一个研学旅行基地和研学旅行指导师要牢记研学旅行立德树人根本任务，让广大中小学生在研学旅行中感受祖国大好河山，感受中华传统美德，感受革命光荣历史，感受改革开放伟大成就，增强对坚定“四个自信”的理解与认同；促进学生形成正确的世界观、人生观、价值观，培养他们成为德智体美全面发展的社会主义建设者和接班人，这是我们的神圣使命和责任。

（点评人：文化和旅游部人才中心研学旅行指导师考评员李岑虎）

三、基（营）地汇报总结

案例 5-20

创设立德树人大课堂　打造实践育人综合体
——三明市综合实践学校研学实践教育工作总结

（2021年2月15日）

三明市综合实践学校围绕三明市委、市政府的教育工作部署，认真贯彻落实教育部等11部门《关于推进中小学生研学旅行的意见》、中共中央国务院《关于全面加强新时代大中小学劳动教育的意见》等文件精神，按照教育部《关于印发〈示范性综合实践基地实践活动指南〉（试行）的通知》要求，充分发挥示范性综合实践基地功能作用，整合社会资源，创设立德树人大课堂，打造研学实践育人综合体，以实践育人为载体推动新时代教育改革发展。现将研学实践教育工作情况汇报如下：

一、学校基本情况

三明市综合实践学校位于三明市三元区岩前镇，是2011年首批国家支持的20个示范性综合实践基地之一，占地面积20公顷，是目前福建省独立建制、独立校区、面积最大、课程最完善、年接待学生规模最大、覆盖学段最广、功能最齐全、特色最丰富的国家级示范性综合实践基地。

学校设置生活区、运动区、室内实践区、室外实践区、劳动种植区、拓展区6个区域，拥有综合楼、实践楼、研学培训楼、学生宿舍楼、教师宿舍楼、文体中心、生态餐厅、生活服务楼等13幢楼房和1个运动场。建成了民族民俗坊、邮政体验坊、禁毒教育坊、法制教育坊、创客坊、陶艺坊、电商坊、工匠坊、智造坊、安全教育坊等室内实训室，建成了高空挑战、N攀挑战、真人CS野战、定向越野、障碍竞技、场地历奇、毕业墙等户外项目。校区内无线Wi-Fi全覆盖，330个摄像头全方位安全监控，实行全封闭式管理，可同时容纳1420人食宿及开展活动。

二、课程开设情况

根据2013年《教育部关于印发〈示范性综合实践基地实践活动指南〉（试行）的通知》（教基一司函〔2013〕56号）文件精神，我校结合小学、中学、高中等三个学段的学生年龄特点，设置了研学实践、农林体验、生存体验、素质拓展、专题教育、科学实践六大类课程体系150多门实践课程，创设四类教学模式。

（一）优秀文化融合教学模式

实施文明礼仪教育、国学文化教育及感恩教育，每天早、中、晚、睡前时段开设“晨诵、午读、暮省、夜听”四个优秀传统文化教育环节，让学生潜移默化吸收感受文化之美；开设餐前感恩活动及专题感恩教育，让学生感恩父母、感恩师长，让学生拥有阳光的心灵，形成积极乐观的人生态度。

（二）非遗文化融合教学模式

在邮政体验、陶瓷彩绘、茶艺、民族民俗文化等课程中，让学生领悟中国文化之美，培养学生的爱国情怀。开设非遗文化课程，开展植物拓染、扇面制作、植物扎染等实践教学活动，内容丰富、形式多样地开展实践教学。

（三）劳动教育融合教学模式

在劳动实践中的花卉盆栽、蔬菜种植、餐厨劳动等课程中，弘扬“工匠精神”，让学生自主设计、学会创作，在辛勤劳动中感受劳动是最美丽，增强劳动创造的自豪感。

（四）研学实践融合教学模式

结合三明地理位置和周边资源，规划设计了小学以乡土乡情为主、初中以县情市情为主、高中以省情国情为主的研学实践教育线路，开设绿色生态研学之旅、农林体验研学之旅、山海探究研学之旅、红色文化研学之旅、客家文化研学之旅、安全体验研学之旅等主题线路，让学生们在研学实践中增长见识、陶冶情操，深刻感受祖国山河之美，提炼教育内涵。2020 年，组织全市区域特色研学实践线路实地调研，完成闽西南 5 市学生及参训校学生研学实践活动 3099 人次。

三、活动开展情况

学校周五闭营前的成果汇报是校园文化的集中展示，是同学们向老师的激情汇报，更是培养学生发现美、鉴赏美、创造美的能力，实现全面发展的重要手段。本年度共开展 18 场成果汇报。学校还根据各种传统节日开展各种丰富多彩的艺术活动。

2020 年，在上半年疫情防控未能开展的情况下，下半年接待了 55 所学校 14 423 人次参与实践活动，补助贫困学生 343 人次共 51 150 元。

四、工作成效

2017 年运行以来，已开展 93 期综合实践活动 6.5 万余人次，补助贫困学生 807 人次共 11.267 万元，“家长开放日”接待家长 5000 多人次，深受师生和社会好评。人民日报、人民论坛、今日头条、福建日报、三明日报等媒体分别刊出 11 篇专题报道，高度肯定了实践育人成效。学校被评为福建省研学旅行营地、福建省青少年学生校外活动中心、三明市研学旅行示范基地；2020 年荣获三明市教育系统集体嘉奖、三明市教育系统先进基层党组织、三明市暑期学生教育活动先进集体奖项或称号。2020 年，陈岗副校长荣获三明市“师德标兵”称号，陈剑辉、江英飞两名同志被评为三元区先进教师优秀教师、优秀教育工作者。

五、下一步工作计划

（一）健全研学工作机制

三明市文旅局和教育局有效合作，健全全市校外教育联盟管理体系，打造研学实践教育基地，开展研学实践教育线路和课程，推进协作常态化、管理日常化；整合全市研学资源，开发研学实践教育课程，培训研学实践教育老师；开展研学实践教育活动，降低研学基地的门票收费，初中和小学立足市域内研学，高中学生立足省域内研学。

（二）健全研学工作机制开发特色研学课程

结合三明市委提出的“四篇文章”及三明现状，围绕省、市生态资源、海丝文化等特色，推进海峡两岸青少年研学交流互动，开发闽台文化、绿色三明、红色三明、文明三明、工业三明、文化三明、非遗三明、国学三明、闽师三明、闽人三明、闽江三明、土堡三明、地质三明等研学特色课程。

（三）健全研学工作机制，开发特色研学课程，加强研学师资培训

根据创建国家级研学基地要求，将研学师资提高培训纳入日常教研活动，组织开展研学课程编写、研学点实训等活动；建立师资人才库，选择全市优秀地理、历史、生物等师资、三明学院旅游管理系优秀学生、专业行家，以及各综合实践学校和旅行社等工作人员等加入研学旅行指导师队伍，加强研学教师队伍培训。

开发特色研学课程，加强研学师资培训、加强研学工作督导。学校是研学实践教育的主体，把研学实践教育的实施情况纳入对县（市、区）教育督导、对学校考核的内容，强化政府和学校的研学的责任感。

今后，我校将坚持以习近平总书记新时代中国特色社会主义思想为指引，认真贯彻落实中共中央、国务院、教育部有关教育改革发展文件精神，全方位落实实践育人措施，为

青少年的终身发展服务，为培养德智体美劳全面发展的社会主义建设者和接班人打下坚实的基础。

（本案例由三明市综合实践学校巫常清、陈剑辉编写）

案例评析

（1）全文分为概论、学校基本情况、课程开设情况、活动开展情况、工作成效、下一步工作计划六部分，思路清晰，简洁明了，符合总结文书的基本格式和要求。

（2）课程模式有特色。学校创设的四类教学模式：优秀文化融合教学模式、非遗文化融合教学模式、劳动教育融合教学模式、研学旅行融合教学模式有特色，有代表性，值得推广。

（3）活动开展情况和工作成效的总结模块，运用数据证明，以事实说明过去的成绩，胜于任何空洞理论的雄辩。

（4）下一步工作计划模块，从健全研学工作机制、开发特色研学课程、加强研学师资培训、加强研学工作督导四个方面着手，精准周密，诚心研学，不是干巴巴的励志表态，展示了三明实践学校人真抓实干、教书育人、赤胆忠心的高尚情怀。

（点评人：桂林旅游学院研学旅行指导师培训授课专家陈朝晖）

第四节　基（营）地申报认定

一、基（营）地申报认定制度

（一）广西区研学实践教育基（营）地推荐要求

案例 5-21

广西壮族自治区教育厅关于开展广西第三批中小学生研学实践教育基地推荐工作的函

自治区各有关部门：

为深入贯彻落实党的十九大和全国、全区教育大会精神，发展素质教育，进一步落实自治区教育厅等 12 部门《关于推进中小学生研学旅行的实施意见》，推动中小学生研学实践教育深入开展，丰富区内外中小学生开展研学实践教育的活动场所，我厅计划开展第三批自治区级中小学生研学实践教育基地遴选、认定工作。现就协助推荐研学实践教育基地有关事宜函告如下：

一、基地推荐条件

基地主要指各地各行业现有的，适合中小学生前往开展研究性学习和实践教育活动的优质资源单位。该单位须结合自身资源特点，已开发或正在开发不同学段（小学、初中、高中）、与学校教育内容衔接的研学实践教育主题和课程。同时应满足下列条件：

（1）各地各行业现有的属于下列主题板块之一的优质资源单位。

①优秀传统文化板块。包括旅游服务功能完善的文物保护单 位、古籍保护单位、博物馆、非遗场所、优秀传统文化教育基地等单位。通过课程学习，能够引导学生传承中华优秀传统文化核心思想理念、中华传统美德、中华人文精神，坚定学生的文化自觉和文化自信。

②革命传统教育板块。包括爱国主义教育基地、革命历史类纪念设施遗址等单位。通过课程学习，引导学生了解革命历史，增长革命斗争知识，学习革命斗争精神，培育新的时代精神。

③国情教育板块。包括体现基本国情和改革开放成就的美丽乡村、传统村落、特色小镇、大型知名企业、大型公共设施、重大工程等单位。通过课程学习，能够引导学生了解基本国情及中国特色社会主义建设成就，激发学生爱党爱国之情。

④国防科工板块。包括国家安全教育基地、国防教育基地、海洋意识教育基地、科技馆、科普教育基地、科技创新基地、高等学校、科研院所等单位。通过课程学习，能够引导学生学习科学知识、培养科学兴趣、掌握科学方法、增强科学精神，树立总体国家安全观，树立国家安全意识和国防意识。

⑤自然生态板块。包括自然景区、城镇公园、植物园、动物园、风景名胜区、世界自然遗产地、世界文化遗产地、国家海洋公园、示范性农业基地、生态保护区、野生动物保护基地等单位。通过课程学习，能够引导学生感受祖国大好河山，树立爱护自然、保护生态的意识。

（2）具备承接中小学生开展研学实践教育的能力，能够结合单位资源特点，设计开发适合小学、初中、高中不同学段学生，与学校教育内容相衔接的课程和线路；学习目标明确、主题特色鲜明、富有教育功能；有适合中小学生研学实践需要的研学管理人员、课程实施指导人员及课程和线路介绍。

（3）有安全措施和保障能力，有安全警示标志、有专门的安全应急通道，有监控系统，有专门的安全管理人员、现场安全教育和安全防护措施，有应急预案，近 5 年来未发生过重大安全责任事故。基地应建立院前急救体系，配备非专业人员可以使用的心脏骤停急救设备（AED）和其他急救设施。

（4）能够积极配合教育部门工作，对中小学生研学实践教育活动实施门票减免等优惠措施，单位周边交通便利，适宜中小学生前往开展研学实践教育活动，在本地区、本行业有一定示范意义。

（5）财务管理体制明确，内部保障机制健全，产权清晰，运行良好，日常运转经费来源稳定；注重预算管理、绩效评价，内部控制与财务制度健全，会计基础工作规范，具备项目管理能力。

（6）近三年来没有受到各级行政管理（执法）机构的处罚。

（7）被教育部、自治区教育厅命名为“全国中小学生研学实践教育基地”“广西中小学生研学实践教育基地”的单位不再申报。

二、推荐流程

（一）单位申报

各单位根据申报条件积极申报，填写基地申报表（一式三份，详见附件 1）。同时须提供相关佐证材料：研学实践教育课程、相关活动场景图片、已获荣誉等文本资料。申报基地名称要规范，应与本地、本单位名称或本行业有关。申报书和相关佐证材料的纸质版和电子版一同上报所属主管部门。申报材料只能由一个部门推荐，不要多渠道报送。

（二）部门初审

各申报单位的上一级主管部门对照基地申报条件，对申报项目进行初审，做好现场核实并做记录，形成实地核查意见，签具初步审核和推荐意见，连同申报材料盖章后一并报送自治区直属相关部门。

（三）区直部门推荐

各区直部门对符合推荐条件的优质资源单位进行遴选，重点考虑国家或相关行业已挂牌的各类教育基地，确定推荐名单和推荐顺序，签署推荐意见并盖章后将基地申报表、申报汇总表（详见附件 2）和相关佐证材料报自治区教育厅。区直部门可推荐不超过 10 个基地候选单位，不接收越级申报和无部门推荐的材料。

（四）评议认定

自治区教育厅组织专家对基地申报材料进行审核评议，并在此基础上对候选的基地进行实地核查，最后进行综合评定。通过综合评定的基地将予以命名授牌。

三、工作要求

（1）各单位要切实加强组织领导，统筹规划本地本行业中小学生研学实践教育工作，认真按照推荐条件，充分考虑基地的教育功能、工作基础、学生需求、区域分布、交通条件等情况，认真遴选并推荐本地本行业中小学生研学实践教育基地，切实构建符合本地本行业实际、体现区域特色的研学实践教育网络。

（2）请各单位于 2021 年 4 月 30 日前将基地申报表、推荐汇总表及相关佐证材料盖章后报我厅基础教育处，同时发送电子版至邮箱：gxywjy@126.com。联系人及电话：姜国安，0771-5815212。地址：南宁市竹溪大道 69 号 2403 室，邮编：530021。

附件：（1）广西第三批中小学生研学实践教育基地申报表

（2）广西第三批中小学生研学实践教育基地推荐汇总表

广西壮族自治区教育厅

2021 年 3 月 19 日

附件 1（见表 5–12）

表 5–12　广西第三批中小学生研学实践教育基地申报表

（一基地一表）

<table>
<tr><td>基地名称</td><td colspan="4"></td></tr>
<tr><td>单位详细地址</td><td colspan="4"></td></tr>
<tr><td>申报单位名称
（全称，与公章一致）</td><td colspan="4"></td></tr>
<tr><td>申报单位详细地址</td><td colspan="4"></td></tr>
<tr><td>统一社会信用代码</td><td colspan="4"></td></tr>
<tr><td>单位类型</td><td colspan="4">□事业单位　□国有企业
□民营企业　□其他</td></tr>
<tr><td>负责人</td><td></td><td>电话（手机）</td><td colspan="2"></td></tr>
<tr><td>联系人</td><td></td><td>电话（手机）</td><td colspan="2"></td></tr>
<tr><td>在职员工总数（人）</td><td></td><td>研学实践教育师资数（人）</td><td colspan="2"></td></tr>
<tr><td>所属类别</td><td colspan="4">□优秀传统文化板块　□革命传统教育板块
□国情教育板块　□国防科工板块
□自然生态板块　（仅选一项）</td></tr>
<tr><td>2020 年度接待开展研学活动学生批次</td><td colspan="2"></td><td>2020 年度接待开展研学活动学生人数</td><td></td></tr>
<tr><td rowspan="2">推荐理由</td><td colspan="4">单位简介（含行业地位，研学资源介绍，其他机构命名、授牌情况）</td></tr>
<tr><td colspan="4">研学实践活动接待能力（含全年开放天数，最大接待人数等）</td></tr>
<tr><td>推荐理由</td><td colspan="4">已有小学、初中、高中研学课程及相应课程的学生单位成本，是否收费、优惠减免政策
课程一：
课程二：
课程三：
……</td></tr>
<tr><td>推荐理由</td><td colspan="4">研学实践教育制度建设情况</td></tr>
</table>

续表

<table>
<tr><td rowspan="3">推荐理由</td><td colspan="2">保障与财务管理情况［围绕推荐条件第（4）、（5）条填报，并附必要佐证材料］</td></tr>
<tr><td colspan="2">其他优势（如：已被教育行政部门纳入本地研学实践教育整体工作安排，被纳入附近营地设计的研学线路中，和营地或部分学校已签订开展研学实践教育活动的协议书等）</td></tr>
<tr><td colspan="2">负责人（签字）：
单 位（盖章）：
年 月 日</td></tr>
<tr><td colspan="2">申报单位主管部门意见：
（盖章）
年 月 日</td><td>区直部门意见：
（盖章）
年 月 日</td></tr>
</table>

（二）山东省研学实践教育基地推荐要求

案例 5-22

山东省研学基地遴选推荐通知

山东省教育厅 山东省发展和改革委员会 山东省文化和旅游厅
关于组织开展首批省级中小学生研学基地复评和第三批省级中小学生
研学基地及优秀研学课程遴选推荐工作的通知

鲁教基函〔2021〕4 号

各市教育（教体）局、发展改革委、文化和旅游局，省直有关部门：

为进一步丰富我省中小学生研学资源，推动研学实践教育工作，根据《山东省省级中小学生研学基地管理办法》(以下简称《管理办法》)，现就做好首批省级中小学生研学基地复评和第三批省级中小学生研学基地及优秀研学课程遴选推荐工作通知如下。

一、首批省级中小学生研学基地复评工作

（一）复评范围

2018 年 1 月由山东省教育厅、山东省旅游发展委员会联合命名的首批省级中小学生研学基地均应按照程序申请复评。

（二）申请程序

（1）相关基地对照《管理办法》开展自评，符合申报要求的向所在地市级教育行政部门提交复评材料，基地为省直部门（含省属国企）直属单位的向主管部门提交复评材料。

（2）市级教育行政部门联合有关部门对本市基地复评材料进行审核，省级主管部门对直属单位复评材料进行审核。

（3）经过审核确定符合条件的，由市级教育行政部门或省级主管部门将材料提交至省教育厅。

（三）复评材料

（1）市级教育行政部门或省级主管部门审核报告，包括受理情况及审核过程、方式和结果等。

（2）《山东省省级中小学生研学基地复评申报表》，总结基地审批以来工作情况，提出下步工作打算。

（3）提交相关支撑材料：包括：10 张以内具有代表性的图片，单张图片大小不超过 2M，格式为 jpg 或 png；3 个以内的视频资料，单个视频大小不超过 300M，格式为 mp4。

二、第三批省级中小学生研学基地遴选推荐工作

（一）申报范围

（1）符合《管理办法》规定申报条件的单位均可申报。

（2）各地可结合建党百年，注重推荐红色文化保护单位。

（二）申报程序

（1）申报单位按照属地受理原则向所在地的县（市、区）、市级教育行政部门提出申请。

（2）省教育厅、省发展改革委、省文化和旅游厅根据各地生源情况、研学实践开展情况以及上期研学基地审核情况，确定各市报送研学基地名额（见附件）。各市在省分配名额内，对各申报单位进行遴选，择优推荐。

（3）省直部门（含省属国企）直属单位申报的，经主管部门审核同意，可直接向省教育厅提交申报材料。

（三）申报材料

（1）《山东省省级中小学生研学基地申报表》。

（2）基地课程方案，包括课程主题、内容、实施对象、师资保障等。如有多门课程，报送最主要的 2~3 门，每门课程材料字数不超过 1000 字，格式为 pdf。

（3）营业执照、资质等相关证书图片，单张大小不超过 2M，格式为 jpg 或 png。

（4）能够证明满足申报条件以及在某领域具有独特资源优势的佐证材料，包括：10 张以内具有代表性的图片，单张大小不超过 2M，格式为 jpg 或 png；3 个以内的视频资料，单个视频大小不超过 300M，格式为 mp4。

三、第三批优秀研学课程遴选推荐工作

（一）评选范围

各级教育行政部门、教研部门及中小学校，依托我省范围内教育资源，设计开发并已实践应用的研学课程。其中面向初中学段课程一般依托本市域内资源开发，面向小学学段课程一般依托本县域内资源开发。

鼓励各级教育行政部门、教研部门及中小学校与资源单位联合开发课程参评，鼓励红色研学课程参评。

（二）申报要求

（1）主题鲜明。要充分挖掘资源单位的教育素材，立足立德树人根本任务，提炼研学主题和育人目标，突出思想性、科学性、教育性、实用性、实践性、体验性，引导和培养学生形成正确的世界观、人生观，弘扬社会主义核心价值观。

（2）对象精准。所申报课程内容应符合学生身心发展阶段和认知水平，课程实施对象应指向特定学段。

（3）内容丰富。围绕课程主题和课程目标，结合所依托资源单位特点，设计出价值丰富、思路清晰、展示性强、表达准确、思想健康、内容充实的课程资源。明确课程组织实施的目标、路径、方法，日程安排合理。

（4）资料完善。结合课程内容，设计出可供学生选择使用的行前、行中和行后等相匹配的资料。

（5）评价科学。有科学、简便、可操作的评价标准和方式；评价结果科学规范，可以在适当范围内、通过适当方式进行呈现。

（三）申报程序

同第三批省级中小学生研学基地申报程序。

（四）申报材料

（1）《山东省省级中小学生优秀研学课程申报表》。

（2）能够证明课程效果的相关支撑材料，包括：5张以内具有代表性的图片，单张大小不超过2Mb，格式为jpg或png；1个视频资料，单个视频大小不超过300Mb，格式为mp4。

四、其他事项

（一）申报方式及时间

（1）申报方式。首批基地复评资料通过系统申报，市级教育行政部门或省级主管部门进行网上审核并上传审核报告。第三批省级研学基地和优秀研学课程申报材料采取市级教育行政部门或省直部门自行组织遴选确定推荐对象后，再通过申报系统上传申报材料的方式进行。

申报系统网址：http：//lyszhsj.com：9001/，登录账号、密码及操作手册另行下发。各类申报表在省教育厅官方网站“资料下载”专区下载。

（2）时间要求。申报系统内各类材料报送至省教育厅的截止时间为2021年3月31日。

（二）评议结果处理。

省教育厅会同省发展改革委、省文化和旅游厅组成专家组，采取材料审核和现场勘查的方式进行评审评议。按照程序通过评议的，公布首批省级中小学生研学基地复评合格名

单和第三批省级中小学生研学基地及优秀研学课程名单。未参加复评或复评不合格的，撤销称号。

（三）相关工作要求

申报单位要严格对照《管理办法》进行自评，对申报材料的真实性负责。存在弄虚作假行为的，5 年内不得推荐申报省级研学基地。各市要认真做好审核工作，按照宁缺毋滥的原则进行推荐。对于推荐的基地或课程质量不高、科学性较差、省级评议通过率较低的市，将减少下一年度分配名额。

联系人：高彬，电话：0531-81916605。

山东省教育厅 山东省发展和改革委员会 山东省文化和旅游厅

2021 年 1 月 21 日

（三）浙江省研学实践教育营地、基地申报要求

案例 5-23

浙江省中小学研学实践教育营地、基地申报认定文件

文件一：浙江省中小学研学实践教育营地、基地申报认定和管理细则（试行）

浙江省中小学研学实践教育营地、基地申报认定和管理细则（试行）

研学实践教育营地是学生研学旅行过程中开展研究性学习和生活住宿的大本营；研学实践教育基地是学生研学旅行过程中开展研究性学习的主要场所；

浙江省中小学研学实践教育营地、基地的认定和管理实行“准入条件前置、特殊要件审查、分级公布监管、不符摘牌退出”的机制。

一、申报条件设置

（一）申报浙江省级中小学生研学实践教育基地、营地的，必须符合下列基本条件：

（1）法人资质。申报单位具备法人资质。

（2）前置条件。申报单位应符合以下类别中的前置条件之一：

①省级及以上相关部门命名或认定的爱国主义教育基地、国防教育基地、国家安全教育基地、海洋意识教育基地、革命旧址，列入全国红色旅游经典景区名录、省级红色旅游教育基地名录的景区，优秀传统文化教育基地、文物保护单位、历史文化遗产；设区市及以上设立的博物馆、艺术馆等。

②省级及以上相关部门命名或认定的特色小镇、旅游风情小镇，美丽乡村（A 级景区村庄、乡村旅游产业集聚区、最美田园、示范型农业基地等），生态保护区（森林公园、湿地公园、水利公园等）、动植物园等。

③省级及以上相关部门命名或认定的科普教育基地、科技创新基地，中小学综合实践

教育基地，青少年活动中心；省级及以上设立的高等院校、科研院所；设区市及以上设立的科技馆、各类青少年校外活动场所、大型公共设施等。

④全国闻名的企业、市场，省级及以上各类“旅游+”产业融合示范基地等。

⑤有较好育人价值、适合中小学生研学活动的国家3A级及以上旅游景区等。

（3）运行情况。对公众正式开放，运营情况良好。

（4）活动专区。设置有面向中小学生研学活动专区，且主要面向中小学生开放。

（5）课程设置。开设适合中小学生研学旅行的课程，至少有一个活动主题。

（6）讲解服务。配备有面向中小学生群体的专业讲解、辅导人员。能结合研学实践教育要求，提供有针对性、互动性、趣味性和引导性的讲解服务。

（7）费用减免。凡接待学校集体组织的中小学生研学团组的，首道门票全免；内设的研学活动可免费参与的项目数不少于总项目数的50%；对家庭组织研学、或学生个体参与的研学，按有关规定减免门票，并有特别的研学项目减免费等优惠举措。

（8）安保措施。整体通过消防验收。符合公共场所安全的基本要求，有严格的安全管理措施，有针对中小学生群体的特别安全管护措施，各类安全设施设备运作良好。

（9）信息化服务。开设有网站或公众微信号并全年公开开放接待时间和联系方式；具备师生及家长查询方便快捷、信息更新及时的研学实践服务和评价的信息管理系统。

（二）申报浙江省级中小学生研学实践教育营地的，除必须符合基地的基本条件外，还必须符合下列基本条件：

（1）工程项目通过竣工验收，并已正式运营半年以上。

（2）具有能同时接待300名及以上中小学生的床位。面向研学团队优惠后的住宿收费标准每人每天不超过50元。住宿区相对隔离；住宿卫生、安全等条件符合国家有关规定；制定有住宿安全管理制度，配有专门的、足量的安保人员，巡查、夜查工作正常。

（3）有专门的面向中小学生研学活动的就餐区，能同时接纳300名及以上中小学生的集中用餐；符合国家餐饮卫生标准，食品留样工作落实到位。

（4）服务配套，环境整洁。按能同时接待学生活动的上限人数计，有不少于人均3平方米的研学实践教育室内活动场所。

（5）交通便捷，大巴车辆能直达，沿途路况好；内部或周边停车场地能容纳相应规模学生活动接送车辆停放；疏散方便。

（6）内部具备基本的医疗保障条件，配有全天候值守的专门医护人员；附近30公里范围内，有可以随时施行急诊医疗的医院及救助资源。

（7）内部有安全警示标志、有专门的安全应急通道；主要通道和重点部位有24小时、无死角的监控系统，监控影像资料回放保存至少30天；有现场安全教育和安全防护及消防措施，有应急预案；近5年来未发生过安全责任事故，近3年来没有受到各级行政管理（执法）机构的行政处罚。

（8）管理机制健全，制度完备，正常运转；运转经费稳定；内部控制与财务制度健全，会计基础工作规范。

（9）营地周边教育资源丰富，有若干个研学实践教育的基地，能够满足学生2~4天开展研学实践教育的需求。

（10）有中小学生团队接待经验和接待能力；有从事研学实践教育工作的专业队伍；开辟有健身、健手、健脑、健心等教育服务项目，设计规划有不同主题、不同学段、与学校教育内容相衔接的研学实践课程和线路。

（11）投诉渠道畅通。建立投诉处理制度，确定专职人员处理相关事宜；公布有投诉举报电话、邮箱和投诉处理程序、时限等。

二、申报时间、认定程序

（一）申报认定时间安排

省级营地、基地一般安排在每年 3 月启动申报，5 月认定公布（具体事项以开展有关申报工作的通知为准）。

（二）省级营地、基地按以下基本程序申报、认定

（1）属地受理。申报单位统一向所在地的县（市、区）教育局综合实践教育相关业务处（科）室或便民服务窗口递交纸质和电子申报材料。由属地教育局会同旅游局（委）初审，签具推荐意见并加盖单位章后，报送设区市教育局。其中，省级部门直属单位申报省级基地的，经主管部门同意，也可直接提交申报材料。

（2）市级会审。经设区市教育局会同旅游局（委）会审后，由市教育局相关主办单位报送省教育技术中心的勤工俭学部统一受理。

（3）省级评审。省中小学生研学旅行工作协调小组办公室及省教育技术中心会同省旅游局业务机构，召集相关部门业务处室和专家，按类别进行评审，出具评审意见。营地的评审须组织专家到现场实地踏勘并作踏勘记录。

（4）认定公布。评审结果经公示无异议后，按程序由省教育厅、省旅游局联合发文公布。

（三）已认定为全国中小学生研学实践教育营地或基地的，一般不再组织评审，可对应直接公布为浙江省中小学生研学实践教育营地或基地。2019 年开始，已认定为市级营地、基地的，方可申报省级的营地、基地。

三、省级营地、基地的基本义务

公布为浙江省中小学生研学实践教育基地、营地的，除满足当地需求外，在其接待能力范围内，应积极主动接纳省内各地学校组织的中小学生研学实践教育团队。

四、摘牌退出机制

已公布为浙江省中小学生研学实践教育营地、基地，若出现下列情况之一的，经核查确认后，予以摘牌退出处理：

（1）情况发生变化，不再符合申报时的前置条件的；

（2）发生安全责任事故，出现人员伤亡的；

（3）发生严重舆情等事件，在社会上产生较大负面影响的；

（4）不符国家旅游局发布的《研学旅行服务规范》相关要求，经第三方机构测评，学校、学生、家长等相关群体满意度极低的，或旅游等部门接到投诉不断的；

（5）列入行业重点整治对象，省级业务主管部门提交摘牌书面意见的；

（6）一年内没有接待研学旅行团队，或运行不正常、难以为继的；

（7）其他原因，必须摘牌退出的。

五、分级公布分级监管机制

设区市、县（市、区）级营地、基地申报认定和管理，由当地教育部门会同旅游部门，参照本《细则》制定相应操作标准实施。

文件二：温州市中小学生研学实践教育基地申报表（见表 5-13）

表 5-13　温州市中小学生研学实践教育基地申报表

申报基地项目名称			
项目详细地址			
申报法人单位全称			
单位详细地址			
统一社会信用代码			
单位类型	□事业单位　□国有企业　□民营企业　□其他（　　）		
法定代表人		联系电话	
申报联系人		电话、手机	
具体开放时间		咨询服务电话	
对照基本条件第 2 项曾获最高层级的认定		申报所属类别	符合基地基本条件第 2 项中的第 ______ 种类型
申报单位自评情况	对照市级基（营）地 9 条基本条件，自评完全符合的共 ______ 条，分别为第 ______ 条；基本符合的共 ______ 条，分别为第 ______ 条；不符合的共 ______ 条，分别为第 ______ 条。 申报单位法定代表人（签章）　　申报单位（盖章） 年　月　日		
教育、旅游部门业务科室初步审核意见	根据现场踏勘核实和申报单位提供的佐证资料，对照市级基地基本条件，初审意见如下:（是否符合申报） 组织审核的教育、旅游部门业务科室经办人签名： 年　月　日		
县（市、区）教育行政部门初审推荐意见（是否同意推荐）： （盖章） 年　月　日		县（市、区）旅游行政部门初审推荐意见（是否同意推荐）： （盖章） 年　月　日	

文件三：温州市中小学生研学实践教育基地自评表（见表 5–14）

表 5–14　温州市中小学生研学实践教育基地自评表

申报项目名称：　　　　　　申报单位全称（盖章）：　　　　　　自评日期：　年　月　日

序号	自评内容（对照基地 9 项基本条件）	自评情况（相应栏打√）			佐证材料名称	是否须现场踏勘考察	备注
		符合	基本符合	不符合			
1	法人资质					否	
2	前置条件					否	
3	运行情况					是	
4	活动专区					是	
5	课程设置					是	
6	讲解服务					是	
7	费用减免					是	
8	安保措施					是	
9	信息化服务					是	

案例评析

目前国内关于研学旅行基（营）地认定和申报工作存在着百花齐放百家争鸣的局面，从牵头的主办单位来讲，有官方的、有半官方的；有政府主管机关的，有民间社团的；有国家部委的，有各省主管部门的；有教育系统的、有旅游系统的，也有商业系统的等。但是，我们研究发现，无论哪家主办，研学旅行基（营）地认定和申报工作都存在着具有普遍意义的共性和规律，都包含着下列要求：(1）法人资质要求；(2）前置荣誉条件；(3）前期运行情况；(4）申报材料要求；(5）研学课程设置；(6）师资教学服务；(7）费用减免情况；(8）安全保障措施；(9）研学活动专区；(10）正式运营时间；(11）接待规模能力；(12）教学设施服务；(13）住宿设施服务；(14）餐饮设施服务；(15）配套设施服务；(16）交通、医疗、安全保障；(17）课程线路情况；(18）财务管理服务；(19）投诉处理服务；(20）申报时间说明；(21）认定办法程序；(22）摘牌退出机制；(23）申报认定细则；(24）联系方式方法等。

以上展示的三个省级教育主管部门研学基地遴选推荐文件供大家参考，依照文件要求去准备参加申报，我们不再一一点评。申报研学旅行基（营）地单位必须查看相应文件，熟悉相关要求，建立健全相关硬件设施，对照文件准备有关申报材料。积极参加申报认定工作，必能心想事成。

（点评人：文化和旅游部人才中心研学旅行指导师考评员李岑虎）

二、基（营）地申报认定材料

案例 5-24

安徽九月生态农业研学基地申报材料如表 5-15 所示。

表 5-15　六安市中小学生研学实践教育基地推荐表

单位名称（全称，与公章一致）	安徽九月生态农业有限公司		
单位详细地址	六安市金安区张店镇洪山村		
统一社会信用代码	913415000875710243（1-1）		
单位类型	□事业单位 □国有企业 R 民营企业 □其他		
负责人			
联系人			
在职员工总数 / 人	120	研学实践教育师资数 / 人	126
所属类别	R 优秀传统文化板块　R 革命传统教育板块 R 国情教育板块　R 国防科技板块 R 自然生态板块　（可多选）		
2018 年度接待开展研学活动学生批次	32 批次	2018 年度接待开展研学活动学生人数	13 268 人

续表

<table>
<tr><td rowspan="4">推荐理由</td><td>单位简介（含行业地位，研学资源介绍，其他机构命名、授牌情况）
文字介绍省略；显优要素图片用文字说明表述
安徽九月生态农业有限公司是成立于 2013 年（附营业执照扫描件）
先后被评为“五星级农家乐”（附证书扫描件）
“森林酒家”见网上公布
“安徽省 20 家不得不住的民宿”（附证书扫描件）
“安徽省休闲农业示范基地”见网上公布
“乡村旅游窗口扶贫示范基地”（附证书扫描件）
“休闲农业（农家乐）景点”（附证书扫描件）
“安徽省休闲农业协会年度优秀会员奖”（附证书扫描件）
“国家休闲农业与乡村旅游四星级示范区”（附证书扫描件）
皖西学院实习实训基地等称号。（附证书扫描件）
“诚信品质星级农家乐”（附证书扫描件）</td></tr>
<tr><td>研学实践活动接待能力（含全年开放天数，最大接待人数等）
九月山庄全年开放研学实践活动，日最大接待 2000 人，年接待游客量达 10 万余人，年盈利超 1000 多万元，带动当地研学旅行市场，增加就业率，帮助农民脱贫致富，实现美丽乡村建设
具体项目略</td></tr>
<tr><td>已有小学、初中、高中研学课程及相应课程的学生单位（成本，是否收费、优惠减免政策）
九月山庄已经和皖西学院合作初步开发课程 1 套，试运行学生 4000 人，效果显著，社会反响较好</td></tr>
<tr><td>研学旅行主题课程

一、活动主题
赏自然风光，行各色教育，创九章之行
二、活动背景
全面贯彻党的教育方针与教育改革文件精神，结合九章教育发展理念及精神，让孩子快乐地学习，全面地发展。将红色与行动、传统与现代、运动与拓展全面结合。认真落实自由、善思、向上、创新的育人目标，以培养学生的高品质学习能力和综合实践能力为核心，以学生发展为本，全面提升学生综合素质，培养勤奋、务实、责任、卓越的新一代人才
三、活动意义
培养自理能力、创新精神、拓宽视野、丰富知识。促进书本知识和生活经验的深度融合，创新人才培养模式、引导学生主动适应社会；加深与自然和文化的亲近感。从小培养学生文明旅游意识养成，文明旅游行为习惯；增加集体生活方式和社会公共道德的体验。有利于促进学生培育和践行社会主义核心价值观，激发学生对党、对国家、对人民的热爱之情，有利于推动全面实施素质教育
四、活动时间：2019 年 4 月
五、活动地点：六安九月庄园
六、活动主办方：九章教育
七、活动承办方：皖西学院
八、活动流程：
6 : 30 各校区学校门口集合
7 : 00 准时发车
8 : 20—10 : 00 参观张店纪念塔
10 : 00—11 : 00 在九月庄园进行团建主题教育（喂马、滑草、射箭、卡丁车）</td></tr>
</table>

续表

<table>
<tr>
<td rowspan="4">推荐理由</td>
<td>11 : 00—13 : 00 分批进行就餐
13 : 00—15 : 30 进行团建主题教育（喂马、滑草、射箭、卡丁车）
15 : 30—16 : 30 进行传统教育（做龙、舞龙）
16 : 30 乘车返程
八、活动分工及人员安排
每车 48 名学生，一名老师，一名代表家长；按照车号、座位来分组：每车每队有着自己独特的标志（如小红旗）
十、经费预算
服装：588 件；旗帜：12 支；奖状：758 张；水笔：588 根；笔记本：150 本；水杯：20 个
十一、注意事项
（1）在进行活动期间不允许私自离开，若有事需向导师说明，团队活动，避免缺席，中途离开
（2）所有人员需遵守我方安排，不允许无规则无组织活动
（3）活动期间个人财产自行保管
（4）在所有活动中，须听导师安排，禁止私自活动
（5）虽然其中有些项目为比赛竞争项目，还是要遵守比赛第二，友谊第一的原则
（6）由于活动地点很大，所有人员有任何问题及时报告导师或老师
（7）在进行所有活动时，一切以安全为主，听从安排，合理活动，若有违反者，停止一切活动
（8）饮用水、垃圾袋自带，带走自己产生的垃圾。记得带伞，以防天气有变
十二、应急预案（略）</td>
</tr>
<tr>
<td>研学实践教育制度建设情况（略）</td>
</tr>
<tr>
<td>保障与财务管理情况［围绕推荐条件第（4）、（5）条填报，并附必要佐证材料］
完善管理机制，明确财务管理的制度
重监督，增加财务管理的透明度
成立监察小组，专人审核，公开运营成本，引导每位
员工做好节约控制成本工作。
重预决算，突出财务管理效度</td>
</tr>
<tr>
<td>其他优势
（1）政策优势：
九月山庄研学基地所处六安市金安区，是长三角一体化发展的重要旅游、研学基地承接目的地。习近平总书记在 2019 年 5 月 13 日中央政治局会议上审议《长江三角洲区域一体化发展规划纲要》，长三角一体化发展上升为国家战略，安徽旅游发展将在长三角一体化发展中获得大发展
结合美好安徽、六安茶谷、江淮果岭、九十里山水画廊、洪山生态农耕文化体验旅游发展示范区等旅游发展，九月山庄研学基地处于上述项目的核心位置，将会承接各项旅游发展中的研学任务
（2）高校优势：
九月山庄 2016 年签约成为皖西学院实习实训基地，目前研学基地已经制订了研学基地五年发展人才引进计划和人才培训计划，将在未来五年同皖西学院体育学院休闲体育专业引荐研学基地领军优秀人才 100 名，组建一支专业性强、综合素养高的研学基地管理团队</td>
</tr>
</table>

续表

<table>
<tr><td>推荐理由</td><td>（3）红色教育优势：
九月山庄研学基地所处中国大别山革命老区，周边有张家店战斗烈士陵园，张家店战斗纪念馆，朱蕴山纪念馆。距离著名的“红军的摇篮、将军的故乡”革命老区金寨县 1.5 个小时车程
（4）地理优势：
研学基地周边有三个国家 AAAA 级景区：皖西大裂谷景区、大别山石窟景区，大别山风情谷景区。万佛湖，东石笋，佛子岭水库星布周边</td></tr>
<tr><td colspan="2">负责人（签字）：____________
单 位（盖章）：
年　　月　　日</td></tr>
<tr><td>县区教育行政部门意见</td><td>县区文旅部门意见</td></tr>
<tr><td>（盖章）
年　　月　　日</td><td>（盖章）
年　　月　　日</td></tr>
</table>

（本案例由皖西学院刘乃宝提供）

案例评析

研学旅行基（营）地成功建设一般程序：

第一，要根据审批部门相关要求或标准进行前期有针对性的设施建设。

第二，对建设的设施进行试运营，并对存在的不足加以完善。

第三，进行研学旅行基地申报材料收集和整理，按照要求形成规范文本。

第四，在审批部门规定的时间内提交相关材料，进行申报。

第五，及时关注，成功获批。

本案例是 2019 年获批的安徽省六安市中小学研学旅行基地。由于安徽省早在 2013 年就在全国率先进行研学实践教育试点工作（参见《安徽省教育厅关于开展中小学生研学旅行试点工作的通知》），所以本案例单位安徽九月生态农业有限公司从 2016 年就开始依托皖西地区唯一的本科高校皖西学院进行研学旅行教育基地建设，2018 年开始试运营，并对照《2018 年申报安徽省研学旅行基（营）地的基本条件》进行逐步完善，2019 年组织申报并成功获批。分析本案例成功申报，我们可以得出四点结论：

第一，对照标准早做准备（本案例单位用了 4 年时间进行精心准备）。

第二，整合地方优势资源（本案例单位综合利用了地方政策优势资源、高校优势资源、红色教育优势资源、地理优势资源）。

第三，申报材料突出优势、特点（本案例单位在申报表格单位简介材料中共列举 10 个方面的荣誉和授牌，重点突出企业的优势、特点和实力）。

第四，收集信息及时申报（一般每年度研学旅行教育基（营）地申报和评审都有一定的时限性，所以我们进行研学旅行教育（营）地申报年份一定要提前准备获取信息及时申报）。

总之，研学旅行教育基（营）地成功获批是一个系统工程，申报单位一定要有计划、按步骤达成最终目标。

（点评人：研学旅行教育专家、皖西学院刘乃宝教授）

第6章 研学旅行安全管理案例

在研学旅行中意外事故、溺水、食物中毒、猝死、交通事故、自然灾害等事件频发，不断为学生出行安全敲响警钟。风险管控问题也更加凸现。学生能否安全出行，成为中小学生研学旅行的首要问题，如何有效形成安全认知，如何有效做好安全保障等是当前需要解决的首要问题。

研学基地：辽沈战役纪念馆

第一节 研学旅行安全管理

一、驾驶员安全管理

案例 6-1

基地驾驶员安全责任书

本人 __________ 担任 __________ 驾驶员岗位工作，严格按照研学旅行基地规章制度和要求，履行工作职责，牢固树立安全责任重于泰山思想，认真做好安全管理工作，预防和杜绝各类事故的发生，并承担相应安全管理责任，特签订安全责任书如下：

一、安全事故类别

（一）肇事责任

发生交通事故致车辆损坏或人员伤亡而应负责任的。

（二）违章责任

违章或证件不全被罚款的。

（三）机损责任

人为原因，造成机损事故的。

二、责任认定

（一）违章责任

证件不全被罚款的，费用由驾驶员承担，闯红灯或超速的驾驶员承担 50%。

（二）机损责任

人为原因，发生机损事故的。按金额的 30%~50% 承担损失责任，情节严重的，由个人承担全额责任。

（三）肇事责任

1. 肇事处分

（1）肇事驾驶员除负责刑事民事责任外，违章部分过失的处分依本规定办理。

（2）肇事后经法院判决徒刑者，自判决之日起予以解雇，并赔偿肇事应付的金额。

2. 肇事赔偿（肇事责任由交警判定）

（1）责任属于对方车辆或行人的过失，由对方保险公司负责赔偿。

（2）肇事责任属于我方驾驶员的过失，其赔偿款项由保险公司负担，但若肇事赔偿金额超过保险金额时，其超过金额由该车驾驶员承担 30%，基地承担 70%。

（3）肇事责任属于基地驾驶员与对方驾驶员或第三者共同过失的，按各方应负责任之比率分担，其损害赔偿照前款办理。

（4）肇事后对方车辆逃逸能制止而未制止，或对方车号能注意而未注意，致使肇事责任无从判明或追究者，所造成的损害赔偿，由肇事驾驶员负责照第二款办理。

（5）驾驶员在外发生交通事故要求私了的，造成的经济损失，全部由驾驶员本人承担。

（四）岗位安全责任

有义务协助研学旅行指导师和学校组织学生安全有序上下车，督促学生遵守乘车纪律。在上下车或行驶过程中因驾驶员的过失造成师生伤害的，驾驶员要承担主要责任。

（1）一次性损失达 10 000 元以上者，承担受伤者治疗费 20%，给予辞退。

（2）一次性损失达 1000 至 10 000 元者，承担受伤者治疗费 20%，取消年终奖，取消评优资格。

（3）一次性损失达 500 至 1000 元者，承担受伤者治疗费 20%，减少年终奖 20%，取消评优资格。

（4）一次性损失达 500 元以下者，承担受伤者治疗费 20%。

（5）多次出现事故的给予辞退。

本《安全责任书》有效期与本人合同期时间相同，合同到期本责任书同时终止。

基地负责人（签名）：__________　　司机（签名）：__________

_______ 年 _______ 月 _______ 日

（本案例由赵立芳提供）

案例评析

研学旅行安全不仅关系到研学旅行企业的生存与发展，更关系到每一个家庭的幸福和社会的稳定。所以我们每一个研学旅行企业，每一个驾驶员都应该时刻把安全放在心间，必须牢固树立“安全第一，预防为主”的责任意识。为保证研学旅行车辆的安全使用，强化驾驶员交通安全责任意识，确保正常的安全营运和师生人身、财产安全，明确驾驶员安全责任和义务，研学旅行基地一般情况下都要同参与研学旅行接待的车辆驾驶人员（含兼职驾驶员和自行驾车的专车使用人）签订研学旅行车辆安全责任书，以合同的形式对驾驶员进行安全教育管理，并承诺按责任书的内容贯彻执行。驾驶员安全责任书主要包括签约目的、岗位要求、驾驶员权利义务、违约责任、签约期限等要素。本案例中的“二、责任认定”，重点突出了违约责任，详细、具体，利于操作执行，有借鉴参考价值。

（点评人：文化和旅游部人才中心研学旅行指导师考评员李岑虎）

二、研学旅行指导师安全管理

案例 6-2

研学旅行指导师安全责任书

本人系研学旅行基地研学旅行指导师，严格按照基地规章制度和要求，履行工作职责，牢固树立安全责任重于泰山思想，认真做好安全管理工作，预防和杜绝各类事故的发生，并承担相应安全管理责任，特签订安全责任书。

一、安全责任人

基地主任是安全工作第一责任人，各部门领导或主管是各部门安全工作第一责任人，各岗位研学旅行指导师是各岗位安全工作直接责任人。

二、安全事故级别

（1）特大事故：指出现学生致残、致死事故以及其他特大责任事故（一次性治疗费用或财产损失 10000 元以上）；

（2）重大事故：指出现学生伤害事故以及其他重大责任事故（骨折、内伤以及一次性治疗费用或财产损失 1000~10 000 元）；

（3）较大事故：指出现学生损伤事故以及其他较大责任事故（一次性治疗费用或财产损失 500~1000 元）；

（4）一般事故：指出现学生损伤事故以及其他一般责任事故（扭伤、外伤、跌伤以及一次性治疗费用或财产损失 500 元以内）。

三、安全责任

一级责任（直接责任人）

（1）特大事故：取消评优资格，取消年终奖，缓调级别 1 年，并承担受伤学生治疗费用（或财产损失）的 20%，给予留用察看处分或开除；严重者，追究其法律责任。

（2）重大事故：

一年内出现一次事故：取消评优资格，减少年终奖 50%，缓调级别 6 个月，并承担受伤学生治疗费用（或财产损失）的 15%，给予行政记大过处分一次。

一年内出现两次事故：取消年终奖，取消评优资格，缓调级别 1 年，并承担受伤学生治疗费用（或财产损失）的 20%，给予留用察看处分。

一年内出现三次以上事故：开除，并承担受伤学生的医疗费用（或财产损失）的 20%。

（3）较大事故：

一年内出现一次事故，减少年终奖 20%，并承担受伤学生治疗费用（或财产损失）的 15%，给予行政记过处分一次；

一年内出现两次事故：减少年终奖 40%，取消评优资格，缓调级别 3 个月，并承担受伤学生治疗费用（或财产损失）的 20%，给予行政记大过处分一次。

一年内出现三次事故：取消年终奖，取消评优资格，缓调级别 1 年，并承担受伤学生治疗费用（或财产损失）的 20%，缓调级别 6 个月，给予留用察看处分。

（4）一般事故：

一个月内出现两次以下（含两次）：承担受伤学生治疗费用（或财产损失）——生活时段 10%，教学时段 20%。

①一级责任（直接责任人——研学旅行指导师）

一个月内出现三次以上（含三次）：取消该期带班费及职务津贴，并承担受伤学生治疗费用（或财产损失）——生活时段 10%，教学时段 20%。

②二级责任（间接责任人——处、营级）

承担受伤学生治疗费用（或财产损失）5%。

③三级责任（领导责任——基地级）

承担受伤学生治疗费用（或财产损失）的 2.5%。

本安全责任书有效期与本人合同期时间相同，合同到期本责任书同时终止。

基地负责人（签名）：__________　研学旅行指导师（签名）：__________

_______ 年 _______ 月 _______ 日

（本案例由赵立芳提供）

案例评析

研学旅行指导师安全责任书主要包括签约目的、岗位要求、权利义务、违约责任、签约期限等要素。本案例最有特色的内容就是安全责任人的认定、安全事故级别的认定，以及每一个级别事故的安全责任，量化精细，周到具体，具有可操作性，避免了执行时的各种争议。在责任书中，以提前告知、明示的方式对研学旅行指导师进行安全教育管理，未雨绸缪。研学旅行指导师在实施研学旅行教学时，要始终把安全放在心上，牢记安全责任，就能避免安全事故的发生，防患于未然。

（点评人：文化和旅游部人才中心研学旅行指导师考评员高霞）

三、家长安全管理

案例 6-3

孟子故里研学旅行活动致家长的一封信

亲爱的家长朋友们：

为了丰富学生的课外生活，让学生走进大自然，领略大自然赐予人类的美丽景致，并通过研学旅行活动，进一步培养学生的生活技能，培养学生的动手实践能力，增强团队合作精神，更好让学生了解家乡，热爱家乡，在“体验”“考察”“实验”“探究”等一系列的活动中体验和感受生活，我校将组织五年级学生进行一次走进孟子故里研学旅行活动。那么，现在就让我们一起来学习一下学生外出要注意的事项。

（1）听从指挥，牢记安全第一。

（2）保管好自己随身携带的物品。

（3）不带和不买刀具、火种、具有攻击性的器具。

（4）穿运动校服和运动鞋，物品最好用双肩背包，包内装好纸巾、塑料袋、水、干粮等，不宜太重。自备两个塑料袋，自己吃剩下的果壳、零食袋要放入自备的塑料袋内，随身带走。

（5）上下车前要点齐人数，做到排队有序上下车，就座时能互相谦让，照顾身体弱和晕车的同学。经常晕车的学生，要提前做好相应的预防措施。

（6）旅行途中，同学之间要团结友爱，互相帮助，学会宽容和谅解，不与人发生争执，以免影响旅途愉快情绪，避免激发矛盾引起不愉快的事件发生。

（7）不在车上吃东西，不将头、手等伸到车窗外。不在座位上打闹，不在车内大声喧哗，不擅自离开座位，预防紧急刹车发生碰撞。不把垃圾朝窗外扔，要有良好的公民道德素养。

（8）要以班级安排的小组进行活动，不可擅自脱队。单独离队，请征得班主任、随队老师的同意，以免发生意外。

（9）活动期间，要谨记集合时间、地点、所乘车辆的号码、领队教师姓名、电话号码。一旦脱离团队，不要慌张，可采用多种方式归队：

①可给领队教师或导游打电话；

②可在集合地点等候导游或同学返回寻找；

③可找同校老师报告情况；

④可找现场工作人员帮助；

⑤可暂时跟随同校其他班的学生活动。

（10）活动中，要注意身体健康，保证适当的休息；不要暴饮暴食，不要购买路边摊档的小吃零食；要及时补充身体水分，避免中暑；衣服弄湿要及时更换，防止感冒。

（11）活动中，行至崖边、河边应走安全的一侧，以免踩虚、脚滑，避免发生危险事故。

（12）活动过程中自觉排队，若遇拥挤要主动退让，不要到人多拥挤的场合去凑热闹，避免意外事故发生。

（13）文明研学。不随地吐痰和口香糖，不乱扔废弃物；不踩踏绿地，不损坏花草树木，不追捉、投打、乱喂动物；不在文物古迹上涂刻，不攀爬触摸文物。

其他未尽情况见班主任补充教育内容。

希望家长支持学校的此项工作，同时如果学生身体不允许请提出具体要求，学校会积极配合，保护孩子们的安全。如果您同意本次活动，请在下面签字，如果不同意也请在不同意栏签字，谢谢您的配合。

本次活动申请表如表 6-1 所示。

表 6-1　孟子故里研学旅行活动家长申请表

孟子故里研学旅行活动家长申请表			
参加活动		学生是否特异体质	
请写："同意"或"不同意"		填写"是"或"否"并注明注意事项	

家长签字 ____________　　　______ 年 ______ 月 ______ 日

（本案例由张建美编写）

案例评析

家长是学生人生的第一任老师，父母是孩子最信赖的亲人，也是遇到安全问题最先想到要求助的对象。在研学旅行活动中，家长作为学生的监护人应该全面了解研学旅行活动信息，及时通过组织方全面了解研学旅行活动意义、时间安排、出行线路、费用收支、注意事项等信息，并与组织方等保持沟通，第一时间获取活动相关变动情况。当发现活动安排存在安全隐患时，应及时与组织方沟通并要求其提出合理的应对方案。有条件的家长还可以作为志愿者，参与学生活动管理和安全保障工作，全程监督研学旅行活动的开展。家长应及时关注研学旅行活动的进展情况，保持与学生的信息沟通渠道畅通，第一时间了解学生的身心变动状况，以及研学旅行活动中存在的安全问题。本案例中研学旅行活动的主办方学校以"孟子故里研学旅行活动致家长的一封信"的方式，将研学旅行中的安全教育和文明研学要求告知家长，请求家长协助做好学生的研学旅行安全教育管理工作，这是符合《中华人民共和国未成年人保护法》《学生伤害事故处理办法》《中华人民共和国民法典》等法律法规的要求，家长应积极配合学校做好学生研学旅行安全教育工作。案例中的 13 条研学旅行纪律要求，其实就是研学旅行安全方案的有机组成部分，家长看后会清楚明白，便于直接参与学生的研学旅行安全教育管理，具有普遍的指导意义。

（点评人：文化和旅游部人才中心研学旅行指导师考评员李岑虎）

四、研学旅行安全管理方案

案例 6–4

河南省济源第一中学研学旅行安全管理方案

为确保研学旅行活动安全有序进行，切实保障参与活动师生的生命财产安全，根据《济源市中小学研学旅行管理办法》《济源市高中生研学旅行课程方案》，结合学校和旅行社双方实际情况，特制订河南省济源第一中学 2017 年 3 月 28 日—3 月 31 日研学旅行活动安全管理方案。

一、组织领导

成立研学旅行安全领导小组和各职能工作组，明确职责分工。

共分指挥部、研学旅行指导师组、安全组、生活组、后勤组、宣传组等六个工作小组。

（一）安全领导小组

组　长：××× 校长

副组长：×××

成　员：××× ××× ×××

（二）领导小组职责

（1）统一领导和协调本次研学旅行活动中的安全工作，制定安全预案和安全措施，安排安全工作，处置突发事件。

（2）抓好本次研学旅行活动各类安全事故预防和应急准备工作，督促检查各班研学旅行活动中安全工作的执行情况。

二、各职能小组的分工及职责

（一）指挥部

1. 总指挥：××× 校长

职责：负责统筹安排指挥本次活动过程的所有事宜，做好各项工作的布置和落实。

2. 副总指挥：×××

职责：协助总指挥工作，检查督促各项工作落实情况，并做好学校和旅行社相关事宜的沟通与协调。

（二）研学旅行指导师组

1. 组　长：×××

职责：负责安排旅行社研学旅行指导师的各项工作，组织相关活动开展。

2. 副组长：×××

职责：负责学校跟班老师的组织管理与工作安排，并协调活动中的相关事宜。

3. 研学旅行指导师

由旅行社安排，每班配 2 名研学旅行指导师，含 1 名导游（见表 6–2）。

职责：负责本班学生的活动组织，如讲解、点名，参观、互动等有关工作，并做好车辆行驶状况的监督工作。

4. 跟班教师和家长

由学校安排，每班 2 名教师，2 名家长，其中 2 名家长为本班安全员（见表 6–3）。

职责：协助研学旅行指导师做好学生的管理和活动的组织，班主任负责学生的安全教育，处理学生的请假等突发事情，并做好家长参与活动的有关工作安排，安全员要监督、检查活动中安全工作的落实情况，协助处理安全有关事宜，并监督车辆行驶状况、防止违规操作等。

表 6–2　研学旅行指导师、老师安排表

班级	车号	学生数	研学旅行指导师 1	教师 1	教师 2	安全员 1	安全员 2
	1						
	2						
	3						
	4						
	5						
	6						
	7						
	8						
	9						

（三）安全组（见表 6–3）

表 6–3　安全成员及主要职责

职务	姓名	主要职责
组长		负责本次活动中各项安全工作的安排与实施，负责车辆的安排与安全检查及各种安全设备的准备，制定每个环节的安全措施，组织处置突发安全事件
副组长		协助组长做好活动中的各项安全工作，并检查督促各种安全措施的落实情况及安全设备的准备情况，做好安全员的组织与分工，对有关车辆和学生活动中出现的不安全因素或违规行为要及时发现、及时制止，做好掉队学生的安排和意外安全事故的组织处置工作
学校安全员		负责整个活动过程中安全工作具体的实施与监督、检查
班级安全员		负责本班活动过程中各项安全工作的落实与监督，各种突发安全事故的处置与报告

（四）生活组

组长：×××。

职责：负责安排本次活动所有人员的生活安排。负责准备好学生奶和矿泉水。协助饭菜的准备，组织学生排队就餐，负责食品安全工作，积极应对各种突发的食品安全问题，提醒同学们注意饮食卫生。

（五）医疗后勤保障组

组长：×××

成员：××××××

职责：负责所需物品准备与保管，如晕车药、治疗急性肠胃炎药品、云南白药、气雾剂、邦迪、塑料袋以及扩音喇叭、对讲机、音箱、手电筒、救生衣、绳索等。安排专业医生1名，安排携带专业急救箱。

（六）宣传组

组长：×××

成员：×××

职责：负责照相、摄影等工作，并协调各新闻媒体的有关工作。

三、安全措施及要求

（一）车辆及行驶安全要求

（1）旅行社安排的车辆要手续齐全，车况良好，驾驶员要有规定的证件，业务熟练，责任心强。

（2）出发前学校和旅行社安排专人对车辆及驾驶员的有关手续、车况、驾驶员是否饮酒等情况进行详细核查。

（3）行驶过程中，所有车辆要按编号有序行驶；要跟随指挥车辆，保持一定车距，不得随意超车，车速保持每小时60公里，不得超速；出发行驶到北环路时，指挥车要停车，等所有车辆到齐后再继续前行。

（4）每次出发或停车，都要听从指挥部的指挥，统一行动；在行驶过程中如出现意外事故，随车安全员和司机要及时向指挥部报告；到达参观点停车时，每车相距不得小于5米。

（5）在行驶过程中，司机不得接打手机以及做其他影响开车的事情。安全员要做好行驶过程中的安全检查和监督工作，发现问题及时解决或报告。

（二）乘车安全

（1）上下车要有序进行，不得拥挤，要按固定位置就座，不得抢座位。

（2）上车后，所有人员要扣好安全带，安全员要进行逐一检查落实。车辆行驶过程中，不得在车内来回走动，不得把手、头等伸出窗外，不得向窗外乱扔杂物。

（3）每次上车，要按座位顺序排好队。安全员先上，其他同学从排尾先上（排尾同学坐在后边）。研学旅行指导师待全部人员上完后再上车，上车后清点人数，并向指挥部报告。

（4）下车时，教师1先下，站在车门的左侧；教师2第二个下车，组织下车的学生；导游第三个下车，各班旗手第4个下车，其他同学依次下车，自觉排成两队；研学旅行指导师2和安全员最后下车。在研学旅行指导师带领下，向车辆前方行进10米左右，待全部人员下完后，研学旅行指导师整队，听候命令行动。

（三）参观活动安全

（1）在参观点活动或路上行走，所有同学要服从研学旅行指导师、跟班老师及有关人员的统一指挥，不得擅自行动。

（2）活动过程中要有序进行，不得拥挤，不得追逐打闹，不要到沟边、河边等危险的地方。

（3）行进过程中要保持两路纵队，靠右行走。

（4）过马路时，学校安全员要进行交通管制，确保安全后，再指挥学生全部通过。

（5）活动过程中安全员要密切关注交通、车辆、场所、学生等有关事宜，发现安全隐患要及时采取防范措施。

（6）在每一个参观点活动结束或休息结束，研学旅行指导师要清点各班人数，并报告指挥部。

（四）生活安全

（1）要穿着舒适的服装，穿运动鞋，不要穿皮鞋、高跟鞋。

（2）要带适量的水和食品，不倡导带过多的食品、饮料。

（3）中午集体用餐时，要听从管理人员指挥，按序就餐。

（4）生活组要严把饭菜质量关，确保饮食安全。

四、安全教育

（1）旅行社要做好本社研学旅行指导师及司机的安全教育工作，强化安全意识和责任。

（2）学校要制定活动的安全制度，活动前召开所参加活动老师安全教育专题会，学习安全制度，明确安全职责。

（3）各班主任要组织召开本班的安全专题会，组织学生学习安全制度，明确有关要求，并让学生按组进行讨论，制定本组的安全措施。

（4）出发前，学校要召开所有参与活动人员的安全教育大会，强调以下安全要求：

①本次活动统一听从领导小组指挥和安排，不得私自调整。

②后勤组负责车辆的联系和协调，按相关手续保证车辆安全。

③学生往返集合地途中注意交通安全。

④研学旅行指导师要及时清点学生人数，做好学生全程纪律安全等管理工作；教育学生乘车时注意安全，不要在车厢内来回走动，不得将头或身体伸向车窗外。

⑤学生不得擅自脱离团队。

⑥注意有秩序地进行参观，听从组织及老师的安排。

⑦文明参观，做到语言文明、行为文明。参观时不能大声喧哗，不得乱涂乱画，注意所到之处的环境卫生，不得乱扔废弃物。

⑧注意饮食安全。不吃三无产品及过期、霉变食物。

⑨各班主任及跟班教师注意观察学生情况，如学生有身体不适，必须及时处理。

五、纪律要求

（1）研学旅行过程中，跟班老师和各小组成员要明确自己的职责，时时注意班级成员的动向，确保研学旅行安全、顺利地进行。

（2）所有班级成员按照指定时间准时集合，在研学旅行过程中不得擅自离队，一切行动听指挥，如有紧急事情，需要向跟班老师报告，得到允许后方可离去。

（3）研学旅行过程中全体成员必须遵守各种规章制度，特别注意活动区的安全提示，争做文明研学人。

附件：（1）研学旅行突发性事件处理方案

（2）研学旅行安全应急预案

河南省济源第一中学

2017年2月6日

（本案例由河南省济源第一中学严俊飞提供）

案例评析

教育部基础教育一司于2016年3月18日发布《关于做好全国中小学研学旅行实验区工作的通知》的文件，确定河南省济源市等10个地区为全国中小学研学旅行实验区。济源一中利用学校研学旅行高端人才优势，依托当地深厚的研学旅行资源，按照教育部要求，开展了许许多多丰富多彩的研学旅行活动，积累了丰富的研学旅行经验，特别是这个研学旅行安全管理方案，为全国的研学旅行安全管理提供了很多可参考借鉴的模式。

本案例中的研学旅行安全管理方案，从组织领导、主要职责、各职能小组的分工及职责、安全措施及要求、安全教育、旅行过程中的纪律要求等全面系统地展示了一套完整的研学旅行安全管理方案。其中的“各职能小组的分工及职责”，具体细化到每一个研学管理成员，岗位齐全，分工明确，责任到人，真正做到了人人有岗位、个个有职责，齐抓共管无闲人。案例中的“安全管理措施及要求”，从车辆及行驶安全要求、参观活动安全、生活安全等几个方面做了详细规定，没有经过师生多次的实践和探索，就根本写不了这么规范、科学的安全管理措施方案。“安全教育”周到细致，循循善诱，彰显教书育人、师者仁心的高贵品格。无论是从中小学安全教育的角度，还是从旅游安全教育的角度，如果没有对研学旅行事业的热爱，没有对学生的无限关怀，就无法写出这份有使命、有担当、有爱心的安全管理方案。虽然个别细节上还有一定的遗憾，但是依然挡不住我对研学旅行教育工作者的崇高敬意。

（点评人：文化和旅游部人才中心研学旅行指导师考评员李岑虎）

第二节　研学旅行安全应急预案

安全防范重于安全事故处理，将安全隐患消灭在萌芽状态是最好的安全管理。为做好安全防范，应让学生从思想上重视安全，制订研学旅行安全管理方案，定期开展安全主题教育活动，组织学生进行安全演练及考核，努力提升学生安全素养，让学生具备相应的防护能力。

一、研学旅行安全应急预案

案例 6-5

新集中学研学旅行活动安全应急预案

为贯彻落实“安全第一，预防为主”的安全工作方针，切实保障学校广大师生研学旅行活动的安全。特制订研学旅行活动安全应急预案。

一、组织领导

为加强对这次师生外出安全的管理，学校成立研学旅行领导小组。

组　长：××× 校长

副组长：×××　×××　×××

成　员：研学旅行指导师、旅行社导游及各班主任

二、安全小组职责

（一）点名组

组长：×××（收集各班人数信息并上报校长）

副组长：×××（集合时负责整队，收集各班人数信息并上报组长）

成员：各班主任老师及随车导游

初二年级：××× 及随车导游

初一年级：××× 及随车导游

（二）交通组

组长：×××

副组长：×××

成员：各班主任老师及随车导游

职责：各班主任老师配合随车导游组织学生有序上下车、提醒同学途中注意事项，保障旅游途中安全。每次上车前要清点人数。

（三）学生活动安全组

组长：×××

副组长：×××

成员：各班主任及随行导游

职责：预防学生体验活动中受到意外伤害，负责保管研学旅行所需的各种物品，如晕车药、治疗急性肠胃炎药品、邦迪、万金油等。

（四）抢救组

组长：×××

副组长：×××

成员：各班主任老师及导游

职责：各班主任老师配合导游积极应对各种突发性事故，做好伤员的救治和转移工作。

三、安全教育

（1）各成员具体分工，每个人均要以高度的责任心对待每个学生的安全。

（2）每位同学在与陌生人打交道时，既要注重礼仪，也要“慎重”地对待陌生人的各种“友好请求”，自己把握交友分寸。遇到可能会产生的纠纷必须保持冷静，控制情绪。

（3）在遇到突发事件时，要保持冷静，保护好自身安全，服从指挥。

四、应急事故处理

（一）处理程序

（1）事故发生后，现场人员应立即向带队领导报告。带队领导根据情况做出决定。

（2）一般性事故，带队领导可根据情况自行进行解决，并进行记录。重大事故，应立即上报给突发事故应急处理领导小组，同时组织人员进行抢救，以最快速度开展抢救工作，并在第一时间通知学生家长。

（3）校突发事故应急领导小组接到事故报告后，根据事故情况应尽快向公安、医疗、教育、旅游等部门上报，同时增派人员赴现场进行组织抢救。

（4）在组织应急抢险过程中，以保证学生安全为首位。事故处理完毕后写出书面报告，总结经验教训。

（二）安全应急具体措施

1. 安全常规措施

（1）随车队单独配备应急车一辆，一名校级领导、一名校医随车。

（2）所有教师、工作人员手机必须处于开机状态，前一天必须检查手机充值状况，确保资费充裕。

（3）进入研学旅行目的地后，由校级领导原地执守，担任总指挥。

（4）分散自由活动时，要求以班级为单位，不要个别行动。

（5）每次转移活动地点及活动结束时必须清点人数。

2. 天气变化处理

（1）活动前一天了解天气情况，通知学生做好相应准备。

（2）发车时遇天气变化，要认真分析趋势和可能，做出延时、变更处理。

（3）针对学生可能出现的情绪波动，做好引导、说服教育工作，妥善处理善后事项。

3. 车辆故障处理

（1）活动前要求承办方检查车辆车况，车况不良必须更换，否则不得发车。

（2）中途车辆故障：带队跟车老师及时把故障情况通知校领导和承办方；故障影响安全的，一律停驶，由承办方紧急调车。

（3）途中车辆失火，应立即要求司机停车开门，用灭火机扑灭，同时指挥学生不要惊慌。如火势较小，前部学生从前门下，后部学生从后部应急门下；如火势较大，可视情况破窗逃生。下车后，及时组织疏散，一名教师负责清点人数，一名教师负责及时向领导报告情况。如有学生受伤应立即组织抢救。

（4）换乘车辆时，带队教师维持好学生秩序，严禁下车随意走动，尤其应防止交通事故发生。

4. 突发疾病处理

（1）师生在途中突发疾病，随车带队教师立即联系应急车，视轻重或由校医处理，或就近送医院救治。

（2）师生在研学点内突发疾病，带队教师立即联系总指挥，视轻重或由校医处理，或送研学点内医务站诊疗，病情严重的送当地医院急救。

5. 学生走失处理

（1）允许学生带手机，师生互留电话号码，以便电话联系。

（2）如发现学生走失，切不可大意、拖延，应立即组织寻找。

（3）从学生最后接触的同学入手，了解最后行踪。

（4）电话通知其他带队教师关注寻找。

（5）利用广播等形式发布寻人启事。

6. 交通事故处理

（1）有严重受伤者立即拨打 120、122 急救电话，并立即组织抢救。

（2）速报告校领导，调动应急车赶到事发现场，视伤情确定立即送医院，或是紧急处理后送医院。

（3）保护好现场，指挥师生撤离至安全地点。

（4）向上级领导报告事故情况。

（5）安定学生情绪，询问、检查学生受伤情况，受轻伤学生送医院检查、诊治。

（6）立即成立事故处理小组，分别负责与家长、公安、医疗、保险各方接洽，妥善处理善后事宜。

五、纪律要求

（1）研学旅行过程中，带队老师和各小组成员要明确自己的职责，时时注意班级成员的动向，确保研学旅行安全、顺利地进行。

（2）所有班级成员按照指定时间准时集合，在研学旅行过程中不得擅自离队，如有紧急事情，需要向带队老师报告，得到允许后方可离去。

（3）研学旅行过程中全体成员必须遵守研学旅行基地的各种规章制度，特别注意基地的安全提示，争做文明的研学生。

新集中学

2021 年 5 月 15 日

（本案例由徐州市贾汪区新集中学孔潇敏提供）

案例评析

研学旅行安全事故往往具有突发性和不确定性，使研学旅行安全管理变得更加艰难。为了保证研学旅行的安全管理的科学性和有效性，需要把安全管理贯穿研学旅行教学全过程。本案例从组织领导 、安全小组职责、安全教育、应急事故处理、纪律要求等五个方面完整地展示了这一特点，而且对不同情况的安全突发事件的预防与处理办法也做了规范的防范措施。本案例展现的是研学旅行主办方学校的安全管理的内容，事项详尽，可以作为主办方的研学旅行安全管理规范方案参考使用。

（点评人：文化和旅游部人才中心研学旅行指导师考评员甄鸿启）

二、研学旅行安全事故处理

研学旅行安全事故处理，是指发生研学旅行安全事故后，相关部门和组织对研学旅行安全事故发生的原因、影响结果等进行调查分析评估，以及按照法律以及有关规定对研学旅行安全事故涉及的单位和人员进行责任处理。

案例 6-6

宿迁警方通报阜阳 12 岁小学生景区被砸身亡案情

2018 年 11 月 13 日，宿迁市公安局宿城分局通过官方微信公众号，通报阜阳小学生在项王故里景区被石制灯柱砸中身亡案情。

通报如下：2018 年 11 月 8 日，安徽阜阳市开发区鸿远希望小学组织部分师生通过该市快乐假日旅行社到我市开展研学旅行活动。当晚 6 时许，该校学生韩某某（男，11 岁）在项王故里景区商业街攀爬一石灯柱，致石灯柱倒塌，韩某某被砸伤，经医院抢救无效死亡。接警后，宿城警方立即开展相关工作，及时向韩某某家属、所在学校及旅行社和项王故里景区公司等方通报情况，当事各方对死因均无异议。目前，善后处理工作正在依法有序进行。请广大群众不信谣、不传谣。

案例评析

从警方提供的通报看出，研学旅行安全事故发生后，主办方学校、承办方基地（景区）、供应方旅行社以及医疗机构均参与了对学生的抢救，及时通知学生家属到场处理，也向公安局报了案，并协助调查。学校、基地（景区）、旅行社各方对善后处理也采取了积极负责的态度。本案例告诉我们，研学旅行安全牵扯学生的生命健康，事关千家万户，研学旅行安全责任重大如山。在研学旅行全程中都要做好安全教育、警示提示、安全隐患排查工作，履行安全保障义务。万一发生学生伤亡安全事故，研学旅行指导师应严格遵守以下处理程序：

一、组织抢救

（1）事故发生后，研学旅行指导师报告并敦促各参与单位，应立即派人赶赴现场，积极组织抢救工作。

（2）及时报告当地公安部门。

（3）保护事故现场。在公安部门人员未进入事故现场前，如因现场抢救工作需移动物证时，应做出标记，尽量保护事故现场的完整。

二、伤亡处理

（1）有伤亡情况的，应立即组织医护人员进行抢救，并及时报告当地卫生部门。

（2）发生伤亡事故后，在及时组织救护的同时，核查伤亡人员的研学团队名称、姓名、性别、年龄以及保险情况，并进行登记。

（3）有死亡事故的，应注意保护好遇难者的遗骸（遗体）。

（4）清理和保护事故现场的行李和物品，并逐项登记造册。

（5）会同有关部门认真做好伤亡家属的接待工作，遇难者的遗体和遗物的处理以及其他善后工作，并负责联系有关部门为伤者或伤亡者家属提供相关证明文件。为伤残人员提供由医疗部门出具的伤残证明书；为骨灰返者提供由法医出具的死亡鉴定书，丧葬部门出具的火化证明书；为遗体遣返者提供由法医出具的死亡鉴定书，由医院出具的尸体防腐证明书。

三、赔偿追责

经单位安排后，协助责任方按照国家有关规定办理对伤亡人员及其家属的人身伤亡及财物损失的赔偿；协助保险公司办理保险者的保险赔偿；协同相关部门参与事故调查，认真配合相关部门依法对应当承担责任事件的单位及其责任人进行处理。

四、事故总结

事故处理结束后，认真总结经验教训，查找并剖析事故原因，进一步改进和加强安全管理措施防止类似事故再次发生。

（点评人：文化和旅游部人才中心研学旅行指导师考评员李岑虎）

第三节　研学旅行安全防范与应对

一、研学旅行安全防范与应对

案例 6-7

山东弘道研学教育服务公司研学旅行安全防范与应对方案

（2018年6月6日董事会讨论通过）

为确保研学旅行活动的安全和顺利进行，做好研学前、研学中、研学后期的各项安全管理与预防预案，特制订本方案。

一、研学旅行前的安全防范

（1）按照学校指令统一地点、统一时间，准时出发，任何人不能影响整体行动。

（2）往返校车上不得打闹，不得将头或身体其他部分伸出窗外。如有急事，必须先向负责教师请示。

（3）学生在任何时候不得离开团体单独行动，否则后果自行承担。

（4）在活动行程中树立安全意识，尤其在沙滩等危险地带。

（5）不得购买和食用街头小贩的小食品。

（6）严禁在活动地点打闹。

（7）注意个人的财物安全，保管好个人财物。

（8）如损坏公用物品，除将受到批评外还要照价赔偿。

二、研学旅行中的安全防范

（一）校内准备活动

（1）室内活动。保证秩序，如遇紧急情况研学旅行指导师及时与带队教师联系妥善处理。

（2）室外活动。保证安全，严禁学生打闹、攀爬高建筑物，如遇紧急情况研学旅行指导师及时与带队教师联系妥善处理。

（3）研学旅行指导师与带队教师随时沟通，掌握学生各方面情况。

（二）校外活动

（1）时间空间转换。每次转换时研学旅行指导师均需要清点人数，保证人员齐全后方可进行下一步活动。如遇走失，在保证活动顺利进行的同时，研学旅行指导师向研学基地和学校通报，并与景点和宣传广播部门联系进行寻找，留下带队教师在原地等待。

（2）研学点内活动。严格按照队列行进。

（三）用餐

（1）研学旅行指导师提前半个小时与就餐单位联系，告知就餐单位到达时间及人数，保证用餐顺畅。

（2）研学基地监督就餐单位的卫生，确定菜肴，保证饮食安全。

（四）交通工具

（1）所有用于接待师生的车辆均是大型旅游公司正规营运的车辆。

（2）车辆在使用前必须检查，保证车辆完好无损。

（3）车辆司机均是专职司机，驾龄在10年以上，驾驶记录良好。

三、突发事件报告制度

（一）报告要求

发生突发安全事件时，必须做到第一时间将简要情况报告给公司安全领导小组。

（二）报告内容

（1）突发事件的时间、地点、事情经过、伤亡人数、财产损失等。

（2）突发事件发生的原因、性质的初步判断；发生事件抢救处置的情况和采取的措施；如果不能处理，需要相关部门处理的，要保护好现场，及时拨打110和120电话向有关部门求助。

四、突发事件应对方案

（一）研学旅行前

（1）遇特殊情况，如身体不适，要向跟班老师汇报，并为其请假；

（2）如遇恶劣天气和自然灾害不能出行，则将活动延期。

（3）若有学生晕车，提前做好准备，同时了解其是否对晕车药过敏，不过敏者提前半小时服用晕车药，对晕车药过敏者，食用可以预防晕车的相关食品。

（二）研学旅行途中

1. 突发交通安全事件

（1）第一时间内学校和旅行社必须做到：立即抢救伤员并拨打急救电话 120；立即拨打 110 向公安部门报案；立即向学校安全领导小组报告；保护好现场，通知受伤学生家长；

（2）安全领导小组成员在最短时间内赶到现场，指导协调处置事件善后问题；

（3）研学旅行指导师可根据车况与司机协商是否可以送学生进行后续活动；

（4）旅行社应急法务部负责人应及时赶到现场，负责现场处理、证据收集、事后谈判协商处理后续事宜，尽一切努力保障师生合法权益。

2. 突发轻微外伤

（1）提前准备云南白药、气雾剂、创可贴、万金油等。

（2）若遇到突发摔伤、划伤等轻微外伤情况，联系相关负责人向附近诊所、医院求助送医。

3. 突发迷途失联

（1）由安全小组安排相关人员迅速展开搜救，联系景区广播寻找，半小时以上失联则抓紧报案。

（2）研学旅行指导师和跟班老师组织其余人员有序进行活动。

（3）查清走失原因，提醒其他学生避免再次发生走失现象。

4. 突发食物中毒

（1）发现人员有疑似食物中毒症状后，随队医生与当地社区医生应立即进行简要处置。

（2）迅速拨打 120 急救电话等待急救，可视情况启用随团车辆护送病人到就近医院抢救治疗。

（3）迅速报告学校安全领导小组，学校通知学生家长。

（4）封存相关食物，配合卫生监督部门查明事件原因。

（5）积极做好学校师生和家长的稳定工作，控制事态扩大，积极做好善后工作。

（6）积极配合上级有关部门做好诊治、检查、事故处理等工作。

（7）如事件与餐厅有关，按照协议追究其责任，维护学生合法权益，并将其列入黑名单。

5. 突发意外伤害

（1）防止二次伤害发生，紧急情况下，立即拨打 120 急救电话等待急救。

（2）发现人员在活动中发生跌伤、晕厥、落水、被动物咬伤、突发生病等意外事件，随队医生或当地社区医生立即进行简要处理。

（3）迅速报告学校安全领导小组，学校通知学生家长。

6. 突发火灾事故

（1）住宿安全培训：入住酒店后，由酒店安全工作人员进行安全知识培训，讲解住宿安全注意事项，演示灭火器的使用方法，进行现场火灾逃生演练。

（2）参观或活动地点如发生意外火灾，现场工作人员应立即疏散学生，指导学生用湿毛巾捂住口鼻，用手势指挥学生低身迅速撤离到安全地带；烟雾浓烈时，应尽量贴近地面爬行撤离。

（3）立即拨打火警电话 119，准确说明引起火灾的时间、地点、引起火灾的可燃物质、是否有人员伤亡等，以便迅速地准备扑救；同时报告学校安全领导小组，实施相应的应急预案，确保学生的人身安全。

7. 突发学生纠纷

（1）研学旅行指导师本着自愿分房的原则安排学生住宿，随时注意观察学生之间的关系，一旦发现不和谐因素，要及时进行开导和劝说，也可视情况通过班干部处理学生矛盾，确保活动顺畅。

（2）学生间发生争执，研学旅行指导师要马上调解，并根据实际情况进行心理疏导。

（3）采取必要措施，预防打架斗殴等后续事件发生。

（4）如有受伤，立即救治，暂停两人课程，致电安全活动组织寻求解决。

（5）班主任与学校共同做好善后调解处理工作。

8. 突发物品遗失

（1）由相关工作人员进行财产安全培训，提醒学生保管好随身携带物品，贵重的物品可交由带队老师保管。

（2）如果在景点、酒店或者车上遗失物品时，应及时联系现场工作人员寻找；如寻找未果，则需备案，继续寻找，找到后及时归还。

（3）如果自己自由活动时丢失物品，应及时找相关人员进行寻找；如遗失贵重物品，可请当地派出所等相关部门协助寻找。

9. 突发传染疾病

（1）传染病病人和疑似传染病病人就地隔离、就地观察、就地等待医疗部门治疗，及时报告相关卫生部门，严控外来人员进入。

（2）随队医生对学生应采取必要的预防措施。

（3）所有教室、人群聚集场所要通风。要注意劳逸结合，注意个人卫生，增强抗病能力。

（4）活动场所要采取必要的消毒措施。

（5）根据情况，取消或者推迟活动。

10. 突发自然灾害

（1）发生不可抗力导致的自然灾害，以生命安全第一的原则，迅速撤离受灾区域，启动相关安全应急预案。

（2）应尽力采取保护和自救措施，事后应及时施救，并将事实情况通过程序汇报。

（3）研学旅行指导师要时刻与学生在一起，全力保障学生人身安全，安抚孩子情绪。如发生受伤情况，随队医生应立即进行处理，并将伤者送往当地最近的医院。

（4）学生应迅速与家里取得联系，报告人身安全情况。

11. 突发恶劣天气

（1）如政府宣布中小学生停课，将不安排任何外出活动，在基地或宾馆举行室内活动。

（2）无停课安排，尽量在驻地附近安排相关活动。

（3）活动内容应提前与学校、基地、带队老师、家长协商。

12. 突发外来侵害

（1）加强协作基地安全管理，禁止外来人员进入。

（2）如发生严重伤亡事故，应尽快疏散学生，随队医生对受伤学生进行及时治疗。无法或无能力救治，应及时向相关部门报警。

（3）发生伤亡恶性事故时，现场工作人员应立即保护现场，并报告公司指挥中心及安全部负责人。

（4）公司法务部要对恶性事故的原因进行及时调查，实事求是地配合相关部门提供相应证据证件，事故要根据调查结果以及相关法律法规条例处理。

五、突发事件应对演练

（一）演练说明

（1）时间：出发前或者沿途中。

（2）对象：研学旅行全体师生。

（3）地点：学校、大巴上、路途、基地。

演练如图 6–1 所示。

图 6–1　嫌疑人混进桂旅研学现场从事违法活动被安保人员制服（演练）

（二）演练要求

（1）学生人人参与，工作人员全力配合。

（2）演练规则详细周全，避免演练出现安全问题。

（3）演练过程摄像存档。

（本案例由李子尚提供）

案例评析

教育部等五部门《关于完善安全事故处理机制维护学校教育教学秩序的意见》(教政法〔2019〕11号)指出:“各级各类学校要树立预防为先的理念,落实安全标准,健全安全管理制度,完善安全风险排查和防范机制,压实安全责任,加强学生的安全教育、法治教育、生命教育和心理健康教育,建立并严格执行学校教职工聘用资质检查制度,从源头上预防和消除安全风险,杜绝责任事故。”研学旅行安全防范与应对方案是做好研学旅行安全的第一道防线。为保障研学旅行的安全,有效实现教育效果的最大化,防患于未然。需要在有突发事件的前期做好相应的防范与演练准备。从本案例中可以看到,该方案有研学旅行前、研学旅行中的一些具体的安全细节要求,特别是突发的交通安全、火灾、学生迷途失联、物品丢失、自然灾害以及外来侵害等安全问题,在安全事故发生前都做好了安全防范与应对措施,可以供研学旅行指导师在实践操作时参考。

(点评人:文化和旅游部人才中心研学旅行指导师考评员甄鸿启)

二、研学旅行安全提醒和演练

案例 6-8

安全乘车,文明研学

2019年9月,某实验小学在开学不久后即组织全校师生540多人进行一日秋季研学旅行活动,前往当地植物园进行参观考察学习。学校对该研学旅行非常重视,派出了常务副校长和5名带队老师及4名家长,全程参与研学旅行活动。

由于学生们是第一次参加研学活动,非常兴奋,乘车之时,出现上车拥挤现象。当日,带领该团的研学旅行指导师,是某师范大学大三学生,有导游证和教师资格证,带过研学团队。当她开始在车上开展研学旅行导入课程、进行沿途风光讲解时,发现学生们不听讲解,自顾聊天。她提高音量讲解后,仍然无效。学生站起来在座位上打闹、吃零食。不一会车厢过道里已经丢弃了好多垃圾。尽管副校长及班主任低声制止过几次,但仍然无法打消孩子们的热情。

此时,研学旅行指导师不得不暂停讲解,将事前旅行社提供的国旗贴纸拿出作为小礼物送给同学们。她开始依次给同学们贴贴纸,并对同学们的不良行为进行制止。真是不查不知道,一查吓一跳。有大半的学生都没有系上安全带,许多学生因为家长交代说书包不可以离开身边,就背着书包坐座位,结果书包占了座位的大部分面积,学生们是悬空了靠在座位上的。因为是第一次参加研学活动,家长并不理解活动内容是什么。在旅行社含午餐,该班的孩子普遍都是背着满满一书包的零食,有个孩子竟然背了满满两大瓶500ML的矿泉水。

然后，该研学旅行指导师检查学生安全带是否系牢，结果大部分同学没有系安全带，存在很大安全隐患。研学旅行指导师同汽车司机、学校领导商议，立即停车开展乘车安全检查和演练。通过整理行李检查活动，开展严禁车上吃零食、严禁交头接耳等纪律教育和文明旅游教育；然后开展安全演练，发现了很多安全问题，并及时做了改正，消除了乘车中的不良隐患。在沿途后期的讲解课程中，抓住孩子们对国旗文化异常兴奋的点，结合即将要到的国庆节，和孩子们聊起了国家、国旗、国歌等文化，并带领着孩子们一起高唱《我和我的祖国》，一路平安地抵达了目的地。

（本案例由文化和旅游部人才中心研学旅行指导师考评员葛瑞提供）

案例评析

本案例告诉我们在研学旅行中要告知学生安全乘车，文明研学。

（1）务必召开行前说明会，进行安全教育和文明旅游教育，上好安全教育第一课。

（2）乘坐车辆前或抵达目的地时，必须有序排队上下车。发车之前，必须检查确认安全带是否系好，全部系好才可以发车。

（3）研学旅行指导师或者导游沿途风光讲解、研学旅行导入课，讲解内容要有吸引力，吸引学生的注意力。

（4）交通服务保障是研学旅行中的重要载体，安全、顺利、平安地抵达目的地是保障研学活动有效开展的前提条件。行前安全教育、行中管理与防控、行后总结引导，都是研学旅行指导师要做好的交通安全保障服务工作。在研学旅行活动过程中，如果因为研学旅行指导师的疏忽、大意，往往会造成不可挽回的损失或危害，所以“研学旅行，安全先行”，有效的操作方法是避免发生危害的保证。

（5）交通安全教育不仅仅是研学旅行指导师的责任，也是学校老师、旅行社导游、基地研学旅行指导师、汽车司机、家长和学生等的责任和义务，各方要履行安全警示、提示、告知义务，及时制止各种不安全的行为，消除安全隐患，确保研学旅行顺利进行。

（本案例由葛瑞点评）

三、研学旅行突发性事件处理

案例 6-9

基地观光楼梯超过最大承载量致使学生受伤害

2019 年 9 月，某实验学校开展黄河入海口水稻种植研学旅行活动。研学旅行活动计划项目论证后，学校按管理权限报教育行政部门备案。学校以“关于开展‘黄河入海口水稻种植’研学旅行活动致家长公开信”的方式，告知家长活动意义、时间安排、出行线路、费用收支、注意事项等信息，全面征求家长意见。家长签字同意后，学校同有合法资质的专门经营研学旅行业务的旅行社签订了《研学旅行服务合同》，委托该旅行社组织学生外出开展研学旅行活动，合同详细地载明了旅行社承担学生研学旅行安全责任。

在整个研学旅行过程中，学校参与学生323人，两位副校长全程监管，年级主任、政教主任、团委书记、班主任、安全员、保安、校医和带队老师共12人全程跟随服务。在启动仪式上，学校、旅行社、基地反复进行安全问题教育，研学旅行中研学旅行指导师、老师、导游也是不断提醒、告知学生注意安全。不料，大家都不愿意见到的事情还是发生了：参加活动的初中一年级学生小凌和小君在5日下午4时左右在观光楼梯嬉闹推搡时，小凌从楼梯跌倒滚下，导致其左脚严重受伤，不能站立走动。案发后，水稻种植基地负责人、基地研学旅行指导师、导游、随团老师立即组织抢救，拨打报警电话110和急救电话120，请求救助。导游指挥保护现场，并及时向学校校长和旅行社汇报。不到1个小时，教育局领导、文旅局领导、当地镇政府领导、学校校长、旅行社负责人和其他主管部门领导陆续赶到。学校同意后带队班主任第一时间告知了小凌的家长，小凌被送往医院抢救。经过医院确诊小凌左胫骨远端骨折，需住院治疗。经过调查，导致小凌受伤的原因是：水稻种植基地观光楼梯狭窄，超过最大承载量；楼梯护栏高度过低，不利于保护观光游客；基地警示牌陈旧破损，文字缺失起不到警示、告知作用；小凌和小君相互嬉闹推搡。

小凌出院康复后，在法院的调解下，小凌的医药费、护理费、误工费、伤残鉴定费、交通费、营养费、食宿费、残疾赔偿金、残疾辅助器具费、诉讼费等费用共计96 611.47元，水稻种植基地承担70%，旅行社承担10%，小君家长承担10%，小凌家长承担5%，学校承担5%。学校、旅行社和家长承担的费用由保险公司按保险合同约定负责赔偿。事后，学校对分管副校长、团委书记、带队班主任分别给予相应处分；旅行社对随团导游和研学旅行指导师分别给予相应处分；当地政府主管部门对水稻种植基地给予相应行政处罚。

（本案例由河口区太平中学杜乃云提供，李子尚改编）

案例评析

中小学生研学旅行是由教育部门和学校有计划地组织安排，通过集体旅行、集中食宿方式开展的研究性学习和旅行体验相结合的校外教育活动。既然是校外教育活动，安全问题自然随之而来。面对突发性的研学旅行安全事故如何处理是每一个研学旅行教育工作者必须研究的课题。本案例中的实验学校给我们提供了一个示范性的处理方案。

（1）学校组织开展研学旅行要经过集体论证，拟订活动计划。

（2）提前把学校拟订的研学旅行活动计划按管理权限报教育行政部门备案。

（3）通过家长委员会、致家长的一封信或召开家长会等形式告知家长活动意义、时间安排、出行线路、费用收支、注意事项等，征求家长意见，与家长签订研学旅行协议，明确学校、家长、学生的责任、权利。

（4）加强学生和教师的研学旅行事前培训和事后考核。

（5）学校开展研学旅行，要根据需要配备一定比例的学校领导、教师和安全员，也可吸收少数家长作为志愿者，负责学生活动管理和安全保障工作。

（6）学校开展研学旅行，要与有资质、信誉好的企业或机构签订协议书，明确企业或机构承担学生研学旅行安全责任。

（7）在整个研学旅行过程中，对反复进行安全教育。研学旅行指导师、老师、导游要不断提醒，告知学生注意安全。

（8）学生要遵守纪律，文明研学，文明观光。

（9）案发后，各单位要立即组织抢救，拨打报警电话 110 和急救电话 120，请求救助。

（10）妥善保护现场，利于警察和其他国家公务人员调查取证。

（11）及时向学校和旅行社汇报。

（12）学校、旅行社要及时向自己的主管部门汇报。

（13）各级领导要第一时间到现场慰问、调查，妥善处理。

（14）第一时间与学生家长沟通，告知并安抚家长。

（15）同公安交警部门、医院做好沟通工作，把受伤学生顺利送往医院抢救。

（16）会同有关部门开展综合调查，确定事故发生的原因。

（17）保留相关证据，为民事诉讼做好准备。

（18）把学生的生命安全放在第一位，先救人，后处理，敢于担责，不推诿，避免引发负面的网络舆情。

（19）追究责任，引以为戒，万不可敷衍了事，以避免研学旅行学生安全事故的再次发生。

（点评人：文化和旅游部人才中心研学旅行指导师考评员李岑虎）

第7章

研学旅行招标投标案例

研学旅行招标投标是开展研学旅行活动过程中常见的一个工作环节，对研学旅行指导师来说也是一个新课题。鉴于以前的教材均没有详细说明，本书有必要首先阐述研学旅行招标投标理论，然后再展示招标投标案例，最后对案例进行点评。

研学基地：上海博物馆

第一节　研学旅行招标

一、研学旅行招标理论

（一）研学旅行招标人定义

研学旅行招标人是依照《中华人民共和国招标投标法》规定提出研学旅行招标项目、进行研学旅行项目招标的法人或者其他组织。根据《中华人民共和国民法典》第五十七条：“法人是具有民事权利能力和民事行为能力，依法独立享有民事权利和承担民事义务的组织。”该组织包括企业法人、机关法人和社会团体法人。法人不是自然人。

（二）研学旅行招标人资格

研学旅行招标人必须具备以下条件：

（1）必须依法成立，经国家职能部门核准登记后取得法人资格。

（2）必须具有必要的财产或经费。

（3）有自己的名称、组织机构和场所。

（4）能够独立承担民事责任。

依法成立的学校、教育培训机构、研学旅行教育协会、学会等都是法人，开展研学旅行活动时都具有研学旅行招标人资格。

（三）研学旅行招标程序

（1）招标人编制招标计划，履行审批手续，取得批准。

（2）招标办与招标代理机构办理委托手续，确定招标方式。

（3）进行市场调查，招标办与招标代理机构与招标人确认招标项目后，编制招标文件。

（4）发布招标公告或发出招标邀请函。

（5）出售招标文件，对潜在投标人资格预审。

（6）接受投标人标书。

（7）在公告或邀请函中规定的时间、地点公开开标。

（8）由评标委员对投标文件评标。

（9）依据评标原则及程序确定中标人。

（10）向中标人发送中标通知书。

（11）组织中标人与招标单位签订合同。

（12）进行合同履行的监督管理，解决中标人与招标单位的纠纷。

（四）研学旅行招标主要工作环节

1. 编制招标文件

招标人在招标申请批准后，需要编制招标文件，其主要内容包括：

（1）项目简介。

（2）投标邀请。

（3）课程方案及要求。

（4）研学旅行保障及服务标准。

（5）投标人资质和条件要求。

（6）提交投标书截止时间、提交方式及标书文件封装要求。

（7）投标书的内容详单。

（8）开标说明：包括开标时间和地点、投标人参加开标的代表要求、投标人代表应现场提交的资料说明。

（9）评标流程及纪律要求。

（10）付款方式。

（11）招标方案的解释权声明。

（12）招标工作联系人及联系方式。

2. 确定标底

由招标人组织专业人员按研学旅行课程方案并结合现场实际，匡算出研学旅行行程总造价和单项费用，然后报上级主管部门等审定。标底一经确定，应严格保密，任何人不得泄露。如果有的招标人不掌握和不熟悉编制研学旅行标底业务，可以聘请旅行社和研学旅行服务公司帮助代编。标底不能高于研学旅行项目批准的预算总额。

3. 进行招标

一般分为招标和报送标函、开标、评标、决标等几个步骤。

4. 签订研学旅行合同

投标人中按中标标函规定的内容，与招标人签订包干合同。

5. 监督执行

合同签订后要由有关方面监督执行。可以将合同经当地公证单位公证，受法律监督：也可以由教育主管部门和旅游主管部门等单位进行行政监督。

（五）招标公告或招标邀请的发布

（1）招标公告的发布方式。

①公开招标采用学校网站发布与多种媒体发布相结合的方式进行。明确预审结果公示及该招标信息发布一般为学校网站或其他招标单位官网，也可以是上级教育主管部门网站、报纸电视，线上研学服务平台及各类新媒体。

②委托招标采用由委托代理机构根据需要选择合适的媒体平台发布的方式进行。

（2）招标邀请书的发布。

研学旅行招标分为公开招标和邀请招标两种方式。当采用邀请招标的方式进行招标时，招标邀请书直接送达受邀单位，不公开发布。

（3）招标公告或者邀请书的发布时间。

课程实施前 2 个月之前或者评标工作一个月前发布。

二、研学旅行招标案例

案例 7-1

合肥工业大学附属中学 2019 年研学旅行活动课程招标公告

为贯彻落实新课改精神，根据《合肥市中小学生研学旅行课程方案（试行）》，充分利用社会教育资源，引导中学生开展有意义的社会实践活动，合肥工业大学附属中学决定继续实施研学旅行活动课程。为确保课程的安全、规范、有效实施，本着公开、公平、公正的市场竞争原则，现对 2019 年研学旅行活动课程进行公开招标。

一、招标内容及要求

（一）本活动课程分小学、中学两个主题，各主题（线路）独立招标（线路安排见附件），旅行社可以就其中一条线路或两条线路投标。具体内容要求如下：

1. 交通

（1）本市交通：从合肥市交通运输局和合肥市教育局指定的旅游客运企业中租用车辆，出发地点和返程终点均为我校指定地点。全程空调大巴，55 座以上，车况良好，需提供车辆年审合格证明材料。为确保安全，司机需 5 年以上驾驶大型客车经验，没有交通违章记录，心理素质好，途中每两小时需到服务区休息一次。

（2）合肥至外地往返交通：乘坐高铁。

（3）外地区间交通：每班安排一辆大巴，从当地交通运输主管部门和教育主管部门指定的研学旅行旅游客运企业中租用车辆。其他要求同（1）“本市交通”相关要求。

2. 住宿

三星级及以上宾馆。2 人标间，有独立卫生间，有线电视，有不受约束的洗热水澡条件，卫生条件好，周边环境安静且无安全隐患。每晚需入住同一家宾馆，每晚需安排工作人员值班，以确保安全。

3. 门票

所列景点所有门票，按学生票处理，由旅行社承担。

4. 用餐

（1）中学：3 早餐 8 正餐（含高铁返程时车上一顿晚餐），10 人一桌。务必保证卫生。正餐按 30 元 / 人，确保 10 菜 1 汤，5 荤 5 素（半荤菜做素菜处理），分量足够，主食无限量；早餐不另收费，确保有足够的新鲜鸡蛋、点心。

（2）小学（要求见附件）。

5. 导游

每班安排全陪和地陪各一名（小学全陪一名）。全陪及地陪全程服务，持证上岗。基于课程要求，导游需接受过高校教育，对游览地的文化有深刻了解，活动安排与讲解需侧重突出本课程主题。行程中播放的所有音乐、影视作品及导游的讲解必须正规典雅，不得出现任何不适合学生视听的内容。

6. 医护

每团安排随队医生一名，持证上岗。

7. 保险

师生旅行社责任险及意外伤害险。

8. 服装

中学团队须统一制作队服，服装印制学校的名称。小学不要求统一服装。

9. 其他

全程不安排任何购物点及自费项目。对学生不再收取合同外的任何费用。不安排学生购物以及合同外其他收费项目，包括景点内交通（电瓶车等）。每班两名贫困生免费。教师交通费、住宿费由学校按出差有关规定报销。

二、投标人资格和要求

符合以下资质、信誉度旅行社具备投标资格：

旅行社要达到 4A 级及以上等级、4 星及以上诚信度，有固定经营场所、专门操作研学旅行的部门以及专职的研学旅行导游队伍；旅行社应具备 100 万元及以上的注册资金和 30 人及以上的员工队伍，在三年内无重大质量投诉记录、不良诚信记录、经济纠纷及安全责任事故；投保责任险保险额不低于 60 万元 / 人、旅游人身意外险保险额不低于 26 万元 / 人。

参加投标的旅行社投标时携带旅行社资质证明及具体经办人的单位授权书。

三、开标与评标

（1）学校成立评标小组。由学校评标小组初审投标文件的完整性、合理性和资格证明文件的合法性，初步认定投标的有效性。

（2）本项目由学校评标小组负责评标。采用综合评标法，原则上考虑报价合理、行程安排合理、同类项目业绩好、企业信誉好的中标，对于低于成本价和明显高于市场价的都将作为废标处理。在评标过程中，招标单位对投标书中不明确的问题可以向投标单位（经办人）进行询标，并以书面形式予以记录，经双方确认后可作为以后签订合同的依据。评标小组在认真分析投标文书的基础上，遵循公开、公平、公正、合理、科学的原则，以表决的形式确定中标单位，并向中标单位发出中标通知。

四、付款方式

中标单位在接到中标通知后与学校进行商谈并签署合同。合同签订后可预付 40% 款项，旅游安全结束且双方对本次活动无异议后付清全部款项。

五、旅游质量要求

中标单位要严格按照招标文件载明的要求履行义务。若中标单位未能按规定的要求执行，由此导致的一切后果由中标单位负全责。

六、备注

（1）旅行社在设计研学课程时，应做好学生对当地文化的深度体验项目安排，充分考虑当地的知名大学资源，提升线路的品位，合理安排课程内容、设计路线，做好课程计划，并合理报价。

（2）标书中应含有旅行社营业执照、旅行社等级、诚信度证明材料、旅行社经营许可证、旅行社税务登记证、保险单据、授权书、汽车公司营业执照、汽车公司经营许可证、车辆及驾驶员年检证等。

（3）此次招标事宜合肥工大附中2019年研学旅行活动领导小组有最终解释权。

（4）投标方式：有意向参与投标且符合上述有关资质要求的旅行社于2019年3月14日上午11:00前将标书送达合肥工业大学附属中学德育处（C楼203室）。联系人：袁老师、李老师。联系电话：略。

合肥工业大学附属中学
2019年3月8日

附件：合肥工业大学附属中学2019年研学旅行活动课程方案

合肥工业大学附属中学2019年研学旅行活动课程方案
第一部分：初一、高一学生研学旅行活动课程方案

一、研学时间

2019年4月中旬。

二、研学主题及线路

江浙文化之旅——南京、杭州、绍兴四日研学旅行。景点包含：

（1）南京：南京大屠杀遇难同胞纪念馆、雨花台；

（2）杭州：浙江大学、西湖风景名胜区（含G20峰会会场）、岳王庙、灵隐寺、雷峰塔；

（3）绍兴：鲁迅故里、兰亭、沈园、柯岩、鲁镇。

三、参加人数

参加研学旅行的两个年级师生人数约380人（学生报名工作尚未开始，无法确定具体人数，380人作为投标人数）。

四、课程安排要求

（1）根据线路和景点特点，设计研学旅行课程方案，并将方案写入投标文件中。

（2）中标公司需要制作微课程介绍各参观地学习内容，行前对学生进行培训，指导学生做好课程规划和实施。

（3）根据学校要求制作发放每生一册的研学手册。

第二部分：小学部（一至六年级）学生研学旅行活动课程方案

一、研学时间

暂定3月27、28、29日三天；分三个团组，每个团组1天时间。

二、研学主题

庐州文化之旅。

三、参加人员

小学1~6年级全体师生（28个班，学生1415人，教师55人，最终以实际参加人数为准）。

四、研学地点

第一团组：一、二年级，非遗园；9 个班级，405 人。

第二团组：三、六年级，三河古镇；9 个班级，480 人。

第三团组：四、五年级，三瓜公社；10 个班级，530 人。

五、备注

（1）报价须含师生保险、教师午餐（学生午餐自备）。

（2）配备导游、随队医生（每班配备一名导游，每年级配备一名队医）。

（3）其他要求见招标公告。

（本案例来源：合肥工业大学附属中学网站，发布时间：2019 年 3 月 11 日）

案例评析

本案例是一个具有示范性的研学旅行招标案例，具有推广借鉴意义和学术价值。

首先从招标的背景、目的和原则出发，重点阐述了两个研学旅行项目、招标内容及要求、开标与评标办法、付款方式、旅游质量要求、标书的内容和投标方式、提交投标书截止时间、公告也注明招标联系人、联系电话，最后的附件公布了研学旅行活动课程方案。是一个相对完整的研学旅行招标公告。以下几点更值得肯定和推崇，供招标单位参考。

（1）本案例明确了研学旅行课程分小学、中学两个主题（线路），使投标人聚焦主题，更好地有目标开展投标工作。

（2）研学旅行服务的具体内容详细明了，利于执行，具有可操作性。譬如，交通、住宿、门票、用餐、导游、医护、保险、服装，以及全程不安排任何购物点及自费项目的要求都具体详细，利于中标人开展研学旅行服务工作。

（3）研学旅行质量的要求、对中标单位义务的履行，都做了明确规定，可视为合同的基本组成部分，字里行间约束了将来的研学旅行中标方。

（4）研学旅行活动课程方案学校做了具体的大原则方面的规定，并没有把校方该做的工作推给中标方。这是一份负责的研学旅行招标书，展示了学校的责任担当精神和对学生的关爱情怀。

（点评人：文化和旅游部人才中心研学旅行指导师考评员李岑虎）

案例 7-2

山东师范大学附属中学研学旅行项目招标公告

根据教育部等 11 部门《关于推进中小学生研学旅行的意见》和《山东省推进中小学生研学旅行工作实施方案》等文件精神，为积极推动我校学生综合素质的全面发展，规范学校研学旅行活动，我校招投标工作小组拟对2019—2020学年研学旅行项目进行招标，欢迎符合条件的旅行社、研学机构积极参加投标。

一、招标目的

评比出实力强、专业精、服务好的研学单位不超过6家，承办学校周末研学活动、寒暑假研学旅行活动。

二、投标方资格

（1）省级及以上知名度和诚信度高的旅行社或研学机构。有固定经营场所，有正规营业执照。机构无被责令停产、停业，或者因重大失信行为投标资格被取消的情况，无骗取中标或者违约等问题。无独立资质，挂靠在旅行社或研学机构的个人、团体或组织谢绝参与。

（2）注册资金500万元及以上，具备大规模团队研学服务能力，可以按照要求设计研学线路、预订研学基地、住宿房间、来往接送、订购机票（火车票）及相关服务的能力。

（3）能提供旅游行政管理部门出具的旅游质量保证金缴纳证明函复印件（原件备查）。

（4）机构证照齐全，具有履行合同所必需的设备和专业技术能力。

（5）有依法缴纳税收和社会保障资金的良好记录。

（6）具有良好的商业信誉和健全的财务会计制度。

（7）在经营活动中没有重大违法记录，无重大安全责任事故。

（8）参与竞标的旅行社、研学机构须具备法律、行政法规规定的其他条件。

（9）有操作大型团队出行的经验，具有丰富研学操作经验且有专人负责研学活动。

（10）食、宿、行安排要符合卫生安全标准，机构针对不同社会实践活动，机构均有成熟而可行的风险规避预案，保证各种问题均有相应的解决措施；有制度和措施保证出团师生的人身、财产及交通等安全。

三、报名时间地点

（1）报名时间：2019年11月25日—11月29日18点前。

（2）开标时间：另行通知。

（3）现场报名地点：山东师范大学附属中学政教处。

四、报名、资格审核、开标方式

（1）必报资料：携带有效的营业执照、组织机构代码证、税务登记证、银行开户许可证和相应的旅行社业务经营许可证、投标文件（包含公司资质、研学方案和手册展示、安全预案）等，不接受多方联合投标。

（2）选报资料：投标单位可提供以高中生为研学对象的实施案例视频、媒体报道或者展示公司专业水平的其他证明资料。

（3）资格审核：招投标工作小组根据招标要求对报名材料进行初步审核，确定符合条件的投标单位参与招标。

（4）开标地点及方式：

开标地点：学校办公楼二层西会议室。

开标时，投标单位自选线路作为案例，制作PPT一份及相应的纸质资料若干（供评委查看），并做好相关的宣讲准备等。纸质资料应包括以下内容：

①公司资质方面的相关资料。

②公司承担中小学研学旅行活动的从业经验展示（包括研学设计、研学手册、安全预案等）。

③公司组织中小学研学活动的特色或亮点。

④ PPT 用于现场向评委讲解，不超过 10 分钟。

⑤全部投标公司讲述完毕之后，由评委对意向机构进行合议，并于当天在学校网站公示招标结果。

五、联系人

胡老师、徐老师，电话：略。

备注：此次招标事宜山东师范大学附属中学招投标工作小组有最终解释权，具体活动细则以签订合同为准。

（本案例来源：山东师范大学附属中学网站，日期：2019-11-27）

案例评析

2019 年 11 月 27 日山东师范大学附属中学发布研学旅行项目招标公告。该招标包括：招标目的，投标方资格，报名时间地点；报名必报资料、选报资料，资格审核，开标地点及方式，开标 PPT 宣讲资料，评标的简易流程，联系人及联系方式，最后做了解释权的备注。尤其是投标人资质条件的要求特别清晰。譬如，省级及以上知名度和诚信度高的旅行社或研学机构，具备大规模团队研学服务能力，必需的设备和专业技术能力，有依法缴纳税收和社会保障资金的良好记录，具有良好的商业信誉和健全的财务会计制度，在经营活动中没有重大违法记录、无重大安全责任事故，有操作大型团队出行的经验，具有丰富研学操作经验且有专人负责研学活动，食、宿、行安排要符合卫生安全标准，成熟而可行的风险规避预案，有保证出团师生的人身、财产及交通等安全制度和措施等，把未来研学旅行的安全管理和质量管理提前一一明确告知。这些有担当有作为的条款，可以看出学校对研学旅行的牵挂和对学生的关心爱护，尽到了学校作为研学旅行主办方的管理职责。

文中提醒投标人“准备开标 PPT，现场向评委讲解”等环节，让投标人能够尽善尽美地展示自己，给投标人留下了发挥主观能动性、展示自己特色的空间，利于选拔出更加优质的研学旅行投标人。

但是，本招标书也存在一些不足。看不到招标项目的介绍，会给投标人带来一定的麻烦，不能十分清楚地知道自己要参与的项目具体情况；评标的纪律规则要求也应详细告知，避免一些不必要的尴尬。另外建议再把付款方式予以提前告知。

最后借此机会提醒广大读者，由于目前我国的研学旅行刚刚开始，无论是学校还是其他承办方、供应方都不可能十分清楚地知道哪些是属于自己的工作，哪些是不属于自己的工作。譬如，课程方案的编写是招标投标工作的核心，研学旅行作为学校的一门教育教学课程，课程方案的设计，本身应该是主办方学校的工作，也是招标方向社会展示的工作，起码应该有学校的参与，学校即招标方不能忽视了这一点。很多学校在招标时把研学方案、研学手册、研学安全预案等交给招标方（承办方或者供应方）单方编制，学校只负责监督，学校把研学旅行课程交给非教育专业机构编制，这显然不妥。

研学旅行保障及服务标准也应该由学校参与编制，而不是完全交给招标方独家编制，这一点要在招标公告中体现出来。尤其是研学旅行安全预案更不能全部交给招标方独家编制。研学旅行活动过程中，学生的安全是首要问题，要建立多方参与责任共担的安全体系。学校既不能独自承担研学旅行安全带来的压力，也不能把安全问题全部甩给招标方，即使招标方为了拿下招标项目，独自承担编写课程方案、研学手册和安全预案的义务。在研学旅行的实践中，万一出现不愉快的问题，无论是教学质量，还是安全责任，最后还是国家法律法规说了算。

（点评人：文化和旅游部人才中心研学旅行指导师考评员李岑虎）

案例 7–3

阜阳职业技术学校 2020 年春季研学旅行项目招标公告

中乾立源工程咨询有限公司受阜阳职业技术学校的委托，现对阜阳职业技术学校 2020 年春季研学旅行项目进行公开招标，欢迎具备条件的国内投标供应商参加投标。

一、项目名称及内容

（1）项目编号：YDCG–F2019109

（2）项目名称：阜阳职业技术学校 2020 年春季研学旅行项目

（3）项目单位：阜阳职业技术学校

（4）资金来源：财政资金

（5）项目预算：160 万元

（6）最高限价：800 元 / 人（约 2000 人，以实际出行人数为准）

（7）标段（包别）划分：一个标段

二、投标供应商资格

（1）符合《中华人民共和国政府采购法》第二十二条规定；

（2）本项目不接受联合体投标；

（3）供应商存在以下不良信用记录情形之一的，不得推荐为中标候选供应商，不得确定为中标供应商：

① 供应商被人民法院列入失信被执行人的；

② 供应商或其法定代表人或拟派项目经理（项目负责人）被人民检察院列入行贿犯罪档案的；

③ 供应商被工商行政管理部门列入企业经营异常名录的；

④ 供应商被税务部门列入重大税收违法案件当事人名单的；

⑤供应商被政府采购监管部门列入政府采购严重违法失信行为记录名单的。

（4）具有有效的营业执照。

（5）按照相关法规、规章的规定投保旅行社责任保险（须提供有效期内保险单复印件并加盖公章）。

三、报名及招标文件获取办法

（1）招标文件获取时间：2019 年 12 月 6 日 9 时 至 2019 年 12 月 27 日 9 时（注：不少于 5 个工作日）。

（2）报名方式：

①凡有意参加的供应商，可在阜阳市公共资源交易网下载招标文件。

②颍东区人民政府网 http：//www.yd.gov.cn/。

四、开标时间及地点

（1）开标时间：2019 年 12 月 27 日 9 时（注：距招标文件发售开始时间不少于 20 日）。

（2）开标地点：阜阳市公共资源交易中心开标 555 室。地址：城南新区三清路（新三中斜对面）阜阳市民中心五楼。

五、投标文件递交时间、截止时间及地点

（1）纸质投标文件递交时间：投标截止时间前 1 小时内。

（2）投标文件递交的截止时间（开标时间）同开标时间。

（3）投标文件提交地点：阜阳市公共资源交易中心开标 555 室。

（4）逾期送达的或者未送达指定地点的投标文件，采购人拒绝接受。

六、联系方法

（1）项目单位：阜阳职业技术学校。

地址：阜阳市颍东区众兴路与富强路交叉口。

联系人：×××。

电话：略。

（2）采购代理机构：中乾立源工程咨询有限公司。

地 址：阜阳市城南新区高速时代城 26 栋 201 室。

联系人：孙工，李工。

电话：略。

七、其他事项说明

（1）本项目需落实的节能环保、中小微型企业扶持等相关政府采购政策详见招标文件。

（2）请各位潜在投标人认真对待项目投标，投标文件制作时，签字或盖章等不可缺失，以此产生的责任由投标人自行承担。请认真理解招标人需求，充分理解招标文件各项规定。

八、公告期限

本项目公告期限为 5 个工作日。

九、投标保证金缴纳账户

账户一：

收款单位：阜阳市公共资源交易中心投标保证金专户。

开户银行：略。

银行账号：略。

账户二：
收款单位：阜阳市公共资源交易中心投标保证金专户。
开户银行：阜阳颍淮农村商业银行股份有限公司。
银行账号：略。
账户三：
收款单位：阜阳市公共资源交易中心投标保证金专户。
开户银行：略。
银行账号：略。

2019 年 12 月 6 日

（本案例来源：中国政府采购网，2019 年 12 月 9 日）

案例评析

本案例是中国政府采购网推荐的规范化案例，是阜阳职业技术学校委托专业的招标公司——中乾立源工程咨询有限公司开展研学旅行项目公开招标标书，具有示范意义。

首先从项目编号、项目名称、项目单位、资金来源、项目预算数额、最高限价数额、标段等方面介绍了项目名称及内容；其次从供应商不良信用记录、具有有效的营业执照、投保旅行社责任保险等方面提出了投标供应商资格；然后规定了招标文件获取时间、报名方式、开标时间及地点，以及投标文件递交时间、截止时间及地点、联系方法等；最后，对投标保证金缴纳账户，以及投标的细微环节做了温馨告知。因此说本案例是一个具有很高参考价值的研学旅行投标书。

特别提出的是本案例中关于中标供应商的资格的限定，对不良供应商、失信投标方的一票否决规定，弘扬了社会正气，展示了中华美德。在研学旅行前就杜绝了研学旅行的不安全、不顺利的隐患，实在是高明的条款。

遗憾的是可能受研学旅行的教育性、专业性、科学性的规律制约，本招标公告和前面的案例 7-2 一样，没有出现课程方案及要求，也没有符合研学旅行规律的研学旅行保障及服务标准等要素，给本次招标和以后的研学旅行活动留下淡淡的阴影。

最后，再次呼吁研学旅行主办方和招标受委托方，研学旅行投标一定把标书的核心项目——研学旅行主题课程及研学旅行服务质量要求编写出来，在公布标书时一并公布于众，千万不可直接把研学旅行课程交给非教育专业机构，也不可忽略研学旅行服务质量和保障。包括中标后的后续合同中，如果缺乏具有可行的监督依据，一旦出现法律诉讼，将会承担相应的举证责任，给研学旅行带来阴影。

（点评人：文化和旅游部人才中心研学旅行指导师考评员李岑虎）

第二节　研学旅行投标

一、研学旅行投标理论

（一）研学旅行投标人定义

研学旅行投标人是响应学校或者教育管理机构招标，已在学校、教育管理机构或招标机构处领购研学旅行招标文件并参加研学旅行投标竞争的法人或其他组织。任何未在招标人或招标机构处领购招标文件的法人或其他组织均不得参加投标。如果旅行社响应学校或者教育管理机构招标，已领购招标文件并参加投标竞争，就已为研学旅行投标人。

（二）研学旅行投标人资格

研学旅行投标人应当具备承担研学旅行招标项目的能力；国家有关规定对投标人资格条件或者招标文件对投标人资格条件有规定的，投标人应当具备规定的资格条件。

（三）获取研学旅行招投标信息渠道

（1）各地教育系统网站公告信息。学校方招标信息经过上级主管部门批准后，一般会在教育局官方网站上公布。

（2）学校官网发布。

（3）研学旅行招标方委托代理机构发布的招标公告。

（4）招标主办方投送的招标邀请书。

（5）研学旅行专业平台发布的招标信息。

（6）百度关键词检索招标信息。

（7）其他渠道获得研学旅行招标信息。

（四）研学旅行投标流程

根据《中华人民共和国招标投标法》规定，旅行社研学旅行项目投标程序是：研究招标文件→规划研学旅行线路→勘察线路，收集资料→复核工作量→编制研学手册→编制投标文件→提交投标文件→等待开标与评标。投标的详细流程如下：

1. 研究招标文件

重点是投标者须知、合同条款、研学旅行线路、研学旅行目的地范围、研学点内容、研学工具、饮食饭店要求、住宿酒店要求、交通工具要求、学生数量、学生层级、价格水平、课程设计的要求、课程实施保障、研学服务标准、标书内容清单、研学旅行实施过程表、技术规范要求及特殊要求等项目。

2. 规划研学旅行线路

根据招标文件要求和所提供线路核心研学点的资源特点，结合空间和时间、学段要求确定线路的课程主题。根据课程主题链接其他相关研学点（景区、场馆、社区、职业体验点）设计研学旅行专题课程体系。

3. 勘察线路，收集资料

勘察线路的目的是完善课程线路的设计。勘察线路应确认以下信息：

（1）当地投标项目有关的法律法规、当地研学旅行项目专家及劳动力供应状况。

（2）研学旅行基地的属性、研学旅行目的地的研学点内容、研学旅行基地的经营状况。

（3）认真调查研究研学旅行线路、研学旅行目的地、研学点内容所在地的研学旅行资源的自然条件、教学条件及环境。如研学旅行基地文化背景、政治背景、历史文化背景、自然资源地质地貌背景、交通、水电等的供应和其他资源状况等。

（4）课程资源的安全性。在勘察环节即可完成安全注意事项及安全防范措施。

（5）课程实施的时间长度。规划好各课程之间的时间分配，做好线路的时间衔接。

（6）课程实施的最佳线路。对多种可能的线路进行实地勘察，分析比较，按照安全第一、效率第二、舒适第三的原则，规划出最适合的课程线路。

（7）课程实施的物质条件。确认在课程实施点必备的物质条件，特别是饮食饭店要求、住宿酒店要求、交通工具要求，必须携带的证件以及禁止携带或者禁止使用的物品（比如：有的研学点需要携带水鞋、鞋套，禁止带手机等）。

（8）交通工具的要求。根据勘察信息，合理选择出行方式，确保交通安全高效。

（9）课程实施的方式。在了解资源特点的基础上，确定最佳课程实施组织方式。

（10）入住酒店的考察。对酒店房间设施以及安全疏散设施进行细致考察，对酒店设施的安全性及舒适性进行全面了解，对房间电器使用安全进行考察。

（11）研学旅行餐饮安排。对研学线路中涉及的餐饮点进行考察，对学生行程中的饮食作出科学合理的安排。既要保证饮食的安全性和营养搭配，也要尽可能让学生体验各地的特色美食，了解各地的饮食文化。

（12）研学旅行指导师与项目专家、导游、讲解员之间关于课程实施方面的沟通。

（13）收集各种资源图文信息，为课程设计和研学手册制作准备材料。

（14）参加研学旅行目的地现场踏勘与标前会议交底、答疑等。

若投标人因为招标之前来不及进行线路勘察，或者出于成本考虑暂不进行线路勘察，则必须对线路课程资源的相关信息进行详尽的收集和研究。要与基地、场馆、餐饮、住宿等研学服务供应方做好充分地沟通。既为编制尽可能规范的课程方案和研学手册做准备，也是为了防止中标之后无法履行承诺而造成违约。但是在课程中标后，必须进行现场勘察，并根据勘察情况对已有课程方案及研学手册进行修订。

4. 复核工作量

根据招标文件复核或计算工作量，这是非常重要的一个环节。复核工作量包括整个的研学旅行工作量、辅助教学服务工作量以及旅行社服务全部成本。

5. 编制研学手册

课程方案和研学手册可以由旅行社自行编制，也可以委托专业机构或者专业人士设计编制。所选择的专业机构应该拥有教育教学、课程理论、组织管理、旅游教育、安全管理、法律合同等方面的专业人才；所委托的专业人士应具有研学旅行教学能力、研学旅行课程理论知识、研学旅行活动组织能力、旅游专业知识、中小学教育教学基础知识、安全管理知识、合同业务知识、文案编辑能力。

6. 编制投标文件

（1）投标文件应当对招标文件的实质性要求作出响应。投标文件一般包括投标函、公司简介、师资队伍、教学能力、服务标准、课程设计方案、教学过程详案、安全保障及其预案、投标报价清单、商务和技术偏差表。

（2）课程设计方案是报价的基础和前提，也是招标人评标时考虑的重要因素之一。因此，在编制课程设计方案时，应在课时、质量、方法、教学、安全保证等方面有创新，利于降低研学旅行成本，对投标人有吸引力。

（3）确定正确的投标策略。在信誉、低价、教学质量、改进设计、先进、具有特色的教学方案中体现。

技术标的策略内容：突出自身的优势，如研学方法、研学教具、师资技术力量、代表性业绩等；突出研学旅行质量管理，质量水平尽量优于学校、教育管理机构等主办方要求水平；突出安全掌控优势，在满足主办方教学要求的同时，提出稳妥的研学旅行安全目标和措施；向主办方提出一些有利于研学旅行的合理化建议及一些优惠条件。

（4）制订招标报价方案。结合线路勘察获取的研学点收费情况，根据招标公告公布的项目资金预算。对课程实施的保障与服务标准的要求进行预算分析，制订招标报价方案。

注意报价策略，研学旅行项目报价策略可采取不平衡报价法、多方案报价法、增加建议方案法、突然降价法、无利润竞标法、先亏后盈法等方式进行报价。

7. 提交投标文件

（1）注意投标的截止日期，即提交标书的最后期限，超过日期视为无效投标。

（2）投标文件应当对招标文件提出的实质要求和条件作出响应，如研学旅行线路、课程设计方案、教学方法、质量标准、报价限额等。

（3）投标文件应按招标文件要求完整。

（4）提供投标书的材料清单。投标书应该包括资质证明文件、保险证明文件、安全责任承诺书、研学旅行手册、应急预案、从业业绩证明材料、课程方案、展示课件、应标陈述方案及其文案等。

8. 开标与评标

（1）开标。开标时间应与提交投标文件截止时间同一时间公开进行。开标地点应为招标文件中预先确定的地点。

（2）评标定标。评标委员会一般由招标人代表和教育、旅游等方面的专家组成，其成员人数为 5 人以上单数，其中教育、旅游等方面的专家不得少于成员总数的 2/3，并适当邀请熟悉招投标的法律法规的专家参与。

评标原则：公开、公平、公正。评审方法：严格按照招标文件公布的评标办法和标准执行。

说明：开、评标过程中，有效标书少于 3 家，此次招标无效，需重新招标。

（3）中标通知。中标人确定后，招标人应当向中标人发出中标通知书，并同时将中标结果通知所有未中标的投标人。中标通知书对招标人和中标人具有法律效力。中标通知书发出后，招标人改变中标结果的，或者中标人放弃中标项目的，应当依法承担法律责任。招标人和中标人应当自中标通知书发出之日起 30 日内，按照招标文件和中标人的投标文件订立书面合同，招标人和中标人不得再行订立背离合同实质性内容的其他协议。

二、研学旅行投标案例

案例 7–4

××××研学教育有限公司标书

[封面]（文字）

××××研学教育有限公司标书

项目名称

单位

时间

[前言]

前言

济南市××××中学小学部：

很高兴参加济南市××中学小学部研学旅行的投标。我们对本次活动充满信心，对与贵校的合作充满诚挚的意愿。接到标函文件后，我公司成立了专门研标小组，经过细致的研究，认真查看了现有招标文件，根据研学要求和我公司的实际情况认真编写了投标文件，我公司认为有实力在确保按期保质、保量的前提下完成本次研学旅行任务，势必带给孩子们一次终生难忘的研学之旅。

现将标书递交贵校，诚请各评委审议。

投标单位：××××研学教育有限公司

法人代表：×××

2018 年 3 月 16 日

[目录]

前言

第一部分　投标函

第二部分　公司概况介绍

　　第一章　公司简介以及管理架构

　　第二章　安全保障

　　第三章　业务能力

第三部分　拟采取的研学行程

第四部分　拟建立的管理组织机构以及人员配备、要求

第五部分　服务标准及措施方案

第一章　日常服务标准

第二章　研学旅行应急方案

第六部分　详细报价清单

第七部分　退款说明

［正文］

第一部分　投标函

致：__________________（招标人名称或招标代理人名称）

（1）我方已仔细研究了济南市 ×××× 中学小学部春季 __________（研学项目名称）研学招标的全部内容，愿意承担贵校本次研学的责任，并承诺按照合同约定完成计划。

（2）我方承诺在投标有效期内不修改、撤销投标文件。

（3）如我方中标：

①我方承诺在收到中标通知书后，在中标通知书规定的期限内与你方签订合同。

②我方承诺按照招标文件规定向你方递交履约担保。

③我方承诺在合同约定期限内完成合同内容。

（4）我方在此声明，所提交的投标文件及有关资料内容完整、真实和准确。

（5）______________________________________（其他补充说明）。

投标人：×××× 研学教育有限公司（盖章单位）

法定代表人或其委托代理人：×××（签字）

地址：××××××

电话：×××××××××××

邮政编码：××××××

×××× 年 × 月 ×× 日

第二部分　公司概况介绍

第一章　公司简介及管理架构（见表7–1）

表 7–1　公司简介管理架构

基本信息情况			
机构名称	×××× 研学教育有限公司	成立时间	×××× 年 × 月 × 日
机构性质	公司性质	资质证书编号	
营业执照号		规模（全职职员人数）	19 人
法人代表姓名	×××	组织研学旅行的年限	3 年
曾经合作过的学校和教育机构（请列举）	××××××		

续表

联系人姓名	×××	联系人电话	×××××××××××
研学旅行组织的具有特色的活动以及路线			
（略） （略）			

（营业执照扫描件或原件清晰照片放置处）

第二章　安全保障

（1）我们会为每位孩子以及随行老师配备20W保额的人身意外安全险。

（2）为每个班级配备研学老师1名、安全员1名、卫生员1名、导游1名。

（3）为每个班级配备具有安全保障、车辆安全保险的旅游大巴1辆，10年驾龄的老司机1名。

（4）为每位孩子配备“知行研学”安全背心。

（5）为本次研学提供一辆应急车辆以及应急药物服务。

第三章　业务能力

一、服务项目

研学旅行是由学校根据区域特色、学生年龄特点和各学科教学内容需要，组织学生通过集体旅行、集中食宿的方式走出校园，在与平常不同的生活中拓宽视野、丰富知识，加深与自然和文化的亲近感，增加对集体生活方式和社会公共道德的体验，研学旅行中小学生的自理能力、创新精神和实践能力都会得到提升。

二、研学旅行课程

（1）自然生态研学。

（2）历史文化研学。

（3）国际义工研学。

（4）红色经典研学。

（5）乡村扶贫研学。

（6）现代景观城市研学。

（7）研学旅行基地。

（8）艺术与科技研学。

（9）企业考察研学。

三、服务优势

（1）透明价格。我公司是结合电商与线下的新型研学公司，结合更多优势资源。我们根据“研学”主题的特点，结合中小学生群体的特征量身制定研学行程，让每个家庭支付更少的费用，获得更好的体验。

（2）提供专业研学旅行指导师。我们提供专业的研学旅行指导师服务，保证讲解质量、服务质量、职业资格。做让孩子听得懂的研学。

（3）零购物无自费。郑重承诺：所有路线全程实现零购物无自费。

（4）定制研学行程。学校可以结合自身主题或学校特色，制定更适合的行程，选择更多元，路线更灵活。

第三部分　拟采取的研学行程（见表7-2~表7-3）

表 7-2　研学行程一：小学二、三年级泉城海洋极地世界计划安排

项目	时间安排	研学详情
集合时间及地点	7 : 15	到达 × × 中学小学部
	7 : 45	出发去往泉城海洋极地世界
研学内容	8 : 30—12 : 00	A. 游览海洋世界 B. 海洋世界大讲堂（两项穿插进行）
	12 : 00—13 : 00	午餐
	13 : 00—13 : 20	制作鲨鱼牙齿
	13 : 20—13 : 40	参观饵料间
	13 : 50—14 : 20	填写研学手册
	14 : 20—14 : 40	观看美人鱼表演
	14 : 40—15 : 00	拍照留念
	15 : 00—15 : 40	返程

表 7-3　研学行程二：小学四年级百花洲活动安排

项目	时间安排	研学详情
集合时间及地点	7 : 50	到达 × × 中学门口
	7 : 50—8 : 30	带队老师强调纪律，学生穿安全背心
	8 : 30	早上 8 : 30 × × 中学出发
研学内容	9 : 00—9 : 15	给孩子们讲解济南的泉水水系以及济南城区的形成
	9 : 15—10 : 00	感受济南历史中的泉文化，听老师讲泉水的典故
	10 : 00—10 : 45	茶礼与拜师礼
	10 : 45—11 : 25	泉水带回家
	11 : 25—11 : 45	制作并完成研学手册
	12 : 00—13 : 00	午餐
	13 : 00—13 : 15	出发到大明湖
	13 : 15—14 : 40	讲解大明湖的历史文化
	14 : 40—15 : 10	为孩子们准备精美的蛋糕。
活动结束	15 : 10—15 : 30	拍照留念，返程

表 7-4　研学行程三：五年级雪野湖活动安排

项目	时间安排	研学详情
集合时间及地点	7 : 00	到达 ×× 中学小学部
	7 : 00—7 : 30	带队老师强调纪律，学生穿安全背心
	7 : 30	出发去往雪野湖
研学内容	7 : 30—8 : 30	参观雪野湖，讲解水库的知识和作用
	8 : 30—9 : 40	黄金沙滩做活动（拔河、盲人倒水）角逐，胜利的班级赠送“凯叔讲故事”大礼包
	9 : 40—11 : 00	参观小三峡，讲解水域知识
	11 : 00—11 : 30	完成研学手册
	11 : 30—12 : 30	午饭
	12 : 30—13 : 20	制作小船
研学内容	13 : 20—13 : 40	讲解梯田的构成和来历
	13 : 40—15 : 20	团队竞赛，绳网，轮胎山，射击接力
	15 : 20—15 : 40	拍照留念，返程

第四部分　拟建立的管理组织机构以及人员配备、要求

一、主办方人员配置

（1）应至少派出一人作为主办方代表，负责督导研学旅行活动按计划开展。

（2）每 20 位学生宜配置一名带队老师，带队老师全程带领学生参与研学旅行各项活动。

二、承办方人员配置

（1）应为研学旅行活动配置一名项目组长。项目组长全程随团活动，负责统筹协调研学旅行各项工作。

（2）应至少为每个研学旅行班级配置一名安全员。安全员在研学旅行过程中随团开展安全教育和防控工作。

（3）应至少为每个研学旅行班级配置一名研学旅行指导师。研学旅行指导师负责制订研学旅行工作计划，在带队老师、导游员等工作人员的配合下提供研学旅行服务。

（4）应至少为每个研学旅行班级配置一名导游人员。导游人员负责提供导游服务，并配合相关工作人员提供研学旅行服务和生活保障服务。

第五部分　服务标准及措施方案

第一章　日常服务标准

一、服务宗旨

（1）研学旅行活动的主办方、承办方和供应方应遵循安全第一的原则，全程进行安全

防控工作，确保活动安全进行。

（2）研学旅行活动应寓教于游，着力培养学生的综合素质能力。

（3）研学旅行活动应面向以中小学生为主体的全体学生，保障每个学生都能享有均等的参与机会。

二、服务提供方基本要求

（1）主办方应具备法人资质。

（2）对研学旅行服务项目提出明确要求。

（3）有明确的安全防控措施、教育培训计划。

（4）与承办方签订委托合同，按照合同约定履行义务。

（5）地接方应为依法注册的旅行社。

（6）连续三年内无重大质量投诉、不良诚信记录、经济纠纷及重大安全责任事故。

（7）应设立研学旅行的部门或专职人员，宜有承接 100 人以上中小学生旅游团队的经验。

（8）与供应方签订旅游服务合同，按照合同约定履行义务。

（9）供应方具备法人资质。

（10）具备相应经营资质和服务能力。

（11）应与承办方签订研学服务合同，按照合同约定履行义务。

第二章　研学旅行安全应急预案

为加强对此次研学旅行的安全管理，保障师生安全，确保活动安全有序开展，特制订安全应急预案。

一、研学旅行线路设计

实地考察安全系数高、具有教育意义的目的地，精心设计研学旅行活动路线，避免出现安全隐患。

二、研学旅行交通保障

（1）委托并监督牵手假日旅行社选择资质齐全的车队，安排车况良好的车辆和素质高、经验丰富的专业司机。

（2）车辆实行一人一座，原则上一班一车。班级人数超过车辆座位，安排与其他班级拼车。每车选派一到两位责任心强的老师作为研学旅行指导师，要求车上研学旅行指导师知道本车及本班拼车学生手机号码及车号，同时告知车上学生所有车辆研学旅行指导师的手机号码。上车、饭前必须确定人数，然后向带队人员汇报，确保无人员走失。

（3）要求师生遵守交通规则，统一活动，不得单独活动。

（4）必须安排工作经验丰富、有较强的交通安全意识、协调能力强的研学旅行指导师，及时提醒司机检查车辆，发现事故隐患及时提出更换车辆的建议；协助和监督司机做好安全工作。

三、交通事故应急处理

（1）立即组织抢救。发生交通事故出现伤亡时，研学旅行指导师应立即拨打 120 求救并组织现场人员迅速抢救伤员；如不能就地抢救，应立即安排车辆将伤员送往离出事地点最近的医院救治，同时立刻通知带队领导及学生家长。

（2）保护现场，立即报案。事故发生后，应尽一切努力保护现场，并尽快报案。报公安 110 或交通事故 122 报警台，请求派相关人员赶赴现场调查处理。

（3）迅速向研学旅行领导小组领导报告。将受伤者送往医院后，研学旅行指导师应迅速向研学旅行领导小组领导报告交通事故发生及学生伤亡情况，按领导指令开展下一步工作。研学旅行领导小组领导应在同一时间报上级行政管理部门并通知学生家长。

（4）做好本班其他同学的安抚工作。交通事故发生后，研学旅行指导师应做好班级内其他学生的安抚工作，继续组织安排好参观游览活动。事故原因查清后，要向学校带队老师及学校负责人说明情况。

（5）写出书面报告。交通事故处理结束后，研学旅行指导师要写出事故报告。内容包括：事故的原因和经过；抢救经过、治疗情况；事故责任及对责任者的处理；学生的情绪及对处理的反映等。报告力求详细、准确、清楚。请学校负责人或班级带队老师在报告落款处署名。

四、财物安全保障

研学旅行指导师随时提醒学生保管好自己随身携带的财物。发生财物丢失，研学旅行指导师积极配合寻找。贵重物品丢失，寻找无果，拨打 110 报警。

五、治安安全保障

在研学活动中，遇到歹徒行凶、诈骗、偷窃、抢劫等，导致学生身心及财物受到损害的，统称治安事故。

（1）研学旅行指导师要提醒学生：贵重物品不要随身携带，离开游览车时不要将证件或贵重物品遗留在车内。

（2）研学旅行指导师要始终与学生在一起，注意观察周围环境，经常清点学生人数；车行途中不得随意停车让无关人员上车，若有不明身份者拦车，研学旅行指导师应提醒司机不要停车。

（3）发生治安事故，研学旅行指导师应保护学生人身及财产安全。研学旅行指导师应挺身而出保护学生，将当事学生转移到安全地点，力争追回钱物；如有学生受伤，应立即组织抢救。向研学旅行领导小组领导报告治安事故发生的情况并按领导指令开展工作，情况严重时，请领导亲临指挥、处理。

（4）安定学生的情绪。治安事故发生后，研学旅行指导师应采取必要的措施，安定学生的情绪，力争活动按行程计划进行。

（5）写出书面报告。研学旅行指导师应写出详细、准确的书面报告，除报案内容外，还应写明案件的性质、采取的应急措施、侦破情况、受害者和其他成员的情绪及有何反映、要求等。

六、预防走失

研学旅行指导师在出发时要强调行程安排、注意事项、集合时间及地点，告知学生手机号码。每次上车时清点人数。如发生走失应及时处理。

（1）组织寻找。研学旅行指导师立刻同随团导游和班主任协商，安排人员寻找走失学生，安排其他已经到了的学生在车上等待。

（2）及时汇报。及时将相关情况报告给学校负责人。

（3）报警。积极组织寻找，立刻拨打 110 报警。

（4）向领导汇报。立刻向负责人报告走失同学情况。

（5）安抚学生。找到后，安抚走失学生情绪。在时间允许的情况下，继续行程。

七、纪律要求

（1）为了确保活动的顺利开展，研学旅行指导师要配合老师教育参加研学旅行的同学遵纪守法，牢固树立安全意识，自觉遵守有关法律法规，要有良好的公德意识，有严明的组织纪律观念，认真服从学校、领队教师和旅行社的管理，如违反相关规定或法律法规，造成不良后果的，由本人承担责任，返校后，学校应根据校规校纪严肃处理。

（2）全体师生遵守参观点的规定，遵守交通规则，随团统一活动，不得单独活动。

八、安全事故突发事件应急处理原则

迅速、快捷、高效，以人为本，保护生命，学生第一。

九、违纪违规处理

对在突发事件中处理不力、渎职的相关责任人坚决追究相关责任。

××××研学教育有限公司

年　　月　　日

第六部分　详细报价清单（见表7-4~表7-7）

表 7-5　预算报价（学生按照 175 人核算）

类别	项目	子项	单价 / 元	次数	合计 / 元	人均 / 元
A	门票	包括海洋世界参观、美人鱼表演		1		
B	用餐	学生自带		0		
C	车费	包括大巴车险		1		
D	配套服务	研学手册、研学手册名帖、车贴		1		
E	济南研学旅行指导师	包括往返车票、服务费、保险、门票、餐费		1		
				1		
F	外地导服			1		
G	保险	保额为 20 万元 / 人		1		
H	操作费	科普大讲堂、鲨鱼牙齿、参观饵料间		1		
I	税费					
合计						

表 7-6　B1 预算报价（教师）

类别	项目	子项	单价 / 元	次数	合计	人均 / 元
A	车票			1		
B	门票			1		
C	保险			1		
D	用餐			0		
E	住宿			1		
合计：						

注：教师保险费用不能单独出具发票，可以放在餐饮或者住宿费里，但不能超标。

表 7-7　四年级百花洲：预算报价（学生）

类别	项目	子项	单价 / 元	次数	合计	人均 / 元
A	车费	包含大巴车险		1		
B	配套服务	研学手册、研学手册名帖、车贴		1		
C	济南研学旅行指导师	包括往返车票、服务费、保险、门票、餐费		1		
D	外地导游			1		
E	保险	保额为 20 万元 / 人		1		
F	操作费	茶礼、泉水、蛋糕		1		
G	税费					
合计						

表 7-8　B1 预算报价（教师）

类别	项目	子项	单价 / 元	次数	合计	人均 / 元
A	车票			1		
B	保险			1		
C	门票					
D	用餐					
E	住宿					
合计：		元 / 人				

注：教师保险费用不能单独出具发票，可以放在餐饮或者住宿费里，但不能超标。

第七部分　退款说明

（1）若报名成功，未成团，费用将全部退还。

（2）若报名成功，校方提出退团，知行研学方则有权以出发日为准，按如下条款处理：

①校方或校方单位如提前 2 日提出退团，知行研学方全额退款。

②校方或校方单位如提前 1 日提出退团，知行研学方将扣除团体成本退还相应金额。

（3）行程中的解约责任。

校方在行程中单方要求解除合同或自愿放弃某项行程项目的，知行研学方有权不予退还相应费用，如双方另有约定，从其约定。

（本案例由张丽梅提供）

案例评析

本案例为 ×××× 研学教育有限公司投标书，整体框架结构完整，前后贯通一致，格式上具有典型代表意义。整篇分前言和七个部分，脉络清晰，逻辑合理，招标单位一目了然。尤其是第三部分“拟采取的研学行程”、第四部分“拟建立的管理组织机构以及人员配备、要求”和第五部分“服务标准及措施方案”写得比较翔实。“研学旅行安全预案”部分写得具体可行，突出了安全掌控优势，在满足主办方教学要求的同时，提出稳妥的研学旅行安全目标和措施，足以能够证明学校或者其他教育机构尽到《中华人民共和国民法典》《中华人民共和国未成年人保护法》《最高人民法院关于审理人身损害赔偿案件适用法律若干问题的解释》《学生伤害事故处理办法》等法规中规定的应当承担的教育、管理的职责。第六部分“详细报价清单”也清楚明白，第七部分“退款说明”亦显温馨。本案例是一个具有实用价值和学术参考价值的研学旅行投标书。

如果本案例标书中，能把师资队伍优势、教学能力技术、研学旅行方式方法、代表性业绩、优于主办方要求水平的研学旅行质量等要素很好地表达出来，研学手册的内容和质量文中提及一些，再向主办方提出一些有利于研学旅行的合理化建议和一些优惠条件，这种投标书胜过竞标时的千言万语，在竞争中将会以压倒性优势中标。

（点评人：文化和旅游部人才中心研学旅行指导师考评员李岑虎）

案例 7–5

南京市第十二中学秋季社会实践活动投标文件

封面（文字）

南京市第十二中学秋季社会实践活动投标文件

投标供应商：南京正大国际旅游有限公司

授权代表：______________________________

日　期：2020 年 11 月 26 日

目录（见表 7–9）

表 7–9　目录

正文

投标函

南京市第十二中学：

贵校拟组织的 2020 年 12 月 3 日高中三个年级开展秋季社会实践活动已收悉。我们经详细审阅和研究，现决定参加竞争性招标。

（1）我们郑重承诺：本文件中提供的所有材料均是真实有效。

（2）我们参与贵校活动供应商招标。

（3）我们同意提供关于本次采购的所有资料。

（4）我们理解，贵校无义务必须接受报价最低的投标，并有权拒绝所有的投标；同时也理解你们不承担我们本次投标的费用。

（5）如果我们被确定为成交供应商，为执行合同，我们将按投标供应商须知有关要求提供必要的履约保证。

投标供应商名称：南京正大国际旅游有限公司
公司地址：南京市秦淮区瞻园路 11 号 8022 室
邮编：210001
授权代表：张海

日期：2020 年 11 月 26 日

开标一览表（见表 7–10）。

表 7–10　开标一览表

项目名称	南京市第十二中学秋季社会实践活动
投标报价总计	人民币：＿＿＿＿＿＿（¥　　　　　）
投标供应商企业类型	小微型企业

投标供应商全称（公章）：南京正大国际旅游有限公司
法定代表人（授权代表）（签字或盖章）：＿＿＿＿＿＿＿＿＿＿
投标报价明细表（见表 7–11~ 表 7–13）

表 7–11　活动方案一：高一年级（南京财经大学、栖霞山）

序号	内容	单价 / 元	数量	总价 / 元
1	交通费			
2	午餐费			
3	导游费			
4	门票			
5	保险费			
6	研学报告汇编			
7	服务费 + 杂费			
投标报价总计	人民币：＿＿＿＿＿＿（¥　　　　　）			

表 7–12　活动方案二：高二年级（江宁台创园）

序号	内容	单价 / 元	数量	总价 / 元
1	交通费			
2	午餐费			
3	导游费			
4	活动费用			
5	保险费			
6	研学报告汇编			
7	服务费 + 杂费			
投标报价总计	人民币：____________（￥　　　　　　　）			

表 7–13　活动方案三：高三年级（抗日航空烈士纪念馆、中山植物园）

序号	内容	单价 / 元	数量	总价 / 元
1	交通费			
2	午餐费			
3	导游费			
4	门票			
5	保险费			
6	服务费 + 杂费			
投标报价总计	人民币：____________（￥　　　　　　　）			

活动方案一：高一年级南京财经大学参观、栖霞山游览

一、活动目标

通过参观南京财经大学的学习，完成研究性报告。该报告将作为综合素质评价的参考材料。

二、活动实施

（一）活动前期准备

成立课题小组，可 1 人独立研究，也可以 3~8 人组成小组共同研究（自行推选组长）。课题小组任务如下：

（1）上报小组成员名单与课题方向。

（2）活动拍照、基础资料收集（提前列清单、收集方式、人员分工）。

（3）分工协作，按格式要求，填写研究过程与成果。

（4）活动总结一份，内容包括以下内容：

①课题报告，标准模板如表 7–14 所示。

表 7–14 课题报告模板

<table>
<tr><td rowspan="4">研究项目</td><td>课题名称</td><td colspan="5"></td></tr>
<tr><td>申报领域</td><td colspan="5"></td></tr>
<tr><td>辅导教师</td><td colspan="2"></td><td>手机号码</td><td colspan="2"></td></tr>
<tr><td>起始日期</td><td colspan="2"></td><td>结束日期</td><td colspan="2"></td></tr>
<tr><td rowspan="2">课题成员</td><td>负责人
（组长）</td><td></td><td>班级</td><td></td><td>学号</td><td></td></tr>
<tr><td colspan="6">如果是集体课题，请继续填写合作人信息</td></tr>
<tr><td rowspan="4">确立课题</td><td>想要解决的问题</td><td colspan="5"></td></tr>
<tr><td>选择该问题进行研究的原因</td><td colspan="5"></td></tr>
<tr><td>关于这个问题，已经了解的信息及其途径</td><td colspan="5"></td></tr>
<tr><td>最终确定的课程名称</td><td colspan="5"></td></tr>
<tr><td rowspan="4">研究方案</td><td>课题 / 项目背景（研究的意义和目的）</td><td colspan="5"></td></tr>
<tr><td>调查研究或实践的内容、方法和实施过程</td><td colspan="5"></td></tr>
<tr><td>具体任务</td><td colspan="5"></td></tr>
<tr><td>所需设备</td><td colspan="5"></td></tr>
<tr><td rowspan="3">研究方案</td><td>完成课题有利的条件分析</td><td colspan="5"></td></tr>
<tr><td>预计困难</td><td colspan="5"></td></tr>
<tr><td>预期成果</td><td colspan="5"></td></tr>
<tr><td rowspan="2">实施研究</td><td>遇到的困难及解决办法</td><td colspan="5"></td></tr>
<tr><td>收集到的资料</td><td colspan="5"></td></tr>
<tr><td rowspan="3">整理分析资料</td><td>需要整理和分析的资料类型</td><td colspan="5"></td></tr>
<tr><td>整理和分析资料的方法及结果</td><td colspan="5"></td></tr>
<tr><td>通过整理和分析资料得到的观点或结论</td><td colspan="5"></td></tr>
</table>

续表

展示和交流研究成果	小组研究报告	
	展示、介绍研究成果的演示文稿	
	分课题研究报告	
	研究结论与反思	
	致谢	

②详细内容报告（word 版），内容包括活动收获、感触、图片。

（二）活动当天流程

07 : 30　学校集合，集体乘车前往南京财经大学。

08 : 30　抵达南京财经大学，开始参观考察。

11 : 00　午餐。

12 : 00　集体乘车，前往栖霞山。

12 : 30　抵达栖霞山。以班级为单位，在研学旅行指导师带领下参观考察。

15 : 30　集体乘车返回学校

（三）活动后续

（1）研究报告提交：在活动结束 20 天内，提交完成。

（2）研学旅行指导师团队会同学校老师，精选若干研学报告汇编成册（图片略）。

三、活动安排

（1）团队达到以后，按班级为单位，由 1 名研学旅行指导师和 1 名农艺师带队分别进入不同的场景进行参观活动。根据各场景活动所需时间交替进行。中午按规定地点进行分别就餐。

（2）交通安排：53 座大巴。

（3）活动保险：旅行社责任保险、意外伤害险。

活动方案二：高二年级江宁台创园活动

一、活动目标

（一）学习目标

通过农业知识的学习，完成研究性报告。该报告将作为综合素质评价的参考材料；

（二）劳动目标

（1）提高劳动素养，养成良好的劳动习惯和劳动品质。

（2）充分了解掌握现代农业知识。

（3）了解石磨的知识、豆浆的知识，并学会豆浆研磨。

（4）了解大田作物分类、红薯的知识、功效，并学会挖掘红薯。

（5）了解植物的知识、掌握微景观打造的技术。

二、活动实施

（一）活动前期准备

1. 发布实践活动研究性课题

课题参考内容如下：

（1）学习现代农业的技术（市场前景）——化学类、生物类、工科类、经济管理类等。

（2）学习豆腐的制作方法（技术沿革）——化学类、生物类、食品类、历史学类等。

（3）学习红薯知识——生物类、化学类、工科类、生命科学类等。

（4）学习微景观制作——人文类、教育学类、艺术类、历史学类等。

2. 成立课题小组

可 1 人独立研究，也可以 3~8 人组成小组共同研究（自行推选组长）。课题小组任务如下：

（1）上报小组成员名单与课题方向；

（2）活动拍照、基础资料收集（提前列清单、收集方式、人员分工）；

（3）分工协作，按格式要求，填写研究过程与成果；

（4）活动总结一份。内容包括：

①课题报告（标准模板如表 7–15 所示）。

表 7–15　课题报告模板

<table>
<tr><td rowspan="4">研究项目</td><td>课题名称</td><td colspan="5"></td></tr>
<tr><td>申报领域</td><td colspan="5"></td></tr>
<tr><td>辅导教师</td><td colspan="2">正意研学</td><td>手机号码</td><td colspan="2"></td></tr>
<tr><td>起始日期</td><td colspan="2"></td><td>结束日期</td><td colspan="2"></td></tr>
<tr><td rowspan="2">课题成员</td><td>负责人
（组长）</td><td></td><td>班级</td><td></td><td>学号</td><td></td></tr>
<tr><td colspan="6">如果是集体课题，请继续填写合作人信息</td></tr>
<tr><td rowspan="4">确立课题</td><td>想要解决的问题</td><td colspan="5"></td></tr>
<tr><td>选择该问题进行研究的原因</td><td colspan="5"></td></tr>
<tr><td>关于这个问题，已经了解的信息及其途径</td><td colspan="5"></td></tr>
<tr><td>最终确定的课程名称</td><td colspan="5"></td></tr>
<tr><td rowspan="4">研究方案</td><td>课题 / 项目背景（研究的意义和目的）</td><td colspan="5"></td></tr>
<tr><td>调查研究或实践的内容、方法和实施过程</td><td colspan="5"></td></tr>
<tr><td>具体任务</td><td colspan="5"></td></tr>
<tr><td>所需设备</td><td colspan="5"></td></tr>
</table>

续表

研究方案	完成课题有利的条件分析	
	预计困难	
	预期成果	
实施研究	遇到的困难及解决办法	
	收集到的资料	
整理分析资料	需要整理和分析的资料类型	
	整理和分析资料的方法及结果	
	通过整理和分析资料得到的观点或结论	
展示和交流研究成果	小组研究报告	
	展示、介绍研究成果的演示文稿	
	分课题研究报告	
	研究结论与反思	
	致谢	

②详细内容报告（word 版）内容包括活动收获，感触、图片。

（二）活动当天流程

07 : 30 学校集合，集体乘车前往学农基地。

08 : 30 抵达基地，开始社会实践活动，活动内容包括：

（1）以班级为单位，在研学旅行指导师、农艺师带领下深入了解现代农业技术。

（2）了解石磨的知识、豆浆的知识。每位同学亲手研磨豆浆并品尝。

（3）生活美学——打造桌面微景观，活动结束后学生作品可自行带走。

（4）午餐休息。

（5）了解大田作物分类、红薯的知识、功效。分发道具挖红薯，每位同学可带走两个，回家品尝。

15 : 30 集体乘车返回学校

（三）活动后续

（1）提交研究报告：在活动结束 20 天内，提交完成。

（2）研学旅行指导师团队会同学校老师，精选若干研学报告汇编成册（图片略）。

三、活动安排

（1）团队到达以后，按班级为单位，由 1 名研学旅行指导师和 1 名农艺师带队分别进入不同的场景进行参观活动。根据各场景活动所需时间交替进行。每个场景活动时间 40 分钟到一个小时，上午开展两个活动。中午按规定地点就餐。下午开展另外两项活动，结束一天学农活动。

（2）交通安排：53 座大巴。

（3）活动保险：旅行社责任保险、意外伤害险。

活动方案三：高三年级抗日航空烈士纪念馆 中山植物园

一、活动目标

（1）加强爱国主义教育。

（2）感受植物世界的魅力。

二、活动实施

1. 活动前期准备

（1）活动内容、人员报备。

（2）确定抗日航空烈士纪念馆参观顺序。

（3）确定用餐顺序和地点。

2. 活动当天流程

07 : 30 学校集合，集体乘车赴抗日航空烈士纪念馆。

08 : 30 抵达抗日航空烈士纪念馆，以班级为单位参观抗日航空烈士纪念馆。

11 : 00 午餐。

12 : 30 参观考察中山植物园。

15 : 30 集体乘车，返回学校。

三、活动安排

（1）团队到达以后，按班级为单位，由 1 名研学旅行指导师和班主任老师带队分别进入不同的场景进行参观活动。根据各场景活动所需时间交替进行。中午按规定地点进行分别就餐。

（2）交通安排：53 座大巴。

（3）活动保险：旅行社责任保险、意外伤害险。

活动组织实施措施

一、准备工作

（1）方案细化。根据本活动方案，由校方提出具体执行要求，正大团队落实细化活动操作方案。

（2）现场勘察，实地演练。正大国旅团队提前勘察活动现场。正大国旅团队安排校方在活动现场，按活动操作方案实地演练。

（3）宣传教育。按照活动操作方案内容，正大团队会同校方召开相关教师会议，统一发布活动宣传内容，加强对学生出行前的安全教育。

二、安全措施

（一）人员组织

带队研学旅行指导师协助各班班主任在学生上车、下车前点名，并向带队领导汇报班级人数。往返前认真清点人数，行程时排好队伍，每班至少安排两位带队人员负责管理。

班主任要把学生组织成若干个活动小组，必须设立活动小组长，一级管一级，职责明确，有序地开展活动。

（二）活动安全

严格划分活动区域，对于有危险的活动区域，班主任应预先设想防范措施，禁止学生在此区域内活动。若活动时发生意外，应立即向活动总指挥汇报，并采取积极有效的救护措施，抑制事态扩大。

（三）防疫措施

（1）工作人员（研学旅行指导师、司机、农艺师等）在服务前，应向校方、公司提供14天内未曾去过低风险以上的省份或地区，并出示绿色健康码才可以服务。

（2）参加的学生及老师必须身体健康、无感冒发烧等症状，近期14天未去过高风险地区、未与确诊/疑似病例接触过，且健康码（支付宝首页点健康码，输入个人相关信息，自动显示）为绿码才可报名。

（3）工作人员提前准备好消毒酒精（浓度大于或等于75%）。

（四）用车安全

（1）正大国旅提供正规旅游车队的旅游用车（见表7–15）。

（2）司机不能有不良习惯，如车上抽烟，晚上赌博等。

（3）上车后，司机及地陪应提醒客人系好安全带。

（4）车辆一定要打扫好卫生，并进行消毒。

（5）车辆行驶时，研学旅行指导师要及时提醒学生不要随意走动，不乱丢垃圾。

表7–15　正大国旅社会实践活动车辆分配安排表

车辆编号（班级）	车牌号码	司机/联系方式	研学旅行指导师/联系方式	全陪导游/联系方式	带队老师/联系方式
1号车，高二（1）					
2号车，高二（2）					
3号车，高二（3）					

（6）食品安全：本次活动用餐均为有合法资质餐厅或快餐食品供应商。

资格证明文件

（1）法人代表身份证复印件（加盖公章）。

（2）旅行社营业执照复印件（加盖公章）。

（3）旅行社业务经营许可证复印件（加盖公章）。

（4）银行开户许可证复印件（加盖公章）。

（5）社保缴费证明原件。

（6）旅行社法人授权委托书（加盖公章）。

（7）旅行社书面承诺书（加盖公章）。

（8）旅行社无违规违法行为声明（加盖公章）。

（9）国家企业信用信息公司系统无重大行政问题证明。

（10）南京市采购供应商信用记录表。

（11）企业信用评价证书。

（12）法人授权代表身份证复印件（加盖公章）。

（13）保险公司旅行社责任保险统保示范项目保险单。

（14）附件：台创园研学活动课题报告

（本案例由江苏省旅游学会研学旅行分会梁媛媛提供）

案例评析

南京市第十二中学秋季社会实践活动投标文件包括封面、目录、投标函、开标一览表、三个主题方案的投标报价表、三个主题活动方案、活动组织实施措施、车辆分配安排表、资格证明文件若干。结构完整，详细规范，体现了投标方对该研学旅行项目的认真负责精神，也展示了旅行社自身丰厚的研学旅行实力。

其中投标报价以表格的方式说明，详细具体，一目了然，利于评委和招标方查看，能较好地留给评委和招标方一个干净利索的好印象。值得肯定的是活动方案中的高二年级江宁台创园活动方案。该方案活动目标提出了提高劳动素养、养成良好的劳动习惯、劳动品质，都是立德树人、核心素养目标的良好体现；活动前期准备也为研学旅行顺利开展打下了良好的基础；课题内容突出了学习现代农业的技术、学习豆浆的制作方法、学习红薯知识、学习微景观制作，这都是学校课堂上无法学到的具体内容。教学方法上，大胆使用小组合作模式，分工细密，利于提高学生团队合作意识，责任担当意识。活动的流程结合了学校课程设置特点，又注入旅游的元素和模式，形成了独特的研学旅行教学流程，具有很高的借鉴意义。在教学方式上运用考察探究方式，在研学旅行指导师、农艺师带领下深入学习现代农业技术；运用体验式让每位同学亲手挖红薯、研磨豆浆，并品尝；活动结束让自行带走自己的桌面微景观作品和自己采挖的红薯把研学旅行推向了高潮，留下延绵无尽的回味，把研学旅行带向了远方。

另外，活动准备工作突出了现场勘察，还在活动现场按活动操作方案实地演练，无疑是特色的亮点。安全措施具体到位，显示出主办方学校、承办方旅行社履行的安全教育管理、警示提示和事故的救助义务。对卫生疫情的防疫措施做到了主办方和承办方该做的工作。用车的要求和管理认真仔细，专业规范，具有可操作性，尽到了谨慎选择义务。

最后 14 个加盖印章的资格证明文件锦上添花，更加坚定了招标方合作的信心。

本方案不足的是：还应该在公司简介、师资技术力量、教学能力、代表性业绩等方面有创新，来吸引招标人。其中活动方案一和活动方案三是旅游版的研学旅行，而不是研学旅行。如果不是第二个活动方案衬托弥补，在竞争中很难获得主办方的认可。需要遵循学校教育规律，从教育教学的角度，在教学质量、教学方法、教学特色方面精心打磨，突出自身的研学旅行优势。

需要指出的是，研学旅行投标方案要突出研学旅行质量管理，课程设计质量水平尽量优于学校、教育管理机构等主办方要求的水平；突出安全管理掌控优势，在满足主办方教学要求的同时，提出稳妥的研学旅行安全目标和安全措施；向主办方提出一些有利于研学旅行的合理化建议及一些优惠条件。

（点评人：文化和旅游部人才中心研学旅行指导师考评员李岑虎）

案例 7-6

封面（文字）

湖北峡州国际旅行社有限公司研学项目投标文件

项目编号：______________

项目名称：______________

招标内容：______________

投标人（盖章）：

投标人授权代表（签字）：

日 期：______ 年 ____ 月 ____ 日

目录

目录

三、旅行社等级、有无不良记录、获得荣誉审核

（1）5A 级管理及服务标准的旅行社。

（2）三年无行政处罚，不良记录，责任事故。

（3）公司荣誉证书。

①国家级奖项证书。

②省、市级奖项证书。

③“十强旅行社”称号证书。

四、人力资源配置

（1）公司组织架构。

（2）关于设立研学旅行事业部及任职通知。

（3）研学部人员组成表。

（4）研学旅行指导师证。

（5）社保证明文件（连续 6 个月缴费清单）。

五、研学方案

宜昌研学线路（略）。

六、各项承诺

（1）投标承诺书。

（2）不随意更换项目经理、技术负责人的承诺。

（3）对采购文件及其附件的响应和确认。

（4）服务承诺书。

（5）具备《政府采购法》第二十二条规定的条件的承诺。

正文

一、具备《政府采购法》第二十二条第一款规定的相关材料

（1）法人的营业执照等证明文件，自然人的身份证明。

①营业执照复印件（加盖公章）。

②经营许可证复印件（加盖公章）。

③自然人的身份证明。

法定代表人证明

投标人名称：______________________________

单位性质：________________________________

地址：____________________________________

成立时间：_______ 年 ____ 月 ____ 日

经营期限：_______ 年 ____ 月 ____ 日至 _______ 年 ____ 月 ____ 日

姓名：_______ 性别：_______ 年龄：_______ 职务：_______

系 ____________________________（投标人名称）的法定代表人。

特此证明。

附：法定代表人身份证明复印件（加盖公章）

投标人：______________（盖单位章）

日期：_______ 年 ____ 月 ____ 日

（2）近三年财务审计报告和缴税证明、财务管理办法和社会保障资金。

①近三年财务审计报告：

2019 年财务审计报告（加盖公章）。

2018 年财务审计报告（加盖公章）。

2017 年财务审计报告（加盖公章）。

②缴税证明复印件（加盖公章）。

③财务管理办法（加盖公章）。

④社会保障金证明文件（连续 6 个月缴费清单）复印件（加盖公章）。

（3）具备履行合同所必需的设备和专业技术能力的声明（加盖公章）。

致：深圳群伦项目管理有限公司

根据贵方 ××× 研学旅行活动评选旅行社项目竞争性磋商文件要求，我公司在全面了解并充分理解本项目的技术要求、商务条款及其他内容后，决定参与该项目的投标活动。

我公司郑重声明，我公司具备履行本项目合同所需的设备和专业技术能力，如果我公司有幸中标，我公司将严格按照磋商投标文件的内容，组织精干力量，精心组织、全程密切跟进，确保本项目能圆满完成。我公司满足以下条件：

①具有独立承担民事责任的能力；

②具有良好的商业信誉和健全的财务会计制度；

③具有履行合同所必需的设备和专业技术能力；

④参加政府采购活动前三年内，在经营活动中没有重大违法记录；

⑤满足法律、行政法规规定的其他条件；

⑥我公司已完全了解本招标文件中规定的技术要求和商务条款。

本公司对上述承诺的真实性负责。如有虚假，我公司同意按我方合同违约处理，并依法承担相应法律责任。

授权代表（签字）：

单位:（盖章）

日期：_______ 年 ____ 月 ____ 日

（3）参加政府采购活动前 3 年内在经营活动中没有重大违法记录的书面声明

致：深圳群伦项目管理有限公司

我单位郑重承诺：在参加 ××× 研学旅行活动评选旅行社项目 政府采购活动前三年内在经营活动中没有重大违法记录，如情况不属实，愿依法接受相应的处罚。

特此声明。

竞标人（盖章）：

法定代表人或授权委托代表人（签字或盖章）：
日期：______ 年 ____ 月 ____ 日

（4）具有法律、行政法律规定的其他条件的证明材料（加盖公章）

二、具备独立法人资格，营业执照

（1）法定代表人身份证明。
投标人名称：×××× 旅行社有限公司
单位性质：有限责任公司
地址：__________________________
成立时间：______ 年 ____ 月 ____ 日
经营期限：______ 年 ____ 月 ____ 日至 ______ 年 ____ 月 ____ 日
姓名：______ 性别：______ 年龄：______ 职务：______
系 ______________（投标人名称）的法定代表人。
特此证明。
附：法定代表人身份证明复印件（加盖公章）。
（2）营业执照复印件（加盖公章）。

三、旅行社等级、有无不良记录、获得荣誉审核

（1）5A 级管理及服务标准的旅行社复印件（加盖公章）。
（2）三年无行政处罚，不良记录，责任事故复印件（加盖公章）。
（3）公司荣誉证书复印件（加盖公章）。
①国家级奖项复印件（加盖公章）。
②省、市级奖项复印件（加盖公章）。
③“十强旅行社”称号复印件（加盖公章）。

四、人力资源配置

（1）公司组织架构（见图 7–1）。
（2）关于设立研学旅行事业部及任职通知复印件（加盖公章）。
（3）研学部人员组成表复印件（加盖公章）。
（4）研学旅行指导师证复印件（加盖公章）。
（5）社保证明文件（连续 6 个月缴费清单）复印件（加盖公章）。

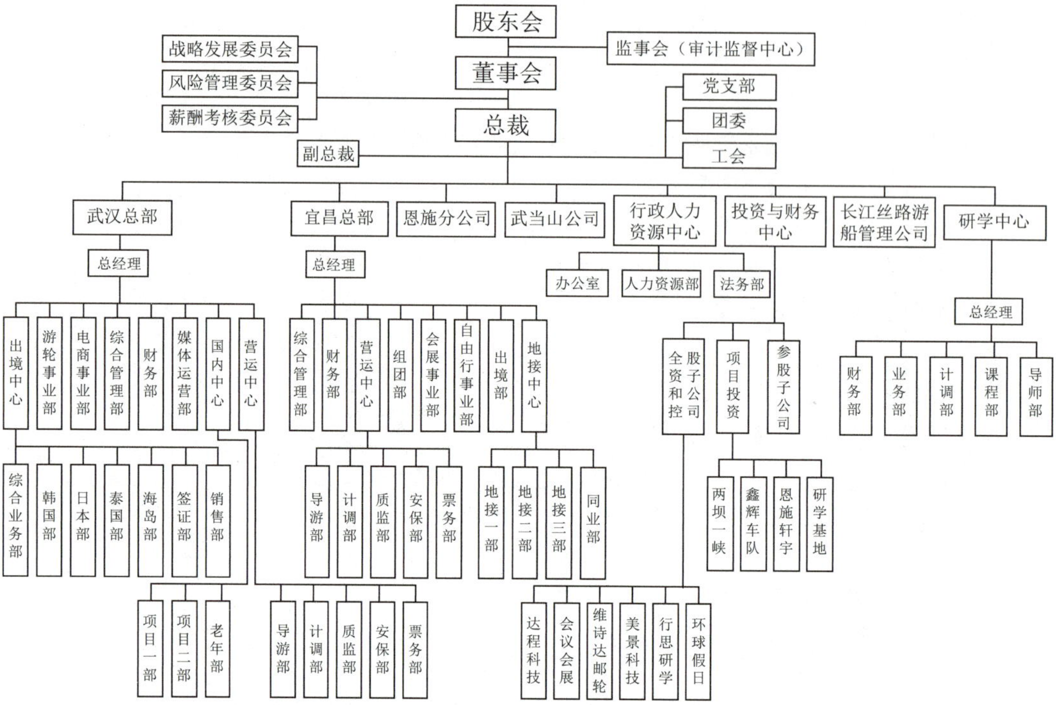

图 7-1　湖北峡州国旅组织架构图

五、研学方案

“感受大国重器，品味峡江文化”宜昌研学路线方案。

（1）课程主题：感受大国重器，品味峡江文化。

（2）课程时长：三天。

（3）适用学段：初中二、三年级。

（4）对应课程：地理、历史、语文、物理、农业、劳动教育等。

（5）课程导入：

“自三峡七百里中，两岸连山，略无阙处。重岩叠嶂，隐天蔽日，自非亭午夜分，不见曦月……”——郦道元《水经注》；

“路漫漫其修远兮，吾将上下而求索”——屈原《离骚》；

“巴渝荆楚之间，奇哉有此；元白苏黄而后，游者为谁”；

三峡大坝工程中涉及的动能、势能、电能的转换的知识点等。

（6）课程目标：

①近距离观摩三峡大坝全貌，感受大国重器的魅力；

②认识了解 Orienteering（定向），理论与实际相结合，寓教于乐，让学生在游览过程当中了解世纪工程的综合效益；

③通过祭拜屈原、行拜师礼，让更多的孩子了解屈原文化、学习屈原优良的品质，弘扬屈原的爱国主义精神；学习师道和孝道、传承中华美德，引导学生树立正确的人生观和价值观；

④通过对三游洞背景故事、相关大诗人的介绍及师生互动，让学生了解三游洞主要历史节点和赏析相关名诗，凸显元白友情，使历史人物能够在学生思维中生动鲜活起来，培养学生的家国情怀；

⑤走进农耕文化现场，了解传统农耕到现代农业的历史演变过程，感受农民的智慧和力量，激发学生热爱农村、热爱农民、热爱农业的情感。

⑥提高学生的动手能力，增强劳动合作意识；体会劳动的快乐，提高劳动实践的能力。

六、研学基地简介

（一）三峡大坝研学基地

三峡大坝研学基地是中国首批全国中小学生研学实践教育基地，依托举世闻名雄伟壮观的三峡水利枢纽工程，是一个拥有自然和文化遗产资源、红色教育资源、科普教育资源、综合实践基地、大型公共设施、科研机构的综合体。近年来基地一直致力于研学旅行产品的开发，充分发掘区域内的文化资源，将其与旅游资源相结合。

（二）屈原故里研学基地

屈原故里研学基地以传承屈原文化和峡江文化为主旨，联合三峡大坝景区，将古代文明和现代工程文明有效结合，构建了拜师礼仪式、学习屈原作品、体验端午习俗文化、了解峡江文化、传承非遗文化等五大课程体系。是世界非物质文化遗产保护和端午习俗的主要传承基地、爱国主义教育基地、海峡两岸文化交流基地、港澳游学基地。

（三）三游洞风景区研学基地

三游洞风景区研学基地位于长江三峡起始点的西陵峡口。三游洞面朝葛洲大坝、背靠千峰叠翠，左牵玉带下牢溪、右挽腾龙长江，隔溪与南津关相望、隔江与石牌顾盼。三游洞风景区集全国重点文物保护单位、爱国主义教育基地、AAAA 级旅游景区、宜昌市文化名片、现代化建设成就于一身。三游洞的名字蕴含三个典故。唐代诗人白居易、白行简、元稹三个人曾一同游过此洞，人称“前三游”；到宋代，苏洵、苏轼、苏辙父子三人仰慕元白也一同来游过此洞，人称为“后三游”；黄庭坚、黄大临、辛竑三人游为“续三游”。故有“巴渝荆楚之间，奇哉有此；元白苏黄而后，游者为谁”之说。

（四）嘉禾少年农业研学实践基地

嘉禾少年农业研学实践基地（宜昌市现代农业展示中心）位于点军区土城乡茅家店村 323 省道旁，基地地势平坦，土地肥沃，周围三面环山，环境幽雅，景色秀美。基地配备有“两智”设施，即以物联网为基础的“智慧农业控制平台”和设施先进、功能完备的“智能温室”。基地内试验作物全部采用水肥一体化管理和病虫害绿色防控，实现了质量安全型、环境友好型的目标。聚焦“新、奇、特、优”，在观赏性、多样性上下功夫，利用作物天然色彩，增强农业观赏性，并借助智能温室的优势，充分调度瓜果花卉，搭配多种颜色“作画”，提炼农业的美感。基地还发展作物混合种植，增加品种多样性，以稀有、特色的作物品种为主，多种栽培模式、多种作物相结合，丰富看点，培养青少年对现代农业的兴趣。

七、课程实施方案（见表 7–16）

表 7–16　课程实施方案

天数	时间	项目	地点或主题	行程安排
第一天	上午	07 : 00—08 : 30	红安至汉口站	有序乘坐大巴前往汉口站换乘动车
		09 : 00—11 : 00	汉口站至宜昌东站	乘坐时间 09 : 03 动车（D5949）从汉口站前往宜昌东站
		11 : 10—11 : 40	宜昌东站至青校	换乘大巴，前往青校营地用餐
		12 : 00—13 : 00	中餐	安静有序用餐
	下午	13 : 30—14 : 00	青校至嘉禾少年	乘坐大巴前往嘉禾少年研学基地
		14 : 30—15 : 00	现代农业知多少	（1）无土栽培： ①了解无污染高效的无土栽培与立体种植技术 ②了解无土栽培与立体种植的发展历史 （2）鱼菜共生系统： ①了解和掌握水、鱼、菜、菌共生系统 4 要素 ②了解水肥一体灌溉系统的基本原理 （3）转基因技术： ①了解转基因相关知识。 ②转基因的相关运用及发展。 （4）多肉植物： ①了解多肉的基本种类及特性。 ②多肉养殖的技巧及方法。
		15 : 00—17 : 00	我是快乐小农夫	A 组：耕种 ①学习使用农具 ②了解整垄的相关知识及栽种 ③体验劳动的辛苦，激发对劳动的热爱 B 组：盆栽 ①学习使用盆栽工具 ②了解盆栽知识 ③提高学生动手改善环境的能力
		17 : 00—17 : 20	嘉禾至青校	乘坐大巴至宜昌青校营地
		17 : 30—18 : 30	晚餐	宜昌青校营地就餐
		19 : 00—20 : 30	青校少儿剧场	大坝研学旅行指导师授课：世纪大坝，民族之魂：了解三峡工程的综合效益及红色精神 初识定向：定向运动活动规则介绍及实操演练 定向分组：以班级为单位 5~6 人一组
		21 : 00	洗澡、休息	

续表

天数	时间	项目	地点或主题	行程安排
第二天	上午	6 : 30—6 : 50	起床	
		7 : 00—7 : 30	早餐	
		7 : 30—8 : 30	青校至大坝	车赴三峡大坝研学基地
		8 : 30—8 : 40	大坝游客中心	大坝换乘中心乘车
		8 : 50	坛子岭	旅行社研学旅行指导师带领学生在坛子岭、185 园区近距离观摩大坝全貌重点知识点：三角四面体、万年江底石
		10 : 20	截流纪念园	纪念园门口领取地图、指北针、指卡、定向任务书、安全须知，然后根据研学旅行指导师给出的时间要求，以小组为单位完成定向打卡活动 知识打卡点 4 个：根据研学课堂知识和现场观摩，正确回答老师的问题，小组成员答题完毕后，导师出示打卡器，完成打卡 体能团队协作打卡点 3 个（大江截流、穿越电网、工程地图）：根据打卡点主题，以趣味游戏、团队协作等方式，小组全体成员完成研学旅行指导师给出的要求，研学旅行指导师出示打卡器，完成打卡 研学成果展示：科学拼装小实验，根据时间安排现场拼装或者带回学校拼装 终点提取成绩及排名，完成定向任务书，结束课程
	下午	12 : 00—13 : 00		景区中餐
		13 : 00—14 : 00	大坝—屈原故里	车赴屈原故里研学基地
		13 : 30—15 : 30	山门礼拜	开山门仪式：通过祭拜屈原，让更多的孩子了解屈原文化、学习屈原优良的品质，弘扬屈原的爱国主义和求索精神，引导广大青少年树立正确的理想、信念、人生观和价值观 拜师礼仪式：主持人首先引导学生诵读《学记》片段。①迎师；②呈拜师帖；③呈六礼；④呈夏楚二物（夏楚二物：戒尺、茶）；⑤礼毕。通过古代拜师礼，明礼、立身、做人。在楚风汉礼中，使学子追思屈原大夫爱国精神，接受尊师重道、明礼求学的传统文化熏陶
			参观屈原祠	让更多的孩子了解屈原文化，接受诗的洗礼，陶冶爱国主义情操，弘扬求索精神。引领广大青少年树立正确的世界观、人生观和价值观
			参观古民居、高峡平湖观景平台	让学生了解三峡地区传统建筑的特点，探究峡江古老建筑艺术，展示三峡特殊的自然地理景观及丰富多元的峡江文化和移民文化，感受古老峡江文化魅力，增强民族文化自信

续表

天数	时间	项目	地点或主题	行程安排
第二天	下午	15:30—16:30	舞台剧《大端午》	观看舞台剧《大端午》进一步了解屈原文化和屈原故里端午习俗，了解秭归人“一个端午三个过”和“端午比年大”的浓郁民俗风情
		16:30—17:30	屈原祠至青校	乘坐大巴至宜昌青校营地
		17:30—18:30	晚餐	宜昌青校营地就餐
		18:40—20:40	观看电影	宜昌青校剧场
		21:00	洗澡、休息	
第三天	上午	7:00—7:30	早餐	
		7:30—8:20	青校至三游洞	
		9:00—10:30	全线巡游	课程内容：巡游三游洞风景区主景点不少于11处：三游洞、津亭、古军垒、栈道、至喜亭、张飞擂鼓台、山谷亭、印章石园、楚塞楼、刘封城遗址、震旦角石园等 课程目的：了解各主要景点的前世今生；彰显各景点的爱国题材、家国情怀、诗人诗趣、历史印记、自然之美、人文底蕴、科学价值等
		10:30—11:30	诗词赏析	课程内容：前三游、后三游、续三游的背景故事；诗词赏析彰显元白兄弟情、三苏父子情，由此引出很多知识点如新乐府运动等；如何既让学生对唱诗、赏诗、析诗感兴趣，又让学生学有所获兼具诗人情怀是难点 研学目的：通过对三游洞背景故事、相关大诗人的介绍及师生互动，让学生了解三游洞主要历史节点和赏析相关名诗，凸显元白友情，使历史人物能够在学生思维中生动鲜活起来，培养学生诗人诗心的家国情怀
		11:30—12:00		
		12:30—13:00	午餐	宜昌青校营地就餐
	下午	13:00—13:30	结营仪式	宜昌青校营地广场
		13:30—14:10	青校至宜昌东站	
		15:07	宜昌东站至汉口	乘D5946动车，17:07到汉口

八、项目报价（见表 7–17）

表 7–17 报价一览表

供应商名称			
服务内容			
服务时间			
投标报价	红安—汉口高铁站（单向） 汉口高铁站—红安（单向）	59 座大巴	元 / 台
		49~51 座大巴	元 / 台
		33~37 座大巴	元 / 台
	宜昌东站—各研学景点 交通车辆	59 座大巴车（三天）	元 / 台
		49~51 座大巴（三天）	元 / 台
		33~37 座丰田考斯特（三天）	元 / 台
		17~23 座丰田考斯特（三天）	元 / 台
		9~17 座丰田考斯特（三天）	元 / 台
投标报价	课程费	三天行程中的课程费	元 / 人
	餐费	含 2 个早餐，3 个午餐，2 个晚餐	元 / 人
	住宿费	在宜昌市青少年实践教育基地住宿 2 晚	元 / 人
	动车车票费	汉口至宜昌动车二等座往返	元 / 人
	换乘车费	三峡大坝景区换乘车费	元 / 人
	旅行社服务费	宜昌东站接到红安学生至送回宜昌东站返程，期间所有组织及导学服务工作	元 / 人
	学生意外伤害险	有效期为宜昌研学出行期间三天，保额不低于 50 万元	元 / 人
	合计		
备注			

说明：（1）人民币报价；（2）价格应按照“供应商须知”的要求报价。

谈判供应商法定代表人或授权代表签字：____________________

谈判供应商名称（签章）：________________

时间：______ 年 ___ 月 ___ 日

九、各项承诺

投标承诺书

致：深圳群伦项目管理有限公司

（1）根据已收到贵方的招标文件，遵照国家有关政策法规，我方经研究招标文件及其他相关资料后，我方愿以招标文件所要求的条件参与投标，我方的条件以投标书所显示内容为准。

（2）我方已详细审核全部招标文件，包括修改文件（如果有的话），及有关附件，我方同意放弃提出含混不清或误解的权利。

（3）我方承认投标附录是我方投标函的组成部分。

（4）我方同意所递交的投标文件在招标期内有效，在此期间内我方有可能中标，我方将受此约束。

（5）我方接受贵方招标文件的全部内容。

（6）我方相信贵方的招标结果是公正、合法的，无论我方中标还是落标，我方将毫无异议地接受这一结果。

（7）一旦我方中标，我方将毫无异议地接受贵方授予的承办协议并严格依照贵方招标公告和招标文件中的相关规定与贵方签订服务协议。

投标人（公章）：湖北峡州国际旅行社有限公司

投标人授权代表（签字）：________________

时间：2020 年 10 月 30 日

不随意更换项目经理、技术负责人的承诺

致：深圳群伦项目管理有限公司

根据深圳群伦项目管理有限公司的招标文件和我公司的投标文件，对本项目不随意更换项目经理和技术负责人作如下承诺：我公司将严格按招标文件要求，未经发包人同意，项目经理、技术负责人不随意更换，若随意更换，愿接受相应罚款。

特此承诺。

投标人（公章）：湖北峡州国际旅行社有限公司

投标人授权代表（签字）：________________

时间：2020 年 10 月 30 日

对采购文件及其附件的响应和确认

致：深圳群伦项目管理有限公司

若我公司有幸中标，我公司承诺：对招标文件中合同条款及格式和其附件所规定的内容我公司均予响应和确认，并写进服务合同。

投标人（公章）：湖北峡州国际旅行社有限公司

投标人授权代表（签字）：________________

时间：2020 年 10 月 30 日

服务承诺书

致：深圳群伦项目管理有限公司

我公司对招标文件中投标有效期、质量要求、技术标准和要求、招标范围、废标条件、专项承诺和招标人不能接受的条件等实质内容完全响应。如我公司能在本次项目中标，我公司郑重承诺如下：

（1）如果我公司中标，我们保证保质保量完成服务。

（2）服务期内，我公司会严格按照投标文件及合同中的承诺履行。

（3）因我方原因造成的损失，由我方承担。

投标人（公章）：湖北峡州国际旅行社有限公司

投标人授权代表（签字）：________________

时间：2020 年 10 月 30 日

具备《政府采购法》第二十二条规定的条件的承诺

致：深圳群伦项目管理有限公司

作为“红安学生三峡行”研学旅行活动评选旅行社（项目名称）项目的投标人，我方郑重承诺：我公司资格条件，具备《政府采购法》第二十二条规定的条件。如有不实，愿意承担由此引起的一切法律后果。

本承诺相对独立，一旦我方中标，本承诺无条件构成合同文件的组成部分，对我方具有合同约束力。

投标人（公章）：湖北峡州国际旅行社有限公司

投标人授权代表（签字）：________________

时间：2020 年 10 月 30 日

对采购服务的承诺

致：深圳群伦项目管理有限公司

作为“红安学生三峡行”研学旅行活动评选旅行社（项目名称）项目的投标人，我公司如若中标，在此郑重承诺：

（1）研学活动的档期以及时间安排旅行社提前与宜昌市青少年实践教育基地对接好（包括所有学生、工作人员吃、住、行以及各研学基地的对接工作）。

（2）购置高铁票：能确保出行的师生在同一趟列车乘坐，学生、工作人员满整节车厢的，不掺杂其他乘客；火车站进出站走绿色通道或专门通道，与社会人士尽量区隔。

（3）旅行社自行配备应急保障车和随队医生、专职的研学旅行指导师（研学旅行指导师擅长宜昌各研学点的讲解，并且熟悉研学路线）。

（4）承诺中央专项彩票公益金资金沟通并落实到位，红安学生在宜昌三天研学的课程费、住宿费、餐费、交通费全额由中央资金支持，我社仅收取学生研学服务费和保险费。

投标人（公章）：湖北峡州国际旅行社有限公司

投标人授权代表（签字）：______________

时间：2020 年 10 月 30 日

（本案例由宜昌市青少年综合实践学校曹建强提供）

案例评析

从投标书的格式要素上来看，本投标书包含封面、目录和正文。正文包含招标书规定的相关材料、具备独立法人资格、营业执照、旅行社等级证明、有无不良记录证明、获得荣誉汇报、人力资源配置情况说明、研学方案、课程实施方案、项目报价以及各项承诺。该旅行社投标文件非常完整和系统地呈现了投标单位应具备的法人的营业执照、经营许可证、财务审计报告和缴税证明、财务管理办法和社会保障资金等相关资质条件；具备履行合同所必需的设备和专业技术能力、参加政府采购活动前三年内在经营活动中没有重大违法记录等书面声明；旅行社近年来取得的成绩和人力资源配置等核心竞争力；研学旅行线路、活动安排等具体方案以及研学服务的各项承诺。本投标书特别展示了公司人力资源配置情况，公司庞大的组织架构展示了旅行社的综合管理能力，研学旅行事业部的任职通知说明了公司的专业性、规范性，研学部人员组成表和研学旅行指导师证向主办方展示了自己的师资力量和其他单位无法比拟的绝对优势。最后的六项服务承诺，底气十足，铿锵有力，展现了大企业的担当和勇气。

该案例条理清晰、内容翔实，既为旅行社提供了一个可参考的投标文件范本，也为学校提供了起草招标文件的主要框架和侧重点，帮助学校有针对性地遴选出安全可靠、品质优良、质价相符的旅行社。

但是本投标书缺乏投标函和公司简介，的确是遗憾。如果本案例在研学旅行课程方案上，再进一步细腻一些，适当增加一些教学方法，提出一些实用的研学方式，就显得更具有教育专业化水平，学校就能看到研学旅行教学的深度和实施过程。

另外，如果本投标书重视并增加现场勘察环节和要素，就能够更好地了解研学旅行项目涉及的研学旅行目的地周围环境的情况，作出合理的投标报价和科学的投标方案，此时的现场勘察应该成为一个不错的评分因素。如果本投标书最后附加几个成功的典型的代表性案例，再提出几条优惠的政策，那么本投标书必将会开出灿烂的研学旅行之花。

（点评人：文化和旅游部人才中心研学旅行指导师考评员李岑虎）

第8章

研学旅行服务合同案例

为保护学生合法权益，保护研学旅行经营者权益，明确各方的权利和义务，规范研学旅行服务行为，在研学旅行活动中，参与各方常常以签订研学旅行服务合同的方式，来保证自己的利益。研学旅行服务合同包括联合办学合同、租赁承包基地合同、多方参与合作合同、研学旅行包车合同、课程设计技术开发合同等。

研学基地：山东莱阳白垩纪国家地质公园

第一节 联合办学合同

一、旅行社与基地联合办学合同

案例 8–1

旅行社与基地联合办学合同

甲方：________ 国际旅行社有限公司（以下简称甲方）
乙方：________ 示范性研学实践教育基地（以下简称乙方）

依据《中华人民共和国民法典》的有关规定，经甲乙双方平等友好协商，达成如下协议。

一、合作期限

合作期限 2 年。

二、合作性质

甲乙双方联合办学

三、甲乙双方的权利和义务

（1）甲方负责联系学校、教育机构等研学旅行组织，保证研学旅行生源每年达到 3000 人次。

（2）甲方负责接送学生，保证接送途中安全。

（3）乙方负责提供研学旅行教学、教学场地，研学旅行师资、课程实施，以及约定的教具。

（4）乙方的课程要符合甲方和学校主办方要求，不符合的要按照学校主办方要求及时更正，到达甲方和主办方满意认可。

（5）乙方负责保障研学旅行师生的住宿、餐饮、安全和基地内小交通。

（6）乙方在开展课程或更换课程前 30 天，须将课程内容、课程期限用书面形式告知甲方，保证课程内容、课程期限的真实性和及时性，方便甲方作出相应的调整及宣传。如乙方无告知或告知不及时，造成甲方损失，损失则由乙方负责。

（7）乙方须将课程收费标准用书面形式告知甲方。如需更改增加课程收费标准，应在更改标准前 30 天告知甲方。如乙方无告知或告知不及时，则甲方仍按原定课程收费标准支付费用。如果乙方减少课程收费标准，则甲方按最新收费标准给予结算。

（8）甲方需按时以银行转账方式向乙方指定的银行账户支付研学旅行费用。

甲方开户银行：中国农业银行××××支行　账号：×××××××××××××××××××

乙方开户银行：中国农业银行××××支行　账号：×××××××××××××××××××

（9）乙方收取费用后，按照甲方要求向甲方或者甲方指定的研学旅行主办方开具发票，发票税收由乙方负责。接受发票单位要提供单位名称和纳税人识别号等信息。

（10）甲方需在当期课程开始提前 7 天向乙方支付 60% 的研学旅行费用，其余 40% 应在每一期活动结束后的 7 天内支付完毕。如有特殊原因无法按时支付，须经乙方同意后，甲乙双方再协商支付日期。甲方如未按期支付约定费用或未经乙方同意，延后支付的，甲方不仅须支付乙方全部费用，还须按每天 10% 支付延期滞纳金。

（11）乙方不得以任何名义再另外向当期学生收取或者变相收取任何费用，否则，乙方向甲方按费用总额的 30% 支付违约金，并退还另外收取的费用。

（12）甲乙双方分工负责学生的研学旅行安全责任。在师生下车后，甲乙双方清点人数，签名确认为时间点。在未清点人数，签名确认之前，学生安全全部由甲方负责，签名确认后，学生安全全部由乙方负责。在师生上车前，甲乙双方清点人数，签名确认为时间点。在未清点人数，签名确认之前，学生安全全部由乙方负责，签名确认后，学生安全全部由甲方负责。

四、合同说明

（1）乙方每期的研学旅行课程内容和实施方案，以及宣传材料报价都是本合同的附属合同，与本合同一样就有法律效力。

（2）本合同其他未尽事宜，甲乙双方协商解决。

（3）本合同履行过程中如发生争议，由双方协商或者调解，或者向当地人民法院起诉。

（4）本合同一式四份，双方各持两份，双方代表签名并盖章后生效。

甲方（盖章）：________ 国际旅行社有限公司

代表签名：________________________________

乙方（盖章）：________ 示范性研学实践教育基地

代表签名：________________________________

签约日期：________ 年 ____ 月 ____ 日

案例评析

在研学旅行活动中，由于很多旅行社没有研学旅行基地，只能采用与研学旅行基地联合办学的方式开展研学旅行。本合同属于研学旅行中旅行社与研学旅行基地常用的联合办学合同，具有《中华人民共和国民法典》规定的合同要件和条款。《中华人民共和国民法典》第四百七十条规定："合同的内容由当事人约定，一般包括下列条款：(一)当事人的姓名或者名称和住所；(二)标的；(三)数量；(四)质量；(五)价款或者报酬；(六)履行期限、地点和方式；(七)违约责任；(八)解决争议的方法。"

案例 8-1 载明了合同甲乙双方的单位名称和代表人，表明了甲乙双方的分工和责任，指出了甲乙双方的权利和义务，提出了 1 年 3000 名学生的标的和数量，指出了合同的 2 年期限，在研学质量方面规定了要符合甲方和学校主办方要求的质量标准。本合同也指出在其他配套附件合同中约定的相应价款或者报酬，也说明了履行期限和方式，同时规定了甲乙双方的违约责任，以及解决争议的方法，最后注明签约日期。因此说，本合同是一个相对完整的、具有参考价值的研学旅行联合办学合同。

但是本合同没有标明单位地址、负责人联系电话，略有遗憾。另外研学旅行合同中一项重要的条款——研学旅行活动地点没有载明。实践中这一点引发争议的案例比比皆是，因为研学地点的不确定导致行程变更，往往引发交通费、餐费、安全责任、保险责任等问题。最后强调研学旅行课程内容和实施方案是研学旅行合同最重要的教学质量标准，务必在合同中清清楚楚地体现出来，否则将会带来很大的麻烦和争议，直接影响着甲乙双方的信誉和研学旅行的质量生命。

（点评人：文化和旅游部人才中心研学旅行指导师考评员李岑虎）

二、旅行社与学校联合办学合同

案例 8-2

旅行社与学校研学旅行合同书

主办单位（甲方）：____________________学校
法人代表：__________ 联系电话：__________
地址：____________________________
承办单位（乙方）：______________旅行社有限公司
法人代表：__________ 联系电话：__________
地址：____________________________

依据教育部关于开展学生研学旅行等相关文件指导精神，甲乙双方本着平等互利、优势互补的原则对有计划地组织安排，通过集体旅行、集中食宿方式开展的研究性学习和旅行体验相结合的校外教育活动，开展研学旅行活动项目，促进学生培育和践行社会主义核心价值观，激发学生对党、对国家、对人民的热爱之情，积极推进素质教育，提高青少年的精神素养，根据《中华人民共和国民法典》等国家相关法律法规，遵循平等、自愿、公平和诚实信用的原则，双方就组织学生研学旅行有关事项协商一致，共同达成如下协议：

一、合同概况

（1）研学旅行时间：______年___月___日___时至______年____月____日___时。

（2）研学旅行路线：____。

（3）研学旅行人数：学生_____名，甲方随行领导、教师共_____名。

二、金额及结算方式

（1）合同金额为_____元/人×_____人=_________元（大写金额）。

（2）最终结算价按报价清单实际履行项目为准，原则上只减不增。

（3）付款方式：____。

三、合同文件构成

本合同与下列文件一起构成合同文件：

（1）研学旅行招投标文件。

（2）研学旅行教学方案。

（3）学生名单、教师名单。

（4）学生保险花名册。

（5）报价清单及服务标准。

（6）研学旅行课程手册。

（7）课程线路的变更协议。

（8）研学旅行安全预案。

四、甲方的权利与义务

（1）甲方保证其所提供的证件和信息真实有效。因证件无效、证件丢失或者未携带有效证件造成的损失由甲方承担。

（2）研学旅行期间甲方应保证学生身体状况适合参加研学旅行活动。如甲方学生存在糖尿病、哮喘、心脏病、癫痫症、过敏症、传染病、晕动症、精神疾病等各类不适合参加研学旅行的疾病，或属于不适于参加研学旅行的特殊体质，必须提前告知乙方详细信息，经乙方同意并签订特殊版本的家长协议后方可参加。否则一旦发生意外，乙方协助甲方学生就医，相关费用及法律责任由甲方内部自行承担。

（3）甲方学生应当遵守研学旅行活动规则，遵守活动及作息纪律，不得擅自离队。

（4）因甲方故意或过失造成他人人身、财产损失的，甲方应当承担全部赔偿责任。

（5）甲方应积极参与研学旅行活动，并在自身能力范围内保护自身人身安全，妥善管理自己的行李物品，集体出行，按时作息。

（6）为保证学生安全及行程顺利，甲方所在学校委派带队领导 1 名，甲方授权带队领导就行程变更事项与乙方进行协商，作出现场决策。

五、乙方的权利与义务

（1）乙方依照《研学旅行课程手册》中的行程表履行义务及时预订各项服务，确保行程顺利进行。

（2）乙方承诺按照本协议第四条注明的所有文件内容中所有由乙方履行的全部义务。

（3）乙方应设计具体可行的行程、组织活动、乘坐交通工具、人身保险等方面的安全预案，并提供符合安全标准的各项研学旅行活动的资源设施，做好研学旅行疾病预防和日常安全提醒，尽量避免重大医疗事件和财产损失事件。

（4）由于乙方的过失，致使甲方的合法权益遭受侵害的，乙方应承担相应的责任。但下列情况除外：

①甲方违反法律法规、公共行为准则，实施按其年龄和认知能力应当知道具有危险性的行为；

②甲方行为具有危险性，乙方已经作出安全提示并及时劝阻，但甲方不听劝阻、拒不改正的；

③甲方知道有特异体质，或者患有特殊疾病，但未提前告知乙方；

④甲方严重违反研学旅行活动纪律或者由于自身体质原因产生的伤病治疗及相关费用。

（5）乙方指派人员：每车每团，项目经理1名，安全组长1名，医护人员1名，环保人员1名，研学旅行指导师1名。安全员1名，安全车1台（含司机），大巴1台（含司机）。

六、不可抗力

（1）不可抗力指不能预见、不能避免并不能克服的客观情况，包括但不限于因自然原因和社会原因引起的自然灾害（台风、雷电、暴雨、泥石流等）、疫情、战争、恐怖活动、动乱、骚乱、罢工、突发公共卫生事件、火车停运、景区限流、大学校园暂时封闭、政府部门暂停部分研学活动地点的开放或暂停集体外出活动等。

（2）行程中因不可抗力或意外事件影响研学旅行行程或服务标准的，乙方应当采取补救措施减少损失；未采取补救措施的，应当承担相应的赔偿责任。乙方采取的补救措施应征求甲方的意见；无法形成多数意见或因情况紧急无法征求意见的，由乙方本着学生利益最大化的原则自行决定，但应当就发生不可抗力、意外事件的情况以及由此作出的决定提供必要的说明或证据。因采取补救措施而增加的费用由甲方承担，节省的费用应当退还甲方。

（3）受到不可抗力影响的一方，应尽可能地采取合理的行为减轻不可抗力对履行本合同的影响。因不可抗力影响研学旅行行程的，按照下列情形处理：

①合同不能继续履行的，甲方和乙方均可以解除合同。合同不能完全履行的，乙方经向甲方作出说明，可以在合理范围内变更合同；甲方不同意变更的，可以解除合同。

②合同解除的，乙方应当在扣除实际支出的费用后，将余款退还甲方；合同变更的，因此增加的费用由甲方承担，减少的费用退还甲方。

③危及甲方人身、财产安全的，乙方应当采取相应的安全措施，因此支出的费用，由甲方与乙方各承担50%。

④造成甲方滞留的，乙方应当采取相应的安置措施。因此增加的食宿费用，由甲方承担；增加的返程交通费用，由甲方与乙方各承担50%。

七、违约责任

（1）因乙方的原因致使甲方不能参加本期研学旅行活动的，乙方应提前3日（不含本日）通知甲方，并将甲方预交的全部款项退还，已支付的接待费用由乙方自行承担；乙方未按照协议约定标准提供研学服务的，应当依法承担采取补救措施或者赔偿损失等违约责任。

（2）甲方取消研学活动，应提前 7 日通知乙方，并承担乙方为研学旅行接待服务已经支付的手续费、无法退回的押金等实际损失，研学行程如包含需要乙方提前预约付费的大型主题乐园项目，乙方有权不予退还相应门票费用；甲方取消本期研学旅行活动，乙方不予退还甲方任何费用。若火车票或机票已购买的，甲方应按乙方要求自行办理退票手续或配合乙方办理退票手续，因退票产生的损失由甲方承担。

八、合同说明

（1）对本协议任何条款进行修改，均应以本协议补充条款形式作出，并经双方当事人各自的合法授权代表签署，否则无效。

（2）本协议任何部分的无效不应影响本协议其他部分的效力。

（3）双方的保密义务：

①双方保证该保密信息仅用于与本项目有关的用途或目的。

②双方各自保证对对方所提供的保密信息予以妥善保存。

③双方各自保证对对方所提供的保密信息按本协议约定予以保密，并至少采取适用于对自己的保密信息同样的保护措施和审慎程度进行保密。

④经保密信息披露方提出要求，接受方应按照保密信息披露方的指示将含有保密信息的所有文件或其他资料归还给保密信息的披露方，或者按照保密信息披露方的指示予以销毁。项目终止后，保密信息披露方有权向接受方提出书面要求将保密信息资料交还。

（4）任何一方不得将本协议项下的权利和义务转让给第三方，但获得对方书面同意的除外。

（5）本协议自双方签字盖章之日起生效，并持续有效。本协议的终止并不影响甲乙双方对协议终止前所披露的保密信息的保密义务。

（6）本协议一式两份，双方各持一份，均具有相同的法律效力。

（7）本协议附有：研学旅行报价清单、____________ 等材料共 ______ 份。

九、争议的处理

本协议受中华人民共和国的法律管辖并按照中国的法律进行解释。协议履行过程中发生争议，由双方当事人协商解决。协商不成，各方均可向甲方所在地仲裁委员会裁决，或者向当地人民法院提起诉讼。

签约时间：______ 年 ___ 月 ___ 日

案例评析

案例 8-2 是旅行社和学校联合举办研学旅行活动的案例，具有《中华人民共和国民法典》规定的合同要件和条款。《中华人民共和国民法典》第四百七十条规定的一般性条款，譬如，当事人的姓名或者名称和住所、合同标的、数量、质量、价款或者报酬、履行期限、履行的方式、违约责任、解决争议的方法都做了详尽的说明。尤其是双方的权利和义务、以及违约责任都做了非常详细的约定，利于依照合同开展研学旅行工作。

更值得提出的是“三、合同文件构成”部分，把本合同与“研学旅行招投标文件、研学旅行教学方案、学生名单、教师名单、学生保险花名册、报价清单及服务标准、研学旅行课程手册、课程线路的变更协议、研学旅行安全预案”9个材料一起构成合同文件，并写进合同中，非常有特色。9个材料作为合同的附件，对研学旅行服务标准、研学旅行课程实施标准的认定，有了合同依据，避免了研学旅行中的各种争议。

合同中“八、合同说明”中的“双方的保密义务”也是具有特色的款项，利于甲乙双方的利益维护和双方友谊合作的延续。同时保密义务的规定对学校和学生等各方也起到了保护作用，是一个值得推崇的条款。本案例有较高的参考、借鉴、推广意义。

（点评人：文化和旅游部人才中心研学旅行指导师考评员李岑虎）

第二节　租赁承包基地合同

一、租赁研学旅行基地合同

案例 8-3

旅行社租赁研学旅行基地合作协议书

甲方：________研学旅行基地（以下简称甲方）

甲方代表：________ 地址：________ 联系电话：________________

乙方：________旅行社有限公司（以下简称乙方）

乙方代表：________ 地址：________ 联系电话：________________

为开展好中小学生的研学旅行活动，保证学生食、住、行、学的安全、方便，经甲乙双方友好协商，就乙方租用甲方场地组织学生进行研学旅行活动相关事宜，达成以下协议。

一、租赁条件

（1）甲方拥有良好的研学旅行活动教育场所，并能提供优质的研学旅行服务。

（2）乙方组织学生开展研学旅行活动，需要相关研学旅行场地以及配套服务。

二、租赁期限

场地租赁期为5年。具体短期的研学旅行活动根据情况另行签约。

三、租赁内容及用途

（1）乙方租用甲方的研学旅行场地及其相关的研学旅行教学设施和后勤保障服务。

（2）乙方租赁甲方的研学旅行场地开展相关研学旅行教学活动。

四、双方责任

（1）甲方提供普通宿舍 8 人 / 间（上、下铺的铁架床），并提供干净的床上用品。每间房间有独立的洗手间，24 小时有热水供应洗澡。

（2）甲方按研学旅行学生人数，向乙方学生每人提供军用迷彩服一套、军用水壶一个，提供充足的开水。

（3）甲方必须确保教学场地的落实，按要求提供相应的教育教学设备和教具，乙方离开即归还，不得损坏。

（4）甲方住宿环境卫生、清静、整洁，服务周到热情。乙方文明住宿，遵守纪律，离开基地时需将物品按原摆放位置归位。

（5）甲方饮食环境卫生、清静、整洁、干净、明亮，餐厅符合国家相关标准。

（6）用餐标准。早、中、晚餐必须保证食品卫生安全和足够的分量，必须达到双方商定的就餐标准。正餐餐标：10 人桌，10 菜 1 汤，6 荤 4 素；早餐标准：自助餐要有鸡蛋、牛奶、营养汤，4 荤 4 素共 8 个以上菜品可选择，4 种以上主食。

（7）乙方负责学生的研学旅行活动教学和安全管理。应教育学生遵守甲方的有关规定，爱护甲方公共财物，保护环境卫生，损坏公物要赔偿，要认真落实请假制度，未经批准，一律不得外出。

五、租赁费、服务费及结算方式

（1）短期活动费用标准：

①费用按 ______ 元 / 人 / 天（含住宿费、生活费、场地租用费、服装用品使用费等。以上费用不含税收、保险、交通费）。

②每个团队免费配备一名带队老师，超编人员按学生标准收费。

（2）结算方式：

①按实际参加研学旅行活动的人数进行费用结算，由甲方开出收据，若需要甲方开正式发票，则各类税点由乙方承担。乙方需提前提供付款证明（盖公章）及税务登记证（地税）复印件。

②发票付款单位为乙方或乙方指定的学校等主办方单位；发票项目以能报销为原则，具体另行约定。

③研学旅行活动费用支付：双方协议签订后乙方应先预付研学旅行总费用的 30%，余款按实际参加人数在活动结束前支付。甲方在乙方付款结清后提供收据或发票。

（3）付款方式：

乙方须通过银行转账方式将活动费用转入甲方指定账户。

户名：______ 研学旅行基地。

开户行：中国建设银行 ______ 支行。

账号：________________________。

本协议一式二份，甲乙双方各执一份，具有同等的法律效力。

甲　方：______ 研学旅行基地　　　　乙　方：______ 旅行社有限公司

（盖章）　　　　　　　　　　　　　　（盖章）

甲方签字（代表）：________ 甲方签字（代表）：________

联系电话：________________ 联系电话：________________

签约时间：______年___月___日

案例评析

在研学旅行活动中，由于很多旅行社没有研学旅行基地，只能采用短期租赁基地的方式开展研学旅行。本合同属于研学旅行中旅行社租赁研学旅行基地常用的短期租赁合同，具有《中华人民共和国民法典》规定的租赁合同要件和条款。

《中华人民共和国民法典》第十四章第七百零三条规定：租赁合同是出租人将租赁物交付承租人使用、收益，承租人支付租金的合同。第七百〇四条规定：租赁合同的内容一般包括租赁物的名称、数量、用途、租赁期限、租金及其支付期限和方式、租赁物维修等条款。

案例 8–3 载明了合同甲乙双方的单位名称和代表人，以及单位地址和联系电话，表明了甲乙双方的分工和责任，指出了甲乙双方的权利和义务，写出了 5 年的租赁期限；载明了租赁内容及用途，不从事任何违法违纪活动。对租赁费、服务费及结算方式做了详尽的说明，最后注明签约日期。因此说，本合同是一个相对完整的、具有参考价值的研学旅行联合办学合同。

但是本合同美中不足的是租赁场地及其设施维修责任、双方的违约责任这两项没有明明白白地约定出来，留下了合同后遗症。《中华人民共和国民法典》第七百一十三条规定："承租人在租赁物需要维修时可以请求出租人在合理期限内维修。出租人未履行维修义务的，承租人可以自行维修，维修费用由出租人负担。因维修租赁物影响承租人使用的，应当相应减少租金或者延长租期。因承租人的过错致使租赁物需要维修的，出租人不承担前款规定的维修义务。"这些内容要根据实际情况加入文件中去。

今后租赁合同中的这两条关键性条款，务必在合同中清清楚楚地体现出来，避免以后的麻烦，甚至影响双方的友好合作。

（点评人：文化和旅游部人才中心研学旅行指导师考评员李岑虎）

二、承包研学旅行基地合同

案例 8–4

承包研学旅行基地运营协议书

甲方：__________________ 研学基地 法定代表人（委托人）：_____________

乙方：__________________ 研学机构 法定代表人（委托人）：_____________

甲乙双方经过友好协商，在公平、诚实、信任、平等合作、互利互惠的基础上，本着为加快研学旅行发展步伐，共同促进教育事业，为学校提供优秀的研学课程，就乙方承包甲方研学旅行业务相关事宜，达成如下协议：

一、承包范围

（1）为更好地开拓研学市场，按教育主管部门要求执行研学课程，甲方将研学旅行市场拓展及研学课程开发与执行承包给乙方。

（2）合同生效期内，乙方按照约定承包金额向甲方支付承包费用。乙方为甲方研学唯一委托经营管理方，甲方不得再与任何其他方签订研学协议。

二、承包期限

承包期限为 _____ 年，自 ___________ 日起至 ___________ 日止。如双方对合作满意，可于本合同到期前三个月，协商继续合作事宜。经协商，双方同意继续合作时，必须另行签订承包合同，另行签订合同时本合同自动失效。

三、承包方式和价格

（1）乙方在承包期限内按照 _____ 万元 / 年 向乙方支付承包费，该承包费承包研学人数为 _____ 人，超过 _____ 人以上乙方按照 _____ 元 / 人 向甲方结算。

（2）甲方基地研学课程产品价格体系及市场政策以乙方制定为准。

（3）乙方在甲方基地以甲方名义开展研学课程，实施过程中甲乙双方共同宣传。

（4）乙方在研发甲方基地研学课程时，需同时开发一个甲方已开发运营的专题课程，该课程的开发和运行维护成本由甲方承担，由乙方负责具体执行，以实际上课人数计算，按照 _____ 元 / 人 的标准支付给甲方。

四、费用核算办法

研学开展过程中，门票及课程收入均由乙方向研学客户收取，乙方按照约定的承包方式向甲方支付承包费；甲方承担园区维护及管理相关费用，购买足额景区责任险；乙方承担研学市场开发及课程执行相关费用。

五、甲方的权利和义务

（1）甲方严格按照乙方规定的价格销售课程产品，不得擅自降价或提价销售。

（2）甲方协助乙方进行研学推广，协助基地在当地进行市场宣传，树立产品形象。

（3）积极向乙方提供用户对产品的反馈意见和建议。

（4）甲方负责园区硬件维护及安全防护，因硬件设施及安全防护措施不到位产生的安全责任由甲方承担。

（5）甲方需全力配合乙方进行中央福利彩票公益金的资金申请。

六、乙方的权利和义务

（1）乙方为甲方提供课程开发及课程执行服务，配合甲方完善升级主管部门研学申报材料。

（2）乙方为甲方提供课程产品相关宣传资料，包括产品手册和电子版宣传资料。若有重大活动需定制宣传册，甲方需打报告申请额外支持。

（3）乙方全权负责基地的市场拓展，自负盈亏。

（4）乙方为甲方提供整套活动执行，包括产品研发、人员、物资及其他与该课程相关的配套服务。因乙方课程执行不规范产生的安全责任由乙方承担。

七、结算方式

乙方每年 1 月第 1 周内支付给甲方本年度承包费。本合同第三条第四款中提到的超过承包费规定人数后产生的费用以及第三条第四款中提到的乙方执行甲方运行的课程费，均按照每批次团队学生数计算提成费并记账，乙方在当月内进行结算支付给甲方。

八、保密条款

（1）本课程产品和相关文档以及乙方的销售计划、价格政策和市场策略均为乙方有价值的商业秘密，甲方保证不泄露这些商业秘密，也不为本合同规定以外的目的而使用这些秘密。

（2）甲方提供给乙方的有关产品、市场文件均为甲方有价值的商业秘密，乙方保证不泄露甲方的商业秘密，也不为本合同规定以外的目的而使用这些秘密。

（3）双方应在自己的职权范围内制定有关制度，以保证职员不泄密。一旦发现对方的商业秘密有泄露的迹象，应立即通知另一方，并尽可能地采取补救措施，使损失降到最小。

（4）在本合同终止时，双方应向对方交还（或销毁）对方有关的全部资料及其备份并继续负有保密的义务，直到对方将其公开为止。

九、违约处理

（1）合同期限内，若甲方违约，甲方应一次性支付乙方课程开发费人民币 10 万元（大写人民币壹拾万元整），培训费人民币 5 万元（大写人民币伍万元整）；若乙方违约，乙方应一次性支付甲方研学场地改造费人民币 15 万元（大写人民币壹拾伍万元整）。

（2）如果一方违反本合同的任何条款，另一方在此后任何时间可以向违约方提出书面通知，违约方应在 15 日内给予书面答复并采取补救措施，如果该通知发出 15 日内违约方不予答复或没有补救措施，非违约方可以终止本合同的执行，并依法要求损害赔偿。

十、争议处理

（1）对于执行本合同发生的与本合同有关的争议应本着友好协商的原则解决。

（2）如果双方通过协商不能达成一致，则提交甲方当地仲裁委员会进行仲裁。

（3）在争议处理过程中，除正在协商或仲裁的部分外，协议的其他部分应继续执行。

十一、条款的完整性

（1）甲、乙双方均承认，已阅读过本合同，并同意本合同为双方关于代理合作事宜的所有合同和约定的全部记载，并已取代以前所有的口头的或书面的约定、意向书与建议。未经双方书面修订，不得对本合同加以变更。

（2）合同附件是合同不可分割的组成部分，与合同正文具有同等效力。

十二、合同的修改

合同在履行过程中。如果有一方认为需要修改，需向另一方提出书面的修改建议和理由，双方协商同意后才能修改，并形成本合同的附件。如果双方未达成新的修改意见，则原有合同继续有效。

十三、不可抗力

（1）在合同的执行过程中如果出现了战争、水灾、火灾、地震等不可抗力事故，将影响合同的正常履行时，受不可抗力影响的一方应尽快将不可抗力事故的情况通知对方，并尽快将有关当局出具的证明文件提交另一方进行确认。

（2）双方尽快根据此项不可抗力事故的影响协商本合同的进一步执行问题。

（3）因不可抗力造成的对履行合同的延误或无法正常履行时，受不可抗力影响的一方不负法律责任。

十四、生效

本合同自双方签字盖章之日起生效。

本合同一式两份，双方各执一份，具有相同的法律效力。

甲方（签章）：

联系人：____________________

联系方式：__________________

地址：______________________

乙方（签章）：

联系人：____________________

联系方式：__________________

地址：______________________

签署时间：______年______月______日

（本案例由宜昌市青少年综合实践学校曹建强提供）

案例评析

该案例是承包研学旅行基地运营协议。在现实中，很多研学旅行基（营）地由于自身的经营等方面的原因，采用承包、托管的方式，把自己的基（营）地交付给另一方经营，以实现基地资产的保值和增值。在这种合作方式中，基（营）地充分发挥自身研学旅行资源优势，和承包方共同开发和实施研学旅行课程，提高研学旅行资源的利用率和经济效益；承包方借助基地和基地（营地）资源优势和平台，充分利用自身人力资源优势和师资技术力量优势，运用自己的市场营销推广优势，合作共赢，形成自身资源和利益的最大化。

本合同主要约定了承包范围、承包内容、承包费用、承包期限、承包方式、承包价格、双方的权利和义务、基地硬件维护、结算方式、保密条款、违约处理约定、争议处理办法、合同的修改方式，以及不可抗力的责任约定等条款，都是切实可行的范本，值得参考推广。

本合同只说明了甲方基地设施的管理和硬件维护，对于乙方使用时硬件设施的再投入，没有详细约定。另外，由于乙方课程设计技术开发和营销还会带给甲方长远利益，因此，这种承包运营合同的期限较长对甲乙双方都有好处。

（点评人：文化和旅游部人才中心研学旅行指导师考评员李岑虎）

第三节　多方参与合作合同

2019 年 3 月湖北省宜昌市教育局依据 2014 年国家旅游局、国家工商行政管理总局制定的《团队境内旅游合同（示范文本）》，结合宜昌市中小学生研学旅行相关规定制定了宜昌市中小学生研学旅行合同示范文本（试行），供宜昌市中小学生开展研学旅行活动时，学校、家委会与研学旅行基地、旅行社之间签订四方合同时使用。

案例 8–5

宜昌市中小学生研学旅行合同示范文本（试行）

［封面］文字

宜昌市中小学生研学旅行合同示范文本（试行）

宜昌市教育局 制定

2019 年 3 月

［封二］文字

使用说明：

（1）本合同为示范文本，依据 2014 年国家旅游局、国家工商行政管理总局制定的《团队境内旅游合同（示范文本）》，结合宜昌市中小学生研学旅行相关规定制定，供宜昌市中小学生开展研学旅行活动时，学校、家委会与研学旅行基地、旅行社之间签订四方合同时使用。

（2）各方当事人应当结合具体情况选择本合同协议条款中所提供的选择项，空格处应当以文字形式填写完整。

（3）各方当事人可以书面形式对本示范文本内容予以变更或者补充，但变更或者补充的内容，不得减轻或者免除应当由研学旅行基地、旅行社承担的责任。

（4）对宜昌市学生到市外开展研学旅行活动，各方当事人可以此合同为范本，签订学校、家长委员会、旅行社三方合同，旅行社与市外基地及地接社合同应作为本合同组成部分。

（5）本示范文本由宜昌市教育局与宜昌市文化和旅游局制定，市教育局负责解释，在全市范围内推行使用。

[正文]

宜昌市中小学生研学旅行合同

学校：______________（参加研学旅行学生及随行教师名单可附页，需研学旅行基地、旅行社和学校授权代表签字盖章确认）；

家长委员会：__________（参加研学旅行家长志愿者名单可附页，需研学旅行基地、旅行社和家长委员会授权代表签字盖章确认）；

研学旅行基地：__________（到多个基地开展研学旅行的，每个基地均应作为独立一方参与签订合同）；

旅行社：__________ 旅行社业务经营许可证编号：__________。

第一章　术语和定义

第一条　本合同术语和定义

（1）中小学生研学旅行：指由教育部门和学校有计划地组织安排，通过集体旅行、集中食宿方式开展的研究性学习和旅行体验相结合的校外教育活动。学校或其他机构在国家法定节假日、寒暑假组织开展的校外实践活动及冬令营、夏令营不属于研学旅行范畴。

（2）研学旅行者：指参与研学旅行的中小学生、随行教师和家长志愿者。

（3）研学旅行基地，指由市教育局、市文化和旅游局、市文明办、团市委认定授牌的宜昌市中小学生研学旅行基地，以及教育部、省教育厅认定授牌的中小学生研学实践教育基地。

（4）旅行社：指由市文化和旅游局、市教育局认定推荐的具备承接中小学生研学旅行业务资质的旅行社。

（5）研学费用：指参加研学旅行的学生家长委托家长委员会，学校为参加研学旅行的随行教师，及家长志愿者自费支付给旅行社和研学基地，用于购买本合同约定的研学旅行服务的费用。

支付给研学基地的费用包括：

①研学课程费用；

②由研学基地提供的住宿费用；

③由研学基地提供的餐饮费用；

④基地其他费用（中转交通费等）。

支付给旅行社的费用包括：

①研学途中交通费用；

②由旅行社提供的住宿费用；

③由旅行社提供的餐饮费用；

④旅行社服务费用。

研学旅行费用不包括：

①研学旅行者投保的人身意外伤害保险费用；

②合同未约定由研学基地、旅行社支付的费用，包括但不限于行程以外非合同约定活动项目所需的费用、自行安排活动期间发生的费用；

③行程中发生的研学旅行者个人费用，包括但不限于交通工具上的非旅行社提供的非免费餐饮费、行李超重费，住宿期间的洗衣、电话、饮料费，个人娱乐费用，个人伤病医疗费，寻找个人遗失物品的费用及报酬，个人原因造成的赔偿费用。

（6）履行辅助人：指与研学基地或旅行社存在合同关系，经研学基地或旅行社授权，协助其履行本合同义务，实际提供相关服务的法人、自然人。

（7）研学旅行者投保的人身意外伤害保险：指研学旅行者自己购买或者通过旅行社、车船机票代理点、景区等保险代理机构购买的以研学旅行期间自身的生命、身体或者有关利益为保险标的的短期保险，包括但不限于交通意外险、旅游意外险、紧急救援保险、特殊项目意外险。

（8）脱团：指研学旅行者未经导游同意脱离研学团队，不随团队完成约定行程的行为。

（9）拼团：指研学基地、旅行社未经学校和家长委员会同意，与其他研学旅行者拼成一个团，统一开展研学旅行活动的行为。

（10）转团：指研学基地、旅行社未经学校和家长委员会同意，将研学旅行业务转至其他研学基地、旅行社履行合同的行为。

（11）不可抗力：指不能预见、不能避免并不能克服的客观情况，包括但不限于因自然原因和社会原因引起的，如自然灾害、战争、恐怖活动、动乱、骚乱、罢工、发生传染病疫情。

（12）已尽合理注意义务仍不能避免的事件：指因当事人故意或者过失以外的客观因素引发的事件，包括但不限于重大礼宾活动导致的交通堵塞，飞机、火车、班轮、城际客运班车等公共客运交通工具延误或者取消。

第二章　合同的订立

第二条　研学旅行行程单

旅行社负责提供带团号的《研学旅行行程单》（以下简称《行程单》），经学校、家长委员会及研学基地签字或者盖章确认后作为本合同的组成部分。《行程单》应当对如下内容做出明确的说明：

（1）研学旅行行程的出发地、途经地、目的地、结束地，线路行程时间和具体安排（按自然日计算，含乘飞机、车、船等在途时间，不足24小时以一日计）；

（2）到宜昌市外研学的，需说明地接社的名称、资质、地址、联系人和联系电话；

（3）交通服务安排及其标准（明确交通工具及档次等级、出发时间以及是否需中转等信息，安排乘坐旅游大巴的，需及时提供车牌、车辆保险、荷载人数、司机信息）；

（4）住宿服务安排及其标准（明确住宿地点的名称、地点、星级，非星级饭店应当注明几人同住，是否有空调、热水、独立卫生间等相关服务设施）；

（5）用餐（早餐和正餐）服务安排及其标准（明确用餐次数，地点，桌餐或份餐，荤素菜品搭配数量，金额）；

（6）统一安排的研学旅行课程的具体内容及时间（明确研学线路内容，包括研学基地名称、研学课程名称、课程实施形式和时长、学生分组安排、每组配备导师数、学生准备事项及每个研学基地停留时间、每门课程收费标准等）；

《行程单》用语须准确清晰，在表明服务标准用语中不应当出现“准 × 星级”“豪华”“仅供参考”“以 ×× 为准”“与 ×× 同级”等不确定用语。

第三条　订立合同

学校、家长委员会、研学基地、旅行社应当认真阅读本合同条款、《行程单》，在各方充分理解本合同条款及有关附件后，学校、家长委员会、研学基地和旅行社应当签订书面合同。学校、家长委员会、研学基地、旅行社代理人订立合同的，需要出具被代理单位的授权委托书。

第四条　研学旅行广告及宣传品

研学基地和旅行社的研学旅行广告及宣传品应当遵循诚实信用的原则，其内容符合《中华人民共和国民法典》要约规定的，视为本合同的组成部分，对学校、家长委员会、研学基地和旅行社四方具有约束力。

第三章　合同各方的权利义务

第五条 旅行社的权利

（1）根据参加研学旅行者身体健康状况及相关合理条件决定是否接纳报名参团；

（2）核实研学旅行者提供的相关信息资料；

（3）按照合同约定向家长委员会、学校和家长志愿者收取应支付给旅行社的全额费用；

（4）研学旅行团队遇紧急情况时，可以采取安全防范措施和紧急避险措施，并要求研学旅行者、学校、家长委员会和研学基地配合；

（5）拒绝研学旅行者、学校、家长委员会、研学基地提出的超出合同约定的不合理要求；

（6）要求研学旅行者、学校、家长委员会、研学基地对在研学活动中或者在解决纠纷时损害旅行社合法权益的行为承担赔偿责任；

（7）要求研学旅行者健康、文明参加研学旅行活动，劝阻有关存在安全隐患、违法和违反社会公德的行为。

第六条 旅行社的义务

（1）按照合同和《行程单》约定的内容和标准为研学旅行者提供服务，不擅自变更研学旅行行程安排；

（2）不将承接的研学旅行业务转至其他旅行社履行合同。不与旅行社承接的其他研学旅行业务，或其他旅行社承接的研学旅行业务拼成一个研学团队，统一安排研学旅行服务；

（3）向资质齐全的供应商订购产品和服务；交通工具座位票应尽量连号，就餐地点应尽量固定，住宿安排应男、女学生分区（片）；

（4）组织行前说明会，如实告知具体行程安排和有关具体事项，具体事项包括但不限于所到研学旅行目的地的重要规定、风俗习惯；研学活动中的安全注意事项和安全避险措施，研学旅行者不适合参加研学活动的情形；旅行社依法可以减免责任的信息；应急联络方式以及法律、法规规定的其他应当告知的事项；

（5）按照合同约定，为研学旅行团队安排符合《中华人民共和国旅游法》《导游人员管理条例》规定的持证导游人员；加强导游管理，确保导游随时跟队，做好团队组织管理，不得脱团离团；

（6）妥善保管研学旅行者交其代管的证件、行李等物品；

（7）负责研学旅行者途中安全，配备必要的紧急医疗救助人员、药物和设备。当研学旅行者人身、财产权益受到损害时，应当采取合理必要的保护和救助措施，避免研学旅行者人身、财产权益损失扩大；因旅行社原因致使研学旅行者人身、财产权益受到损害的，旅行社应负赔偿责任；

（8）积极协调处理研学旅行行程中的纠纷，采取适当措施防止损失扩大；

（9）提示研学旅行者投保人身意外伤害保险；

（10）向研学旅行者提供发票；

（11）研学旅行结束后，配合学校、研学基地做好学生评价、宣传展示等后续工作；

（12）依法对研学旅行者个人信息保密；

（13）研学旅行行程中解除合同的，旅行社应当协助研学旅行者返回出发地或者研学旅行者指定的合理地点。

第七条 研学基地的权利

（1）根据参加研学旅行者身体健康状况及相关合理条件决定是否接纳研学旅行者参与相关研学课程；

（2）核实研学旅行者提供的相关信息资料；

（3）按照合同约定向家长委员会、学校和家长志愿者收取应支付给研学基地的全额费用；

（4）研学旅行团队遇紧急情况时，可以采取安全防范措施和紧急避险措施并要求旅行社、研学旅行者、学校和家长委员会配合；

（5）拒绝旅行社、研学旅行者、学校和家长委员会提出的超出合同约定的不合理要求；

（6）要求旅行社、研学旅行者、学校和家长委员会对在研学活动中或者在解决纠纷时损害研学基地合法权益的行为承担赔偿责任；

（7）要求旅行社履行辅助人、研学旅行者严格按照课程相关要求参加研学旅行活动，劝阻有关易发生安全事故、违法和违反社会公德的行为。

第八条 研学基地的义务

（1）按照合同和《行程单》约定的内容和标准为研学旅行者提供服务，不擅自变更研学旅行课程实施内容及标准；

（2）不超基地接待规模接待研学旅行团队；

（3）开发适合研学旅行者特点的研学课程，确保课程安全有效；

（4）确保基地设施设备安全，提供安全的食宿和课程服务；

（5）加强基地人员管理，确保基地导师、安保等相关人员具备相关专业资质；

（6）在出团前如实告知研学课程具体安排和有关具体事项，具体事项包括但不限于研学课程内容，包括研学课程名称、课程实施形式和时长、学生分组安排、每组配备导师数、学生准备事项及每个研学基地停留时间、每门课收费标准。食宿地点、标准、金额。研学活动中的安全注意事项和安全避险措施，研学旅行者不适合参加研学活动的情形，应急联络方式以及法律、法规规定的其他应当告知的事项；

（7）按照合同约定，为研学旅行团队安排具有专业资质的研学旅行指导师；

（8）负责研学课程的具体实施，确保课程实施过程中安全有效。做好研学旅行学生评价，并将结果反馈给学校。配合学校做好后续宣传展示活动；

（9）妥善保管研学旅行者交其代管的证件、行李等物品；

（10）配备必要的紧急医疗救护人员、药物和设备。研学旅行者人身、财产权益受到损害时，应当采取合理必要的保护和救助措施，避免研学旅行者人身、财产权益损失扩大；因研学基地原因致使研学旅行者人身、财产权益受到损害的，研学基地应负赔偿责任；

（11）积极协调处理研学旅行行程中的纠纷，采取适当措施防止损失扩大；

（12）向研学旅行者提供发票；

（13）依法对研学旅行者个人信息保密。

第九条 家长委员会的权利

（1）要求研学基地、旅行社按照合同及《行程单》约定履行相关义务；

（2）拒绝研学基地、旅行社的转团、拼团行为；

（3）有权自主选择研学旅行产品和服务，有权拒绝研学基地、旅行社未与学校、家长委员会协商一致或者未经学校、家长委员会要求而擅自更改研学旅行行程、变更研学课程内容的行为；

（4）有权委托家长志愿者对研学基地、旅行社履行合同及《行程单》约定内容情况进行监督评估，根据合同约定和评估结果最终确定应付费用并向研学基地、旅行社支付，并要求研学基地、旅行社出具发票；

（5）在研学旅行者人身、财产安全遇有危险时，有权请求救助和保护；人身、财产受到损害的，有权要求研学基地、旅行社协助索赔并获得赔偿或者依法向有关部门投诉；

（6）有权对研学基地、旅行社履行合同及《行程单》约定内容情况进行监督评估，评估结果作为按合同约定支付相关研学旅行费用的依据；

（7）《中华人民共和国旅游法》《中华人民共和国消费者权益保护法》和有关法律法规赋予的其他各项权利。

第十条 家长委员会的义务

（1）按照合同约定，向研学基地、旅行社支付相关费用；

（2）提示家长为参加研学的学生投保人身意外伤害保险；要求学生监护人、家长志愿者提供真实准确的研学旅行者信息；

（3）在研学旅行活动中或者在解决纠纷时，应采取措施防止损失扩大，不损害当地居民的合法权益；不干扰他人活动；不损害研学旅行经营者和从业人员的合法权益，不采取拒绝上、下机（车、船）、拖延行程或者脱团等不当行为。

第十一条 学校的权利

（1）要求研学基地、旅行社按照合同及《行程单》约定履行相关义务；

（2）拒绝研学基地、旅行社的转团、拼团行为；

（3）有权拒绝研学基地、旅行社未与学校、家长委员会协商一致或者未经学校、家长委员会要求而擅自更改研学旅行行程、变更研学课程内容的行为；

（4）支付随行教师费用时要求研学基地、旅行社出具发票；

（5）有权要求研学旅行者的人格尊严、民族风俗习惯和宗教信仰得到尊重和保护；

（6）在研学旅行者人身、财产安全遇有危险时，有权请求救助和保护；人身、财产受到损害的，有权要求研学基地、旅行社协助索赔并获得赔偿或者依法向有关部门投诉；

（7）有权对研学基地、旅行社履行合同及《行程单》约定内容情况进行监督评估，并将评估结果提供给家长委员会，作为按合同约定支付相关研学旅行费用的依据；

（8）《中华人民共和国旅游法》《中华人民共和国消费者权益保护法》和有关法律法规赋予的其他各项权利。

第十二条 学校的义务

（1）组织研学旅行者如实填写研学旅行者信息登记表各项内容。告知研学旅行者或其监护人提供与研学活动相关的个人健康信息，并对其真实性负责，保证所提供的联系方式准确无误且能及时联系；

（2）按照合同约定向研学基地、旅行社支付随行教师费用；

（3）配合旅行社做好研学旅行者行前教育，具体事项包括但不限于研学旅行具体行程安排；必要的研学旅行课程知识；所到研学旅行目的地的重要规定、风俗习惯；研学活动中的安全注意事项和安全避险措施、研学旅行者不适合参加研学活动的情形；文明旅游、保护生态等文明行为规范；应急联络方式以及法律、法规规定的其他应当告知的事项；

（4）对随行教师加强教育管理，督促随行教师认真履职，配合旅行社、研学基地做好研学旅行学生的组织管理和课程实施；

（5）为随行教师投保人身意外伤害保险，提示研学旅行学生监护人为其投保人身意外伤害保险；

（6）对国家应对重大突发事件暂时限制旅游活动的措施以及有关部门、机构或者旅游经营者采取的安全防范和应急处置措施予以配合；

（7）在研学旅行活动中或者在解决纠纷时，应采取措施防止损失扩大，不损害当地居民的合法权益；不干扰他人活动；不损害研学旅行经营者和从业人员的合法权益，不采取拒绝上、下机（车、船）、拖延行程或者脱团等不当行为。

第四章　合同的变更与解除

第十三条 合同的变更

（1）旅行社与学校、家长委员会、研学基地协商一致，可以变更本合同约定的内容，但应当以书面形式由各方签字确认。由此增加的研学旅行费用及给某方造成的损失，由变更提出方承担；由此减少的研学旅行费用，应当退还研学旅行者；

（2）行程开始前遇到不可抗力或者研学基地、旅行社、履行辅助人已尽合理注意义务仍不能避免的事件的，各方经协商可以延期出行。延期出行增加的费用由研学旅行者承担，减少的费用退还研学旅行者；

（3）行程中遇到不可抗力或者研学基地、旅行社、履行辅助人已尽合理注意义务仍不能避免的事件，影响行程的，按以下方式处理。

①合同不能完全履行的，研学基地、旅行社经向学校和家长委员会做出说明，学校和家长委员会同意变更的，可以在合理范围内变更合同，因此增加的费用由研学旅行者承担，减少的费用退还研学旅行者；

②危及研学旅行者人身、财产安全的，研学基地、旅行社应当及时采取相应的安全措施，因此支出的费用，由研学基地、旅行社与研学旅行者分担；

③造成研学旅行者滞留的，研学基地、旅行社应采取相应的安置措施。因此增加的食宿费用由研学旅行者承担，增加的返程费用由旅行社和研学旅行者分担。

第十四条 合同的解除

（1）解除合同的条件。

①研学基地、旅行社因人员不足、服务商变更、单位活动等自身原因不能履行合同的，可提出解除合同；

②学校、家长委员会因学校工作计划调整、人员变动等自身原因不能履行合同，可提出解除合同；

③因不可抗力或者研学基地、旅行社、履行辅助人已尽合理注意义务仍不能避免的事件，影响合同开始履行或继续履行，且学校、家长委员会不同意变更合同的，研学基地、旅行社和学校、家长委员会均可以提出解除合同。

（2）解除合同的程序。

①研学基地、旅行社解除合同的，应在行程开始前 7 日（按照出发日减去解除合同通知到达日的自然日之差计算，下同）以上（含第 7 日，下同），采取书面形式通知学校和家长委员会；

②学校、家长委员会解除合同的，应在行程开始前 7 日以上，采取书面形式通知研学基地和旅行社；

③因不可抗力或者研学基地、旅行社、履行辅助人已尽合理注意义务仍不能避免的事件，合同不能继续履行的，解除合同提出方应采取及时有效措施，书面告知其他当事方。

（3）解除合同的后果。

①研学基地、旅行社解除合同的，除向研学旅行者退还已收取的全部费用外，还应当按本合同第十七条第 1 款的约定，承担相应的违约责任；

②学校、家长委员会解除合同的，行程开始前 7 日以上的，研学基地、旅行社应当向研学旅行者退还已支付且未产生的全部费用；行程开始前 7 日以内和行程中提出解除合同的，按照本合同第十五条相关约定扣除必要的费用后，将未产生的费用余款退还研学旅行者；

③因不可抗力或者研学基地、旅行社、履行辅助人已尽合理注意义务仍不能避免的事件，合同不能继续履行的，研学基地、旅行社应当在扣除已支付且不可退还的费用后，将余款退还研学旅行者。

第十五条 必要的费用扣除

（1）学校、家长委员会在行程开始前 7 日以内提出解除合同的，按下列标准分别扣除研学基地和旅行社必要的费用：

①行程开始前 6 日至 4 日，按研学基地、旅行社各自应收费用总额的 15%；

②行程开始前 3 日至 1 日，按研学基地、旅行社各自应收费用总额的 25%；

③行程开始当日，按研学基地、旅行社各自应收费用总额的 40%。

（2）在行程中解除合同的，必要的费用扣除标准为：

费用总额 × 行程开始当日扣除比例 +（费用总额 – 费用总额 × 行程开始当日扣除比例）÷ 研学天数 × 已经研学天数。

如按上述第 1 款或者第 2 款约定比例扣除的必要的费用低于实际发生的费用，研学旅行者按照实际发生的费用支付，但最高额不应当超过研学旅行费用总额。

解除合同的，研学基地、旅行社扣除必要的费用后，应当在解除合同通知到达日起 5 个工作日内为研学旅行者办结退款手续。

第十六条　研学基地、旅行社协助研学旅行者返程及费用承担

研学旅行行程中解除合同的，研学基地、旅行社应协助研学旅行者返回出发地或者研学旅行者指定的合理地点。因研学基地、旅行社或者履行辅助人的原因导致合同解除的，返程费用由研学基地、旅行社承担；因研学旅行者原因或由学校、家长委员会提出解除合同的，返程费用由研学旅行者承担；因不可抗力或者研学基地、旅行社、履行辅助人已尽合理注意义务仍不能避免的事件解除合同的，返程费用由旅行社、研学旅行者分担。

第五章　违约责任

第十七条　研学基地、旅行社的违约责任

（1）研学基地、旅行社在行程开始前 7 日以上提出解除合同的，或者学校、家长委员会在行程开始前 7 日以上收到研学基地、旅行社更改合同通知，不同意更改而解除合同的，研学基地、旅行社向研学旅行者退还已收取的全部研学费用；同时，解除合同提出方按下列标准向研学旅行者支付违约金：

①行程开始前 7 日以上，支付应收费用总额 5% 的违约金；

②行程开始前 6 日至 4 日，支付应收费用总额 15% 的违约金；

③行程开始前 3 日至 1 日，支付应收费用总额 25% 的违约金；

④行程开始当日，支付应收费用总额 40% 的违约金。

如按上述比例支付的违约金不足以赔偿研学旅行者的实际损失，解除合同提出方应当按实际损失对研学旅行者予以赔偿。

研学基地、旅行社应当在解除合同通知或者研学旅行者不同意不成团安排的解除合同通知到达日起 5 个工作日内，为研学旅行者办结退还已收取全部费用的手续并支付上述违约金。

（2）研学基地、旅行社擅自解除合同，经学校、家长委员会要求仍拒绝履行本合同义务的；或研学基地、旅行社未按合同约定提供服务，未经学校、家长委员会同意擅自调整研学行程（本合同第十三条第 3 款规定的情形除外），造成项目减少、研学时间缩短或者标准降低的，应当依法承担继续履行、采取补救措施或者赔偿损失等违约责任。采取订同等级别的住宿、用餐、交通等补救措施的，费用由研学基地、旅行社承担；承担赔偿损失的，研学基地、旅行社应向研学旅行者支付各自应收费用总额 30% 的违约金；造成研学旅

行者人身损害、滞留等严重后果的，研学旅行者还可以要求研学基地、旅行社支付各自应收研学费用 1 倍以上 3 倍以下的赔偿金，赔偿金不足以弥补研学者实际损失的，研学基地、旅行社应当按照实际损失赔偿。

（3）研学基地、旅行社转团或拼团，学校、家长委员会因此解除合同的，研学基地、旅行社应向研学旅行者退还已支付全部费用，同时，转团或拼团行为方应向研学旅行者支付本方应收费用总额 30% 的违约金；如违约金不足以赔偿研学旅行者的实际损失，研学基地、旅行社应当按实际损失对研学旅行者予以赔偿。

（4）与研学旅行者出现纠纷时，研学基地、旅行社应当采取积极措施防止损失扩大，否则应当就扩大的损失承担责任。

第十八条 研学旅行者违约责任

（1）研学旅行者因不听从研学基地、旅行社及其旅行辅助人劝告、提示而影响团队行程，给研学基地、旅行社造成损失的，应当由研学旅行者或其监护人承担相应的赔偿责任。

（2）研学旅行者超出本合同约定的内容进行个人活动所造成的损失，由其或其监护人承担。

（3）由于研学旅行者的过错，使研学基地、旅行社、履行辅助人、研学旅行从业人员或者他人遭受损害的，研学旅行者或其监护人应当赔偿损失。

（4）研学旅行者应在研学旅行合同签订之前，如实告知学校、家长委员会、研学基地、旅行社身体状况等信息，确保信息准确，如因隐瞒病情等信息导致意外发生造成的损失，由其或其监护人承担。

（5）学校、家长委员会、研学旅行者或其监护人在研学旅行活动中或者在解决纠纷时，应采取措施防止损失扩大，否则应当就扩大的损失承担相应的责任。

（6）研学旅行者违反安全警示规定，或者对国家应对重大突发事件暂时限制旅游活动的措施、安全防范和应急处置措施不予配合，造成研学基地、旅行社损失的，应当由其或其监护人依法承担相应责任。

第六章　协议条款

第十九条 线路行程时间

出发时间_____年_____月_____日_____时，结束时间_____年_____月_____日_____时；共_____天，在外住宿_____夜。

第二十条 研学费用及支付（以人民币为计算单位）

（1）支付给研学基地费用：

①非减免对象学生人数：_____人；研学课程费用：_____元 / 人；餐费：_____元 / 人；住宿费：_____元 / 人；其他：_____元 / 人；小计：_____元。

②减免学生人数：_____人；研学课程费用：_____元 / 人；餐费：_____元 / 人；住宿费：_____元 / 人；其他：_____元 / 人；小计：_____元。

③随行教师：_____人；餐费：_____元 / 人；住宿费：_____元 / 人；小计：_____元。

④家长志愿者：_____人；餐费：_____元 / 人；住宿费：_____元 / 人；小计：_____元。

合计：_____元，其中获中央彩票公益金支持_____人 ×_____天 ×_____元 / 人

_____ 天（标准）=_____ 元，实际向学生收取 _____ 人 ×_____ 元 / 人 =_____ 元。

费用支付方式：出行前 _____ 日内支付总费用的 _____%；研学旅行结束后，根据各方履行合同情况，家长委员会评估无异议后 _____ 日内，支付总费用余款。

（2）支付给旅行社费用：

①非减免对象学生人数：_____ 人；交通费：_____ 元 / 人；餐费：_____ 元 / 人；住宿费：_____ 元 / 人；服务费：_____ 元 / 人；小计：_____ 元。

②减免学生人数：_____ 人；交通费：_____ 元 / 人；餐费：_____ 元 / 人；住宿费：_____ 元 / 人；

③服务费：_____ 元 / 人；小计：_____ 元。

④随行教师：_____ 人；餐费：_____ 元 / 人；住宿费：_____ 元 / 人；保险费：_____ 元 / 人；小计：_____ 元。

⑤家长志愿者：_____ 人；餐费：_____ 元 / 人；住宿费：_____ 元 / 人；保险费：_____ 元 / 人；小计：_____ 元。

合计：_____ 元。

费用支付方式：出行前 _____ 日内支付总费用的 _____%，研学旅行结束后，根据各方履行合同情况，家长委员会评估无异议后 _____ 日内，支付总费用余款。

第二十一条 人身意外伤害保险

（1）学校、家长委员会、旅行社、研学基地提示研学旅行者购买人身意外伤害保险；

（2）研学旅行者或其监护人可以做以下选择：

□委托旅行社购买（旅行社不具有保险兼业代理资格的，不得勾选此项）：保险产品名称（投保的相关信息以实际保单为准）；

□自行购买；

□放弃购买。

第二十二条 争议的解决方式

本合同履行过程中发生争议，由四方协商解决；亦可向合同签订地的旅游质监执法机构、消费者协会、有关的调解组织等有关部门或者机构申请调解。协商或者调解不成的，按下列方式解决：

（1）提交宜昌仲裁委员会仲裁；

（2）依法向学校所在地人民法院起诉。

第二十三条 其他约定事项

未尽事宜，经学校、家长委员会、研学基地和旅行社各方协商一致，可以列入补充条款。（如合同空间不够，可以另附纸张，由各方签字或者盖章确认）

第二十四条 合同效力

本合同一式 _____ 份，各方各持 _____ 份，具有同等法律效力，自各方授权委托人签字或者盖章之日起生效。

学校（盖章）： 家长委员会（盖章）：

授权代表签字：_______________ 授权代表签字：_______________

_____ 年 _____ 月 _____ 日　　　　　_____ 年 _____ 月 _____ 日

研学基地（盖章）：　　　　　旅行社（盖章）：
授权代表签字：______________ 授权代表签字：_____________

_____ 年 _____ 月 _____ 日　　　　　_____ 年 _____ 月 _____ 日
学校监督、投诉电话：____________________
家长委员会监督、投诉电话：____________________
研学基地监督、投诉电话：____________________
旅行社监督、投诉电话：____________________

宜昌市教育局监督投诉电话：____________________
地址：湖北省宜昌市西陵区体育场路 27 号
邮编：443000

湖北省宜昌市旅游质监执法机构：宜昌市旅游综合执法支队
投诉电话：____________________

（本案例由宜昌市青少年综合实践学校曹建强提供）

案例评析

自 2016 年教育部等 11 部委联合印发《关于推进中小学生研学旅行的意见》以来，宜昌市教育局积极落实教育部、省教育厅关于推进研学旅行活动的相关指导意见，经过不断探索和实践，逐步确立了宜昌研学旅行“1+4”管理模式，为全国中小学生研学旅行工作提供了宜昌经验。

“1+4”管理模式即市研学旅行协调小组统筹协调，学校、家长委员会、基地和旅行社 4 个方面参与的研学管理模式。市研学旅行协调小组由市教育局牵头，发改委、公安、财政、交通、文旅、市场监督管理、保监、共青团、铁路等部门参与，全面统筹研学旅行工作，定期研究解决重难点问题，充分发挥部门专业力量和优势。学校将研学旅行纳入教学计划，制订实施方案；家长委员会审定研学方案，组织服务单位招投标并全程监督；基（营）地负责课程开发与实施，提供优质课程；旅行社负责组织协调，提供交通、食宿等服务。四方参与研学旅行全过程，实现无缝衔接，确保活动安全。

本协议是针对学校、家长委员会、基（营）地和旅行社四方，在研学旅行开展过程中各自应履行的责任和义务，保障了各方权利，责权清晰，可操作性强。协议中明确研学旅行各阶段的责任主体，学生从学校乘车出发之前的各项准备和安全防护由学校作为责任主体，旅行社协同配合；学生从出发后到到达研学基地之前的途中安全防护由旅行社作为责任主体，学校协同配合；学生在研学基地的活动安全、食宿安全由基地作为责任主体，学校和旅行社协同配合。家委会作为费用收支的主体，确保了研学各项费用公开透明，家委会代表全程参与研学旅行过程中，对各方职责进行监督，对研学旅行活动进行客观评价和宣传，成为研学旅行活动家校联系的重要桥梁。因此我们认为本协议具有普遍性的推广价值，在全国都具有借鉴意义。

（点评人：文化和旅游部人才中心研学旅行指导师考评员李岑虎）

第四节　研学旅行包车合同

为保障道路旅游客运安全，维护旅行社和道路旅游客运企业的合法权益，给旅游者提供安全、舒适、优质的旅游客运服务，湖北省工商行政管理局、湖北省交通运输厅、湖北省旅游局共同制定了《湖北省旅游包车合同》，供中小学生开展研学旅行活动用车时参考使用。

案例 8-6

湖北省旅游包车合同

［案例呈现］

［封面］文字

编号：EF-2020-

名称：湖北省旅游包车合同

单位：湖北省工商行政管理局、湖北省交通运输厅、湖北省旅游局制

［封二］文字

使用说明：

（1）本合同文本中有关条款留有空白行，供双方自行约定。双方不予约定的，应当画“×”示别。

（2）本合同文本条款前有“□”符号的，甲乙双方应当协商选定。双方选定的条款，应当在“□”中画“√”以示选定；未选定的，不做标记。

（3）甲乙双方可以书面形式对合同内容予以变更或补充。但变更或补充的内容，不得减轻或者免除法律、法规所规定的专属合同双方所应承担的责任和义务。

（4）双方当事人在签订合同前应仔细阅读各项条款。合同签订后，双方应妥善保存合同文本、附件及相关资料，以便当合法权益受到侵害时，作为投诉索赔的凭据和法律诉讼的证据。

（5）本合同由湖北省工商行政管理局、湖北省交通运输厅、湖北省旅游局制定，在全省范围内推行使用。

［正文］

合同编号：____________________

旅游包车合同

甲方（旅行社）：______________

公司地址：___________________

法定代表人：_________________

总经理：_________ 电话：______________

具体业务经办人（授权人）：_________ 电话：______________

乙方（道路客运企业）：______________________________

公司地址：____

总经理：_____ 电话：_____________

法定代表人：_____________

具体业务经办人（授权人）：________ 联系电话：______________ 传真：________

第一条　为保障道路旅游客运安全，维护旅行社和道路旅游客运企业的合法权益，给旅游者提供安全、舒适、优质的旅游客运服务，依据《中华人民共和国民法典》《中华人民共和国旅游法》《中华人民共和国道路运输条例》《旅行社条例》等法律法规及有关规定，本着诚信、平等、自愿的原则，双方就旅游客运包车事宜签订本合同。

第二条　本合同为示范文本，仅供甲方与乙方发生包车业务时使用。本合同甲方应为持有旅游行政管理部门颁发的《旅行社业务经营许可证》和工商行政管理部门颁发的《企业法人营业执照》的旅行社；乙方应为持有交通运管部门颁发的《道路运输经营许可证》和工商行政管理部门颁发的《企业法人营业执照》，具有旅游客运经营资质的道路客运企业。

第三条　甲方权利和义务

（1）甲方必须对旅游包车费用实行“公对公”统一结算。

（2）甲方签订合同后，必须提前_____日以电话、传真等形式向乙方预订用车计划，包括所需车型、座位数、行驶路线、包车时间、接团时间、联系人、联系电话、服务要求等，双方协商一致后，通过《旅游包车确认单》书面确认。

（3）甲方如不能按照约定使用车辆，应提前_____日书面通知乙方。

（4）如乙方提供的车辆不具备《道路运输证》《包车客运标志牌》《车辆定期安全检测合格单》，驾驶人员不具备《道路运输从业资格证》，或者与合同约定不一致的，甲方有权拒绝接受相关服务，并向乙方索取赔偿。

（5）合同履行期间，未经双方协商一致不得擅自变更行驶路线及目的地，甲方应游客要求需变更行程时，甲方应及时通知乙方，在取得乙方同意后，协商变更后的包车费用。

（6）车辆行驶过程中，甲方应尊重和配合乙方驾驶员的工作，不能要求驾驶员做不利安全的举动，不能影响驾驶员的安全行驶，不能无故强迫驾驶员改变行程。按规定需要配备双班驾驶员的，必须同意乙方配备双班驾驶员。驾驶员（双班驾驶员）在执行甲方团队任务时所产生的食宿费由甲方承担（如有特殊情况另行约定的，按约定执行）。

（7）车辆使用中，导游或领队应在“导游专座”就座，并负有向游客宣传爱护车辆设施设备的义务和责任。出现人为损坏车辆设施设备时，应依法赔偿。

（8）发生争议或出现特殊情况时，应在旅游团行程结束后解决。甲方擅自终止、延误行程或终止履行合同义务给乙方造成损失的，应承担赔偿责任。

（9）甲方应协助乙方处理其与游客发生的纠纷，努力降低损失。由于甲方不协助导致游客人身财产损失扩大的，甲方应就扩大部分承担赔偿责任。

第四条 乙方权利和义务

（1）乙方必须对旅游包车费用实行“公对公”统一结算。

（2）乙方在接到甲方《旅游包车确认单》后，应在 _____ 日内以书面方式确认，确认后一般不得变更。乙方确因特殊情况，不能按照约定提供车辆的，必须经双方协商一致，并提前 _____ 日书面通知甲方。

（3）乙方应当遵守道路客运安全管理的各项制度，必须持有具备包车和旅游客运资质的《道路运输经营许可证》；提供的车辆必须具备《道路运输证》《包车客运标志牌》《车辆定期安全检测合格单》，必须喷贴全省道路旅游客运车辆统一标识和使用旅游客运车辆专段号牌，在车厢内显著位置公示经营者和驾驶人信息、道路运输管理机构监督电话等事项，将驾驶员后排两个座位作为导游、领队专用座位，并注明“导游领队专座”字样，且配备行驶记录功能的GPS卫星定位装置；驾驶人员必须具备《道路运输从业资格证》，按规定需配备双班驾驶员的，必须配备双班驾驶员。

（4）乙方在按照双方确认的《旅游包车确认单》相关内容提供旅游包车客运服务时，有权拒绝甲方提出的超过车辆限额搭载乘客、要求驾驶员超时驾驶等影响行车安全的要求；在条件许可和不损害甲乙双方及第三方利益的前提下，尽可能满足甲方提出的行程变更建议，相应增减的费用由双方协商支付。

（5）车辆运行过程中，乙方驾驶员应自觉守法遵规，不开违章车，杜绝疲劳驾驶、酒后驾驶、超载行驶、超速行驶，确保行车安全；做到着装整洁，用语礼貌，待客热忱，保持车辆内外清洁；并在旅游过程中配合导游工作，履行相关协助义务，保障游客人身、财产安全。

（6）发生争议或出现特殊情况，应在旅游团行程结束后解决。乙方擅自终止、延误行程或终止履行合同义务给甲方造成损失的，应当承担赔偿责任。

（7）旅游车辆发生交通事故，导致乘客受到人身伤害时，乙方应及时采取补救措施，并与甲方共同组织参与救援；交通事故法律责任由乙方依法承担。

（8）乙方应协助甲方处理其与游客发生的纠纷，努力降低损失。由于乙方不协助导致游客人身财产损失扩大的，乙方应当就扩大部分承担赔偿责任。

（9）建议乙方道路旅客运输承运人责任保险每座限额不低于80万元。

第五条 包车费用

（1）包车费用由甲乙双方协商确定。乙方在结算时应向甲方提供结算单，并提供有效发票；甲乙双方各自保存订车单和结算单。应由甲方承担的相关包车费用主要有：

①车辆租用费；

②过路、过桥费；

③停车费；

④双方约定的其他费用 ____________。

（2）付款方式：

甲乙双方应按照约定的账号“公对公”转账结算包车费用。

（3）付款期限约定：

□每 ______ 月结算一次，结算月的最后一天为结算截止日期；

□每团结算一次，团队行程结束后 ______ 日内进行结算；

□其他 ____________________________。

（4）旅游包车过程中发生的车辆故障修理费、驾驶员违规罚款等费用由乙方承担。

第六条　甲方违约责任

（1）甲方未能按照约定时间、数量使用车辆及驾驶员的，乙方有权解除当次旅游包车约定，甲方应承担给乙方造成的经济损失，并向乙方支付约定包车费 ______% 的违约金。

（2）甲方因实际团队人数与约定团队人数不符需要乙方另行安排车辆的，应当提前 ______ 小时向乙方提出书面变更申请，双方重新协商用车标准及包车费用。如甲方未按期提出书面变更申请或者双方未能协商一致的，乙方有权解除合同并按照前款所述标准要求甲方承担违约责任。

（3）由于甲方原因造成行程延误，超出约定租车期限的，甲方应当支付超时部分的用车费用，费用标准由双方协商确定；给乙方造成经济损失的，应赔偿经济损失。

（4）由于甲方原因导致车辆损坏或造成事故的，应承担赔偿责任，已经投保的部分由保险公司优先支付承担。

（5）甲方未按照合同约定支付包车费用的，按照未支付金额每日 ______% 的标准向乙方支付违约金（违约金总额最高不超过应付金额的 30%）。

第七条　乙方违约责任

（1）乙方未能按合同约定配备车辆及驾驶员，且经甲方通知仍未在合理时间内到达的，甲方有权解除当次旅游包车约定，乙方应承担给甲方造成的经济损失，并向甲方支付约定包车费 ______% 的违约金。

（2）乙方提供车辆、驾驶员不符合合同约定要求，被甲方拒绝的，乙方按前款约定标准承担违约责任，并赔偿经济损失。

（3）乙方未按合同约定到达甲方指定地点接团而造成旅游团延误行程或误机（车、船）的，应赔偿因此给甲方造成的经济损失，并按约定车费的 ______% 向甲方支付违约金。

（4）乙方提供的车辆标准低于约定标准的，乙方应当积极采取补救措施；确实无法改正的，乙方应当减少或退还约定价款与所提供车辆租用价款的差额，并向甲方支付约定价款 ______% 的违约金；给甲方造成经济损失的，应赔偿超出违约金部分的经济损失。

（5）因乙方驾驶员过错造成游客随车物品丢失、损坏的，乙方应当赔偿损失，赔偿数额按有关规定或协商解决；因车辆或驾驶员的原因引起团队游客投诉，乙方应当承担由此对甲方造成的经济损失。

（6）乙方车辆中途发生故障 _____ 小时内无法修复，造成旅游行程延误或无法执行的，乙方应及时采取补救措施，并依照甲方与旅游者的合理诉求，赔偿甲方因此造成的经济损失；乙方采取补救措施时提供车辆标准低于约定标准的，应减少或退还约定价款与补救时所提供车辆租用价款的差额。乙方车辆中途甩团，造成旅游行程延误或无法执行的，乙方应承担给甲方造成的经济损失，并向甲方支付约定包车费 _____% 的违约金。

第八条 突发事件处理

（1）旅游行程中发生交通事故或其他安全事故，致旅游者或者双方人员人身伤害和财产损失的，甲乙双方应积极采取救治措施，必要时乙方应先行垫付经费、立即启动保险理赔，优先救助伤亡人员，妥善处理相关事宜。因第三方原因造成交通事故或其他安全事故的，由乙方督促第三方共同采取积极救治措施，依事故责任认定书由责任人承担赔偿责任，事后由乙方负责向肇事者追索赔偿，甲方提供必要的协助。

（2）一旦发生交通事故，甲乙双方必须服从交通部门或法院裁决，因交通事故、如乙方相关保险不足以赔付的，乙方公司要负责补足赔偿。

第九条 责任免除

（1）遇不可抗力造成合同无法履行的，双方互不承担违约责任，应协商解决后续事宜。

（2）其他约定：

① ________________________；

② ________________________。

第十条 争议解决方式

本合同在履行过程中发生争议的，双方当事人应本着友好协商原则解决。协商不成的，可按下述方式解决：

（1）向 __________ 仲裁委员会申请仲裁；

（2）向甲方所在地人民法院提起诉讼。

第十一条 合同附件

（1）甲方必须提供如下材料：

①《企业法人营业执照》复印件；②《旅行社业务经营许可证》复印件；③《旅行社基本情况信息表》；④旅行社质量保证金证明；⑤旅行社责任保险证明；⑥银行账号；⑦业务经办人信息（包括姓名、职务、联系电话）。

（2）乙方必须提供如下材料：

①《企业法人营业执照》复印件；②《道路运输经营许可证》复印件；③《道路旅游客运企业基本情况信息表》；④《在营旅游客运车辆台账》（台账中必须记录车辆型号、车牌号、营运证号、行驶证号等基本信息）；⑤《在营旅游客运车辆驾驶员台账》（台账中必须记录驾驶员姓名、性别、驾驶证号、从业资格证号、联系电话等基本信息）；⑥银行账号；⑦道路客运承运人保险证明；⑧业务经办人信息（包括姓名、职务、联系电话）。

合同签订后，如营运车辆及车辆驾驶员信息发生变化，乙方应提前书面通知甲方。

（3）合同签订后，每趟（次）旅游包车业务通过《旅游包车确认单》予以确认。

（4）合同附件是本合同的组成部分，具有同等法律效力；甲乙双方必须对各自提供材料的真实性、合法性承担法律责任。

第十二条　以上合同条款未尽事宜，甲乙双方可经协商，签订补充条款，补充条款与本合同具有同等法律效力。

第十三条　本合同中明确的甲乙双方业务经办人的行为视为代表双方当事人的行为，双方在履行本合同中的磋商、确认及采取措施等符合合同目的的行为均具有法律效力，当事人对业务经办人有明确授权时依授权内容为准。

第十四条　本合同经甲乙双方签字盖章后生效。

第十五条　本合同有效期自_____年_____月_____日起至_____年_____月_____日止。

甲方（盖章）：________________　乙方（盖章）：________________

签约代表（签名）：__________　签约代表（签名）：__________

签约时间：_____年_____月_____日

（本案例由宜昌市青少年综合实践学校曹建强提供）

案例评析

在研学旅行组织开展中，安全是各方考虑的第一因素，而交通安全更是重中之重。然而，交通运输公司不是研学旅行活动组织的直接主体，在活动实际开展过程中往往会出现服务质量和意识不强、交通车辆在旅游高峰期时无法保障研学旅行活动的需求、交通费用偏高，未能体现研学旅行的公益性、交通运行资质及安全审查未能严格把控的问题，从而出现交通安全隐患。针对以上问题，该案例从安全保障和服务质量角度出发，确定了旅行社和交运公司的合作框架，对交运公司的相关资质和人员配备提出了严格的要求，在确保安全的前提下，保障研学高峰期学生出行的需要。该协议依据《中华人民共和国民法典》《中华人民共和国旅游法》《中华人民共和国道路运输条例》《旅行社条例》等法律法规及有关规定，本着诚信、平等、自愿的原则，设定了交通所需车型、座位数、行驶路线、包车时间、接团时间、联系人、联系电话、服务要求等，双方协商一致后，通过《旅游包车确认单》书面确认。

在交通运行中，协议中要求交运公司必须遵守道路客运安全管理的各项制度，必须持有具备包车和旅游客运资质的《道路运输经营许可证》；提供的车辆必须具备《道路运输证》、包车客运标志牌、车辆定期安全检测合格单，且配备行驶记录功能的 GPS 卫星定位装置；驾驶人员必须具备《道路运输从业资格证》，按规定需配备双班驾驶员的，必须配备双班驾驶员。旅行社做好对接联系和组织安全，在保障双方利益的同时，双方责权清晰，安全保障可靠。

（点评人：文化和旅游部人才中心研学旅行指导师考评员李岑虎）

第五节　课程设计技术开发合同

研学旅行课程是一门科学、规范的中小学专业课程，同其他科目一样纳入中小学教育教学体系。纳入中小学教育教学体系的研学旅行课程开发设计需要既懂中小学教育学理论，又要懂旅游教育理论的专业技术人员。为保护双方利益，从事课程开发设计时，要根据《中华人民共和国民法典》第八百五十一条之规定，同委托方签订书面课程设计技术开发合同。

案例 8–7

研学旅行课程设计技术开发（委托）合同

[封面] 文字

合同编号：

项目名称：福建省 __________ 风景区研学旅行基地课程设计技术开发（委托）合同

委托方（甲方）：__________ 风景区研学旅行基地

受托方（乙方）：山东弘道研学教育服务有限公司

签订时间：2020 年 11 月

签订地点：福建省安溪县 _____ 乡 _____ 村

有效期限：____________________

[合同说明] 文字

填写说明

（1）本合同为中华人民共和国科学技术部印制的技术开发（委托）合同示范文本，各技术合同登记机构可推介技术合同当事人参照使用。

（2）本合同书适用于一方当事人委托另一方当事人进行新技术、新产品、新工艺、新材料或者新品种及其系统的研究开发所订立的技术开发合同。

（3）签约一方为多个当事人的，可按各自在合同关系中的作用等，在“委托方”“受托方”项下（增页）分别排列为共同委托人或共同受托人。

（4）本合同书未尽事项，可由当事人附页另行约定，并可作为本合同的组成部分。

（5）当事人使用本合同书时约定无须填写的条款，应在该条款处注明“无”等字样。

[正文]

福建省 _____ 风景区研学旅行课程设计技术开发（委托）合同

委托方（甲方）：福建省_____风景区
住 所 地：　　福建省_____县_____乡_____村
法定代表人：____________________
项目联系人：____________________
通信地址：______________________
电话：_______________传真：__________电子信箱：__________
受托方（乙方）：山东弘道研学教育服务有限公司
住所地：山东省曲阜市杏坛路 1 号济宁学院
项目负责人：李子尚
通信地址：山东省曲阜市杏坛路 1 号济宁学院
电话：_______________传真：__________电子信箱：siteven@163.com

本合同甲方委托乙方研究开发《福建省 ××× 风景区研学旅行基地课程设计》项目，并支付研究开发经费和劳务报酬，乙方接受委托并进行研究开发工作。双方经过平等协商，在真实、充分地表达各自意愿的基础上，根据《中华人民共和国民法典》的规定，达成如下协议，并由双方共同恪守。

第一条　本合同研究开发项目的要求如下：

（1）技术目标：以教育部、文旅部等 11 部门《关于推进中小学生研学旅行的意见》、教育部《中小学综合实践活动课程指导纲要》《大中小学劳动教育指导纲要（试行）》、福建省教育厅或福建省文化和旅游厅关于遴选推荐中小学生研学实践教育基地相关文件为技术指导，以设计福建省 ××× 风景区研学旅行课程为首要目标，提出主题课程设计方案的总体安排，编写 10 个研学旅行专题课程。

（2）技术内容：

①结合景区建设规划，科学、合理地设计研学旅行课程，并确定课程项目名称；

②结合景区建设，对研学旅行活动的基础设施、周边环境、建筑形态等要素进行课程设计规划；

③深入挖掘研学旅行基地的文化内涵，合理设定课程布局、创新课程项目与活动，科学设计研学旅活动项目。

（3）技术流程：

甲方邀请→现场考察→签订协议→访谈座谈→项目专家授课→专家会谈研讨→学校调研→商定并确定课程→方案初稿→内部论证→课程实验→专家审查→修改完善→第二次实验→专家验收→推进实施。

第二条　甲乙双方应按下列进度共同完成研究开发工作：

（1）课程设计前期准备阶段（2020 年 11 月）。

现场考察、访谈座谈、项目专家授课、学校调研、编制主题课程规划，完成相关资料收集；综合调查与评估，完成现状诊断。

（2）课程设计编制阶段（2020 年 12 月 31 日前）。

主题课程方案编制完成后，完成专题课程方案初稿，并进行教学试验。

（3）修改完善实施阶段（2021 年 1 月 30 日前）。

根据初稿讨论的修改意见进行修改完善定稿。专家验收合格，任务完成；验收不合格，继续修订，直到验收合格。不定期指导实验研学旅行专题课程实验工作。期间可以安排学生随时来基地开展研学旅行试验活动，及时调整修订。

第三条　甲方应向乙方提供的技术资料及协作事项如下：

（1）技术资料清单：提供课题组所需的资料（另附）。

（2）提供时间和方式：随时提供资料。

本合同履行完毕后，上述技术资料归还甲方。

第四条　甲方应按以下方式支付研究开发经费报酬和说明：

（1）研究开发经费和报酬总额为人民币 _____ 元整（￥：_____）。

（2）研究开发经费由甲方分两期支付乙方。具体支付方式和时间为：

①项目合同签订后，甲方应在三日内支付给乙方编制经费人民币 _____ 元整（￥：_____）。

②乙方完成《福建省 _____ 研学旅行基地课程设计》初稿，通过专家评审后，甲方支付乙方第二期的编制经费人民币 _____ 元整（￥_____）。

③以上科研设计经费用均为税后数额。

④乙方设计专家往来基地每次不超过 3 人，所产生的交通、食宿等差旅费用均由甲方另外支付或者承担。

⑤项目专家（譬如拓片制作专家、园艺工匠、纺织能手等）由甲方邀请并支付经费。甲方不能安排的项目专家，可以由乙方推荐，费用由甲方支付。

⑥乙方开户银行名称、账号和税号为：_____________________

开户银行：_____________________

名称：山东弘道研学教育服务有限公司

账号：_____________________

第五条　本合同的研究开发经费由乙方以劳务费名义、自由支配的方式使用。

第六条　本合同的变更必须由双方协商一致，并以书面形式确定。

第七条　未经甲方同意，乙方不得将本合同项目部分或全部研究开发工作转让第三方承担。

第八条　在本合同履行中，一方发现技术风险存在并有可能致使研究开发失败或部分失败的情形时，应当在 7 日内通知另一方并采取适当措施减少损失。逾期未通知并未采取适当措施而致使损失扩大的，应当就扩大的损失承担赔偿责任。

第九条　双方确定因履行本合同应遵守保密义务。

第十条　乙方应当按以下方式向甲方交付研究开发成果：

（1）送审稿交付的形式及数量：文本 _____ 套。

（2）课程开发成果交付形式及数量：文本 _____ 套，电子稿 1 份。

（3）研究开发成果交付的时间及地点：课程定稿后，在甲方所在地交付课程方案编制成果。

第十一条　双方确定，本项目由甲方负责组织论证验收乙方完成的课程研究开发成果。

第十二条　乙方应当保证其交付给甲方的课程研究开发成果不侵犯任何第三人的合法权益。如发生第三人指控甲方实施的技术侵权的，乙方应当承担相应的法律责任。

第十三条　双方确定，乙方享有申请专利的权利。双方对本合同有关的知识产权权利归属特别约定如下：

（1）甲方享有课程最终成果使用权，可编写内部使用手册或宣传材料。

（2）出版社正式图书知识产权归乙方所有。

第十四条　乙方不得在向甲方交付课程研究开发成果之前，自行将研究开发成果转让给第三方。

第十五条　乙方完成本合同项目的课程研究开发人员享有在有关技术成果文件上写明技术成果完成者的权利和取得有关荣誉证书、奖励的权利。

第十六条　乙方利用研究开发经费所购置与研究开发工作有关的设备、器材、资料等财产，归乙方所有。

第十七条　双方确定：乙方应在向甲方交付课程研究开发成果后，根据甲方的请求，为甲方指定的人员提供技术指导和培训，或提供与使用该课程研究开发成果相关的技术服务，具体办法和培训经费另行商定。

第十八条　双方确定：乙方在课程研究开发时，需要对甲方研学旅行基地场地、设施、规模等项目进行重新规划设计的，根据甲方的请求，为甲方进行场地、设施、规模等项目的规划设计提供技术服务，具体办法和培训经费另行商定。

第十九条　双方确定：合同签订后，任何一方均需积极配合，全力支持，不得设置障碍，变相干扰、影响合同执行，故意给对方造成课程研究开发工作停滞、延误或失败。

第二十条　双方确定：任何一方违反本合同约定，造成课程研究开发工作停滞、延误或失败的，承担本合同标的数额 2 倍违约责任。

第二十一条　双方确定：甲方有权利用乙方按照本合同约定提供的研究开发成果，进行后续改进。乙方有权在完成本合同约定的研究开发工作后，利用该项研究开发成果进行后续改进。

第二十二条　双方确定：甲方不得将乙方按照本合同约定提供的课程研究开发成果转交给另外景区或基地等第三方使用。违反本合同约定，承担本合同标的数额 3 倍违约责任。

第二十三条　双方确定：在本合同有效期内，甲方指定 _____ 为甲方项目联系人，乙方指定 _____ 为乙方项目联系人。项目联系人承担以下责任：就项目进展情况及甲、乙双方的各自要求进行及时联系沟通。

第二十四条　双方确定：因发生不可抗力或技术风险，致使本合同的履行成为不必要或不可能的，一方可以通知另一方解除本合同。

第二十五条　本合同未尽事宜，双方友好协商解决。

第二十六条　本合同一式陆份，双方各执叁份，签字盖章后生效。

甲方：福建省 _____ 风景区（盖章）

代表（签名）：__________

乙方：山东弘道研学教育服务有限公司（盖章）

代表（签名）：____________

签约时间：________________

（本合同由李子尚提供）

案例评析

本合同根据中华人民共和国科学技术部印制的技术开发（委托）合同示范文本改编的研学旅行课程设计技术开发合同，供研学旅行基地（营地）、旅行社、研学旅行机构、学校等单位开发课程时参照使用。

本合同具有《中华人民共和国民法典》第四百七十条规定的一般性条款，譬如，当事人的姓名或者名称和住所、合同标的、数量、质量、双方的权利和义务、价款或者报酬、履行期限、履行的方式、违约责任、解决争议的方法都做了详尽的说明。

同时本合同又符合《中华人民共和国民法典》第八百五十二条、第八百五十三条、第八百五十四条等要求。合同按照“委托开发合同的委托人应当按照约定支付研究开发经费和报酬，提供技术资料，提出研究开发要求，完成协作事项，接受研究开发成果。”“委托开发合同的研究开发人应当按照约定制订和实施研究开发计划，合理使用研究开发经费，按期完成研究开发工作，交付研究开发成果，提供有关的技术资料和必要的技术指导，帮助委托人掌握研究开发成果。”“委托开发合同的当事人违反约定造成研究开发工作停滞、延误或者失败的，应当承担违约责任。”规定要求，从技术开发内容、技术开发流程、开发进度、开发方式、开发的三个阶段、技术资料要求、双方的保密义务、研究开发成果知识产权都做了非常详细的约定，利于双方当事人依照合同开展研学旅行课程开发设计工作。

可能由于文字的限制，或者合同保密的需要，本合同对技术开发合同履行过程中，因出现无法克服的技术困难，致使研究开发失败或者部分失败的款项当事人没有约定；委托开发过程中产生的发明创造成果、申请专利的权利属也没有特别说明，读者在实践中尚需加入这些款项。技术流程的设置条款方面，也要根据双方当事人条件灵活约定，不可拘泥于形式。

（点评人：文化和旅游部人才中心研学旅行指导师考评员李岑虎）

第9章

研学旅行风险防控案例

2016年，教育部等11部门印发《关于推进中小学生研学旅行的意见》，倡导各中小学要结合当地实际，把研学旅行纳入学校教育教学计划。经过几年的探索，研学旅行效果得到了社会、学校、学生和家长们的普遍认同，研学旅行已成为不可逆转的行业潮流。但是，研学旅行同其他行业一样，繁荣的背后也必将带来新的风险和矛盾。研学旅行各方如何预做好意外事故、第三方侵害以及身体疾病等多方面的预防，勤勉尽责，主动管理，做好风险防控，是研学旅行各方压倒一切的工作。

研学基地：五大连池风景名胜区

第一节　研学旅行合同纠纷

一、研学旅行合同中免责的格式条款无效

案例 9-1

研学旅行合同中免责的格式条款无效

数日前，湖南某学校初中二年级三班班主任召开家长会，通报了学校决定安排初二年级学生去湖南张家界研学旅行活动的情况。然后学校委托的旅行社负责人孙经理介绍了此次研学活动每一天的安排内容。包括去张家界森林公园考察，安排了采集和研究岩石的项目，去边城镇体味作家沈从文笔下的边城等。由旅行社资深导游带队，学生班主任老师也随团前往。介绍完毕后，给每名家长发了一份印好的研学合同书。合同书甲方是旅行社，乙方是家长。让家长们尽快在乙方处签好字，再扫码汇款，费用直接汇给旅行社。

之后家长产生两点疑问：

一，该合同上载明："乙方授权甲方为乙方申请人办理活动期间的人身意外伤害保险，未成年人最高赔付 10 万元 / 人。非甲方原因造成乙方伤害、财物遗失等，甲方协助解决，但不承担法律和经济赔偿责任。"这样的条款是否合理？

二，研学合同样本上，甲方是旅行社，乙方是学生和家长，然而全文没有学校出现在这份合同中。万一学生出现什么安全问题，合同中没有学校签字，学校是否就不用承担责任呢？

（本案例由李岑虎根据当事人口述整理编写）

案例评析

一、免责的格式条款无效

根据《中华人民共和国民法典》第四百九十七条第二款规定，提供格式条款一方不合理地免除或者减轻其责任、加重对方责任、限制对方主要权利的，该格式条款无效。根据 2020 年 12 月 23 日修改后《最高人民法院关于审理旅游合同纠纷案件适用法律问题的若干解释》第六条规定："旅游经营者以格式条款、通知、声明、店堂告示等方式作出排除或者限制旅游者权利、减轻或者免除旅游经营者责任、加重旅游者责任等对旅游者不公平、不

合理的规定，旅游者依据消费者权益保护法第二十六条的规定请求认定该内容无效的，人民法院应予支持。”本研学合同中的“非甲方原因造成乙方伤害、财物遗失等，甲方协助解决，但不承担法律和经济赔偿责任”免责条款属于格式条款，因免除甲方自身责任，且对乙方学生不公平、不合理，损害了学生的合法权益而无效。

虽然旅行社代为投保了意外保险合同，但该保险费用属于学生家长支付，若因意外事故的发生，保险受益人基于保险合同的约定获得赔偿，并不能因此而减少旅行社的法定责任。

研学合同中的“非甲方原因造成乙方伤害、财物遗失等，甲方协助解决，但不承担法律和经济赔偿责任”免责条款属于格式条款，因免除甲方自身责任，且对乙方学生不公平、不合理，损害了学生的合法权益而无效。

二、学校不参与签订研学旅行合同，也不能免除学校的法定责任。

根据《中华人民共和国未成年人保护法》第二十二条的规定，学校、幼儿园安排未成年人参加集会、文化娱乐、社会实践等集体活动，应当有利于未成年人的健康成长，防止发生人身安全事故。根据《中华人民共和国民法典》第一千二百〇一条规定：“无民事行为能力人或者限制民事行为能力人在幼儿园、学校或者其他教育机构学习、生活期间，受到幼儿园、学校或者其他教育机构以外的第三人人身损害的，由第三人承担侵权责任；幼儿园、学校或者其他教育机构未尽到管理职责的，承担相应的补充责任。”根据《最高人民法院关于审理人身损害赔偿案件适用法律若干问题的解释》第七条规定：“对未成年人依法负有教育、管理、保护义务的学校、幼儿园或者其他教育机构，未尽职责范围内的相关义务致使未成年人遭受人身损害，或者未成年人致他人人身损害的，应当承担与其过错相应的赔偿责任。第三人侵权致未成年人遭受人身损害的，应当承担赔偿责任。学校、幼儿园等教育机构有过错的，应当承担相应的补充赔偿责任。”根据以上规定，学生参加研学旅行活动属于学校正常教学活动之一，学校应当根据法律规定承担教育、管理、保护义务，在未尽职责范围内承担相应的赔偿或补充责任。

为更好地保证学生的安全，除督促旅行社尽到安全保障义务外，学校也是活动的组织者和管理者，应作为第三方加入本次合同主体，设置相应的权利与义务。

三、学校要加强规范和指导

开展研学旅行活动的学校应当主动担责，履行好法定义务，即便是交由第三方履行部分职责，学校也应积极采取主动管理、风险防控等措施。通过增配师资力量，做好意外事故、第三方侵害以及身体疾病等多方面的预防。同时，在选择第三方合作时，要尽量考察第三方的各方面能力，并督促第三方尽到安全保障义务。同时要教育好学生，要有安全防范意识、团结意识、互帮互助意识，共同做好防范工作。

根据相关规定，学生参加研学旅行活动属于学校正常教学活动之一，学校应当根据法律法规承担教育、管理、保护义务，在未尽职责范围内承担相应的赔偿或补充责任。学校应充分考虑学生权益维护，不能以学生家长与旅行社签订合同为由，而怠于履行管理职责，并且不能因此而免除其责任。

（点评人：文化和旅游部人才中心研学旅行指导师考评员李岑虎）

二、研学旅行合同中要明确学生安全责任

案例 9–2

合同安全责任不明确，学校和旅行社相互推诿

2021 年 1 月 9 日，安徽某小学根据学生自愿参与原则，组织四年级 327 名学生开展亳州中草药文化研学旅行活动，学校代表学生与亳州某旅行社签订了研学旅行合同。小丁同学是该校小学四年级（1）班的学生，缴纳了 536 元报名费。当学生们在中草药基地田间道行走时，由于学生众多拥挤，小丁同学被道路边的石墩绊倒摔伤头面部。事故发生后，学校随团校医及时为小丁同学处理伤口，并送往医院救治，旅行社垫付了 1000 元医疗费。后经医院检查，小丁同学的眉骨骨折。小丁同学父母要求学校和旅行社承担治疗费 11 000 余元。学校和旅行社相互推诿，学校认为旅行社应当承担全部责任；旅行社认为先行垫付了 1000 元医疗费，已经尽到安全救助义务。致使小丁同学经济损失久未赔偿，小丁同学父母一气之下把学校和旅行社诉至法院。

（本案例由李岑虎根据当事人口述整理编写）

案例评析

本案研学过程中遇事故，学生受到伤害，学校、旅行社等到底谁来承担责任？怎样承担责任？法院认为：

第一，安徽某小学对小丁同学的人身损害承担责任。

根据《学生伤害事故处理办法》第五条规定，学校应当对在校学生进行必要的安全教育和自护自救教育；应当按照规定，建立健全安全制度，采取相应的管理措施，预防和消除教育教学环境中存在的安全隐患；当发生伤害事故时，应当及时采取措施救助受伤害学生。第九条第四款规定，学校组织学生参加教育教学活动或者校外活动，未对学生进行相应的安全教育，并未在可预见的范围内采取必要的安全措施造成的学生伤害事故，学校应当依法承担相应的责任。根据《民法典》第一千二百条规定：“限制民事行为能力人在学校或者其他教育机构学习、生活期间受到人身损害，学校或者其他教育机构未尽到教育、管理职责的，应当承担侵权责任。”

小丁同学作为安徽某小学四年级学生，在参加由学校组织并选定旅行社的研学旅行活动中不慎摔伤，学校作为研学旅行活动的组织者，在组织学生进行研学旅行校外活动的全过程中，应当在研学旅行前安排人员对基地进行考察，查看并责令清除不安全因素，研学中安排人员对参加活动的学生进行详尽的安全教育，并密切注意学生在活动时的人身安全。本次有 327 名学生参加研学旅行，且都是未成年人，正处于活泼好动、自控能力差、自我

保护意识弱的阶段，众多学生在狭窄的中草药基地田间道上行走，容易造成现场管理困难，仅通过事前安全提示、学生自律尚不足以避免危险情况的发生。学校如果在研学旅行前期、研学旅行中间安全工作准备充分、安全防范措施完善，是可以避免意外事故发生的。安徽某小学在组织研学旅行活动中对小丁同学受伤虽然采取了救助措施，履行了救助义务，但受伤害前没尽到安全保障义务，其应该承担相应的损害赔偿责任。

第二，亳州某旅行社对小丁同学的人身损害承担损害赔偿责任。

根据《最高人民法院关于审理旅游纠纷案件适用法律若干问题的规定》第七条规定："旅游经营者、旅游辅助服务者未尽安全保障义务，造成旅游者人身损害、财产损失的，旅游者请求旅游经营者、旅游辅助服务者承担责任的，人民法院应予支持。"第十三条："签订旅游合同的旅游经营者将其部分旅游业务委托旅游目的地的旅游经营者，因受托方未尽旅游合同义务，旅游者在旅游过程中受到损害，要求作出委托的旅游经营者承担赔偿责任的，人民法院应予支持。"本案安徽某小学代表小丁同学等学生与亳州某旅行社签订了研学旅行合同，小丁同学交纳了旅行费用，亳州某旅行社是本案的旅游经营者。旅游经营者在接待未成年人时，应当采取相应的安全保障措施。田间道路边的石墩容易造成意外事故发生是旅游经营者应该预见到的，但亳州某旅行社未能采取行之有效的安全防范措施和提醒告知义务，虽然对小丁同学受伤后采取了救助措施，垫付了 1000 元医疗费，但是对小丁同学的受伤也存在过错，也应该承担相应的损害赔偿责任。不过，旅行社承担赔偿责任后，依据《旅游法》第七十一条"由于地接社、履行辅助人的原因导致违约的，由组团社承担责任；组团社承担责任后可以向地接社、履行辅助人追偿"的规定，旅行社可以再向中草药基地追偿。

第三，中草药基地对小丁同学的人身损害承担主要损害赔偿责任。

根据《民法典》第一千二百条规定："限制民事行为能力人在学校或者其他教育机构学习、生活期间受到人身损害，学校或者其他教育机构未尽到教育、管理职责的，应当承担侵权责任。"根据《最高人民法院关于审理旅游纠纷案件适用法律若干问题的规定》第七条规定："旅游经营者、旅游辅助服务者未尽到安全保障义务，造成旅游者人身损害、财产损失，旅游者请求旅游经营者、旅游辅助服务者承担责任的，人民法院应予支持。"根据《旅游法》第五十条规定："旅游经营者应当保证其提供的商品和服务符合保障人身、财产安全的要求。"第八十一条规定："突发事件或者旅游安全事故发生后，旅游经营者应当立即采取必要的救助和处置措施，依法履行报告义务，并对旅游者作出妥善安排。"

本案中中草药基地接受了亳州某旅行社安排的研学旅行团队，并从旅行社手中收取了学生活动费用，中草药基地是本案的研学旅行机构，也是旅游经营者，研学旅行的辅助方。中草药基地在接待未成年学生时，应当采取相应的安全保障措施，履行提醒告知义务。中草药田间道路边的石墩容易造成意外事故发生是基地应该预见到的，但中草药基地未能采取行之有效的安全防范措施，未尽到安全保障义务；而且，在小丁同学受伤时也没有采取救助措施，未履行救助义务，对小丁同学的受伤存在过错，应该承担损害赔偿责任。

第四，小丁同学对自身受伤不承担责任。

小丁同学是限制民事行为能力人，而且受伤害是因为田间道路上拥挤摔伤的，自身并无过错，因此小丁同学对自身受伤不承担责任。如果小丁同学是和其他学生打闹嬉戏中摔伤的，就要承担相应的责任了。

最后法院综合安徽某小学、亳州某旅行社、中草药基地对小丁同学损害结果发生的过错，进行调解，酌定承担责任比例为中草药基地 70%，亳州某旅行社 20%，安徽某小学 10%，旅行社现行垫付的 1000 元医疗费计入 20%，再向小丁支付 1200 元。

本案例给我们留下很多的启示。

第一，研学旅行前学校和旅行社要到基地去勘察，不能把学生的安全完全交给基地，勘察线路时要准备工作充分、安全防范完善，及时消除研学旅行安全隐患，就能避免研学旅行意外事故的发生。如果认为自己在研学旅行活动中未收取任何费用，没有任何获利行为，不用承担任何责任，便对研学旅行安全工作应付了事，这种说法和做法是十分不恰当的。

第二，研学旅行基地始终要把学生的安全放到第一位，提前邀请学校、旅行社、学生和家长来基地考察，提出安全管理意见，也能避免一些安全事故。

第三，安全事故发生后，主办方、承办方、辅助方及时救助是第一要务。不履行救助义务，依靠别人替自己的违约买单，最后公平的法律也是赦免不了的。

第四，家长要提醒学生注意安全，协助做好学生的安全教育工作，也是减少事故发生的必要手段。

第五，学校开展研学旅行，要与有资质、信誉好的旅行社或研学机构签订协议书，明确旅行社或研学机构承担学生研学旅行安全责任，避免出现安全问题相互推责，给学生和家长带来二次伤害。

第六，在整个研学旅行过程中，参与各方要对学生反复进行安全教育，研学旅行指导师、带队老师、导游每个环节都要不断提醒，告知学生注意安全，尽到安全保障义务。

（点评人：文化和旅游部人才中心研学旅行指导师考评员李岑虎）

三、旅行社违约保险公司承担保险合同责任

案例 9-3

旅行社违约保险公司承担保险合同责任

2020 年 8 月 13 日，河南洛阳 13 岁的圆圆参加甲旅行社组织的研学旅行活动，圆圆的母亲与甲旅行社签订了研学旅行专用合同。该合同约定：研学旅行活动期间，受托单位即甲旅行社全方位实施监护管理，全权负责学生的生命安全；委托期限自接到学生至送至学校或交给家长止；受托单位若失责造成监护学生重大伤亡者，委托方将依法追究其监护责任；甲旅行社注明本旅行社向乙保险公司已投保旅行社年度责任保险，也替家长为学生购买意外伤害保险。

不料，圆圆在返回洛阳的过程中，因上厕所从车厢上铺摔下，导致右脚摔伤，同行的

其他学生跑到另外车厢向旅行社导游报告。到达洛阳车站后，甲旅行社工作人员将圆圆送往医院救助，并为圆圆就诊垫付门诊费 5000 元。经过 15 天住院治疗，经法医鉴定，圆圆的伤情构成十级伤残。住院期间共花费医疗费等共计 53 000 余元，圆圆的妈妈多次讨要未果，于是向法院起诉甲旅行社和乙保险公司。

（本案例由李岑虎根据当事人口述整理编写）

案例评析

本案系圆圆的母亲与甲旅行社签订合同后因圆圆在研学旅行途中受伤而引起的研学旅行合同纠纷。我们认为：

一、甲旅行社承担违约赔偿责任

根据《旅游法》第七十九条规定：“旅游经营者应当严格执行安全生产管理和消防安全管理的法律、法规和国家标准、行业标准，具备相应的安全生产条件，制定旅游者安全保护制度和应急预案。旅游经营者组织、接待老年人、未成年人、残疾人等学生，应当采取相应的安全保障措施。”根据《民法典》第三十四条规定：“监护人的职责是代理被监护人实施民事法律行为，保护被监护人的人身权利、财产权利以及其他合法权益等。监护人依法履行监护职责产生的权利，受法律保护。监护人不履行监护职责或者侵害被监护人合法权益的，应当承担法律责任。”本案中圆圆的母亲与甲旅行社签订的研学旅行专用合同是双方当事人的真实意思表示，没有违反法律、行政法规的强制性规定，故该合同合法有效，双方当事人均应严格遵守并切实履行。甲旅行社与圆圆之间形成旅游合同关系，甲旅行社作为旅游经营者，负有保障学生圆圆人身安全的义务。在合同签订后，一直到圆圆返回洛阳，这一段研学旅行活动期间，圆圆的监护权由甲旅行社代为实施，甲旅行社应当履行保护圆圆的身体健康及照顾其生活的监护职责。由于圆圆是未成年人，甲旅行社对圆圆负有高于普通旅游合同的人身安全保障义务。在旅游合同履行过程中，甲旅行社未尽到上述合同义务，致使圆圆受伤，已构成违约，甲旅行社应承担相应的赔偿责任。

二、乙保险公司承担赔偿责任

根据《最高人民法院关于审理旅游纠纷案件适用法律若干问题的规定》第五条规定：“旅游经营者已投保责任险，旅游者因保险责任事故仅起诉旅游经营者的，人民法院可以应当事人的请求将保险公司列为第三人。”虽然本案的案由为研学旅行合同纠纷，乙保险公司并不是研学旅行合同的当事人，但是因本案事故发生于甲旅行社与乙保险公司签订的旅行社责任险的保险期限内，圆圆的母亲把乙保险公司作为第二被告人是正确的。乙保险公司在本案中应根据保险合同约定在保险金额范围内对受害人圆圆进行理赔。

本案给我们留下很多启发。

（1）本案中，甲旅行社受托组织学生开展研学旅行活动，学生家长作为学生的法定监护人，与甲旅行社签订委托监护协议，将在研学旅行过程中对学生的监护职责委托给甲旅行社行使。所以，相较于一般的旅行社组织学生开展研学旅行，本案中经营研学旅行的甲旅行社对学生们负有更高的人身安全保障义务。

（2）尽管旅行社的义务提高了，但并不意味着学生的任何行为或损害旅行社都必须无条件负责。假如甲旅行社已尽到安全保障义务，可以适当减轻其责任，比如在出团之前或上火车前已向家长及学生进行了充分的安全教育，在乘车过程中又不时地对学生车厢进行巡视，提醒学生上下铺时的注意事项，发现学生摔伤后及时采取救助等；又假如是由于学生之间在上铺打闹导致摔伤，那该学生也存在一定过错，也需要承担相应责任。

（3）本案的另一特点是：甲旅行社担责，乙保险公司“买单”。本案学生提起的是合同纠纷，一般情况下法院诉讼的原被告仅是合同的相对方，具体到本案就是研学旅行合同的签约方，即甲旅行社和学生（家长代理）。但考虑到旅行社都会上旅行社责任险，在旅行社向学生赔偿后一般都会依据保险合同向乙保险公司进行理赔，司法机关为了避免旅行社和乙保险公司之间就具体赔偿事宜产生争议增加诉累，所以在《最高人民法院关于审理旅游纠纷案件适用法律若干问题的规定》中明确：“旅游经营者已投保责任险，旅游者因保险责任事故仅起诉旅游经营者的，人民法院可以应当事人的请求将乙保险公司列为第三人。”因此，法院将乙保险公司以第三人的身份（一般是有独立请求权的第三人）加入诉讼中来，一旦确定旅行社在学生安全事故中负有责任，且属于乙保险公司理赔范畴的，就可以判令乙保险公司直接向学生进行赔付。

（点评人：文化和旅游部人才中心研学旅行指导师考评员李岑虎）

四、不可抗力导致违约不承担违约责任

案例 9-4

研学旅行途中遇到不可抗力导致违约，学校怎么维权

2020 年 12 月，某学校与某旅行社签订了曲阜儒家文化三日研学活动的研学旅行合同。在研学旅行过程中，2020 年 12 月 23 日晚 22 时 29 分，曲阜市发生了一次塌陷，相当于 2.4 级地震，导致合同中的一些研学旅行项目无法继续履行，旅行社不能退还已经发生的一些费用，引发学校、家长和学生的不满，给学校带来很大压力。某学校与某旅行社就研学旅行合同的解除及研学旅行费的退还发生争议，迟迟不能达成一致意见。某学校无奈将该旅行社诉至法院，请求解除其与该旅行社之间的研学合同，要求旅行社退还全部研学旅行费并承担违约责任。

（本案例由李岑虎根据当事人口述整理编写）

案例评析

这是由于不可抗力引发的合同纠纷案件，笔者认为本案中的旅行社不应承担违约责任。原因如下：

第一，《中华人民共和国民法典》第一百八十条规定：“因不可抗力不能履行民事义务的，不承担民事责任。法律另有规定的，依照其规定。”不可抗力是不能预见、不能避免且不能克服的客观情况。塌陷属于《民法典》规定的不能预见、不能避免且不能克服的客观自然灾害。

第二，根据《中华人民共和国旅游法》第六十七条规定：“因不可抗力或者旅行社、履行辅助人已尽合理注意义务仍不能避免的事件，影响旅游行程的，按照下列情形处理：

（一）合同不能继续履行的，旅行社和旅游者均可以解除合同。合同不能完全履行的，旅行社经向旅游者作出说明，可以在合理范围内变更合同；旅游者不同意变更的，可以解除合同。

（二）合同解除的，组团社应当在扣除已向地接社或者履行辅助人支付且不可退还的费用后，将余款退还旅游者；合同变更的，因此增加的费用由旅游者承担，减少的费用退还旅游者。

（三）危及旅游者人身、财产安全的，旅行社应当采取相应的安全措施，因此支出的费用，由旅行社与旅游者分担。”

（四）造成旅游者滞留的，旅行社应当采取相应的安置措施。因此增加的食宿费用，由旅游者承担；增加的返程费用，由旅行社与旅游者分担。

第六十八条：“旅游行程中解除合同的，旅行社应当协助旅游者返回出发地或者旅游者指定的合理地点。由于旅行社或者履行辅助人的原因导致合同解除的，返程费用由旅行社承担。”

第三，《最高人民法院关于审理旅游纠纷案件适用法律若干问题的规定》第十三条规定：“因不可抗力等原因导致旅游合同解除的，旅游经营者、旅游者请求对方承担违约责任的，人民法院不予支持。”

综上，由于塌陷导致研学旅行合同无法履行或无法继续履行的，应认定为研学旅行合同的履行遭遇了不可抗力，学生和家长以及旅行社都不因此承担违约赔偿责任。学校可以要求旅行社退还尚未实际发生的费用；如果学校请求旅行社承担违约责任，人民法院不予支持。

本案例告诉我们，在研学旅行中，一旦发生法律纠纷，要根据具体情况，按照国家法律法规的规定主张学校和学生的权利。

（点评人：文化和旅游部人才中心研学旅行指导师考评员李岑虎）

第二节　研学旅行意外事故

一、学校单独组织学生开展研学旅行，学生受伤学校担责

案例 9–5

学校单独组织学生开展研学旅行，学生受伤学校担责

乐乐是湖北某中学初二学生。五一劳动节期间，乐乐所在学校组织学生们前往大别山红色研学基地，开展研学旅行活动，并安排在大别山下自助野餐，体验红军战士的艰难生活。到达大别山下野餐基地后，乐乐的班主任提出开展野餐制作分组活动，将野餐制作的各项工作分配给各个小组，小组自行开展活动。乐乐所在的小组负责平整地，组长安排同学们各自去干活。乐乐清理场地时，搬着一块石头向同学们炫耀，没注意脚下的小石块，不幸被小石块绊倒，乐乐手中的石头砸在右脚，造成右脚骨折。班主任马上将其送往医院，并打电话通知了学校和乐乐的父母。乐乐住院治疗 3 个月，先后支出医疗费等共 23 000 余元。学校只是在其办理住院手续时垫付了 3000 元，之后便以经费困难为由拒不支付乐乐住院治疗的各种费用。乐乐的父亲与学校进行协商未果。

乐乐的父亲认为，乐乐之所以受伤，是因为学校在组织研学旅行活动的时候没有尽到相应的管理义务，也没有为学生购买旅游意外伤害保险，学校应当承担全部责任。多次与学校进行协商，学校拒不履行赔偿义务，乐乐的父亲一纸诉状将学校告上了法庭，要求学校承担乐乐受伤住院所产生的一切费用。

后在法院的调解之下，乐乐的父亲与学校达成了协议：乐乐受伤所产生的一切费用由学校承担 70%，剩余 30% 由乐乐的父亲自行承担 。

（本案例由李岑虎根据当事人口述整理编写）

案例评析

这是一起学校单独组织研学旅行活动而引发的伤害事故。

首先，根据《中华人民共和国未成年人保护法》第二十二条规定：“学校、幼儿园、托儿所应当建立安全制度，加强对未成年人的安全教育，采取措施保障未成年人的人身安全。学校、幼儿园、托儿所不得在危及未成年人人身安全、健康的校舍和其他设施、场所中进

行教育教学活动。学校、幼儿园安排未成年人参加集会、文化娱乐、社会实践等集体活动，应当有利于未成年人的健康成长，防止发生人身安全事故。”在本案中，学校组织学生外出开展研学旅行并安排野餐体验，理应事先预见到可能发生的事故，并提前做好相应的防范工作，防止危险的发生。但是，班主任给学生分配任务的时候并没有提示安全注意事项，对学生的活动采取了放任的态度，才导致了本次事故的发生。因此，学校疏于管理，没有尽到严格的管理义务，是需要承担责任的。

其次，学生离开校园外出开展研学旅行活动，学校应为学生或者提示学生购买旅游意外伤害保险，这也是学校应该履行的义务。本案中学校并未给学生或者提醒家长为学生购买旅游意外伤害保险，没尽到告知义务，因此，对乐乐的伤害应承担一定的责任。

最后，乐乐虽然是限制民事行为能力人，但其对自身安全依旧负有最基本的注意义务。在活动中，对自己的搬石头危险的后果理应有一定的判断，具备脚下不平稳、小石头能绊倒人的认知能力、警戒心理和防范意识，对此应当且完全可以采取最起码的防范性自我保护措施。乐乐自己搬着一块石头向同学们炫耀，注意力转移到同学们的身上，对自己脚下的小石块会给自己带来伤害却没有考虑到，发生意外受伤与乐乐本人没有尽到最低限度的注意义务有着直接的关系。因此对自己的人身安全事故，乐乐也应承担一定的过错责任。

本案例告诉我们：学校单独组织研学旅行活动时，学校首先要尽到应尽的安全管理责任和义务，对学生进行相应的安全教育，并做好安全防护工作。根据《研学旅行服务规范》的规定，学校应当制定安全管理制度，至少包括安全管理工作方案、应急预案及操作手册、旅行产品安全评估制度和安全教育培训制度。对于学生的安全教育也应当符合一定要求，比如召开行前说明会对学生进行行前安全教育，在研学旅行过程中根据行程安排及具体情况及时进行安全提示与警示等。虽然《研学旅行服务规范》只是推荐性的标准，不具有强制力，但其毕竟作为现行的行业标准，对法院或仲裁机构在划分研学旅行服务各方责任时会有一定的参考价值，所以学校应尽可能地按照该规范的要求组织、开展研学旅行活动，才能有效地减轻甚至免除相关责任。

其次，学校组织研学旅行校外活动要提前对活动基地、研学旅行路线做详细勘察与了解，制订详尽的研学旅行安全预案，对其中有可能存在的安全隐患做到提前排查和管理，尽早消除。引导学生一定要注意安全、规范操作，学会根据自己的认知能力躲避危险的发生，远离危险事故。

最后，研学旅行是多方参与的综合性活动，不是学校一方独立就能完成的，学校工作再仔细也可能有遗漏。专业的事情要有专业机构去办理，学校开展研学旅行活动抛开旅行社是不妥当的。无论研学旅行的承办方旅行社，还是供应方研学旅行基地都是专业的研学旅行服务机构，交通工具的选择、基地安全管理、饮食卫生的检查、住宿酒店的安排、突发事件的处理、保险的交纳和索赔都有着学校无法比拟的专业优势，这是学校无法替代的。如果学校抛弃旅行社和基地的服务，一揽子承担整个研学旅行服务工作，单独开展外出研学旅行活动，很可能把自己置于研学旅行安全的高压线下而不能自拔。如果本案中的学校委托旅行社承办该研学旅行业务，旅行社一定会遵守《旅游法》第六十一条的规定“旅行社应当提示参加团队旅游的旅游者按照规定投保人身意外伤害保险”，为学生购买人身意外伤害保险，一旦出现意外伤害，保险公司就会出面缓解学校和家长的压力。

（点评人：文化和旅游部人才中心研学旅行指导师考评员李岑虎）

二、研学旅行中途发生车祸，汽车公司承担责任

案例 9–6

研学旅行中途发生车祸，汽车公司承担责任

2020 年 9 月，某校为促进学生的全面健康发展，积极响应上级主管部门关于开展研学旅行活动的指示精神，学校征求家委会意见，然后和某旅行社联系，组织学生外出开展研学旅行活动。学校和旅行社双方签订了研学旅行协议和安全协议，学校也派代表和班主任老师全程跟随。途中，学生乘坐的一辆汽车发生意外翻车，9 名学生不同程度受伤，旅行社全陪导游和随团老师保护现场，并立即组织抢救，拨打交通事故电话 122 和急救电话 120，请求救助；同时及时向学校和旅行社汇报，向各自的主管部门汇报。教育局领导、学校校长、旅行社负责人和主管部门领导陆续赶到，妥善处理，第一时间告知了所有受伤学生的家长。学生全部送往医院抢救。经过医院治疗，大部分学生康复返校，只有一名学生重伤致残。该学生出院后，其家长状告学校、旅行社要求经济赔偿，并承担精神损失责任。

（本案例由李岑虎根据当事人口述整理编写）

案例评析

本案例中，对学生的损害后果，学校和旅行社均不承担赔偿责任。学生的伤害应该全部由汽车公司承担，旅行社只履行协助学生和家长向汽车公司索赔义务即可。

首先，学校无过错。学校对损害结果无法预见，且采取救助措施，对造成学生的损害后果不承担赔偿责任。

根据《中华人民共和国旅游法》第八十一条和第八十二条规定：“突发事件或者旅游安全事故发生后，旅游经营者应当立即采取必要的救助和处置措施，依法履行报告义务，并对旅游者作出妥善安排。旅游者在人身、财产安全遇有危险时，有权请求旅游经营者、当地政府和相关机构进行及时救助。”根据《学生伤害事故处理办法》第九条规定：“学校组织学生参加教育教学活动或者校外活动，未对学生进行相应的安全教育，并未在可预见的范围内采取必要的安全措施而造成的学生伤害事故，学校应当依法承担相应的责任。”本案中，学校从立德树人，有利于学生健康发展方面出发，组织学生开展研学旅行活动，是正常的教学教育活动，学校与旅行社签订研学旅行合同后，对学生的突发性意外事故，学校

事先无法预见；且研学旅行安全事故发生后，学校老师立即在现场组织协助抢救，采取了报警救助和医疗急救处置措施，履行了教育保护的职责；又及时汇报校方和上级主管部门，校方在第一时间告知家长，履行了管理和报告义务，完全符合职业要求。因此，学校对此次事故不应当承担责任。

其次，旅行社也无主观过错。旅行社对损害结果无法预见，且导游和旅行社负责人代表旅行社也采取了一定的救助措施，对造成学生的损害后果不承担赔偿责任。

根据《旅游法》第七十一条规定：“由于地接社、履行辅助人的原因导致违约的，由组团社承担责任；组团社承担责任后可以向地接社、履行辅助人追偿。由于地接社、履行辅助人的原因造成旅游者人身损害、财产损失的，旅游者可以要求地接社、履行辅助人承担赔偿责任，也可以要求组团社承担赔偿责任；组团社承担责任后可以向地接社、履行辅助人追偿。但是，由于公共交通经营者的原因造成旅游者人身损害、财产损失的，由公共交通经营者依法承担赔偿责任，旅行社应当协助旅游者向公共交通经营者索赔。”本案例中，由于车辆的意外翻车，导致学生受伤，这是学生受到伤害的直接原因，因此汽车公司并没有尽到其应有的责任和安全保障义务。虽然是旅行社提供的交通工具，但是受伤害的责任由旅行社承担是不公平的。根据《旅游法》规定：“由于公共交通经营者的原因造成旅游者人身损害、财产损失的，由公共交通经营者依法承担赔偿责任，旅行社应当协助旅游者向公共交通经营者索赔。”学生的伤害应该全部由汽车公司承担，旅行社只履行协助学生和家长向汽车公司索赔义务即可。

最后，本案例告诉我们，在学校组织的研学旅行过程中，学校只要尽到管理责任，就可以免除承担侵权事故的法律责任。但是交通事故的发生给学校、学生及其家长都带来了一定的伤害，留下了弥久不去的阴影。这就要求学校无论组织任何活动，首先都要将安全预案考虑其中，提前勘察路线和基地、旅行社等相关单位的安全措施，一定要将能预测到的都预测到，尽最大可能地降低安全隐患。旅行社、基地作为研学旅行活动的承办方、供应方，一定要考虑到学生的特点，制订相应的安全预案，确保学生的安全。各单位要履行谨慎选择义务，选择信誉好、手续全、经验丰富、车辆合格的交通工具，降低事故发生率，避免学生受到伤害，确保研学旅行顺利进行。

（点评人：文化和旅游部人才中心研学旅行指导师考评员李岑虎）

三、学生在游乐场踏空受伤，游乐场承担责任

案例 9-7

9 岁儿童游乐场踏空致残 经营者未尽安全保障义务需担责

中国法院网讯（陆平 艾家静）如今，室内儿童游乐场所越来越多，诸如海洋球馆、蹦床、滑梯等各类设施让人眼花缭乱，由此引发的纠纷也多了起来。近日，江苏省苏州市虎

丘区人民法院依法审结了一起生命权、健康权、身体权纠纷案，9 岁的原告陈某在游乐设施上踏空摔成骨折，构成十级伤残，作为经营者的被告某文化创意公司未设“需成人陪护”等警示标志，且未尽安全保障义务，最终判决其赔偿原告陈某各项损失 13 万余元。

事发时孩子父亲玩手机，场馆辩称家长也有责

“孩子一直说想去这家游乐馆玩，我们便网购了电子套票，包括一名成人一名儿童。”据陈某父亲陈述，2019 年 9 月一天下午，他们前往某创意公司旗下一家名为“欢乐空间”（化名）的经营场所游玩。“没想到孩子在玩的过程中摔倒，当场左手就动不了。”

监控视频显示，陈某当时在一处游玩设施二层，经由内侧过道行至外侧通道右转弯时，该转弯处的通行路径存在上下落差，加上落差边缘处的圆柱形软垫高出通行路径，孩子右转弯想直行时，就被该圆柱形软垫绊倒，并因惯性摔倒在下面通道，进而致其左侧身体先着地而受伤。监控视频未显示该游玩设施设置有需成人陪护的警示标志。

当即送院治疗后，陈某被诊断为左侧肱骨远端骨折，后经司法鉴定，构成十级残疾，于是诉至法院索赔。

庭审中，被告某创意公司承认场地设施存在安全隐患，但辩称事发时系原告父亲（即原告法定代理人）带着原告进场玩，且事发地点属于场地通道，家长有一定的监护责任，当时家长在玩手机。“原告一脚踩空致身体受伤，家长也有责任。”

法院认为，自然人享有生命权、身体权、健康权、姓名权等权利。本案中，原告陈某在被告某创意公司的经营场所处购票并进入场馆内游玩，其作为消费者在购买、使用商品和接受服务时享有人身财产安全不受损害的权利。同时，宾馆、商场、银行、车站、娱乐场所等公共场所的管理人或者群众性活动的组织者，未尽到安全保障义务，造成他人损害的，应当承担侵权责任。

关于被告辩称认为原告家长在旁玩手机、未尽其监护责任也应承担一定的责任。承办法官指出，监控视频未显示该游玩设施设置有需成人陪护之警示标志，且原告亦系年满 8 周岁的限制民事行为能力人，作为原告的监护人在游玩设施未有相关警示标志的情况下，有理由相信游玩设施不存在安全隐患，所以任由原告在该设施上进行游玩；且在事发同时，亦有其他未成年人在未有成年家长陪同的情况下在该设施上游玩，现因游玩设施确实存在安全隐患致原告摔倒受伤，所以被告应承担相应的民事赔偿责任，赔偿原告包括医药费、护理费、伤残赔偿金等全部损失共计 134 408.72 元。

（本案例来源：中国法院网 2020-07-09 16 : 20 : 21）

案例评析

游乐场所对游玩者负有安全保障义务，不仅应加强设施的管理和维护，更应加大对游玩者的操作培训和安全保护。针对未成年人，更应恪守安全保障义务，树立风险意识，做好充分防护措施。外出游玩时，学生参加活动，家长玩手机，安全事故时常发生。家长作

为监护人，应配合经营者，做好学生安全事故的预防和监护。有时虽然家长不承担侵权责任，但是将孩子的生命安全完全交付给经营机构，自己放手置之不理，的确是个遗憾。

（点评人：文化和旅游部人才中心研学旅行指导师考评员李岑虎）

四、学生身患疾病未告知，发生身亡事故自己担责

案例 9-8

学生身患疾病未告知，发生身亡事故自己担责

秋天，济南某小学组织六年级全体学生去某少年军事拓展基地参加少年军事研学旅行活动，研学时间 5 天。第三天下午的野营拉练课，研学旅行指导师要求全班同学环山坡跑 1500 米，学生玲玲是其中的一员。基地研学旅行当指导师问及学生是否有不适合参加长跑的疾病时，全班无一人报告。玲玲跑到 1000 米时，突然跌倒在地，口吐白沫。研学旅行指导师及同学急忙将玲玲送往医院抢救，但最终抢救无效，一朵鲜活的生命离开人世。原来，从外表看，玲玲身体状况良好，其本人及家长也从未对学校和该少年军事拓展基地说明玲玲身体患有什么疾病。实际上，医院检查出，玲玲从小患有先天性心脏病，在跑步时，因血液循环加快，心血管破裂，导致心脏大出血。

玲玲出事后，玲玲的家长及亲属多次找学校和该少年军事拓展基地吵闹，并提出 90 万元的巨额赔偿，协商未果，玲玲的家长诉至法院。

（本案例由李岑虎根据当事人口述整理编写）

案例评析

学生有特异体质、特殊疾病，学校和基地均不知情，且学生、学生父母或者其他监护人也从未告知学校和基地，学校和基地均不承担责任。

根据《民法典》第一千二百〇一条规定："无民事行为能力人或者限制民事行为能力人在幼儿园、学校或者其他教育机构学习、生活期间，受到幼儿园、学校或者其他教育机构以外的第三人人身损害的，由第三人承担侵权责任；幼儿园、学校或者其他教育机构未尽到管理职责的，承担相应的补充责任。"可见，我国法律法规规定，教育机构对在校作为限制行为能力人的学生受到的伤害，只有存在过错时才承担相应的赔偿责任或者补充赔偿责任。

同时，《学生伤害事故处理办法》第十二条第三款规定："学生有特异体质、特定疾病或者异常心理状态，学校不知道或者难于知道的，造成的学生伤害事故，学校已履行了相应职责，行为并无不当的，无法律责任。"本案中，基地研学旅行指导师问及学生是否有不

适合参加长跑的疾病时，因玲玲及其家长并未向学校和基地如实告知玲玲患有先天性心脏病的个人健康信息，学校老师和基地研学旅行指导师均无过错，因此，学校和基地不承担责任。

《旅游法》第十五条规定："旅游者购买、接受旅游服务时，应当向旅游经营者如实告知与旅游活动相关的个人健康信息，遵守旅游活动中的安全警示规定。"根据《最高人民法院关于审理旅游纠纷案件适用法律若干问题的规定》第八条第二款规定："旅游者未按旅游经营者、旅游辅助服务者的要求提供与旅游活动相关的个人健康信息并履行如实告知义务，或者不听从旅游经营者、旅游辅助服务者的告知、警示，参加不适合自身条件的旅游活动，导致旅游过程中出现人身损害、财产损失，旅游者请求旅游经营者、旅游辅助服务者承担责任的，人民法院不予支持。"

综上，玲玲家长及亲属对玲玲伤害一案提出 90 万元的赔偿诉求，人民法院不予支持。

本案例告诉我们，研学旅行过程中学生的生命安全至关重要，特异体质的学生引发的事件后果很严重，学校、基地、旅行社和家长应予以高度重视。

第一，学校要通过开班会和家长会，及时掌握学生特异体质的情况，并及时告知学校，学校要及时告知研学旅行的承办方、供应方。

第二，安排研学旅行活动时，根据学生的具体身体状况对活动量加以调整，开展适合学生身体状况的活动，不损害学生的身体健康。

第三，家长不能对学校隐瞒孩子的病史。家长一定要与学校配合，保护孩子的安全，让孩子健康成长。

第四，学生要懂得自我保护。根据自己的年龄和认知能力，懂得自我保护。当知道自己是特异体质之后一定要及时告知教师，以便得到救治。

第五，研学旅行经营者、研学旅行辅助服务者对可能危及学生人身、财产安全的研学旅行项目认真履行告知、警示义务，避免对学生造成人身损害和财产损失。

（点评人：文化和旅游部人才中心研学旅行指导师考评员李岑虎）

第三节　研学旅行管理服务

一、研学师生管理

案例 9-9

教育惩戒不担责，体罚要担责

小涛是某小学六年级的学生，2021 年 3 月 3 日参加该校组织的研学旅行活动，在制作陶器活动期间，小涛多次将陶泥抹在同学脸上、衣服上。基地的研学旅行指导师对小涛的行为进行了批评，但是小涛并不服从研学旅行指导师的批评，对其进行顶撞，研学旅行指导师一气之下让刘小涛到体验场地一边罚站 10 分钟。

不想小涛仍旧不老实，时而对同学做鬼脸，时而出手对其他同学进行捅逗，弄得同学哈哈大笑，课堂教学秩序一时之间混乱不堪。研学旅行指导师见状，更加气愤，将小涛叫到体验场地前面，并推了他一把，小涛一时没有站稳，一下子摔倒在陶器制作的桌子旁边，头磕在了桌子边缘，顿时血流如注。研学旅行指导师见状，喊来现场的救护员，赶紧叫救护车将小涛送往医院。医院的诊断结果为额头外伤、右手腕关节移位。医生为小涛进行了外伤缝合和关节复位，共花费了 5000 多元。小涛的父母找到学校，认为孩子受伤是老师罚站和推搡造成，要求学校和基地承担赔偿责任。基地承认推搡学生是研学旅行指导师的过错，但是学生扰乱课堂纪律被罚站 10 分钟目的是制止小涛捅逗正在做实验同学的危险行为，符合教育部要求，不违规，不属于体罚和变相体罚，对学生的伤害不承担全部责任。最终，在各方的协调之下，基地承担了小涛 90% 的治疗费用。

（本案例由李岑虎根据当事人口述整理编写）

案例评析

根据教育部《中小学教育惩戒规则（试行）》第七条规定：“学生有下列情形之一，学校及其教师应当予以制止并进行批评教育，确有必要的，可以实施教育惩戒：故意不完成教学任务要求或者不服从教育、管理的；扰乱课堂秩序、学校教育教学秩序的；吸烟、饮酒，或者言行失范违反学生守则的；实施有害自己或者他人身心健康的危险行为的；打骂同学、老师，欺凌同学或者侵害他人合法权益的；其他违反校规校纪的行为。

根据教育部《中小学教育惩戒规则（试行）》第七条规定：“教师在课堂教学、日常管理中，对违规违纪情节较为轻微的学生，可以当场实施以下教育惩戒：点名批评；责令赔礼道歉、做口头或者书面检讨；适当增加额外的教学或者班级公益服务任务；一节课堂教学时间内的教室内站立；课后教导；学校校规校纪或者班规、班级公约规定的其他适当措施。教师对学生实施前款措施后，可以以适当方式告知学生家长。”

第十一条：“学生扰乱课堂或者教育教学秩序，影响他人或者可能对自己及他人造成伤害的，教师可以采取必要措施，将学生带离教室或者教学现场，并予以教育管理。”根据《民法典》第一千二百条规定：“限制民事行为能力人在学校或者其他教育机构学习、生活期间受到人身损害，学校或者其他教育机构未尽到教育、管理职责的，应当承担侵权责任。”《未成年人保护法》第二十一条规定：“学校、幼儿、托儿所的教职员工应当尊重未成年人的人格尊严，不得对未成年人实施体罚、变相体罚或者其他侮辱人格尊严的行为。”《民法典》第一千一百七十九条规定：“侵害他人造成人身损害的，应当赔偿医疗费、护理费、交通费、营养费、住院伙食补助费等为治疗和康复支出的合理费用，以及因误工减少的收入。”

综上，本案中小涛不服从教育、管理，扰乱课堂秩序、扰乱学校教育教学秩序，被基地研学旅行指导师罚站 10 分钟目的是制止小涛捅逗正在做实验同学的危险行为，是教育惩戒，不属于体罚和变相体罚，对学生罚站不承担责任。

但是，小涛摔倒在地受到伤害的直接原因是研学旅行指导师的推搡体罚而所致，研学旅行指导师作为基地的一名教育工作者和管理者，并没有尽到其应有的责任和义务，所以作为直接责任主体的基地也是需要承担责任的。

本案例告诉我们，研学旅行指导师虽然不一定是学校的正式教师，但是在研学旅行活动中也承担着教书育人的教师职责，实际上扮演着人民教师的角色。基地要按照人民教师的标准和要求，对研学旅行指导师加强职工对《教师法》和《教师职道德规范》的学习，教育研学旅行指导师不能采用推搡等体罚和变相体罚教育惩戒学生。《未成年人保护法》规定："学校、幼儿园的教职员工应当尊重未成年人的人格尊严，不得对未成年学生和儿童实施体罚、变相体罚或者其他侮辱人格尊严的行为。"《义务教育法》规定："禁止体罚学生，对违反规定造成损失的，责令赔偿损失。"《教师法》规定："教师体罚学生、侮辱学生，情节严重，构成犯罪的，依法追究刑事责任。"教师在课堂教学、日常管理中，对违规违纪情节较为轻微的学生，可以当场实施点名批评；责令赔礼道歉、做口头或者书面检讨；适当增加额外的教学或者班级公益服务任务；一节课堂教学时间内的教室内站立；课后教导等教育惩戒措施。因此，每一名教师都要明确不能实施推搡等体罚和变相体罚的行为，一旦实施了，不仅会对学生造成伤害，而且自己也要承担相应的责任。

（点评人：文化和旅游部人才中心研学旅行指导师考评员李岑虎）

案例 9-10

研学旅行活动期间学生打闹受伤谁担责

2020 年 10 月 23 日，某学校组织初一学生外出参加研学旅行，学生小明在参与研学旅行活动时，被一同玩耍的同学小强推倒在研学基地内路边正在施工的管道沟内致伤，导致右臂多发性骨折。事故发生后，学校和基地立即组织人员将其送往医院进行治疗，后经法医鉴定为十级伤残。小明家长认为基地在该施工管道周围未设置警示标志及防护设施，学校也没尽到安全监护义务，遂将小强、基地和学校一同起诉到法院，要求三者对小明所受的伤害承担赔偿责任。

（本案例由李岑虎根据当事人口述整理编写）

案例评析

首先，小强对小明所受伤害应当承担责任。由于小强是未成年人，对小明应负的赔偿责任应当由其监护人承担。根据《中华人民共和国民法典》第十九条和第一千一百八十八条规定："八周岁以上的未成年人为限制民事行为能力人，限制民事行为能力人造成他人损害的，由监护人承担侵权责任。”《学生伤害事故处理办法》第二十八条规定：“未成年学生对学生伤害事故负有责任的，由其监护人依法承担相应的赔偿责任。”本案中，小强是限制民事行为能力人，自己对他人造成损害所产生的赔偿责任，如果小强个人有财产，应从其财产中支付；如个人没有财产，应当由其监护人承担。

其次，基地也应承担一定的责任。根据《民法典》第一千二百五十八条规定：“在公共场所或者道路上挖掘、修缮安装地下设施等造成他人损害，施工人不能证明已经设置明显标志和采取安全措施的，应当承担侵权责任。”根据《学生伤害事故处理办法》第二十八条第二款规定：“学生的行为侵害学校教师及其他工作人员以及其他组织、个人的合法权益，造成损失的，成年学生或者未成年学生的监护人应当依法予以赔偿。”根据《中华人民共和国旅游法》第五十条规定：“旅游经营者应当保证其提供的商品和服务符合保障人身、财产安全的要求。”本案中的基地教育教学、生活服务设施设备必须符合安全、卫生标准，并按保证安全通道畅通，确保使用安全，并实行严格管理制度。基地应当在具有危险性的教育教学、生活服务设施设备上及基地内施工区，设置明显的安全警示标志。本案中，基地对正在施工的管道沟未做充分的防护，因此对于小明的伤害，基地有过错，应当承担一定的责任。

最后，学校不承担责任。根据《学生伤害事故处理办法》第十一条规定：“学校安排学生参加活动，因提供场地、设备、交通工具、食品及其他消费与服务的经营者，或者学校以外的活动组织者的过错造成的学生伤害事故，有过错的当事人应当依法承担相应的责任。”本案中，学校在组织学生外出研学旅行前多次对学生开展安全教育，提醒学生不要打闹，文明出行。事故发生后，学校老师协同基地立即组织人员将小明送往医院进行治疗，学校已履行了协助救助义务职责，行为并无不当，因此对于小明的伤害，学校不承担责任。

本案例告诉我们：研学旅行基地安全隐患处置不当可能引发学生伤害事故。基地首先要保证学生的研学旅行活动远离带有安全隐患的危险场所。学校要时刻保证学生的安全，有安全隐患的基地不选择，同时要与基地做好约定，签订合同及安全生产责任书，防止学生因一时不慎而造成伤害。学生也要培养自我保护和保护他人避免遭受伤害的意识。

（点评人：文化和旅游部人才中心研学旅行指导师考评员李岑虎）

案例 9-11

学生在酒店房间打闹门牙摔断谁担责

某校初二学生张某、吴某和宋某三人是同班同学，2020 年一起参加学校组织的研学旅行活动。某一天下午，研学旅行指导师临下课时告诉学生们，下课后要遵守学校、基地和酒店纪律，不要追逐打闹、文明研学等。下课后研学旅行指导师回办公室，张某和吴某回到宾馆，在房间内开始打闹，张某在追逐吴某的过程中正好从宋某身边通过，此时宋某伸腿一绊，将张某绊倒，张某头部磕在木头凳子上，导致张某两颗门牙摔断。其他同学随即向带队老师和研学旅行指导师报告，研学旅行指导师、带队老师、安全员立即带张某到医院进行治疗。经过医生诊断，张某两颗门牙已经摔断，须安装义齿，种植假牙。张某住院治疗期间各项费用共花费 18 000 多元。

事故后张某的父母多次找学校和基地商谈赔偿事宜，学校和基地均认为事故是由学生张某、吴某和宋某三人造成，学校和基地自身无过错，不愿意承担该费用。

（本案例由李岑虎根据当事人口述整理编写）

案例评析

本案例中，张某、吴某、宋某应根据各自的过错程度承担相应民事责任，学校和基地无过错，不承担民事责任。

张某、吴某、宋某作为在校学生，本应服从管理，遵守学校纪律、基地纪律和酒店规定，但其却在酒店住宿期间追逐嬉闹，导致张某受伤，三人均有过错，依法应承担相应的民事赔偿责任。宋某故意伸腿绊倒张某，过错程度相对来讲更严重一些。同时，因张某自身也存在过错，故依法应相应减轻吴某、宋某的赔偿责任。

我国《民法典》规定："限制民事行为能力人造成他人损害，赔偿责任应当由其监护人承担。"《民法典》第一千一百九十九条规定："无民事行为能力人在幼儿园、学校或者其他教育机构学习、生活期间受到人身损害的，幼儿园、学校或者其他教育机构应当承担侵权责任；但是，能够证明尽到教育、管理职责的，不承担侵权责任。"研学旅行基地作为中小学生的辅助教学机构，应当熟悉未成年学生活泼好动的特点，针对学生彼此间追逐、玩耍、打闹，容易造成身体受伤的情况，基地应加强教育和管理，防止安全事故的发生。本案中研学旅行指导师在当天的活动结束前，已明确告知学生要遵守学校、基地、酒店纪律和规定，不得打闹，而对宋某在酒店房间内伸腿绊张某的行为，基地无法预料，基地并无过错。

根据《民法典》第一千二百〇一条规定："无民事行为能力人或者限制民事行为能力人在幼儿园、学校或者其他教育机构学习、生活期间，受到幼儿园、学校或者其他教育机构以外的第三人人身损害的，由第三人承担侵权责任；幼儿园、学校或者其他教育机构未尽到管理职责的，承担相应的补充责任。"本案例中，学校接到学生伤害事故发生报告后，带队老师、研学旅行指导师、安全员立即带张某到医院进行治疗，学校已履行了相应职责，行为并无不当的，不承担法律责任。

本案例告诉我们：在研学旅行活动中，学生年少好动，不听研学旅行指导师劝阻，擅自追逐打闹时常发生，因此，基地、学校既要加强研学旅行中的安全教育管理，也要注意课间、课后的安全管理教育。课后适当增派研学旅行指导师或者学生干部予以监督管理，预防安全事故的发生，因为学生毕竟是未成年人，活泼好动，自制力和自我保护能力相对较差。学生一定要养成遵守纪律、听从老师教育和管理的良好习惯，接受社会全面教育，才能成为品学兼优的社会栋梁之材。

（点评人：文化和旅游部人才中心研学旅行指导师考评员李岑虎）

案例 9–12

学生离开营地私自外出受到伤害谁担责

河南省某中专学校高一学生梁某 16 岁，在信阳参加学校组织的研学旅行活动，晚上住宿研学旅行营地内的研学酒店，不听从学校老师和营地研学旅行指导师的要求，趁营地巡逻的保安不注意，偷偷翻越研学旅行营地高墙外出，准备去网吧玩游戏。

梁某刚跳下墙来，正好被两个醉酒的年轻人看到。这两个醉酒的年轻人上前抓住梁某衣领，误认为梁某是小偷，动手将梁某打倒在地，并用脚猛踹，直到梁某求饶，两个年轻人才扬长而去。

打架时过路人发现，拨打了 110 电话报警，警察及时赶到，在研学营地附近抓住了肇事者带回公安派出所。同时将梁某送往医院，并通知了研学旅行营地和学校。校长、营地负责人和酒店负责人赶到医院看望，并通知了梁某的父母。

梁某住院治疗 5 天，共支付医疗费 6000 余元。经过派出所出面调解，两名醉酒的年轻人均不满 16 周岁，且认错态度较好，给予罚款 200 元处分，并责令其家长赔偿梁某医疗费 3000 元。营地酒店也有一定的管理责任，负担 1000 元医疗费，其他费用 2000 元由梁某父母承担。回校后学校依据校规给予梁某严重警告处分。

（本案例由河南省正阳县公安局王东琴编写）

案例评析

本案例中，梁某所受到损害是由社会上的两个年轻人殴打直接造成的，他们是直接的侵权人，根据《中华人民共和国治安管理处罚法》第四十三条第一款规定：“殴打他人的，或者故意伤害他人身体的，处 5 日以上 10 日以下拘留，并处 200 元以上 500 元以下罚款；情节较轻的，处 5 日以下拘留或者 500 元以下罚款。”两个年轻人依法承担侵权责任，对梁某进行赔偿。研学旅行营地酒店和学校有承担学生安全管理的义务，由于酒店管理上的疏忽，让梁某独自顺利翻墙离开营地酒店并受到了伤害。

根据《民法典》第一千二百〇一条规定：“无民事行为能力人或者限制民事行为能力人在幼儿园、学校或者其他教育机构学习、生活期间，受到幼儿园、学校或者其他教育机构以外的第三人人身损害的，由第三人承担侵权责任；幼儿园、学校或者其他教育机构未尽到管理职责的，承担相应的补充责任。”因此，营地酒店也需要承担相应的补充责任。

根据《教育法》第四十三条规定：“受教育者应当履行遵守法律法规、遵守所在学校或者其他教育机构的管理制度的义务。”梁某作为学生，明知不能随意出入研学旅行营地，却借门卫、保安疏忽之机违反规定翻墙外出，对自己的过错，总是要付出代价的。

本案例告诉我们，研学旅行期间学生私自外出发生的伤害事故，一定要引起学校、学生、基地和家庭的高度重视。学校要加强学生教育管理和制度约束，对学生加以有效保护。

研学旅行基地营地除了一般的常规管理，还应该加强对一些突发特殊事件的管理和预防处理，做好突发事件的预防教育工作与预案的制定和演练工作。学生要养成遵守学校、基地规章制度的良好习惯，增强自我保护能力和意识，研学旅行期间绝不能离开团队私自外出，避免伤害事故的发生。家长在学生离开校园外出时，提前对学生进行教育，学生不要违反学校和基地规定，协助学校和基地对学生进行自我保护和遵规守纪的教育。

（点评人：文化和旅游部人才中心研学旅行指导师考评员李岑虎）

二、饮食卫生纠纷案例

案例 9–13

在研学旅行基地喝生水发生疾病谁来担责

2021 年 1 月 1 日，研学活动课间休息期间，学生初一某班女生张某由于感觉口渴，便跑到基地水管处，直接对着水管饮用凉水。上课时感觉胃疼便趴在基地课堂课桌上。带队老师邱某巡视班级时发现这一情况，随即上前询问，发现该女生脸色稍白，女生当时只说是肚疼，带队老师是男士，以为该女生是痛经，没好意思细问。过了十几分钟后，发现该同学仍没有缓解迹象，于是将她扶至基地办公室，拿出自己的暖手宝，让她焐在肚子上，然后又给学生倒了杯热水，让她喝下。随后还是发现该同学仍难受，再仔细询问得知是因饮用凉水造成的肚疼。于是带队老师邱某立刻将她带领至基地的卫生室，并且通知她家长。家长随后赶来对带队老师邱某说，该生从前就有吃生冷食物时会造肠胃痉挛的情况。后经过该县人民医院住院两天治疗，花费医疗费 1200 元。家长要求基地承担赔偿责任，基地以学生未告知原来体质病情，又私自喝凉水为由，拒绝赔偿。于是家长将基地诉至法院。

（本案例由邹城市大束教办蒋爱东编写）

案例评析

根据《旅游法》第十五条规定：“旅游者购买、接受旅游服务时，应当向旅游经营者如实告知与旅游活动相关的个人健康信息，遵守旅游活动中的安全警示规定。”根据《最高人民法院关于审理旅游纠纷案件适用法律若干问题的规定》第八条第二款规定：“旅游者未按旅游经营者、旅游辅助服务者的要求提供与旅游活动相关的个人健康信息并履行如实告知义务，或者不听从旅游经营者、旅游辅助服务者的告知、警示，参加不适合自身条件的旅游活动，导致旅游过程中出现人身损害、财产损失，旅游者请求旅游经营者、旅游辅助服务者承担责任的，人民法院不予支持。”根据《民法典》第一千二百〇一条规定：“无民事行为能力人或者限制民事行为能力人在幼儿园、学校或者其他教育机构学习、生活期间，受到幼儿园、学校或者其他教育机构以外的第三人人身损害的，由第三人承担侵权责任；

幼儿园、学校或者其他教育机构未尽到管理职责的，承担相应的补充责任。”可见，我国法律、法规规定，教育机构对在校作为限制行为能力人的学生受到的伤害，只有存在过错时才承担相应的赔偿责任或者补充赔偿责任。根据《学生伤害事故处理办法》第十二条第三款规定：“学生有特异体质、特定疾病或者异常心理状态，学校不知道或者难于知道的，造成的学生伤害事故，学校已履行了相应职责，行为并无不当的，无法律责任。”

本案例中，学生有吃生冷食物时会造肠胃痉挛的特异体质，基地均不知情，且学生、学生父母或者其他监护人也从未告知基地；学生应该具备喝生水会患病的基本常识和判断能力，因此学生对自己患病受伤害应承担相应责任。

但是基地作为学生的临时教育机构，对学生跑出去喝生水未尽到管理职责，未履行不能喝生水的安全警示、提示、告知义务，对该学生因喝生水患病受伤害也应承担相应责任。

最后法院调解，学生治疗费 1200 元，按 50% 的比例由学生家长和基地承担。

本案例告诉我们，在研学旅行活动中，家长、学校、基地要及时沟通，摸清孩子的心理及生理状况；主办方学校应做好各项安全教育工作；旅行社、基地要做好前期卫生安全教育；学生要做好自我保护。

（点评人：文化和旅游部人才中心研学旅行指导师考评员李岑虎）

第四节　研学旅行投诉处理

一、减少学生家长投诉的方法

案例 9-14

减少游客投诉，旅行社该在哪些事情上下功夫

旅游投诉关乎游客合法权益，影响企业品牌形象。国庆、中秋假期将至，面对可能会产生的游客投诉，如何防患于未然，如何化干戈为玉帛？近日，笔者采访了山东几家旅行社，了解企业应对游客投诉的做法。

一、化解纠纷有招

2016 年 5 月，一个赴泰国旅游团队在抵达机场后，因天气恶劣，航班延误长达 6 个小时，部分游客跟机场地服人员发生言语冲突，情绪躁动。山东凯撒国际旅行社有限公司烟台分公司质监部门在得到消息后第一时间赶往机场，将全团客人集中起来耐心解释，讲解相关法规，让客人了解因过度维权产生的一切损失法律不予支持，需要自行承担。

以情说理、情理交融的调解方法得到了游客的认同，全团客人一致同意在不减少原有行程景点安排的情况下缩短自由活动时间，最大程度上保证了行程完整。该公司则以赠送海鲜帝王宴作为补偿，在机场双方签订了补充协议。该行程结束前，该公司质量监督部门

回访客人，全团客人均表示非常满意。

山东凯撒旅游有限公司烟台分公司总经理王为分享该案例时表示，处理旅游纠纷，旅行社质监人员要充分学习和理解相关旅游法规，做到情理交融；因突发状况无法执行承诺的相关标准时，应按照旅游主管部门出台的相关赔付标准，快速协商、快速赔付，在法律框架内尽量做到让客户满意。

“遇到重大突发事件，应在第一时间作出责任判定，及时向上级部门及领导汇报。遇群体性突发事件时，重点是与游客领队沟通，了解游客意愿，根据相应法规、合同协商处理，做好安抚工作。”中国国旅（山东）公司质监部经理张爱新说，旅行社质监人员应熟悉相关旅游法律、法规；熟知相关直客合同条款，明确双方责任与义务；熟知公司与各合作单位合作协议的具体内容，出现问题时能较快地明确过错方，判定各方应承担的责任与义务，做到有的放矢；熟悉各旅游线路、产品基础知识，对旅游目的地国家、地区的接待条件、风土人情、生活习惯有基本了解，以便面对游客投诉时快速做出判断。

张爱新说，质监人员应掌握服务沟通礼仪与沟通技巧，善于倾听，有耐心、责任心，具有自我控制能力，保持公平公正解决问题的态度，秉承原则，实事求是，不卑不亢。要做好客户性格分析与投诉者心理分析，迅速了解旅游投诉产生的真实原因、事实经过以及投诉者的真正目的，抓住适当时机与游客协商处理方案。游客投诉解决完毕后，务必要与游客签署解决协议书，写明赔偿金额与退款方式，注明“双方同意且不再追究”。协议书双方签字，一式两份，并完整记录到客户投诉记录表中，整理成册，以备查询。以月度、季度或年度为单位，归纳总结投诉案件，以备运营部门考评时作为参照标准。

青岛港中旅客服部经理李莉这样总结投诉处理原则：“耐心倾听，认真记录；换位思考，表示认同；收集事实，准确调查；积极处理，诚恳致歉；总结反馈，及时纠正。”

二、找准风险点

对旅行社客服、质监部门工作人员来说，解决旅游投诉只是第一步，接下来要学会从旅游中找出公司产品、服务中的风险点，对症下药，防患于未然。

笔者采访山东多家旅行社了解到，游客投诉主要涉及行程变更，压缩、增加购物店、自费项目，住宿不达标，司导服务差，就餐不达标，游览中突发问题等。

张爱新说，旅游投诉中约一半缘于前端销售讲解不清楚、未兑现承诺或是合同签署不规范。按照投诉游客的年龄、性别分类，女性游客占62.21%，男性游客占37.79%；行程中投诉的占42.5%，行程结束后投诉的占42.5%，未出发前投诉的占15%。

李莉认为，投诉产生的原因主要包括：旅行社未完全履行同旅游者签订的协议，相关接待单位未提供合同约定的标准服务，因旅游经营者过失造成旅游者人身伤害，导游人员服务质量差。李莉说：“主要表现为旅行社工作人员对客人不尊重，工作不负责任，不能及时满足客人的合理要求；同一旅游线路价格悬殊；旅行中随意加价，随意取消游览景点，增加购物点，导游、司机索要小费等。分析客观原因，也有住宿条件不理想，某些地区私人景点收费过高，旅游过程中某些设施设备标准与合同中的承诺不符等。”

据山东旅游有限公司质量安全管理部负责人韩邻运介绍，旅游纠纷主要集中在四个方面：一是旅行社或旅行社履行辅助人在提供服务时减少项目，降低档次；导游、领队未经游客同意，擅自变更旅游行程。二是在景区景点或购物场所内停留时间过长，尤其是珠宝玉器首饰、电子产品等容易引发旅游者投诉的高档商品。三是游客在旅游景点受到意外伤害，尽管旅行社并非主观故意，但也要承担侵权责任。四是旅行社偷工减料，提供的服务与承诺不符。出发前说好住三星级宾馆，但真正入住的却是快捷酒店；饭菜质量差，而且吃不饱；景点游览蜻蜓点水，半小时甚至十几分钟草草了事，购物时间却长达半天。

三、做好系统防控

提高服务质量，减少旅游纠纷与投诉，维护公司品牌形象，从这个角度看，质监部门至关重要。然而，要想真正将旅游投诉减至最低，却并非质监部门一力所能承担。其根本还在于旅行社对于品质的追求，在各个环节上防微杜渐。

“在旅游过程中，由一线导游、领队监控每一个环节的服务质量。出团前，质量监督部门可建立游客家属群，领队、导游实时拍摄团队行程过程中的每一个环节，方便游客家属随时了解旅游行程。如果家属提出问题，质量监督员应第一时间反馈给产品设计人员，保证产品质量。”王为说。

李莉表示，减少旅游者投诉，旅行社可从几个方面入手：进一步完善旅游合同；建立旅游业务合作伙伴档案；加强对导游人员的管理；加强售后服务。“旅行社从业人员应该不断加强对于《旅游法》《合同法》《消费者权益保护法》等法律法规的学习，在经营过程中做到防微杜渐，守法经营。”

“旅行社应建立投诉档案，分析投诉原因，与团队分享。每团必访、编制周报，将问题团队上报公司。配置专人，做好信息反馈。对导游、供应商评分定级，差团严肃处理。投诉必应，快速处理，从中寻找差距，积极改进。”韩邻运说。

韩邻运认为，旅行社要加强与旅游主管部门的沟通，组建专门队伍快速、依法、依规处理投诉，合理利用保险手段。同时，提升员工的防范意识，建立良好的沟通反馈机制，推进合同签订规范化、标准化，加强对供应商的规范管理，严格管控，奖罚并进。

张爱新表示，质监部门要配合公司运营部门规范销售前端，尽可能避免因销售人员解释不到位、承诺未兑现、未尽到告知义务、合同签订出现问题等导致的投诉。完善投诉处理流程，如客户投诉处理流程、客户投诉处理服务规范、客户投诉处理协议书等。

（原载中国旅游报，郭旗：《减少游客投诉 仅有质监部门还不够》，2017-11-07）

案例评析

研学旅行投诉是指学生和家长为维护自身合法权益，对损害其合法权益的旅行社、基地、学校和有关单位以书面或口头形式向教育、旅游行政管理部门提出投诉，请求其处理的行为。研学旅行投诉的对象有的是针对教师、研学旅行指导师、导游人员，有的是针对旅行社、基地、学校或其他单位。无论是哪种情况，当学生和家长向研学旅行指导师表达时，研学旅行指导师都应了解学生和家长投诉的心理特征，认真对待，及时、妥善地处理。

一、研学旅行学生和家长投诉的心理特征

不同的学生和家长其投诉的心理也不尽相同，通常主要有三种，即求尊重的心理、求发泄的心理和求补偿的心理。

（一）求尊重的心理

学生和家长希望在研学旅行过程中其人格受到尊重，尤其是那些身份和地位较高的学生家长。研学旅行指导师、导游人员和有关服务人员的某些言行有时在他们看来不仅是不尊重，而且简直是一种侮辱，因而引起他们的不满而产生投诉，其目的是求得尊重。

（二）求发泄的心理

求发泄是学生和家长通过投诉来表达其内心的愤懑情绪和不满的一种形式。他们因对研学旅行指导师、导游人员和旅行社或其他旅游服务人员和单位的态度和行为感到不满，觉得受了委屈因而提出了投诉，其目的是发泄其胸中的不满和怨气，求得心理上的平衡。

（三）求补偿的心理

求补偿是学生和家长认为其合法权益受到损害而通过投诉以获得某种补偿的心理。这种要求补偿的心理可能是物质上的，例如希望基地、旅行社向其退还部分费用；也可能是精神上的，例如希望基地、学校、旅行社和导游人员向其表示道歉。

二、旅游投诉的处理

研学旅行投诉的妥善处理，可以将坏事变成好事，研学旅行指导师不仅可以从中取得经验，而且也有助于改进研学旅行接待工作中的一些薄弱环节。研学旅行投诉的处理应注意如下要点：

（一）耐心倾听，不与争辩

研学旅行指导师在接受学生和家长口头投诉时，应尽量采取个别接触的方式，以避免对其他学生和家长形成影响。对于集体投诉，最好请其派出代表，以免人多嘴杂，分散研学旅行指导师的思考。在接受学生和家长投诉时，研学旅行指导师要保持冷静，耐心倾听，不管学生和家长的脾气多大，态度多差；也不管投诉的事情是大是小，出入多大，都要让其把话说完；要善于听其弦外之音，并请教学生和家长自己的理解是否正确，以体现对其尊重；同时做好必要的记录，捕捉学生和家长投诉的要点，既让学生和家长感到研学旅行指导师听取投诉的态度是真诚的，是愿意帮助他们解决问题的，又为研学旅行指导师确定投诉问题的性质和严重程度提供依据；必要时可请学生和家长签名留据，以为妥善解决提供帮助。若学生和家长投诉时，态度蛮横、气氛紧张、无任何缓和余地，研学旅行指导师无法同其交流下去，则可有礼貌地提出建议，另找时间再谈。

（二）表示同情和理解，不盲目作出承诺

对于学生和家长的投诉，研学旅行指导师要设身处地地从学生和家长的角度着想。因为在学生和家长看来，他们投诉的都不是一般的小问题，而是直接关系到其利益的大事。因此，研学旅行指导师要表现出充分的同情和理解，要采取适当的言语来缓和学生和家长的情绪和现场气氛。

如果学生和家长的投诉是针对研学旅行服务的，又基本符合实际，研学旅行指导师应向学生和家长表示歉意，将重点放在其投诉的问题上，用行动争取学生和家长的谅解。如果学生和家长投诉的问题属于相关接待单位，研学旅行指导师也要有代人受过的胸怀，表示“对这种情况的发生，我也感到遗憾”，“对你此时的心情我很理解，我将努力转达你的意见”。如果学生和家长要求研学旅行指导师对其投诉的问题表示看法，为了缓和紧张的气氛，研学旅行指导师可表示“请给我点时间让我好好想想”。

对于学生和家长在投诉中提出的要求，特别是有关赔偿的问题，研学旅行指导师不要轻易作出任何承诺，可表示“这个问题让我和有关方面联系一下”，以避免工作中的被动和可能带来的麻烦。

（三）调查了解，迅速答复

学生和家长的投诉，既不能全盘肯定，也不能全盘否定，研学旅行指导师要对投诉的问题进行全面的调查了解，并同有关方面进行核实，在此基础上根据事实进行处理，不要匆忙地做出判断。如涉及赔偿问题，要同有关单位进行协商。

在处理学生和家长投诉时，研学旅行指导师必须做到：

（1）办理及时，不要拖延。遵循“谁的问题谁负责”，争取“就地消化，现场解决”。如客房卫生差、饭菜质量低等类问题，在同相关接待单位磋商后立即解决。

（2）答复迅速。迅速答复，体现了研学旅行指导师对学生和家长投诉的重视程度。若一时无法答复，应向学生和家长明确答复的时间，以让学生和家长放心。在答复之前，研学旅行指导师要考虑学生和家长能否接受，答复结果同学生和家长要求的差距有多大，并根据差距的大小来考虑答复的方法。如果学生和家长的诉求与相关单位答复之间差距较大，研学旅行指导师可建议双方协商解决，做好调解工作。当协商达成一致后，研学旅行指导师事后要做落实检查工作，提醒双方办好必要的手续（尤其是赔偿问题），最好复印一份留存。因为有些学生和家长当时同意了有关单位的赔偿数额和解决办法，但事后一想又觉吃亏，研学旅行结束后，再次投诉，甚至上诉法院。若不保留证据，所做工作便付诸东流。即使研学旅行期间有些投诉未得到解决，研学旅行指导师也应将有关证据和原始记录转交学校、基地、旅行社，也可为进一步协商解决问题提供有益的依据。

（3）对学生和家长投诉中反映的意见表示感谢。

（4）对一些重要投诉或研学旅行指导师无力解决的问题要及时报告学校、基地、旅行社。

（5）注意保护投诉者的隐私。有些学生和家长在研学旅行活动结束时，向研学旅行指导师或组团社对基地的服务质量提出投诉，研学旅行指导师或组团社不要将投诉者的姓名和联系方式反馈给基地，以避免有的基地打电话或发短信对学生和家长进行骚扰，从而给学生和家长带来更多的麻烦，甚至招致进一步的投诉。

（点评人：文化和旅游部人才中心研学旅行指导师考评员李岑虎）

二、及时调解是处理投诉的最佳方法

案例 9-15

及时调解是处理责任事故投诉的最佳方法

2020 年 9 月 11 日，星期五下午某研学旅行基地宿舍，五年级某班男生小荣与本班四名同学在楼梯上嬉戏玩耍，不慎摔倒了，起来后，当时没有什么明显感觉，就继续玩起来。

第二天下午越发疼痛难忍，基地安全员发现情况，问其原因后，在带队老师和基地医护人员陪同下，带着他去县人民医院检查得知轻度骨折，需打石膏治疗，不用住院。共花费近 1500 元。小荣家长很气愤，并扬言向媒体投诉学校、基地。

带队老师听后，立即调查处理。找到其他那四名学生问其情况，又调取当时基地宿舍监控，询问值勤老师进行核实。这五位学生在楼梯上嬉戏玩耍，确实有相互推搡动作，致使小荣摔倒，实际情况和小荣叙述一致。

真相调查清楚后，班主任报学校同意，立即召集其他学生家长到研学旅行基地，商议处理此事。

家长到达基地后，学校领导、基地领导和杜老师耐心地向家长们讲述小荣受伤的具体情况，并让他们向自己的学生了解情况。然后，带队老师与家长们，讨论如何处理。其中一位家长说："人心都是肉长的，换位思考一下，该怎么办呢？咱们乡里乡亲的，孩子们相处的时间，还长着呢？"另一位家长提议：均摊小荣的检查、治疗等费用，共计 1500 多元。另外，一位家长说购买营养品给小荣表示歉意和慰问，其他家长表示同意。基地作为研学旅行服务方虽然没有直接责任，但是从感情的角度考虑，也购买了营养品表示慰问。班主任把此决定告知小荣的母亲。她先是客气一番，然后接受了，表示非常满意，并感谢学校、基地和其他家长。

（本案例由邹城市大束教办蒋爱东编写）

案例评析

事情尽管圆满结束了，可是也给我们留下深思。

（1）基地和学校要对安全工作高度重视，周密安排，严格落实。既管学生的研学旅行课堂，更要关注研学旅行时老师监控不到的时间阶段、空间区域，不能留下安全监管盲区。

（2）研学旅行安全第一，学生安全无小事的原则，处理及时，方法恰当，能把事情消灭在萌芽时期。否则，不重视，视而不管，一旦媒体曝光，负面舆情将会带来不堪设想的后果。

（3）研学旅行案件的处理有调解、向教育主管机关投诉、向旅游管理机关投诉、向仲裁机关申请仲裁、向人民法院起诉等多种方式，其中最直接、最有效、最简单易行的是及时调解，及时调解是处理责任事故投诉的最佳方法。因此研学旅行工作者要善于运用调解方法，化解矛盾，维护研学旅行事业的美好声誉。

（点评人：文化和旅游部人才中心研学旅行指导师考评员李岑虎）

第10章 研学旅行网络舆情防控案例

研学旅行过程中一旦出现不良问题，负面网络舆情就容易爆发，成为公众关注的焦点，将相关单位卷入网络风暴中心。因此，了解网络舆情防控知识、把握好网络舆情防控应对原则、建立健全网络舆情应急处置机制，并做好研学旅行网络舆情防控管理，是每一个研学旅行工作者必须思考的问题。

研学基地：中国科学院华南植物园

第一节 研学旅行网络舆情防控理论

近年来，“舆情”作为一个新兴高频词越来越多地出现在各类媒体和人们的口头上。研学旅行网络舆情的理论介绍由于以前的教材均没有详细说明，可是在研学旅行实践中却常常遇到由于舆情带来的尴尬和不愉快，给研学旅行蒙上了淡淡的阴影。因此也有必要在此简要阐述有关研学旅行舆情的基本知识。

一、网络舆情防控知识概述

（一）研学旅行网络舆情的含义

舆情是舆论情况的简称，又称为社情民意，是指在一定社会空间内，民众围绕公开的社会性问题和事件，对社会管理者、企业、个人及其他各类组织及其政治、社会、道德等方面的取向产生和持有的态度、意向和情绪的总和。

网络舆情是指在互联网背景下，众多网民对社会各种现象、问题所表达的信念、态度、意见和情绪表现的总和，即网络上的社情民意。当前网络舆情传播呈现多媒体、多终端的发展趋势。

研学旅行网络舆情是指在互联网背景下，众多网民对中小学研学旅行现象、研学旅行问题所表达的情感、态度、意见、观点和情绪表现的总和，即网络上的研学旅行社情民意。这种网络舆情带有广大网民的主观性，未经验证与包装，直接通过多种形式发布于互联网上。

（二）研学旅行网络舆情的载体

互联网舆情除了报纸、杂志、论坛等传统载体外，又新兴了很多载体，它们正超越传统载体，不断地蓬勃发展。譬如：网络交流论坛 BBS、公司网站、新闻跟帖、博客、个人网站、微博、网络社群、二维码、短视频、微信、QQ、花椒直播、抖音等。

（三）研学旅行网络舆情的特点

1. 直接性

通过 BBS（网络论坛）的新闻点评和博客网站，网民可以立即发表意见，下情上达，民意表达更加畅通。由于互联网的匿名特点，多数网民会自然地表达自己的真实观点，或者反映出自己的真实情绪。

2. 自由性

网络开放，门槛低，人人享有平等发言权，不分高低贵贱，也没有权威。

3. 突发性

网络舆论的形成往往非常迅速，一个热点事件的存在加上一种情绪化的意见，就可以成为点燃一片舆论的导火索。快速聚集，强大声势，传播范围大，速度快。

4. 交互性

网民参与讨论，不受任何干扰，场面互动，或赞成，或反对，相互探讨、争论，相互交汇、碰撞，甚至出现意见交锋。各种观点和意见能够快速地表达出来，讨论更广泛更深入，网络舆情能够得到更加集中的反映。

5. 偏差性

由于发言者身份隐蔽，并且缺少规则限制和有效监督；由于受各种主客观因素的影响，一些网络言论缺乏理性，比较感性化和情绪化，甚至有些人把互联网作为发泄情绪的场所。通过相互感染，这些情绪化言论很可能在众人的响应下，发展成为有害的舆论。

6. 辐射性

当今社会已经进入自媒体时代，人人都有麦克风，人人都是广播站，人人都是电视台。新闻自由度显著提高，传媒生态发生了前所未有的改变。负面舆情一旦发生，就会迅速发酵，形成几何级数的辐射效应，引发大面积的舆情风暴。尤其是学生家长来自不同行业和领域，负面的研学旅行舆情辐射性更强、更广泛，影响千家万户。

（四）研学旅行网络舆情的影响

随着社会的多元化发展，负面舆情渐呈频发态势。不断爆发的负面舆情一次次成为公众关注的焦点，一次次将相关单位部门卷入风暴中心。如果处置不当，放任负面舆情在网络上不断发酵，被别有用心的外部势力、无良媒体恶意炒作误导，将极大地增加舆情突变的概率和风险，造成极其严重的社会不良影响，加剧涉事单位发生舆情危机的可能性，从而可能对涉事单位的稳定发展带来不利影响。所谓祸患常积于忽微，看似无关紧要的负面舆情可能引发许多不明真相的群众、家长、学生等社会成员参与进来，致使社会矛盾激化，甚至引发研学旅行群体性事件，对研学旅行环境的安全稳定造成冲击或破坏。

二、网络舆情防控应对原则

研学旅行舆情防控是指通过构筑舆情应对网络，建立舆情应对机制，建设良好的舆情环境，让民众对某一事物有客观的认识。通过收集舆情相关的热点、焦点问题，以及公众对疫情所持的具有较强影响力、倾向性的言论和观点进行整理分析，以对舆情进行正向引导或根据舆情发展的规律开展预测，为舆情防控决策提供依据。

负面的研学旅行舆情防控工作看似纷繁复杂，却也有一定的原则需要遵循。

（一）宜疏不宜堵，保证信息的公开透明

应对负面舆情应始终坚持用事实说话，搞封堵杂音、堵塞舆论通道往往适得其反，因为只有还原事实才是引导舆论的根本。

（二）宜解不宜避，主动承担应有的责任

负面舆情的产生，大多数时候是因为对突发事件问责处置采取回避策略所导致，而如何问责处置又往往是负面事件的舆论焦点。因此在负面舆情应对时要主动解答公众疑问，不能回避，更不能回绝。

（三）宜柔不宜刚，与群众平和对话

在应对过程中，相关单位态度要温和，对错误的认识循序引导，而不宜采取简单粗暴

的说教或批判方式，强制人民大众接受自己的观点意见。

（四）宜引不宜急，有序应对事态发展

在应对时，切忌急于求成，而应该根据舆情的发展规律，制定阶段性的处置策略，一步步引导舆论的发展方向，使舆论朝着有利于事件处置的方向发展。

三、网络舆情应急处置机制

在舆情防控过程中，教育、旅游主管部门及涉及的单位需要密切关注事件发展动态，对公众的关注焦点和诉求出现的新变化保持敏锐感知，及时作出审时度势的处置和反馈。

（一）以源头防范为主

作为研学旅行机构要规范经营，服务至上；作为教育机构则需要时刻以学生和家长的利益为先，铲除负面及有害信息滋生的土壤，防患于未然。

（二）建立舆情监测机制

指定专门舆情评论员负责文字及宣传工作，收集舆情动态。针对一些舆情信息多发的媒体平台，或根据相关的敏感词进行全网监测，及时掌握与己相关的舆情动态。发现涉及敏感信息的舆情及时上报。

（三）建立舆情预警机制

舆情信息的防控工作重在先知先觉、提前预警、消除对立、化解矛盾，相关教育部门、研学旅行服务机构和舆情监测工作者应该对一些敏感的舆情信息保持高度的警惕性和敏锐性，对发现的舆情，必须第一时间向部门领导反映，并根据情况需要逐级上报。在报告的同时及时跟进，并在领导小组的指导下引导舆情，确保正确引导舆论走向，有条不紊地开展舆情处置工作。

（四）建立舆情研究机制

即对监测到的舆情信息进行分析研判，对舆情的发展演变趋势进行判断，为舆情解决提供参考方向和一些具体建议。

（五）建立网络舆情应对机制

舆情突发事件发生后，要按照“确认事实，快速反应，妥善处理”总体要求，在第一时间启动响应机制。以新闻发布会、通气会等形式迅速反应，协调主流媒体，推出相关报道，引领社会舆论。做到消除误会，化解矛盾；组织沉帖，彼长此消；屏蔽内容，删除帖子；借助传媒，矫正视听；正面宣传，营造氛围。

第二节　研学旅行网络舆情防控管理

我国的研学旅行作为一种新兴学科和产业，刚刚起步，方兴未艾，很多制度、方法尚不规范，需要参照相近行业或领域的方法来处理研学旅行中发生的问题。研学旅行网络舆情则更需要参考教育领域和旅游领域的一些做法，来规范研学旅行活动。

一、高等学校网络舆情管理办法

案例 10-1

泉州信息工程学院学校网络舆情管理办法

为进一步加强网络舆情监测，特别是加强校园网络舆情的引导和监控，防止不良信息对校园的侵害，掌握网络舆情主动权，加强对网络舆情的预警防范和监测引导，形成积极向上的主流舆论，营造良好的舆论环境，促进和保障校园网络信息服务健康、有序发展，根据国家有关法律法规，现结合我校实际情况，特制定本办法。

一、工作目标

加强网上舆情监控，及时掌握舆情动态，坚决封堵、删除各种有害信息，及时掌握学校学生在各种网络媒介中的言论和动态，加强正面引导，释疑解惑，化解矛盾，消除不良影响，营造积极、健康的舆论氛围。

二、主要内容

本办法中的网络舆情，特指可能或已经对学生思想政治教育工作产生影响的网上负面报道或网络负面言论。网络舆情的管理与处置，是指对涉及宣传思政工作的新闻报道或评论在互联网上刊发、扩散后，所引发的反应、言论、评论和后续报道等综合舆论情况的监测、控制和化解等具体措施。

三、组织结构

成立网络舆情管理与处置工作领导小组，在领导小组的领导下牵头开展网络舆情管理与处置的组织、监督、实施、考核工作。

四、工作职责

网络舆情监督员负责监测校 BBS，学校的微博、微信，学生的个人微博、微信的舆情情况，了解各网站当前的舆情，及时将舆情通报网络舆情管理员，督促及时控制和引导，并做好日志记录和备案工作；负责跟踪各单位的舆情控制及引导情况，及时上报学校。

五、工作原则

按照“谁主管、谁负责”的原则将监测到的舆情信息进行分转交办，按照“快速反应、确认事实、妥善处理”的原则及时对网络舆情进行分析、判断、评估，准确查找舆情信息产生的原因，认真核实舆情反映的问题，对舆情走向作出正确的判断，对舆情可能产生的影响进行客观、全面评估，及时准备好跟（回）帖材料。在处置网络舆情事件时，一定要端正工作态度，多渠道、多方位全面了解事件真相，不推卸责任，勇于承担应负的责任；在回应时不要只站在如何消除对学校和学校形象的影响上，而要站在师生或受害者的立场上，第一时间告知学生和当事人事情真相，进行真诚、公开、及时的沟通，不使矛盾进一步激化，赢得学生的理解和信任。根据某一重大舆情事件的发展态势和走向，最大限度地争取媒介的公信力和权威性，适时转移目标，发布最及时、最权威的信息左右网络舆情的走向，把噪音杂音压下来，使该网络舆情信息关注度逐渐转冷。要加强正面宣传，树立良好风气。

六、操作流程

（一）网络舆情的监测

由网络舆情监督员对涉及的网络信息进行查询、收集，对新出现的网络信息及时下载，对不良舆情进行监测，做好记录、梳理等工作，及时送党政办公室分转交办。

（1）监测对象。较经常出现涉及本学校和学生相关舆情信息、帖子和相关跟帖。

（2）监测内容。网络上涉及学校和学校的敏感工作和容易被关注的内容，主要包括：关于学校和学校的意见、建议、投诉，相关问题的咨询，涉及教师、服务人员等人员行为和效能作风问题等。

（3）监测方法。对具有一定影响力的网站和论坛进行定期浏览，收集相关敏感话题和信息。

（4）监测形式。一是每天至少1次对相关网站进行浏览和搜索，并做好监测记录；二是每周至少1次的舆情通报。

（二）网络舆情的应对机制

（1）被网络媒体出现和转载的一般突发事件和申诉建议的负面报道，必须在发现该报道或帖子的1个工作日内向具体业务主管人汇报，3个工作日内进行初步处置并回应。

（2）被网络媒体报道转载的重大突发事件、网上投诉举报，虚假信息和不良信息引发的错误舆论导向，必须在发现该报道或帖子的1天内向主要领导汇报，2个工作日内作出初步处置并回应。

（3）被网络媒体报道转载、被上级领导批示的特别重大突发事件，必须在发现该报道或帖子的3小时内向主要领导汇报，1天内作出初步处置并回应。

七、重点监察内容

学生在网上不得查阅、复制或传播下列信息：

（1）抗拒、破坏宪法和法律、法规实施；

（2）分裂国家、破坏国家统一和民族团结、否定四项基本原则；

（3）歪曲事实，散布谣言扰乱社会秩序；

（4）捏造事实诽谤他人；

（5）迷信、淫秽、色情、暴力、凶杀、恐怖等；

（6）学校和学校声誉、形象的不实言论。

（本案例来源于泉州信息工程学院网站）

案例评析

本案例的学校网络舆情管理办法，规定了学校网络舆情管理的工作目标、主要内容、管理组织结构 、各部门工作职责、工作原则和操作流程，最后强调了6项重点监察的内容，有要求，有原则，有做法，还有具体、详细、规范的实操程序。特别是学校网络舆情管理的工作目标、工作原则和操作流程都符合网络舆情防控的基本规律和做法。

第一条的工作目标规定，譬如，“及时掌握学校学生在各种网络媒介中的言论和动态；坚决封堵、删除各种有害信息；加强正面引导，释疑解惑；化解矛盾，消除不良影响，营造积极、健康的舆论氛围”，这些都是良性的规定。

第五条的工作原则规定：“在处置网络舆情事件时，一定要端正工作态度，多渠道、多方位全面了解事件真相，不推卸责任，勇于承担应负的责任；在回应时不要只站在如何消除对学校和学校形象的影响上，而要站在师生或受害者的立场上，第一时间告知学生和当事人事情真相，进行真诚、公开、及时的沟通，不使矛盾进一步激化，赢得学生的理解和信任。根据某一重大舆情事件的发展态势和走向，最大限度地争取媒介的公信力和权威性，适时转移目标，发布最及时、最权威的信息左右网络舆情的走向，把噪音杂音压下来，使该网络舆情信息关注度逐渐转冷。”都是赢得学生的理解和信任，缓解舆压力的有效方法手和技术。

第六条第二款网络舆情的应对机制中关于时间的规定，快速、及时，利于负面舆情的妥善解决。

第七条重点监察内容 的规定，弘扬了学校正气，符合立德树人教育宗旨。

因此说，本案例具有非常高的参考借鉴价值。研学旅行网络舆情作为学校网络舆情的一个项目内容，均可参照本网络舆情管理办法进行防控处置。

（点评人：文化和旅游部人才中心研学旅行指导师考评员李岑虎）

二、中小学校网络舆情管理办法

案例 10-2

某中学网络舆情管理工作实施办法

为加强校园网络舆情的引导与监控，提高其正面宣传功能，及时、准确地发布有关信息，正确引导社会舆论，促进和保障校园网络信息服务健康、有序发展，维护教育形象，根据 ×× 教体发〔2013〕131 号文件精神，制定我校网络舆情管理工作实施办法。

一、网络舆情管理工作领导小组机构

组长：××× 校长。

成员：略。

网络舆情管理工作领导小组下设办公室，由 ××× 为主任。

二、网络舆情管理工作领导小组职责

（1）对学校网络舆情采取有效措施，协调和处理与相关媒体的事宜。

（2）根据事情发展，确定学校网络舆情突发事件发言人。

（3）负责审定舆情处置预案，确定对外新闻发布具体事宜。

（4）收集、跟踪、分析、处理学校舆情并及时向校领导小组汇报情况，采取措施，以澄清事实，引导舆论正面发展。

（5）学校网络舆情引导与监控管理工作监督由 ×××× 担任，主要负责网络信息安全与网络舆情监控工作。

（6）网络舆情监督员每天分早晨、中午、晚上上网三次收集相关信息，主要浏览学校网站、×× 县吧、校内外论坛、贴吧、博客、QQ 群、虚拟社区等网站。对发现的有关学校的负面舆情（失实报道、不良言论、错误信息、违法图片等）要及时地进行分析、评估。一旦发现问题，及时向领导小组报告，然后根据领导小组的处理意见对舆情进行举报或者删除处理，重大舆情实行上报县局制，坚决防止舆情升级。

（7）做好有害信息备份，在国家有关机关依法查询时予以提供。把有害信息以文本、web 页面或图片等电子格式保存，并分类编号存储。

（8）做好有害信息的记录情况。包括有害信息的网址、主题、发布时间、发现时间、上报时间、处理结果等相关信息。

三、网络舆情的应对与控制

1. 快速反应，明确态度

学校网络舆情管理工作小组对有关本单位的舆情要及时关注和重视，重大舆情要迅速上报学校网络舆情管理工作领导小组，第一时间表明态度，讲清事实，不得回避、敷衍问题。

2. 正面回应，提高效率

（1）对于负面舆情，要坚持正面引导的原则。网络舆情管理工作小组要进行有针对性的解答，澄清事实，以正视听。

（2）一般舆情，网络舆情管理工作小组要组织安排监督员，及时查清掌握舆情出处，通过跟帖回复、网络投诉、书面回复等形式，对于舆情的失实之处进行澄清，及时快速地引导舆情正面发展

（3）对于重大舆情，网络舆情管理工作小组要第一时间报告学校领导小组并提出应对措施，然后及时以“舆情专报”的形式上报局网络舆情管理工作办公室，积极和网络主管单位或者媒体及媒体工作人员联系，及时处理涉及人身攻击、捏造事实、歪曲真相、造谣诬陷等有损学校、师生形象、声誉的不良违法信息。

3. 把握尺度，妥善处理

对于重大舆情，学校要把握好尺度，及时准确予以回应；如果对于一时不能拿出准确调查结论的舆情，要按照上级安排部署，不断地发布阶段性信息，以便掌握舆论主动权。

四、学校信息安全建设

（1）学校网站作为学校宣传的窗口必须严格遵守党的路线、方针、政策及国家有关法律法规，任何部门和个人不得利用校园网制作、复制、查阅和传播下列信息：

煽动分裂国家，破坏国家统一和民族团结，推翻社会主义制度的言论；

煽动抗拒、破坏宪法和国家法律、行政法规实施的言论；

泄漏国家机密，危害国家安全等违法犯罪活动；

捏造或歪曲事实，故意散布谣言，扰乱学校秩序；

公然侮辱他人或者捏造事实诽谤他人；

宣传封建迷信、淫秽、色情、暴力、凶杀、恐怖；

失实扭曲报道学校发生的事情（包括上传图片）。

（2）网络舆情管理工作小组要加强对校园网新闻传播和信息内容的安全管理，对上网信息要进行审查，严格把关，落实防范措施，明确责任，凡涉及国家及学校秘密的信息严禁上传。

（3）加强学生网络文明和网络道德教育。开展文明上网和文明发帖、跟帖、讨论和评论活动，扩大网上主流声音，掌握网上舆论主导权，对学校网络舆论进行正面引导。

（4）引导学生自觉遵守国家有关法律法规、网络道德和社会公德，积极传播健康信息，扩大主流舆论的影响，自觉抵制有害信息。

（5）学校网络舆情管理工作领导小组对学校网络文化建设情况进行阶段检查，随时指导学校网络舆情工作建设。

案例评析

本案例是一个普通中学的网络舆情管理工作实施方案，虽然没有高等学校那么规范详细，但是总观全文，该案例仍然具有很强的可操作性，具有很高的借鉴意义。

学校首先成立主要领导任组长的网络舆情管理工作领导小组，建立健全网络舆情管理工作组织机构，同时成立网络舆情管理工作小组办公室，负责网络舆情防控日常工作。其次，明确网络舆情管理工作领导小组职责及其办法。再次，提出三个切实可行的网络舆情的应对与控制措施和原则，即“快速反应，明确态度；正面回应，提高效率；把握尺度，妥善处理”。最后，规定了学校信息安全建设的 5 个做法，从源头上遏制了网络负面舆情的发生和蔓延，对研学旅行舆情防控工作同样具有参考意义。

学校研学旅行网络舆情防控工作涉及学校、旅行社、家长、酒店、交通、餐饮、基地、景区、政府及其多个职能部门。各种有效无效、真实虚假的研学旅行信息时时刻刻都在充斥着人们的大脑，只有以积极主动的态度去了解新形势下舆情发展的新特点、新趋势，才能不断发现研学旅行舆情应对管理的新方法、好方法，增强工作的主动性、针对性和有效性，保证单位和社会的和谐稳定。

在研学旅行网络舆情防控中，务必注意做到以下几点：

一、做好网络舆情防控人才培养，打造研学旅行网络舆情防控专业队伍

每个研学旅行单位，通过人才选拔、人才库推荐等方式，发现培养一批研学旅行网络舆情应对管理专业人才，打造研学旅行负面网络舆情专业化人才队伍。定期组织开展研学旅行舆情应对管理知识技能培训，增强专业人才的三项能力，即研学旅行信息监测检索能力、研学旅行研判分析能力、针对研学旅行负面网络舆情的写作能力。

二、优化研学旅行服务，严格依法依规依约办事

在对待家长、师生反映的研学旅行热点问题和困难时，增强大局服务意识，妥善处理

研学旅行中的各种矛盾，依法满足家长、师生的合理合法诉求，提高本单位的公信力。

三、畅通申诉渠道

通过公开电话、监督电话、家长联谊会、学生座谈会等形式拓展沟通渠道，按规定及时处理有关研学旅行投诉事项，并做好解释说明工作，从源头上减少诉诸媒体、上网“爆料”等情况的发生。

四、加强研学旅行工作人员思想道德教育

引导研学旅行工作人员自觉加强社会公德、职业道德、家庭美德、个人品德建设，养成良好的道德情操和道德修养；加强对研学旅行的指导和其他服务人员的关怀，减少工作和生活压力，最大限度减少内部负面舆情的发生。

五、强化研学旅行工作人员的管理监督

严格管理、严格监督，深入开展研学旅行作风和纪律整顿，对工作人员中出现的苗头、倾向性问题，及时提醒，及时批评，确保研学旅行工作人员队伍不出问题。

（点评人：文化和旅游部人才中心研学旅行指导师考评员李岑虎）

三、研学旅行机构网络舆情处理办法

案例 10-3

山东弘道研学教育服务有限公司网络舆情处理办法

为做好大中小学研学旅行服务，预防负面舆情发生，维护公司权益，经公司董事会讨论研究，制定本办法。

一、建立舆情预警机制

研学旅行防控舆情信息重在先知先觉、提前预警、消除对立、化解矛盾，我司各部门要对可能产生的不良舆情保持高度的警惕性和敏锐性。每一名员工在研学旅行接待、收费缴费、研学旅行教学、研学旅行服务、研学旅行餐饮住宿等工作过程中，如有存在对学生服务不当或过激行为，极有可能在今后的研学旅行过程工作中滋生不满、酝酿抵触、造成对立，进而激化矛盾，诉之媒体、微信群、QQ 群、抖音、贴吧等，形成舆情事件。网络舆情管理工作责任人应保持警觉，及时将情况报告部门负责人和公司领导，跟踪留意学生的情绪发展和行动走向，主动找到当事学生做好情绪化解和矛盾消除工作；同时，密切关注报刊、论坛、微信群、QQ 群、抖音、贴吧等有关媒体动态，及时监测、有效防控可能发生的负面舆情信息。

二、建立舆情监测机制

（1）监测对象。经常出现涉及我公司相关舆情信息的主要论坛（BBS）、新闻网站和贴吧。对论坛主要监测在本地区具有一定影响力的论坛栏目（如贴吧）中发布的与我公司有关的帖子和相关跟帖；对新闻网站主要监测各大新闻门户网站对我公司有关的报道和相关评论跟帖；对贴吧主要监测热门贴吧（如百度贴吧）中与我公司有关的帖子和相关跟帖；微博、公众号、微信群、QQ 群、抖音等媒体与我公司有关的言论、视频、语音。

（2）监测内容。网络上涉及我公司的敏感工作和容易被关注的研学旅行内容。

（3）监测方法。主要是在指定网站（论坛）搜索和全网搜索。指定网站搜索，即对辖区内具有一定影响力的网站和论坛进行定期浏览，收集有关对我公司研学旅行报道和论坛中出现的一些敏感的话题；全网搜索，即利用百度、谷歌等搜索引擎，搜索国内各个知名的门户网站有关对我公司研学旅行报道和论坛中出现的一些敏感的话题。在微博、公众号、微信群、QQ 群、抖音等媒体搜索与我公司有关的研学旅行敏感的言论、视频、语音。

（4）监测类型。采取日常监测和集中监测两种方式。日常监测是指每天（含节假日）至少分上、下午 4 次对相关指定网站、论坛、贴吧、微博、公众号、自媒体进行浏览和搜索，并做好监测记录。集中监测是在研学旅行期间的时间段，集中精力对相关指定网站、论坛、贴吧、自媒体进行浏览和搜索，并做好监测记录。每天早中晚 3 次，一直持续到研学旅行后一周结束。

三、建立网络舆情研判机制

（1）研判分析。监测到或收到涉及本部门和由本部门引发的舆情信息后，要及时组织人员召开舆情研判例会，对收集到的网络舆情进行分析、判断、评估，准确查找舆情信息产生的原因，认真核实舆情反映的问题，对舆情走向作出正确的判断，对舆情可能产生的影响进行客观、全面评估，及时准备好多套跟（回）帖材料。

（2）危机防范。对一些影响面大、可能导致事件升级危机的舆情信息，要密切关注事态发展，对事态信息第一时间获知掌控。要针对各种类型的危机事件，制定比较详尽的判断标准和预警方案，做到有所准备，一旦危机出现便有章可循、对症下药。

四、建立网络舆情应对机制

公司宣传部要针对各类网络舆情信息，及时采用“化、沉、删、正、热”等策略，有效应对各种舆情信息，提高网上舆论引导能力。

（1）化。即消除误会，化解矛盾。对于个别学生或家长对我公司出现的疑惑、怨言、情绪的舆情信息，依法迅速研判和解决其所提出的问题，并以诚实、平等的态度多做解疑释惑、理顺情绪、化解矛盾的工作，采取一人多网名或多人同时跟帖的方式，对所涉及的同一话题从不同角度、用不同语气予以化解，争取主动，以防止事态扩大化。

（2）沉。即组织沉帖，彼长此消。对一些无法化解、揪住不放、热度不减的舆情信息帖子要组织人员采取沉帖措施，降低舆情关注度。

（3）删。即屏蔽内容，删除帖子。对于无中生有、恶意中伤、捏造虚构、夸大其词、极端偏激的舆情信息要联系网站管理员或版主及时屏蔽相关内容或删除帖子。

（4）正。即借助传媒，矫正视听。根据某一重大舆情事件的发展态势和走向，最大限度地争取传统主流媒体的支持，利用报纸、电视台等传统媒体的公信力和权威性，发布及时权威的信息，左右网络舆情的走向，把噪音杂音压下来，使该网络舆情信息关注度逐渐转冷。

（5）热。即正面宣传，营造氛围。要在论坛、贴吧、公司微博、公众号上主动发布反映我公司研学旅行服务的决策、举措、成效、亮点和各类先进典型等方面舆情信息，采取一人多网名或多人同时跟帖的方式，尽全力将正面帖子或报道顶上去，让更多的网民了解我公司，客观看待并正面热议我公司的工作成效和良好形象。

五、日常工作要求

（1）源头防范为主。网络舆情引导工作要从源头抓起，铲除负面信息产生的土壤，防患于未然。因此，公司各部门要注重调查研究，切实提高领导决策水平，克服麻木不仁、坐视观望思想，排查清除工作隐患，不断改进和完善舆情管理工作，确保监管服务无盲点、无漏洞。同时，强化师资队伍和服务人员作风建设，严格各项制度落实，从源头上预防和减少负面信息的产生。发生可能产生不良舆情信息的具体行为时，要及时报告、及时关注、及时消除隐患。

（2）加强学习研究。公司各部门特别是公司领导干部、部门负责人要认真学习网络舆情的基本知识和技能，把握网络舆情发展变化的特点和规律，把网络舆情作为知民意、晓民情、解民忧的重要途径，克服对网络舆情的恐慌或敌视心理，增强网络舆论分析、判断、处置和危机处理能力，不断提高工作的预见性、针对性、主动性、有效性。

（3）人人监测跟踪。各部门、各工作人员在日常工作中，要加大对网络监测的力度，随时关注网上新闻跟帖、各种论坛、帖吧、微博、公众号、微信群、QQ群、抖音中关于我公司研学旅行工作的舆情热点，做到第一时间发现，区别不同情况，灵活妥善处置，并按制度规定上报处理，不得擅自处置，严禁迟报、漏报和瞒报，避免延误最佳处置时机，确保网络监控和网上舆论引导工作呈现出全方位、大覆盖、紧跟踪的良好态势。

（本案例由李子尚提供）

案例评析

本案例是研学旅行教育机构的网络舆情管理方案，包括建立舆情预警机制、建立舆情监测机制、建立网络舆情研判机制、建立网络舆情应对机制以及日常工作五个方面要求，这五个方面系统、科学、详细、规范，具有较高的示范、推广价值，值得研学旅行主办方、承办方、供应方等服务机构和教育机构借鉴参考。

其中的监测方法和类型具体可行，研学旅行机构可以直接参照。网络舆情应对机制采用“化、沉、删、正、热”策略，能够有效应对各种舆情信息，提高网上舆论引导能力。其中的“化”，要求以诚实、平等的态度多做解疑释惑、理顺情绪、化解矛盾，能够争取主动，以防止事态扩大化。“热”要求在论坛、贴吧、微博、公众号上主动发布反映公司研学旅行服务的决策、举措、成效、亮点和各类先进典型等方面舆情信息，让更多的网民了解公司、客观看待并正面热议公司的积极工作成效和良好形象，坚持正面宣传，营造了良好的研学旅行氛围。源头防范为主的要求从根本上铲除负面信息产生的土壤，提高服务技能，改进工作作风便能及时消除网络舆情隐患，未雨绸缪，防患于未然。

网络舆情的应对办法要注意以下几点：

（1）处理突发事件要有大局意识。应对网络突发事件不能与现实问题脱钩，解决问题第一位，舆论引导第二位。哪里出的问题，哪里先去解决，解决完上级部门或者宣传部门才能出面。

（2）处理问题要有“一把手”到场意识。特别是在研学旅行的最基层，“一把手”到场往往能够迅速平息事件；反之，事件往往会变得拖沓，甚至于酿成更大的事件。

（3）敢于道歉，敢于担责。“封堵”“删除”难以解决根本问题。任何人都没有能力把所有网站、媒体封住。要积极去面对，有错误要敢于道歉，有误解的要积极澄清，纯粹情绪性的东西要以冷处理为主。

（4）信息公开透明是解决的第一要务。公开透明才能增强网民的信任感，公开透明才能避免谣言散布。一定要杜绝掩盖真相的“辟谣”。只要有一点不真实，就可能引发追问，导致被动，全盘皆输。宁可不说，也不要乱说。

（5）回应网络疑问，要及时抓住实际。要抢在谣言流传之前发布，抢占先机，第一时间抢占舆论的制高点。

（6）速报事实，慎报原因，谨慎定性。很多问题比较复杂，一时搞不清楚怎么回事，不要试图一次发布会全部说清。开始一般说三句话就够了，第一句话是发生了什么，第二句话是我们正在做什么，第三句话是政府的态度。问题没有查清不要乱说，查一点说一点，用滚雪球的方式，循序渐进地说，贸然说出去了，再想改就不好改了。

（7）正面引导，放大主流。现在微博、微信、抖音等自媒体发展得很快，我们只有掌握各种工具，才能和谣言进行对抗。一定要运用各种媒体组织正面评论，发出单位的声音，去疏导民意。组织人发帖的目的是要解释问题 、澄清问题，而不是为了颠倒黑白。网评一定要用网络化的语言、网络化的技巧，要尊重网民的智商，尊重网民的判断力。

（点评人：文化和旅游部人才中心研学旅行指导师考评员李岑虎）

四、研学实践基地网络舆情处理办法

案例 10-4

南京腾起教育科技有限公司研学实践中心网络负面舆情处理办法

2020年12月20日公布

为做好研学实践教育服务，维护公司权益，经公司总经理办公会研究，颁布公司负面舆情处理办法。

第一章　负面舆情处理办法

第一条　迅速反应和尊重事实。针对负面舆情寻找源头，做好负面舆情链接的系统全面统计和收集。加强员工思想品德和研学旅行教育技能教育，提高基地员工自身服务能力。

第二条　针对负面舆情要作出理性分析，依据性质分别迅速处理。实事求是，勇于担责，公开处理，公开道歉，合法维权。

第三条　对于无中生有的虚假信息采用以下办法处理。

（1）与公司管理层、法务部门沟通，发布正式的官方公告和法律声明，及时澄清，树立自身品牌的正面形象。

（2）寻找虚假信息发布者，积极沟通删帖事宜。留存沟通记录（电话）及发帖人发布虚假信息的证据。

（3）对于转载的负面信息，将发布者发布虚假信息的证据提交各转载平台，通知微博、微信及其他自媒体平台采取删除、屏蔽、断开链接等必要措施。前述相关平台接到通知后未及时采取必要措施的，对损害的扩大部分与该发布者承担连带责任。正常的删帖流程通常需要一定时间。

（4）正面宣传覆盖和挤占负面信息。开展正面宣传和引导，但应注意宣传用语和时间间隔，避免引起反向情绪。

第四条　对于恶意夸大负面信息采用以下处理办法。

（1）通过舆情监测分析，寻找新闻发布者或发帖人。

（2）直面危机，以务实态度和具体对策解决问题，避免舆情发酵，引发多起类似问题。积极沟通、主动和解、赔偿损失、主动改进，但应避免对方趁机敲诈勒索。

第二章　开展自身正面宣传

第五条　舆情期间，公司需慎重选择广告用语。在进行各种广告宣传、促销活动前，应将宣传方案、促销方案等文本材料经法律事务部门进行合法性、合规性审核，避免因广告用语敏感或违法而受到行政处罚或引发公众反感带来负面舆情。

第六条　在广告宣传中，对舆情期间推行的买赠促销活动的表述应清楚明了，对研学旅行服务质量、提供方式、单位允诺等方面的陈述，务必准确、清楚、全面。在宣传促销广告中避免出现“最终解释权”的字眼。

第七条　公司官网、宣传资料应避免转载或涉及非官方发布的对比广告，以避免涉嫌不正当竞争。

第三章　负面舆情维权措施

第八条　平台投诉，要求删除。

对于平台用户发布或转载的侵权内容，公司要通知并要求其采取予以删除、屏蔽、断开链接等必要措施。微信、微博等网络平台作为舆情监测及管理的重要平台，要作出相对完善的投诉、处理规定。

第九条　留存证据，提供线索。

（1）公司舆情监测的分析报告对诉讼对象、维权方式的选择将提供重要参考。

（2）舆情监测的原始电子数据注意留存，必要时进行公证以固定证据。

（3）证据包括不实言论、虚假报道的文章，发送或提交的投诉、删除通知等前述分析涉及的事实认定材料。

（4）相关合同、费用凭证、发票单据等关于损失的证明。

（5）必要时可由会计师事务所出具相关审计报告。

第十条　运用法律手段，制止恶意侵权。

（1）对于恶意发布、转载传播不实信息，给单位造成损失的情形，针对不同的侵权主体提起民事诉讼，主张停止侵害、消除影响、赔偿损失等民事责任。

（2）对于恶意损害我公司信誉、产品声誉、破坏设施、侮辱员工、非法欺辱等违法犯罪行为，立即向公安机关报案，并提供违法线索。

（本案例由梁媛媛提供）

案例评析

本案例是研学旅行基地制定的研学旅行舆情防控办法，具有很强的针对性和实用性。本案例的最大特点是对舆情的处理开门见山，直接切题，是实操型的研学旅行舆情防控处理方法，在实践中，有的条款无须改良，可以直接拿来使用。

我们要提醒的是：

一、理性面对网络舆情

态度诚恳，沉着冷静。在网络舆情危机处理中，负责处置工作的相关人员要始终保持良好的态度，做到有礼有节、沉着冷静、理性面对，还要做到有人情味、亲和力和影响力。

二、争取主动，争取支持

第一时间介入，争取主动，抢占话语权，争取得到网民和媒体的支持。通过新闻发言人迅速将与危机相关的内容用统一的声音传达给媒体，满足网民和媒体的知情权。

三、实事求是，不回避矛盾

注意用语，不回避矛盾和问题。舆情危机发生时，要遵循“统一口径、不说假话”的原则，保证在危机处理中尽量留有回旋的余地，做到实事求是。

四、理解家长，善待学生

在舆情发生过程中，由于学生的认识局限和家长的爱心偏激，可能出现不愉快的事情发生。研学旅行各单位要站在立德树人、为人师表的角度，正确区分是恶意舆情还是善意舆情，或是盲目随从。理解关爱学生的每一位家长，善待参与研学旅行的每一位学生，能协商和平解决的，绝不能启动法律手段，否则受到的伤害将会更深刻、更久远。

（点评人：文化和旅游部人才中心研学旅行指导师考评员李岑虎）

第三节　研学旅行网络舆情防控实操

一、突发疾病舆情防控实操

学生外出开展研学旅行，因各种原因导致身体不适的现象时常发生。如何预防和处置突发性疾病，是每一个研学旅行指导师首先应该关心的问题。突发性疾病的发生将会引发新一轮研学旅行负面网络舆情，如何做好突发疾病的网络舆情防控，案例 10–5 做了很好的示范。

案例 10–5

内江二中部分学生研学途中身体不适

2020 年 7 月 22 日晚，四川省内江市第二中学参加暑期研学旅行的 368 名学生和 20 名带队老师，在乘坐北京西开往重庆西 Z95 次列车返程途中，39 名学生在列车上陆续出现拉肚子、呕吐、发烧症状。

带队老师、旅行社工作人员很紧张，立即报告列车值班人员，请求协助救治。中国铁路郑州局集团有限公司第一时间启动了突发公共卫生事件应急预案，并开辟救护车进出站绿色通道，积极配合相关救治工作。深夜 23 日零点左右，火车到达郑州站后，24 人被紧急移交郑州火车站，随后送往市内 5 家医院进行救治。列车从郑州火车站发车后，又有 15 名学生后续发病，先后在汉口站、恩施站移交救治。全程带队老师始终陪伴出现身体不适的学生中，承办研学旅行的北京某旅行社全额承担了本次事件涉及的学生医治的所有费用。

案发后 7 月 23 日，中国国家铁路集团有限公司官方微博通报称，从疾病预防控制部门得知，24 名乘坐北京西开往重庆西 Z95 次列车的旅客，因出现呕吐、恶心、腹痛等症状，于当日凌晨被紧急移交郑州火车站，并迅速送往市内 5 家医院进行救治。经卫生部门初步诊断，为细菌性集体食物中毒。目前，24 名病人症状均趋于稳定，全部在医院留观治疗。中国铁路郑州局集团有限公司第一时间启动了突发公共卫生事件应急预案，并开辟救护车进出站绿色通道，积极配合相关救治工作。据了解，24 名发病旅客均为四川省内江市第二中学赴京旅行团队的返程学生。该团队共有师生 392 人，于 7 月 22 日在外用完午餐后乘车，晚餐为旅行社准备的方便食品。Z95 次列车上其他旅客包括在车上用餐的带队老师，未出现上述症状。另悉，Z95 次列车在郑州火车站发车后，又有 15 名旅客后续发病，先后在汉口站、恩施站移交救治。具体情况公安部门已介入调查处理。

此通报一出，并引发全国关注。学生研学途中身体不适的消息一下子传播开来，多家媒体、网站、微信、公众号、微博、QQ、抖音、快手等，纷纷猜测、质疑，有的要求深挖深究，公安介入调查。

2020 年 7 月 23 日，四川省内江市教育局官方微博发布《关于内江二中部分学生研学途中身体不适有关情况的通报》，全文如下：

2020 年 7 月 22 日晚，内江市第二中学参加暑期研学旅行的 368 名学生和 20 名带队老师，在乘坐北京西开往重庆西 Z95 次列车返程途中，39 名学生在列车上陆续出现拉肚子、呕吐发烧症状。带队老师立即协调安排并陪伴出现身体不适的学生在途经的郑州、汉口、恩施当地医院就近诊治。

获悉情况后，内江市委、市政府立即做出部署，要求全力以赴组织做好学生的诊治和心理抚慰工作，确保所有师生平安。迅速派出 3 个工作小组分赴郑州、汉口、恩施看望慰问患病学生，协调处理相关事宜。

目前，据陪伴老师传回的信息，出现身体不适的 39 名学生中，已有 3 人出院，其余学生症状稳定，正在医院留观治疗。

内江市教育局

2019 年 7 月 23 日

2020 年 7 月 25 日，北京某公司发布公告称，7 月 22 日下午 6 点，四川省内江市第二中学参加暑期研学活动的 388 名师生搭乘由北京西开往重庆西的列车，39 名营员陆续出现了恶心、呕吐、腹泻等症状。

我公司第一时间启动安全应急预案，对发病营员全力展开医治。其中，24 名营员于 7 月 23 日零点左右在郑州站下车送医，7 名营员于 7 月 23 日凌晨 4∶30 在汉口站下车送医，8 名营员于 7 月 23 日早上九点左右在恩施站下车送医。同时，我司责令河南及湖北分公司指派专人负责所有发病营员的医治、送返等全部工作。我司已承担所有相关费用，以全力救治营员为第一要务。

截至 7 月 25 日零点，所有发病营员体征平稳并已陆续康复出院、返程，我司正配合有关部门开展后续调查及善后工作。

我司一贯以营员的安全为第一要务，感谢各界朋友对我司的关注。

2019 年 7 月 25 日

至此，一场沸沸扬扬的学生研学途中身体不适舆情，短短几天慢慢平息。

中国国家铁路集团有限公司官方微博通报和内江市教育局通报如图 10–1、图 10–2 所示。

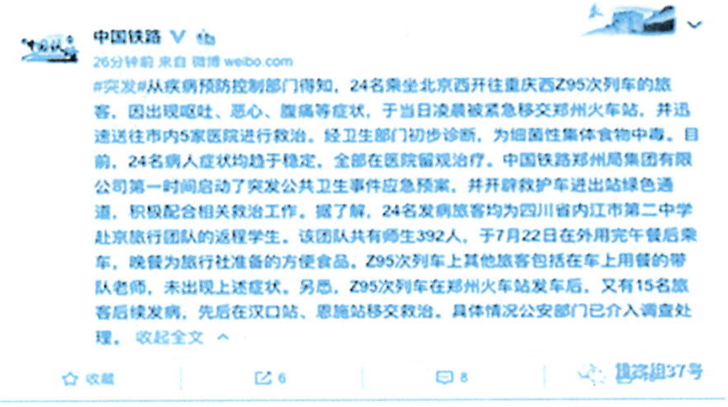

中国铁路

26分钟前 来自 微博 weibo.com

#突发#从疾病预防控制部门得知，24名乘坐北京西开往重庆西Z95次列车的旅客，因出现呕吐、恶心、腹痛等症状，于当日凌晨被紧急移交郑州火车站，并迅速送往市内5家医院进行救治。经卫生部门初步诊断，为细菌性集体食物中毒。目前，24名病人症状均趋于稳定，全部在医院留观治疗。中国铁路郑州局集团有限公司第一时间启动了突发公共卫生事件应急预案，并开辟救护车进出站绿色通道，积极配合相关救治工作。据了解，24名发病旅客均为四川省内江市第二中学赴京旅行团队的返程学生。该团队共有师生392人，于7月22日在外用完午餐后乘车，晚餐为旅行社准备的方便食品。Z95次列车上其他旅客包括在车上用餐的带队老师，未出现上述症状。另悉，Z95次列车在郑州火车站发车后，又有15名旅客后续发病，先后在汉口站、恩施站移交救治。具体情况公安部门已介入调查处理。收起全文

收藏 6 8

图 10-1　中国铁路官方微博通报

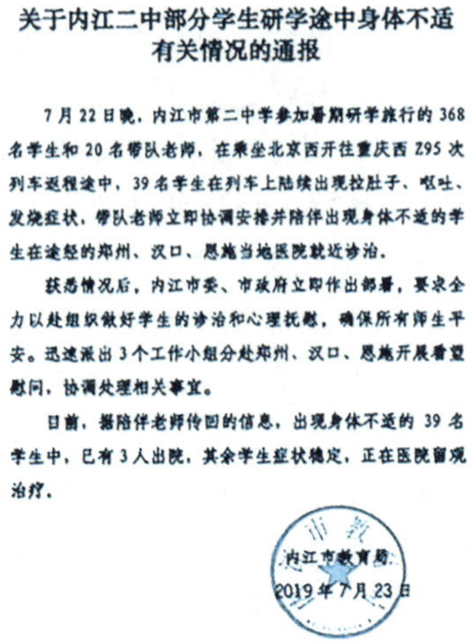

关于内江二中部分学生研学途中身体不适有关情况的通报

7 月 22 日晚，内江市第二中学参加暑期研学旅行的 368 名学生和 20 名带队老师，在乘坐北京西开往重庆西 Z95 次列车返程途中，39 名学生在列车上陆续出现拉肚子、呕吐、发烧症状，带队老师立即协调安排并陪伴出现身体不适的学生在途经的郑州、汉口、恩施当地医院就近诊治。

获悉情况后，内江市委、市政府立即作出部署，要求全力以赴组织做好学生的诊治和心理抚慰，确保所有师生平安。迅速派出 3 个工作小组分赴郑州、汉口、恩施开展看望慰问，协调处理相关事宜。

目前，据陪伴老师传回的信息，出现身体不适的 39 名学生中，已有 3 人出院，其余学生症状稳定，正在医院留观治疗。

内江市教育局

2019 年 7 月 23 日

图 10-2　内江市教育局通报

案例评析

本案例中的学生研学途中身体不适突发性事件，牵动千家万户，牵动各部门，是突发性应急事件处理的大事件。突发性事件发生后，学校、旅行社、铁路、医院迅速安排救助，办理住院手续，查明原因，内江市教育局、相关旅行社、中国铁路紧急发布有关情况的通报，向社会公布案情，表明救助学生决心。

第一，旅行社的做法。事件发生后，相关旅行社积极向列车工作人员汇报，请求救助，并向自己的上级主管总公司汇报。总公司第一时间启动安全应急预案，责令郑州分公司员工迅速到场，配合医院对学生进行治疗，专人负责所有发病营员的医治、送返等全部工作，并积极配合有关部门的调查，办理住院手续，全额承担本次事件涉及的学生医治的所有费用；同时，责令负责该研学团的机构对所有用餐地点进行紧急排查，并积极配合各方展开排查工作；要求该研学团的协调员和研学旅行指导师注意观察学生情况，发现学生有身体不舒服的情况立刻上报，将空调温度调至 25℃以上防止感冒，发现问题及时上报等。

第二，学校的做法。内江二中在开展研学旅行活动前，向教育部门请示报备。案发后学校带队老师立即报告列车值班人员，请求协助救治。带队领导同时及时向学校汇报。学校领导向上级主管机关内江市教育局汇报。学校安排老师全程陪护学生，协助救助，直到学生全部病愈顺利返回。

第三，铁路部门的做法。事发突然，铁路部门紧急启动了公共安全响应机制，与郑州、汉口等火车站联合启动了突发公共卫生事件应急预案，开辟了救护车进出站绿色通道，全力以赴对患病学生进行医治；同时，迅速查明原因。7 月 23 日下午，中国国家铁路集团有限公司发布通报，否认了学生不良症状和列车上的餐饮有关。

第四，教育局的做法。内江市教育局接到学校汇报后，立即作出救助学生指示，同时向市委、市政府汇报。迅速派工作小组分赴郑州、汉口、恩施看望慰问患病学生，协调处理相关事宜。7 月 23 日 20 时内江市教育局及时发布通报。

第五，政府的做法。内江市委、市政府获悉情况后，立即作出部署，要求全力以赴组织做好学生的诊治和心理抚慰工作，确保所有师生平安。迅速派出 3 个工作小组分赴郑州、汉口、恩施看望慰问患病学生，协调处理相关事宜。

第六，公安部门的做法。公安部门接到报案后，对此次学生研学途中身体不适情况，立即介入调查处理。

第七，疾控中心的做法。当地疾控中心接到报案后，立即介入调查。

第八，家长的做法。家长心疼担忧孩子的同时，保持了最大的克制，相信学校、相信政府能圆满解决。

以上各部门的做法，对于应对研学旅行舆情而言，给我们留下很多可以借鉴的宝贵经验。

第一，主动承担应有的责任。负面舆情的产生，大多数时候是因为对突发事件问责处置采取回避策略所导致，而如何问责处置又往往是负面事件的舆论焦点。因此在应对负面舆情时要主动解答公众疑问，不能回避，不回绝，不推诿。本案例中相关各方均主动担责，全力以赴救护学生，始终把学生的生命健康放在第一位，没有延误拖拉，为学生的救护赢得了宝贵时间。这是处理好网络舆情的最关键环节。

第二，以源头防范为主。作为研学旅行机构要规范经营，服务至上；作为教育机构则需要时刻以学生和家长的利益为先，铲除负面及有害信息滋生的土壤，防患于未然。

第三，与群众平和对话。在研学旅行舆情应对过程中，相关单位态度要温和，对错误的认识循序引导，而不宜采取简单粗暴的说教或批判方式，强制网民接受自己的观点意志

第四，利用有公信力的网络媒体积极引导网络舆情。依托有公信力的网络媒体，就网络上的研学旅行焦点问题，及时披露消息，并且组织有说服力、有深度的文章在网上刊发，解释疑惑，维护网络正确的舆论导向，形成积极向上的网风。

第五，面对媒体记者，可以有不说的真话，但绝不能说假话。别指望在一个公共事件上瞒过互联网时代的千万双眼睛。

第六，发言中断还不如不发言，新闻发布会中断还不如不开。中断意味着想隐瞒，但越想隐瞒的东西，媒体和公众越有好奇心去扒背后的真相，人们很快会挖掘出究竟想隐瞒什么，同时还能挖出意想不到的事情，斩不断理还乱。

第七，伤其十指，不如断其一指。负面网络舆情往往伴随很多谣言。抓住主要的谣言，搜集充分证据，一招制敌，辟谣立即成功。对于一些无关痛痒、似是而非的信息，不必理会。

第八，抓住第一时间公开信息。抓住第一时间，最快公开信息，不要让谣言跑到前面。如果第一时间没有公开，谣言已经传开，只有等传播势头减弱时公开信息进行逆转。

第九，抓主路径，关注主流媒体。互联网时代，没有一人有能力控制全网，保证辟谣新闻在主流媒体上传播，就是成功了。

第十，妥善解决研学旅行网络舆情危机善后事宜。

研学旅行网络舆情危机过后，应认真回顾处理过程，及时总结经验教训。发现存在的问题，找出研学旅行管理中的薄弱环节，有针对性地开展研学旅行形象修复工作，以正面舆论向导来宣传研学旅行形象，冲淡网络舆情危机影响。

（点评人：文化和旅游部人才中心研学旅行指导师考评员李岑虎）

二、交通工具舆情防控实操

交通工具是研学旅行诸多环节中必不可少的要素。交通工具的安全可靠，是研学旅行主办方、承办方、供应方等首先考虑的第一大问题。一旦出现交通工具安全问题，必定带来极大的人身和财产伤害，也必定引发铺天盖地大面积的网络舆情。譬如，案例 10-6：女网红进入机长驾驶舱。

案例 10-6

女网红进入机长驾驶舱

2019 年 11 月 3 日晚，有网友发微博称，有无关旅客在民用航班中，进入驾驶舱并在驾驶座就座；同时配发的图片显示，一名身着非航空制服的女子坐在飞机驾驶座上，面前的仪表盘前摆放着 3 个纸杯，女子摆出剪刀手的动作拍照。照片的配文中可以看到“超级感谢机长”的字样。

微博曝出立刻引发网民热议。有网友通过照片中仪表盘、操作杆等情况判断，照片拍摄于正在飞行的航班中；有网友根据照片中的纸杯标志判断，涉事飞机属于桂林航空有限公司。

很多网民都知道，无论是国内还是国外，是在地面还是飞行中，乘客甚至客舱乘务员都不能随意进入驾驶舱，航空界都有严格规定。网友纷纷质疑，怀疑该女子是否违规被邀请进入正在飞行的客机驾驶舱，担心飞行风险。该女子为何能进入飞机驾驶舱并明目张胆地发图到微博？为什么飞机工作人员无一阻拦？谁给她的权力让她进入机舱？人们开始担心飞机的安全，对涉事女子的高调炫耀、对机组人员的无作为、对桂林航空管理的毫不知情表示极大的愤慨。2019 年 11 月 4 日，人民日报客户端发布文章《让网红进入驾驶舱，这样的航班谁敢托付？》。刹那间，女网红进入机长驾驶舱事件的跟帖、转发、评论，像火山喷发一样在全国各大媒体出现，桂林航空深深陷入舆情危机之中。

官方回应

2019 年 11 月 4 日 13 : 45 时，桂林航空在微博上发布官方文件《关于乘客进入飞机驾驶舱的事件说明》（见图 10-3），全文如下：

桂林航空在 2019 年 11 月 3 日接到网友举报关于“一名乘客进入飞机驾驶舱”一事，我们对此高度重视，随即成立调查小组并启动内部调查程序。经核实，该事件发生于 2019 年 1 月 4 日桂林航空 GT1011 桂林—扬州航班。

桂林航空时刻将旅客安全放在首要位置，我们对于任何有可能威胁航空安全的不当且不专业的行为均坚持零容忍。根据中国民用航空局及桂林航空的相关管理规定，针对机长违反民航规章让无关人员进入驾驶舱的行为，桂林航空决定对当事机长处以终身停飞的处罚，对于涉事的其他机组成员处以无限期停飞并接受公司进一步调查。

针对此次事件，桂林航空将深刻反思、认真改进，严格遵守中国民用航空局的各项规章制度，做好内部整改，切实增强全体人员的安全责任意识及规章意识，加强树立严谨的安全运行工作作风，杜绝类似事件的再次发生。

桂林航空感谢社会各界一直以来的关注与支持，也愿意继续接受社会各界的广泛监督。

2019 年 11 月 5 日，桂林航空内部下发了一份《关于给予桂林航空乘客进入驾驶舱违规事件责任人处分的通报》（见图 10–4）。通报显示，2019 年 1 月 4 日 GT1011 桂林—扬州航班机组在执飞时发生一名乘客进入飞机驾驶舱的违规事件，严重违反民航局相关规定。根据《桂林航空有限公司奖惩管理规定》及相关运行管理手册规定，对当班机长为苏某、当班副驾驶吴某、当班乘务长李某、当班乘务员陈某某、当班安全员李某某、桂林航空董事长胥某、桂林航空总经理兼运行副总经理瞿某、桂林航空维修副总经理杨某、原安全总监尹某、飞行部总经理岳某、客舱与地面服务部总经理孟某、航空安保部总经理史某、原安全监察部总经理康某等相关责任人分别给予相应处分。无论是桂林航空的高管，还是相关管理者均受到不同程度的处罚。

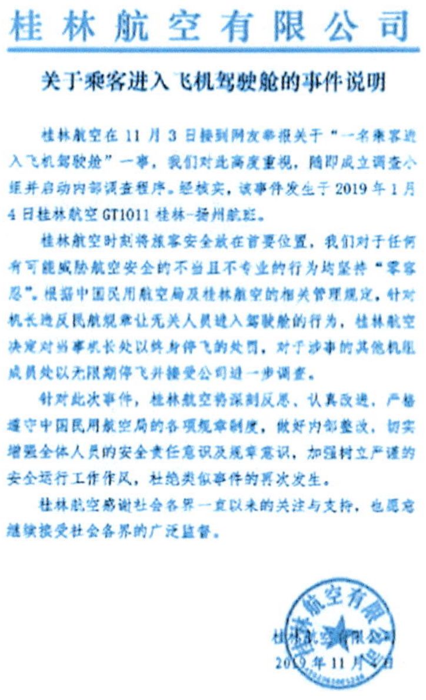
桂林航空有限公司

关于乘客进入飞机驾驶舱的事件说明

桂林航空在 11 月 3 日接到网友举报关于"一名乘客进入飞机驾驶舱"一事，我们对此高度重视，随即成立调查小组并启动内部调查程序。经核实，该事件发生于 2019 年 1 月 4 日桂林航空 GT1011 桂林–扬州航班。

桂林航空时刻将旅客安全放在首要位置，我们对于任何有可能威胁航空安全的不当且不专业的行为均坚持"零容忍"。根据中国民用航空局及桂林航空的相关管理规定，针对机长违反民航规章让无关人员进入驾驶舱的行为，桂林航空决定对当事机长处以终身停飞的处罚，对于涉事的其他机组成员处以无限期停飞并接受公司进一步调查。

针对此次事件，桂林航空将深刻反思、认真改进，严格遵守中国民用航空局的各项规章制度，做好内部整改，切实增强全体人员的安全责任意识及规章意识，加强树立严谨的安全运行工作作风，杜绝类似事件的再次发生。

桂林航空感谢社会各界一直以来的关注与支持，也愿意继续接受社会各界的广泛监督。

桂林航空有限公司
2019 年 11 月 [illegible] 日

图 10–3　桂林航空的事件说明

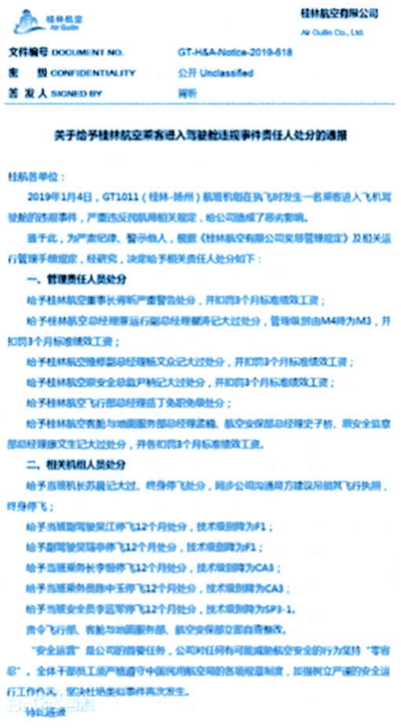
桂林航空有限公司
Air Guilin Co., Ltd.

文件编号 DOCUMENT NO.　GT-H&A-Notice-2019-618
密　级 CONFIDENTIALITY　公开 Unclassified
签 发 人 SIGNED BY　胥昕

关于给予桂林航空乘客进入驾驶舱违规事件责任人处分的通报

桂航各单位：

图 10–4　桂林航空的内部通报

网友热议

桂林航空公司官方通告发出，对比通告前后网络情感倾向，网友在通告后对桂林航空的正面评价明显上升，网友对于桂林航空的零容忍态度纷纷点赞，认可桂林航空的举动，认识到位，处理及时，处罚恰当，并坚决给予支持。

案例评析

飞机是研学旅行活动的重要交通工具之一，飞行安全事关全体乘客和机组人员的生命安全，容不得半点任性。对拿乘客的生命安全当儿戏的行为必须零容忍。乘客进入飞机驾驶舱事件发生在2019年1月，时隔10月有余才被曝出，说明该航空公司在安全管理方面存在漏洞，若不是被网友曝光成了舆论热点，恐怕也不会有人对问题进行追查、对责任人进行处理。不过，从网络舆情防控的角度讲，桂林航空公司发现问题，及时处理，果断到位，得到网友和社会理解和支持。

第一，舆情发生后，桂林航空随即成立调查小组并启动内部调查程序，迅速召集相关人员，启动相应处理方案和应对策略。

第二，舆情发生后，桂林航空及时向上级主管机关中国民营航空局汇报，争取上级主管机关的支持，协同解决网络舆情问题。

第三，在没调查清楚之前，本着“早讲事实、重讲态度、慎讲原因”的原则，及时对引发危机的事项做必要的补救。澄清引发危机事件的原因，表明公司严肃追究的态度，及时纠正错误行为并对相关责任人进行调查处理。

第四，通过桂林航空微博发布权威信息，通过《关于乘客进入飞机驾驶舱的事件说明》和《关于给予桂林航空乘客进入驾驶舱违规事件责任人处分的通报》两个文件，把公众注意力引导到正面信息上来；同时通过上级主管机关中国民营航空局、新闻媒体、航空法专家、网络评论员，通过新闻发布会、网络发帖等形式，对负面舆情相关规章制度进行公开解读、释疑和引导。

第五，对于负面舆情引发的危机，2019年11月11日，桂林航空上级主管机关中国民用航空局召开新闻发布会，客观回应了桂林航空事件，向记者通报了整个情况，表明态度、消除影响。

因此说，桂林航空对于乘客进入飞机驾驶舱事件的网络舆情处理方法，具有借鉴推广意义，给我们留下很多启发。

第一，单位主要负责领导亲自抓负面舆情应对工作。发现负面舆情时，敢于担当，处理及时，措施得力。

第二，舆情处理原则要牢记“五字诀”，即“疏、明、快、真、统”。

疏，舆情宜疏不宜赌；明，舆情宜明不宜暗；快，舆情宜急不宜缓；真，舆情宜实不宜虚；统，舆情宜揽不宜推。

第三，舆情处理流程要牢记“六词组”，即“及时发现、分工合理、反应迅速、处置得当、措施到位、技巧得力”。

及时发现指第一时间发现问题，报告主管领导；分工合理是指确定媒体发言人，统一宣传口径；反应迅速是指第一时间通过官方微博首页发出公信力的解释说明；处置得当是指及时取得上级主管部门的协助，遏制舆情的发展；措施到位是指建立专题全面收集相关舆情专题信息，监测发展趋势；技巧得力是指加强舆论引导，使舆论向有利于自身的方面发展。

第四，建立多部门舆情防控联席会议制度，争取多方的配合支持，参与监控、调查、宣传等工作，形成工作合力，多点互动、相互印证。

第五，加强与媒体的交流沟通，关注、善待、善用媒体。

（点评人：文化和旅游部人才中心研学旅行指导师考评员李岑虎）

三、研学内容舆情防控实操

研学旅行课程内容以研学旅行目标为根据，并遵循不同学龄段青少年学生的身心发展规律，考虑到学生认识活动的特性，对学生所要学习的研学旅行课程内容选编而成的研学旅行课程体系。课程内容具有教育性、科学性和规范性的特点。内容的选择要体现立德树人宗旨，利于核心素养的提高，利于新时代中国特色社会主义人才的培养。但是在研学旅行教学实践中时常发生着违背青少年学生的身心发展规律、违背核心素养的提高的现象。譬如，中央电视台曝光的如此“女德班”，如此“夏令营”。案例提到的夏令营虽然不是研学旅行，但是也给研学旅行敲响了警钟。

案例 10-7

新闻 1+1 如此“女德班”，如此“夏令营”

2020 年 7 月 26 日，辽宁抚顺陶公文化产业发展有限公司租用山东曲阜某公司大院作为场地，组织中小学生举办“2020 阳光少年国学夏令营”。本次夏令营有营员 22 人、家长 13 人、工作人员 14 人，共 49 人。

该夏令营中课程教学内容视频流传网络，内容涉及“不学习传统文化就得胃癌”“戴美瞳的女生不正经”“天天带着一副贱相，伤风败德”等言论，全国一片舆论哗然，纷纷指责，如此“女德班”、如此“夏令营”毒害青少年的身心健康。

7 月 27 日 18∶30 左右，曲阜市人民政府接到“2020 阳光少年国学夏令营”存在违规行为的举报，迅即成立调查组展开调查、处理。

2020 年 7 月 29 日，山东曲阜市政府就网传“女德班夏令营”一事发布通报，全文如下：

关于梨视频反映辽宁抚顺陶公文化有限公司
在曲阜举办夏令营有关问题的初步调查情况通报

7 月 27 日 18∶30 左右，曲阜市接到举报称“2020 阳光少年国学夏令营”存在违规行为，迅即成立调查组展开调查。

经查，本次“2020 阳光少年国学夏令营”主办单位为辽宁抚顺陶公文化产业发展有限公司，营员采取网上报名方式。夏令营地点涉及多地。在曲阜举办的这次夏令营，于 7 月 26 日开班。租用场地为曲阜圣城文庠院文化传播有限公司院内。夏令营有营员 22 人、家长 13 人、工作人员 14 人，共 49 人。

存在的问题：教学视频内容低俗，违反科学，歪曲事实，对营员身心健康产生不良影响。

所使用教材为自行编写，无出版社和书号，涉嫌使用非法出版物。防疫措施落实不到位。

依据初步调查情况，曲阜市文化和旅游局已责令辽宁抚顺陶公文化产业发展有限公司立即终止该夏令营活动，并退还相关费用。对其涉嫌的其他违法违规行为，公安机关及相关部门正在进行深入调查。对为该企业提供场所的曲阜圣城文庠院文化传播有限公司，责令停业整改。后续调查处理结果，将及时向社会公布。

曲阜市人民政府

2020 年 7 月 29 日

此后，中国青年报、中国妇女报，央视网等媒体，纷纷谴责，相继报道，深挖根源。新华网客户端 7 月 30 日发表评论《解散“女德班”，更要驱散阴魂》。7 月 31 日，中央电视台新闻 1+1：如此“女德班，如此“夏令营”，对女德班、夏令营进行了详细报道。

然而，“女德班”主办方对于播放视频存在争议内容，该公司王姓负责人对界面新闻称：“都是一些个人的学习体会和经历，曝光的内容是被媒体断章取义了。”

据红星新闻记者梳理发现，此夏令营的背后团体为抚顺市传统文化研究会，该研究会曾多次因开办“女德班”被指有悖社会道德风尚而接受调查，但每每又改头换面，死灰复燃。

案例评析

无论是研学旅行还是青少年夏令营，还是少年国学传统文化培训班，其课程教学内容都要以立德树人、培养合格人才为根本目的。讲台上授课的指导教师是从事立德树人工作的教育工作者，最终目的是培养新时代中国特色社会主义新人。因此，课程目标和内容设计必须突出思想政治性和教育性，才能实现教书育人、为党育人、为国育才之目的。

“女德班”多次在全国各地开班，均被接受调查，却始终未能积极改进，却又常常改头换面，一意孤行，导致不良社会舆论此起彼伏。这是一个值得重视的现象，应该引起我们的高度警惕。

第一，面对舆情和媒体记者，没有主动承担应有的责任，也没有深度反思问题产生的根本原因，并没有采取相应的对策去消除社会不良影响，依然采用回避、放任的做法。这种做法的后果就是刺激网络舆情进一步恶化升级。请记住，面对铺天盖地的网络媒体，任何不属实的辩解都是苍白无力的。

第二，没有从教育教学内容的源头防范抓起。研学旅行质量直接关系到学生的健康成长，关系到千家万户老百姓的利益。作为研学旅行主办机构要规范经营，服务至上，时刻以学生的健康成长为先。

第三，回避矛盾，放任舆情蔓延。主办方经历多次的处理，仍然不反思整改，对于媒体播放视频内容，回避矛盾和问题。舆情危机发生时，没有留下回旋的余地。

第四，推责、辩解难以解决根本问题。要积极、妥善面对网络舆论。任何个人和单位都没有能力把所有网站、网民封住，要积极去面对，有错误的要敢于道歉，有误解的要积极澄清，纯粹情绪性的东西要以冷处理为主。

第五，要善于和媒体打交道。我们不能把媒体当敌人，要善待媒体、善待记者、善待网民。正确地认识网络舆情，顺应网络舆情规律，接受媒体和网民监督，单位才能良性发展。

第六，加强教职员工思想品德教育和业务素质的提高，摒弃文化糟粕，树立良好的社会风气，这是做好研学旅行舆情防控最根本的方法，研学旅行企业才能免受灭顶之灾。

（点评人：文化和旅游部人才中心研学旅行指导师考评员李岑虎）

参考文献

1. 王晓燕、韩新 . 研学旅行来了［M］. 西安：陕西人民教育出版社，2019.

2. 李岑虎 . 研学旅行课程设计［M］. 北京：旅游教育出版社，2020.

3. 李岑虎、甄鸿启 . 中小学研学旅行教师指导用书［M］. 郑州：文心出版社，2021.

4. 甄鸿启、李凤堂 . 研学旅行教育理论与实践［M］. 北京：旅游教育出版社，2020.

5. 叶娅丽、李岑虎 . 研学旅行概论［M］. 桂林：广西师范大学出版社，2020.

6. 任鸣 . 研学旅行安全管理［M］. 北京：旅游教育出版社，2020.

7. 叶娅丽、边喜英 . 研学旅行基（营）地服务与管理［M］. 北京：旅游教育出版社，2020.

8. 邓德智、伍欣 . 研学旅行指导师实务［M］. 北京：旅游教育出版社，2020.

9. 石媚山 . 研学旅行市场营销［M］. 北京：旅游教育出版社，2020.

10. 薛兵旺，杨崇君 . 研学旅行概论［M］. 北京：旅游教育出版社，2020.

11. 李杰 . 研学旅行指导师基本素养［M］. 桂林：广西师范大学出版社，2021.

12. 魏巴德、邓青 . 研学旅行实操手册［M］. 北京 . 教育科学出版社，2020.

13. 叶娅丽、王彪 . 旅行社计调师［M］. 北京：旅游教育出版社，2011.

14. 王力杰 . 职业学校安全管理案例汇编 .［M］. 北京 . 机械工业出版社，2018.

15. 教育部《中小学德育工作指南》的通知（教基〔2017〕8 号）

16. 文化和研学部人才中心《研学旅行指导师职业能力等级评价标准（试行稿）》

17. 国务院办公厅《关于进一步激发文化和研学消费潜力的意见》

18. 中共中央国务院《关于深化教育教学改革全面提高义务教育质量的意见》

19. 全国导游人员资格考试教材编写组 . 导游业务［M］. 5 版 . 北京：旅游教育出版社，2020.

20. 全国导游资格考试统编教材专家编写组 . 导游业务［M］. 5 版 . 北京：中国旅游出版社，2020.

21. 全国导游资格考试统编教材专家编写组 . 政策与法律法规［M］. 5 版 . 北京：中国旅游出版社，2020.

22. 国家质量监督检验检疫总局发布 . 旅游客车设施与服务规范，2011.

23. 教育部《中小学综合实践活动课程指导纲要》

24. 教育部《中小学教育惩戒规则（试行）》

25. 教育部《学生伤害事故处理办法》

26.《中共中央国务院关于全面加强新时代大中小学劳动教育的意见》

27. 教育部等五部门《关于完善安全事故处理机制维护学校教育教学秩序的意见》

28.《中华人民共和国民法典》

29.《中华人民共和国旅游法》
30.《中华人民共和国未成年人保护法》
31.《最高人民法院关于审理人身损害赔偿案件适用法律若干问题的解释》
32.《最高人民法院关于审理旅游纠纷案件适用法律若干问题的规定》
33.《研学旅行服务规范》(LB/T 054-2016) . 国家旅游局
34. 教育部《普通高中课程方案》(2017 年版 2020 年修订)

图书在版编目（CIP）数据

研学旅行案例选评 / 李岑虎主编. -- 北京 : 旅游教育出版社，2021.5
ISBN 978-7-5637-4241-7

Ⅰ. ①研… Ⅱ. ①李… Ⅲ. ①教育旅游一案例 Ⅳ. ①F590.75

中国版本图书馆CIP数据核字(2021)第075144号

研学旅行案例选评

主编 李岑虎

副主编 甄鸿启 刘乃宝 梁媛媛 李子尚

策　　划	丁海秀　蒯　鑫
责任编辑	蒯　鑫
出版单位	旅游教育出版社
地　　址	北京市朝阳区定福庄南里 1 号
邮　　编	100024
发行电话	（010）65778403　65728372　65767462（传真）
本社网址	www.tepcb.com
E - mail	tepfx@163.com
排版单位	北京旅教文化传播有限公司
印刷单位	北京柏力行彩印有限公司
经销单位	新华书店
开　　本	787毫米 × 1092毫米　1/16
印　　张	24
字　　数	475 千字
版　　次	2021 年 5 月第 1 版
印　　次	2021 年 5 月第 1 次印刷
定　　价	88.00 元

（图书如有装订差错请与发行部联系）